재생산권리 I 낙태죄에서 재생산권으로

서울대학교 법학연구소 공익인권법센터

재생산권리 I 낙태죄에서 재생산권으로

초   판 1쇄 발행 2005년 8월 12일
개정판 1쇄 발행 2023년 11월 15일

기   획 서울대학교 법학연구소 공익인권법센터
엮 은 이 양현아
발 행 인 한정희
발 행 처 경인문화사
편   집 김윤진 유지혜 김지선 한주연 이다빈
마 케 팅 전병관 하재일 유인순
출판번호 제406-1973-000003호
주   소 경기도 파주시 회동길 445-1 경인빌딩 B동 4층
전   화 031-955-9300   팩   스 031-955-9310
홈페이지 www.kyunginp.co.kr
이 메 일 kyungin@kyunginp.co.kr

ISBN 978-89-499-6761-5 93360
값 30,000원

공익과인권

31

재생산권리 I 낙태죄에서 재생산권으로

서울대학교 법학연구소 공익인권법센터 기획 ┃ 양현아 편

경인문화사

서문

『낙태죄에서 재생산권으로』라는 이 책의 제목은 2004년 11월 서울 대학교 BK21법학연구단 공익인권법센터 주최로 열렸던 학술회의의 명칭이다. 본 학술회의의 주제에 '낙태죄'와 '재생산권'이라는 문제적 (problematic)인 개념이 두 개나 들어 있었던 만큼, 학술회의의 구상에서부터 방향 제시가 만만치 않았다.

우선, '재생산권'이라는 개념이 매우 생소하게 여겨졌다. 여기서 재생산이란, 임신, 출산, 양육의 과정에서 행해지는 인간의 재생산 과정을 일컫는데, 주로 여성들이 재생산 활동의 중심 주체가 되어 왔다는 점에서 재생산 권리의 정립은 여성인권에 큰 의미를 가진다. 대다수 여성의 일생은 아이를 낳고 기르는 데에 얽힌 고통과 보람으로 점철되어 있다고 해도 과언이 아니기 때문이다. 국제인권회의를 통해 논의돼 온 재생산권은 신체적 자기결정권과 건강권, 출산과 성에 대한 양성 평등권, 자녀양육 등을 위한 공적 지원 요청권 등으로 구성되는 포괄적인 인권의 틀(framework)이다. 재생산권리의 구성은 또한 그동안 '인권' 개념에 여성의 기본적 요구가 부차적으로만 다루어 졌음에 대해 문제제기하고, 더 나아가 개발과 세계화와 같은 가치를 대체하는 책임과 공동체의 윤리를 제시하는 등 커다란 의미를 지닌다. 본 학술회의는 재생산권이라는 여성인권의 관점에 섰을 때, 낙태를 바라보는 새로운 시각이 열릴 수 있을 것이라는 믿음에서 출발했다.

한편, 낙태죄에 관한 담론과 가치관은 이분법적으로 분리되어 있는 상황이다. 낙태죄에 대한 서구에서의 담론은 생명옹호론(pro-life) 대 선택옹호론(pro-choice)으로 이해되고, 낙태죄의 보호법익은 태아의 생명 대 임산부의 신체라는 이분법 속에 놓여 있다. 이러한 담론 구조에서 어느 한 입장을 '선택하면' 도무지 더 이상의 논쟁은 어렵게 된다. 다시 말해, 우리 사회에서 양자의 가치관을 매개하는 중간지점을 찾기 어렵다. 더 나아가, 한국 여성들의 낙태를 설명하기 위해서는 이 양자의 타협보다는 양 가치관 자체가 과연 적합한 것인가를 따져봐야 한다고 생각한다. 한국에서는 미혼 및 미성년 여성의 낙태, 자녀 터울이나 경제적 사유에 의한 낙태 등 낙태 이외에 별다른 선택지가 없어서 행하는 낙태가 다수를 이루고 있어서, 이를 임부의 신체 보호 내지 여성 개인의 '선택'의 관점에서 설명하기 어렵다. 출산이라는 선택지가 제대로 주어져 있지 않은 상태에서 대다수의 낙태가 행해지는 것으로 보이기 때문이다. 또한, 한국은 미국과 같이 성의 자유를 누린다는 사회보다도 인구 대비 여러 배나 많은 낙태가 행해지는 사회인데도, 낙태를 지지하는 담론이 활발히 제시된 적도 없다. 형법상 낙태가 엄격히 금지되어 있으면서도 사법당국이 결연한 처벌의지를 가지고 있지도 않은 것 같다. 즉, 낙태는 만연하지만 이를 정당화하는 담론은 없고, 낙태를 비난하는 담론은 무성하지만 낙태는 일상적으로 이루어 진다. 이렇게 한국 여성의 낙태현실은 어떤 '언어'로도 잘 설명되지 않는 인식의 아포리아(aporia) 상태에 있다.

그렇다면, 한국의 법여성주의는 현금의 낙태현상을 여성권리의 실현으로 옹호해야 하는가, 아니면 만연하는 낙태를 여성에 대한 일종의 폭력으로 규정해야 할 것인가. 이 책의 필진들은 이러한 딜레마에 직면하여, 나름대로 심혈을 기울인 논문을 제출하였다고 자평한다. 필진들의 견해가 모두 같지는 않지만, 적어도 한국여성의 낙태 현상이 서구의 여성의 선택론으로는 잘 설명되지 않는다는 점에서 공감하였다고 생각한다. 또, 임신에서 출산에 이르는 '과정'에 대한 사유 속에서 낙태에 관한 법리가 구성되어야 한다는 데도 어느 정도 공감이 형성되었다. 현행 낙태 관련 법(주로 형법과 모자보건법)에 대한 입법론에 관해서는 인공 임신중절의 허용 사유를 '사회경제적' 사유까지를 포함하는 것에서부터 형법상 자기낙태를 비범죄화하는 입장까지 다양하긴 하지만, 여성의 자기낙태 사유를 보다 폭넓게 인정해야 한다는 데는 강력한 합의가 존재하였다. 이 책에는 낙태 허용 이외에도 교육, 상담, 지원 등의 측면에 대해서도 새로운 제안이 제시되었다.

필자들은 준비모임을 통하여 이러한 의견을 교류하고 조율하면서, 형법 개정론에 국한하여 어느 '입장'을 옹호하기보다는, 새로운 담론, 새로운 패러다임을 모색하자는 데 의견을 모았다. 한국의 낙태 현실, 모성 및 출산정책, 헌법이 보장하는 기본권 및 인권의 원리 위에서 낙태권리에 대한 새로운 원리를 구성해 보자는 의도를 가지게 되었다. 재생산권 개념이 그 단초가 될 것으로 보였다.

본 학술회의는 연구자 및 학생들의 참여로 대단한 성황을 이루었다. 1부의 사회는 박은정 교수(전 서울대 법학전문대학원)에 의해 진행되었고, 발표에 이어 배은경 교수(서울대 여성학협동과정), 허준용 교수(전 고려대 의대)의 지정토론이 있었다. 2부의 사회는 한인섭 교수(서울대 법학전문대학원), 지정토론은 이영란 명예교수(숙명여대 법대), 송석윤 교수(서울대 법학전문대학원), 정진주 위원장(근로복지공단)께서 맡아 주셨다. 지정토론자와 발표자 간에는 합의점도 있었지만 신랄한 비판에 따른 공방도 오고갔다. 이 책에는 학술회의 당시의 토론이 녹취를 통해 실려 있으므로 독자들은 그 때의 분위기를 느낄 수 있을 것이다. 토론에서 제시된 질문과 비판은 이후 논문 수정과정에 상당히 수렴되었다.

본 서의 1부는 주로 낙태와 모성정책의 실태, 2부에서는 법과 정책의 방향 제시에 초점이 맞추어졌다. 먼저 1부를 시작하는 이숙경(영화감독)의 논문은, 미혼여성들의 낙태경험으로 인터뷰 경험 연구를 통해 조명하고 있다. 성관계를 맺어 임신하고, 낙태수술, 또 낙태수술 이후의 체험을 말하는 미혼여성들의 육성(肉聲)은 우리 사회의 낙태라는 지형이 매우 복잡함을 보여주고 있다. 낙태연구가로서의 필자는 한국의 법과 정책, 그리고 낙태 담론에서 여성들이 중심이 아니라 그 대상으로 주변화되어 왔다는 것을 실증적으로 제시한다.

조영미(서초여성가족플라자)의 2장의 논문 역시 한국 여성의 재생산 활동의 현실을 다루되, 이를 정책의 관점에서 분석하며, 재생산 건강권의 개념을 논의한다. 1960년대부터 2000년 사이에 행해진 한국 여성들의 낙태의 실태 및 이유 등에 관한 통계자료에 입각하여 낙태현상을 사회적 관점에서 분석하고 있다. 필자는 한국 기혼여성들의 낙태 선택은 자녀의 터울조절, 경제곤란, 남아선호와 같은 '사회경제적 사유'에 의해 주로 시행되며, 임부의 건강이나 태아의 이상과 같은 사유는 오히려 소수에 속한다는 것을 지적한다. 이러한 견지에서, 한국의 '모자보건 정책'이 사회적 현실에 기초하지 않았음을 지적하고 있고, 앞으로는 '재생산 건강권(reproductive health right)'에 입각하여 정책을 수립할 것을 제안하고 있다. 이 글에서 재생산 건강권은 성적 권리, 재생산권리, 건강권으로 구성되는 것으로 설명하고 있다.

다음 장에서 이인영(홍익대 법학부)은 낙태죄 입법의 재구성을 시도한다. 이 글에서는 낙태죄 처벌규정의 연혁을 역사적으로 고찰하며, 낙태죄를 재구성하기 위한 논의의 기초를 제시한다. 필자는 낙태죄의 보호법익으로서 태아의 생명권과 임부의 자기결정권 간의 법익의 충돌을 해소하기 위해서 양자택일적 논리구조에서 탈피할 것을 강력히 제안한다. 또한, 현재의 낙태죄 규정이 '죽은 형법'이라면, 이에 대한 법률개선 의무가 있음을 지적하고, 외국의 입법례를 통해 낙태죄 허용에 관한 기한사유방식과 적응사유방식을 각각 고찰한다. 이에 더해, 모자보건법의 관련 규정에 대해서도 분석하고 있다. 본 연구는 이렇게 현재의 낙태 관련 법에 관해 자세히 분석하고, 태아의 생명 대 임부의 신체라는 이분법적 틀을 넘어서는 입법론을 제시하고 있다는 점에서 관련 연구자들에게 많은 시사점을 주리라 믿는다. 논문 부록에 수록된 낙태실태와 인식조사 역시 연구자들에게 귀중한 참고가 될 것이다.

최희경(이화여대 법학전문대학원)은 5장에서 미국 연방대법원 판례를 통해서 낙태와 여성의 프라이버시 권리를 논하고 있다. 이 글에서는 먼저 프라이버시 권리가 여성에게 가지는 의미를 논한다. 특히 출산 영역에서 여성에게만 속하는 신체적 특성이나 역할, 경험에 대해 특별한 법적 보호를 필요로 하는데, 이 때 프라시버시 권리의 보장이 매우 중요하다는 것이다. 필자는 Roe 대 Wade 판결, 그리고 로 이후의 판결 경향 및 프라이버시 권리를 재승인하는 판례들을 분석하고 있다. 이 글은 한국의 여성주의 법학 및 인권연구에 있어 상대적으로 덜 조명된 프라이버시 권리의 의미를 적극적으로 개진한다는 점에서 앞으로 귀중한 참고가 되리라 보인다. 필자는 다음과 같이 말한다. "개인의 사적 영역에서 부당한 간섭 없이 스스로의 삶을 존중받는 것은 중요하[다]…. 이[재생산을 둘러싼 결정권]를 프라이버시 권리의 영역에서 제외시켜 평등권으로만 이해하려는 것은 남성과 달리 여성이 사적 영역에서 향유할 권리를 포기토록 하는 것이다."

다음 장에서 양현아(서울대 법학전문대학원)는 낙태권리를 재생산권리의 관점에서 개념화하도록 '범죄에서 권리로' 낙태(임신종결) 행위를 해석하는 인식틀의 변경을 촉구하고 있다. 이 글에서는 한국 여성들의 임신종결은 선택옹호론이나 생명옹호론과 같은 기존의 틀로 잘 설명되지 않는 미스터리라고 진단한다. 한국 여성들에게 만연한 인공 임신종결은 '생명경시'로 보는 법의 언어로도, 서구의 '선택론'으로도 접근이 어렵다는 것이다. 그러므로 올바른 법정책을 수립하기 위해서는 이 행위를 합리화할 수 있는 언어의 틀을 마련해야 한다고 지적한다. 이를 위해 이 글은 낙태권리를 평등권, 차이론, 재생산권의 측면에서 구성해 보고, 다른 한편으로는 한국 여성들의 임신종결 행위를 이념형적으로 재구성한다. 이를 통해 한국에서 여성의 인공 임신중절은 자신의 운명통제를 반영하는 정도보다 운명통제권의 부족을 반영하는 정도가 우세하다고 진단한다. 요청되는 것은, 낙태에 대한 찬반론을 넘어서 낙태를 재생산의 정당한 요소로 자리 매김하고, 출산과 양육의 1차적 책임자인 여성을 중심에 둔 재생산 정책 이라고 결론짓는다.

부록에서는 낙태 관련 법령과 판례를 모았다. 한국의 관련 법과 유엔 여성차별협약과 1994년 카이로에서 열렸던 ICPD(인구 및 개발에 관한 국제 회의)의 행동강령의 일부를 실었다. 후자의 행동강령은 국내연구로는 최 초로 번역하여 소개하는 것으로 이해한다. 또한, 한국과 미국, 캐나다, 독 일의 주요 관련 판례를 실었다. 이미 번역이 있는 외국 판례의 경우는 이 를 활용했고, 그렇지 않은 경우는 편자와 공익인권법센터의 대학원 학생 들에 의해 번역되었다. 이 자리를 빌어서 부록의 편집을 위해 많은 수고 를 기울인 신윤진 교수(서울대 법학전문대학원), 오승이 판사(서울가정법원), 그리고 기현석 교수(명지대 법학과)에게 고마움을 전한다. 또한, 미국 대법 원 판례 번역에 도움을 주신 최희경(이화여대 법학전문대학원) 교수님께도 감사드린다.

낙태가 인간 재생산활동의 일부로서 통합되고, 재생산권이 보장되어야 할 여성인권으로 자리매김하는데 이 작은 노력이 일조하기를 기대한다. 그동안 터부시되어 온 여성들의 아픈 낙태체험에 언어를 부여함으로써, 미력하나마 이 책이 치유의 메세지를 보냈으면 한다. 이제 재생산 활동의 아름다운 회환을 노래하고 싶다.

2005. 7. 15
편자 양현아

개정판 서문

『낙태죄에서 재생산권으로』가 출간된 지 올해로 꼭 18년이 되었다. 이
책은 2004년 11월 3일에 개최되었던 학술대회의 발표문과 토론문을 수
정하고 관련법령, 국내외 판례, 국제규범 등을 수집·번역하여 2005년 8월
출간되었다. 당시 국내 학계에서는 '재생산권리(reproductive rights)'라는 용
어가 회자되지 않았고 사용된다고 해도 주로 의학계나 보건학계에 제한
되어 있어서 법학계에서는 생소한 용어였다. 필자는 2004년 경부터 대학
원 학생들과 낙태에 관한 여성주의 법학, 관련 법 규정, 그리고 사회 현실
등에 관해 세미나를 하였는데 여기서 한국사회에서 낙태에 관한 법과 사
회현상이 괴리되어 있으면서도 서로 맞물려 있는 묘한 상황임을 발견할
수 있었다. 이를 고려할 때 낙태죄를 둘러싸고 한국의 여성운동과 법학계
등에서 그리 활발한 문제제기가 있지 않았던 점이 오히려 이상하였다. 또
한, 재생산권리라는 국제규범이 인권의 체계로서 구성되어 왔음을 알 수
있었다. 이에 서울대학교 공익인권법센터(당시 서울대 BK21 법학연구단 공익
인권법센터) 기획으로 사회과학계에서는 국내 최초다시피한 재생산권리에
관한 학술대회를 개최하였다.

18년이나 지난 지금, 이 책의 개정판을 출간하는 가장 큰 이유는 그
동안 이 책이 절판상태에 있었기 때문이다. 종종 주위 분들로부터 더 이
상 이 책을 구할 수 없어 아쉽다는 말을 들었음에도 이제야 개정판을 내
는 것은 오로지 필자의 게으름 탓이다. 실제로 2010년대는 한국에서 낙태
에 관한 사회운동의 물결이 일어났고 이에 대한 사법부의 응답이 있었다.
헌법재판소는 형법의 자기낙태죄 조문(제269조 제1항) 및 의사에 의한 낙

태죄(제270조 제1항) 조항에 관한 헌법소원에 대해 두 차례의 판단을 하였다. 2012년 헌법재판소는 4:4 결정으로 합헌 결정을 내렸지만 2019년에는 7:2로 헌법불합치 결정을 선고하였다. 2010년대 중반 이후 한국의 여성들은 임신중지에 대해 발언하기 시작하였고, 성과 재생산 권리가 얼마나 절박하게 필요한 권리인지 그 목소리가 봇물처럼 터져 나왔다. '모두를 위한 낙태죄 폐지 공동행동'과 같은 연대체 활동이 있었고, 폴란드의 '검은 시위' 그리고 아일랜드의 낙태금지법 폐지를 위한 국민투표 승리와 같은 국제적인 영향도 있었다. 이런 맥락 속에서 재생산권리에 관한 연구와 담론이 축적될 수 있었다.

하지만, 2019년 헌법재판소 결정 이후 4년 이상이 지난 현재까지도 헌법불합치 결정이 내려진 형법 조항 그리고 모자보건법의 관련 조항들의 개정이 이루어지지 않았다. 헌법재판소가 헌법불합치 결정을 내렸어도 해당 조문들은 우리사회 안에서 아직 정리되지 않은 의제가 아닌가 한다. 하지만, 사회적 태도 보다 중요한 것은 우리 정부와 입법부가 낙태죄 나아가 국민의 재생산권리 관련 정책에 얼마만큼의 중요성과 어떠한 방향성을 부여하고 있는가에 있다고 생각한다. 지난 4년여의 시간은 낙태할 자유를 훨씬 넘어서 재생산권리 실현을 위한 통합적 정책을 마련할 수 있었던 절호의 시간이었다고 할 수 있으나 이 시간은 그렇게 활용되지 않았다. 이에 2022년 필자와 연구자들은 현재의 입법불비의 상황 속에서 '재생산권리 실현을 위한 제도의 모색'이라는 주제로 서울대 법학연구소의 지원으로 공동연구를 시작하였다. 임신중지(낙태)를 포함해서 성교육, 성관계, 임신, 임신중지, 출산, 양육 등과 같은 인간 재생산 활동의 과정에서 성과 재생산 건강 권리(sexual and reproductive health and rights)가 보장될 수 있도록 제도를 마련해야 한다는 점에 연구진들 모두 공감하였다. 이를 위해서 의료서어비스, 상담·교육 인프라, 인력 양성, 관련 법제도 마련 등과 같은 체계적인 정책이 필요한 것이다. 2022년 한 해 동안 세미나 시리즈를 개최하였고, 2023년 2월에는 학술대회를 열었다. 이 때 발표된 글들은 다른 단행본으로 출간하려고 준비 중이다. 본서 『낙태죄에서 재생산권으로』는 이 모든 연구의 제일 선두에 있다는 점에서도 개정판을 내는 의의를 찾을 수 있다.

이번에 이 책의 원고들을 다시 읽어보니 감회가 새롭다. 18년이라는 시간 차이가 있음에도 2023년 현재에도 타당한 담론들이 고스란히 담겨 있고, 낙태죄와 재생산권리에 관해 상대적으로 초창기의 여성주의 접근이 가지는 '신선함'을 발견할 수 있었다. 이런 신선함과 함께 집필진들 모두 치열하게 본 사안에 접근하였다는 점에도 이 책의 매력이 있다고 생각한다. 현재의 연구와 담론을 이해하기 위해서라도 이 책을 접해보기를 권유한다. "다른 시간대에 있지만 현재와 꼭 맞닿아 있는 담론"을 발견할 수 있을 것이다. 현재의 개정판에는 책제목과 참여 필진의 소속을 변경하고 오탈자 등을 수정하였을 뿐 그 내용은 초판 그대로 수록하였다. 모쪼록 이 저술들이 인간 생명을 중심으로 한 성과 재생산 정책 수립에서 하나의 초석이 되기를 바란다.

끝으로 긴 시간동안 이러한 학술 활동을 가능케 했던 서울대 법학연구소 공익인권법센터에 대해서도 언급하고자 한다. 2004년과 마찬가지로 2023년의 학술행사들도 공익인권법센터의 우산 아래에서 진행되었는데, 지난 20여년간 본 센터의 지속은 소속 교수를 중심으로 한 구성원들의 헌신이 있었기에 가능한 것이었다. 이 자리를 빌려서 센터를 위해 노고를 아끼지 않은 역대 센터장님, 이우영 현 센터장님 그리고 센터 구성원들께 감사드린다. 경인출판사 사장님과 관계자들에게도 감사한다. 2005년의 초판 (사람생각 출간)의 인쇄본 파일이 사라지는 바람에 필자가 보관하던 원고파일을 가지고 편집과 교정 작업을 기꺼이 맡아준 관계자들께 감사드린다.

2023년 9월초
양현아 識

목차

제1장

미혼여성의
낙태경험

이숙경(영화감독·서울국제여성영화제집행위원장)

1. 왜 낙태에 대해 말해야 하나

우리 사회에서 낙태는 여전히 말해지지 않은 '어떤 것'으로 남아 있다. 레즈비언들이 커밍아웃을 하고, 매매춘 여성들이 주인공으로 나오는 다큐멘터리 영화가 상영되고 있지만, 낙태를 경험한 여성들의 이야기가 공론화 되지 않는 이유는 무엇일까.

우리나라에서 한 해 동안 이루어지는 낙태는 공식적으로 150만 건, 비공식적으로는 200만 건 이상이라고 한다. 낙태를 경험하는 여성의 숫자도 이만큼, 혹은 그 이상일 것이다. 이렇게 많은 여성들이 해마다 낙태를 경험하고 있는데도, 이 경험이 왜 '공론화'되거나 제대로 된 지원체계가 만들어지지 않을까? '낙태반대운동연합'은 존재하는데 왜 낙태에 직면한 여성들을 돕는 상담소나 지원센터는 만들어지지 않을까?

이 모든 것을 선행하는 것은 '침묵'의 벽을 깨는 일이다. 20년 전만 해도 낙태한 여성은 '끝장난 여자'였다. 연애하던 남자와 헤어지기라도 한다면 낙태는 결코 알려져서는 안 되는 필생의 비밀로 남았다. 지금은 어떨까? 별로 달라진 것 같지는 않다.

내가 운영하는 낙태 사이트에는 하루에 수십 건 씩 '도와달라'는 글이
올라온다. 10대나 20대 여성들이 대부분이며 가끔 남자들도 찾아온다. 수
술비용, 병원, 기타 낙태수술과 관련한 글들이 대부분이지만 드문드문 이
런 글들도 올라온다.

"참 힘드네요…수술을 하고…그의 친구들이 제가 수술을 한 걸 알았죠…이젠
그의 친구들 얼굴을 못 볼 거 같아요…지난주에 수술 했는데…하루도 안 운 날
이 없네요…세상이 절 비난하는 거 같아요….
정말 힘드네요…."

"저는 14주 만에 수술을 했습니다. 병원에서도 놀라더라구요….어떻게 아이가
이렇게 클 때까지 내버려 뒀냐구…다른 병원에 가보라고 하더라구요…갔더니
초음파 보고는 너 닮아서 눈도 크고 이쁘다고 하더라구요…갑자기 눈물이 막
나더라구요…차마 초음파를 볼 수가 없어서 고개를 돌렸는데…지금은 너무 보
고싶어요. 볼 걸 그랬어요…그때까지도 아이 생각은 별로 안 했어요…안 했다
기보다 미워서 손으로 배를 누르고, 커피에 술은 더 마셨죠….
수술이 끝나고 누워 있는데 마취기운 때문에 어지럽고 구토증세까지 있었어
요…그리고 집에 오면서부터 일주일 동안은 정말 아무것도 할 수가 없었고, 아
이들을 보면 나도 모르게 한참을 그 자리에 서 있기도 했습니다. 또 미친 여자처
럼 울면서 절대 용서하지 말라고 중얼거리기도 했어요…입덧 한 번 안 하게 한
우리 착한 아기…저 어떻게…어떻게 하죠? 어떻게 이 죄를 다 갚고, 용서를 받
을까요…."

"억장이…무너집니다…전 98년 11월 7일에 울…아기를 하늘로 보냈어
요…사랑하는 사람의 아기여서…정말…넘…슬펐어요…저 혼자서…병원 알
아보고…돈 준비하고…수술을 받으러 갔습니다…애써…아기 심장소리…안

들으려…했어요…

하지만…조그만…화면에 보이던…그…자그마한…아기…그렇게…수술을 받았습니다…그때의 그 기억…다신…다신…하기 싫습니다…제가 무서웠던 건 둘째치고…한 생명을 죽인…살인마….

2년이 흐른 지금에도…전…잊을 수가…없습니다…그때…그 아기를 낳았으면…지금쯤…13개월 정도 된 엄마 아빠…말도 하는 예쁜 모습일 텐데…전…그 아이를 잊지 않기로…했습니다…그 후로…한 번도…잊은 적…없습니다…영원이라는 이름도…지었어요…그리고…제가…처음으로 낳는 아기로…다시 만나도록 해달라고…기도하고 있습니다…평생을 속죄하는 맘으로…살 거예요….”

낙태를 경험한 여자들이 침묵하는 두 번째 이유는 ‘말 할 곳이 없어서’이다. 낙태하는 여성은 감추어진 진실, 침묵하는 절규자이다. 낙태에 관한 한 한국에서 말 할 자격이 있는 주체는 ‘태아’와 ‘낙태반대 운동가’였다. 주로 종교계에서 추진하는 낙태반대 운동. ‘생명은 존귀하다’에서 출발해서 ‘생명은 위대하다’로 끝나는 이야기가 난무한다. 말 못하는 태아를 대신해서 ‘침묵의 절규’라는 비디오도 틀어준다. 침묵의 절규라…해마다 200만이 넘는 여성들의 절규는 왜 들리지 않을까? 들어줄 사람들이 없어서이다. 아프다고, 힘들다고, 무섭다고, 도와달라고 말할 곳이 없다. 임신을 확인하고 낙태를 하기까지 의논할 만한 곳을 찾기 어렵다. 낙태를 하고 나서도 여자들은 자신의 끔찍하도록 외로운 경험을 털어놓을 만한 곳이 없다.

“안녕하세요…방금 전 가입했어요. 닉네임도 희망이라고 했죠…희망이 다신 없을 거라고 생각했었는데…희망을 가질래요. 여러분과 함께 일어서고 싶어요…전 수술한 지는 제법 되었어요. 4월달에 수술 했습니다. 그땐 제가 너무 몰라서…그만 그런 일이 생겼죠…아직도 밤이 되면 눈물이 납니다…혼자 있음…제가 너무 바보 같아…눈물이 납니다…나의 잘못인데도 인정하기가 싫고…억울해하기도 합니다…바보 같죠?

그날…수술하던 날 정말 많이 울었습니다…그렇게 눈물 없던 내가 이렇게 많이 울 수도 있구나…하는 걸 느꼈죠. 의사 선생님도 제가 안스러웠는지 눈물을 닦아주며…엄마처럼 대해주셨어요…전 아직도 그때를 잊을 수 없네요….

비가 오던 4월이었는데요…혹시나 하는 불안한 마음에 병원을 갔었어요. 테스트를 하고 결과를 들으려는 순간이었죠. 의사 선생님이 난감해하시며 테스트기를 보여주셨어요. 줄이 2개였어요…1줄이 희미하게 생기는 거였죠. 아직 이르긴 하지만 임신이라고 하셨습니다…그 순간…눈물이 막 나와서…미치는 줄 알았어요. 이젠 밤에 울지 않아도 되는 그런 날이 왔으면 좋겠어요…제 제일 친한 친구한테도 말 못할 고민…여기서 속 시원히 말할 수 있어…너무 기쁩니다…용기도 생깁니다…."

"안녕하세요. 방금 전에 가입했습니다. 게시판에 올라 있는 글을 보고 많이 도움이 되었고 용기를 얻었습니다. 실은 그제 그 일회용 임신진단 시약으로 검사를 해 봤습니다. 희미하게 양성 반응이 나왔는데 제 몸 상태를 보니 임신인 것 같습니다.

혹시 모르니 제 지금 몸 상태를 알려드리지요. 마지막 생리는 지난달 9일에 시작했고 생리주기는 불규칙합니다. 아랫배가 약간 이물감이 느껴지는 것처럼 부자연스럽고 특히 가슴이 딱딱하게 많이 부었습니다. 유두도 조금 커졌구요. 피로도 자주 느끼고 미열이 있는 것처럼 몸이 좀 뜨겁습니다. 생리통보단 덜하지만 밑도 조금 아프고 허리랑 관절도 생리 때보단 경미하게 뻐근합니다.

제가 만약 임신이라면 아마 2-4주 정도 된 것 같은데 이 정도 기간에 이런 증상이 나오는 건지 모르겠습니다. 다른 인터넷 사이트에서 임신이라는 검색어로 얼마나 많은 사이트를 돌아다녔는지 모릅니다. 그런데 임신 개월수에 따른 자세한 증상을 설명한 곳은 없더군요.

지금 많이 불안하고 슬프고…제 자신은 임신이 확실하다고 생각합니다. 예전에 낙태는 정말 한심한 일이라 했던 저의 오만함과 철없음에 혀를 잘라버리고 싶은 심정뿐입니다. 요 며칠 잠을 못 잡니다.

날도 더운데 정말 힘든 나날들입니다. 혹시 임신 1개월 이내의 증상에 대해 자세하게 알고 계시거나 저의 증상에 대해 설명해주실 수 있는 분 있으면 부탁드립니다.

며칠 내로 병원에 가볼 테지만…그렇지만 그 며칠 후까지 계속 이런 상태여야 한다니…끔찍하군요.

그리고 이런 상황에서도 이렇게나 이기적이 제 자신이 가증스럽습니다.

무엇보다…20여 년간 곱게 길러주신 부모님에게 죄스럽고 그리고 어쩜 태어날 수도 있었을 아기에게 너무너무 미안한 마음뿐입니다. 그리고…이런 상황에서도 절 안심시키려 노력하는 제 애인이 고맙고 또 이 게시판에 이야기하기 힘든 이야기들을 올려주신 여러분께 감사드립니다. 힘들고 무섭지만 조금 더 용기를 내고 현실을 직시하렵니다."

게시판에는 누구에게도 털어놓지 못할 고민들이 쌓여 있다. 집안 식구들에게 비밀로 해야 하고, 친구들에게조차 알려져서는 안 될 경험이기 때문이다. 그나마 인터넷에 접근이 가능한 사람들만이 동호회 형식으로 만들어진 낙태 관련 사이트를 찾아 최소한의 정보와 심리적 지지를 얻어갈 수 있다.

아직 우리 사회에서 여성의 '낙태선택권'이 정면으로 제기된 적은 없다. 이론적인 논의는 있었지만 하나의 운동세력이 만들어지고, 여성의 몸에 대한 자기 결정권을 확보하려는 '실행'이 세력화되어 있지 않다는 의미에서 말이다. 낙태에 있어 '선택권'이란 단지 낙태 할 수 있는 자유만을 뜻하지 않는다. 성관계, 월경, 피임, 임신, 출산…등 여성의 몸과 관련한 경험들이 자유로울 때, 낙태의 선택권이 여성에게 주어질 수 있기 때문이다.

1부 낙태 현실과 재생산 정책

그러므로 낙태문제를 공론화한다는 것은 여성의 자율권을 통제하고 억압하는 제도나 문화, 의식, 규범을 변화시키려는 크고 작은 시도들을 포함하는 일이다. 1999년과 2000년에 연달아 개최되었던 '월경 페스티발'은 낙태공론화의 시발점이라고 볼 수 있다.

월경을 터놓고 이야기하기 시작했듯이 낙태에 관해 이야기하기 전에 우리는 몸에 관한 이야기들을 좀더 많이 풀어내야 할 것 같다. 우리가 하지 못한 이야기가 어디 낙태뿐인가! 드러낼 수 없는 경험과 드러내도 되는 경험들이 나뉘어 있다. 날씬한 몸은 드러낼 수 있고, 군살은 드러낼 수 없다. 여자는 길고 굵은 털이 난 다리를 드러내고 반바지를 입을 수 없다. 결혼 안 한 여자의 임신은 드러낼 수 없다.

낙태에 관해 이야기한다는 것은 말해지지 않은, 침묵을 강요당하는 모든 경험들을 풀어내야 한다는 것을 뜻한다. 성에 관한 경험, 성기, 성적인 환상, 자기 몸에 대한 느낌, 다른 사람의 몸에 대한 느낌…이 모든 것들이 우리 사회 여성들에겐 금기의 영역이었다. 너무 오랫동안 말하지 않고 살아왔기 때문에 어떻게 말해야 하는지 조차 알 수 없다. 낙태에 관해 말하기는 바로 이런 '오랜 침묵'과 연루되어 있는 것이다.

약국에서 "피임약 주세요"라고 긴장하지 않고 말 할 수 있어야 하며, 결혼하지 않고도 아이를 낳아 키우는 것이 대수롭지 않은 일일 수 있어야 한다. 결혼제도 안에 들어가는 것만이 '정상적인' 이성애자의 삶이라는 각본이 변화되지 않는 한, 낙태경험은 침묵의 장벽 뒤에 계속 갇혀 있을 수밖에 없을 것이다.

다음 글은 〈언니네〉라는 여성주의 포털사이트에 연재된 낙태 기획기사 중 일부이다.

나는 15년 전에 낙태를 했습니다. 오랜 시간이 흘렀군요. 낙태수술을 하던 날

의사가 아이의 심장소리를 들려주었습니다. 마지막 인사라도 하라는 듯. 하지만 저는 마지막 인사조차 하지 못했습니다. '톡…톡…' 간헐적으로 들리는 기계음이 아이의 심장 뛰는 소리였지요. 수술대에 누운 저에게 그 소리는 그냥 기계음이었습니다.

온몸을 아주 무디게…감정도 쇠처럼…만들어야 했나 봅니다. 뱃속에 숨쉬고 있는 '어떤 존재'를 부정하지 않으면 안 되었으니까요.

'어떤 존재'의 죽음을 슬퍼하기보다는 내가 직면한 상황들이 더 무섭고 힘들었습니다. 병원을 찾아다니고, 헛구역질을 참으며 일상을 버티어내고, 남자친구의 말 한마디 한마디에 온갖 신경이 곤두서는….

그랬습니다. 그때 나는 '내 몸이 죽을까봐' 두려웠습니다. '내 미래'가 사라질까봐 불안했습니다. '나의 연인'이 떠날까 봐 안절부절했구요…

몇 년 후 다른 이유로 애인과 헤어졌습니다. 과거 있는 여자가 되었습니다. 한동안 또 다른 연애를 하지 않았지요. 누군가를 만나면 아무 일도 없었던 것 처럼 새로운 연애를 할 수 없을 거 같았습니다. 스무 살 고개를 그렇게 넘었지요.

그런데…어느 날 이런 생각이 들었습니다. 누군가와 '관계' 맺는 법을 아주 처절한 '실전'으로 터득해왔구나…아무도 가르쳐주는 사람이 없었습니다. 하지만 오랜 연애와 한 번의 낙태경험, 그리고 헤어짐이라는 과정을 통해서 몸과 마음의 욕망을 '관계'속에서 누구에게도 (나, 남자, 그리고 생길 수도 있는 아이) 상처 입히지 않고 풀어나가는 법을 혼자 익혀나갈 수 있었습니다.

남들이 볼 때는 우스꽝스런 춤을 추는 것처럼 보일지 모릅니다. 좌충우돌, 아무 생각 없이 부딪히고만 있는 걸로 보였을 테지요.

누군가 나보다 먼저 바보 춤을 춘 사람이 '이 길로 가면 함정에 빠질 거야…조심하는 게 좋아.'라고 솔직한 경고를 해주었다면…그 춤은 추지 않았을지도 모릅니다.

이제…15년 전의 경험은 내 삶에서 아주 중요한 이정표가 되었습니다. 새로운 연애를 할 때에도 나는 '예전보다 더 이성과의 관계를 성숙하게 푸는 사람'이라는 느낌을 갖습니다. 더 잘 표현하고, 더 잘 배려하며, 나를 존중하지 않는 어떤 행위나 표정, 느낌을 그냥 받아들이지 않으니까요.

기계음을 남기고 내 곁을 떠난 '어떤 존재'…내가 나 자신을 미워하고, 학대하기를 멈추지 않았다면 그 아이도 영원히 내 안에 '불행한 상처의 기억'으로 남았을 겁니다.

지금 이 글을 읽고 있나요? 나와 같은 경험을 했나요? 참 어려운 결정이었습니다. 아무도 도와주는 사람 없는…수술이 끝난 후에도 혼자 많은 것들을 겪어나가야 합니다. 절대로, 자신을 낮추지 마세요. 자신이 미워지나요? 실컷 미워하세요. 하지만 두고두고, 조금씩 평생 자신을 미워하지는 마세요.
다른 사람이 당신을 미워할까 봐 두려운가요? 아마도…당신이 자신을 미워하게 되면 다른 사람들도 당신을 미워하게 될 거예요. 이제 또 다른 결정을 해야 합니다. 나의 경험을 어떻게 읽을 것인지에 대한. 당신의 이야기를 만들어 가세요. 15년 후, 당신은 어떻게 이야기를 써나가게 될까요? 또 다른 만남과 결정이 당신의 미래를 만들어 갈 겁니다.
나는 지금도 내 삶의 이야기를 열심히 써나가고 있답니다.

자, 15년 전에 당신과 같은 경험을 한 나의 축복을 받으세요!

힘겨운 결정을 해낸 당신의 아픔에 공감합니다.
힘겨운 결정을 해낸 당신이 해낼 앞으로의 선택은 더 현명하고, 여유있어질 거예요.
당신의 앞날에 축복을 보냅니다!

2. 연애 중에 낙태하게 되는 '과정' 읽기

서울시의 한 대학에서 실시한 설문조사에 따르면,[1] 혼전 성관계 경험은 남학생이 전체 응답자 가운데 20%(무응답 23.5%), 여학생이 23.2%(무응답 29.2%)였다. 한편 결혼 상대자가 타인과 혼전 성경험을 했다면 수용할 수 있는가라는 물음에 대해서 남학생 68.2% 여학생 41%는 수용할 수 있다. 남학생 35.9%, 여학생 29.3%는 수용할 수 없다고 대답했다.

이처럼 혼전 성관계가 일반화되고 있을 뿐만 아니라 결혼제도 밖에 다양한 형태의 성적 경험들이 생겨나고 있다. 30대 독신여성, 독신남성이 늘어나고 있고, 이혼율이 증가하면서 독신 가구주들도 생겨났다. 혼전 성관계는 결혼하기 이전의 과도기적이고 일시적인 성경험이 아니라 독신을 삶의 방식으로 선택한 사람들의 장기적인 성관계 경험이며, 하나의 '삶의 방식'으로 자리 잡고 있는 것이다. 이렇게 다양한 삶의 방식이 생겨나고, 혼전 성관계를 하는 사람들이 증가하는 현상과 낙태는 서로 어떤 관계에 있는가? 성관계를 하면서 임신을 통제하지 못하는 이유는 무엇인가? 왜 여성들은 자신의 몸에 일어나는 일들을 통제하지 못하고 낙태를 하는 것일까?

프리맨(Freeman)은 낙태를 여성에 대한 모순적인 사회적 기대의 결과라고 보았다. 사회규범은 개인의 선택과 성행위에서 자기 관리를 가치 있게 여기지만, 모순적으로 여성의 성행동은 순종적이고 유약한 것으로 기대되기 때문에 이러한 모순이 낙태를 야기한다는 것이다.[2] 우리 사회는 '여성은 순결해야 한다'는 전통적 유교윤리가 여전히 남아 있는 동시에

---

1 서울시립대학교 2004년 2학기 여성학 수강생들 대상으로 한 설문조사결과.
2 Rodman,Hyman(1987), *The Abortion Question*, New York: Columbia University, p.78.

1990년대 이후 '쾌락', '욕망'의 성담론이 부각되면서 보수적인 성규범과 실제 성관행 사이의 괴리감이 점차 커지고 있다. 우리나라 미혼여성 가운데 얼마나 많은 수가 낙태를 경험하는지에 대한 정확한 통계는 나와 있지 않지만, 전체 낙태 건수 가운데 약 30% 이상이 미혼여성의 낙태라고 유추할 수 있다.[3] 그렇다면 연간 50만 명 이상의 미혼여성이 낙태를 경험하고 있는 것이다.

이렇게 결혼하지 않은 사람들의 성경험이 많아지고, 혼전 혼외 성관계 경험에서 비롯되는 낙태 건수도 상당수에 이르고 있으나 우리 사회에서 미혼여성의 낙태문제가 공론화된 경우는 거의 없었다. 특히 여성의 입장에서 '낙태를 할 수밖에 없는 이유'가 무엇인지를 파악하고 대안을 모색하려는 시도도 미약했다. 그래서 이 글에서는 미혼여성이 어떤 '과정'을 통해 낙태하게 되는지, 즉 낙태에 이르는 맥락에 초점을 맞추어 살펴보려고 한다. 그리고 '연애'를 하면서 성관계와 원치 않은 임신, 낙태를 했던 여성들의 경험을 통해 여성의 성에 대한 일련의 경험들이 과연 주체적인가 아닌가, 만약 주체적이지 못하다면 그 이유는 무엇인지를 묻게 될 것이다.

연애는 여성들이 '학생'이나 '딸'로서가 아니라 사회적으로 기대되는 '여자'로서의 역할과 태도를 보다 구체적이고 직접적으로 경험하는 장이다. 대부분의 여성들이 '연애'를 하면서 가벼운 접촉에서 삽입성교에 이르는 성행위를 경험하기 시작한다. 연애과정에서 체화된 성에 관련된 가치

---

3   홍문식(1990) [인공 임신중절실태에 관한 연구-일부 중도시 지역의 시술기관을 중심으로], 한국보건사회연구원. 이 연구에 따르면, 해당 조사지역에서 낙태경험 여성 중 미혼여성이 30%를 차지하고 있다고 한다. 그러나 미혼여성 낙태 건수 비율은 이보다 훨씬 높을 것이다. 병원에서 정확한 시술 건수를 밝히려 하지 않을 뿐 아니라 대부분의 미혼여성들이 자신이 미혼이라는 사실을 숨기고 시술을 받는 경우가 많기 때문이다.

관, 행동방식은 이후 여성의 삶 전반에 많은 영향을 끼치게 된다. 특히 혼전 성관계의 맥락 속에 여성들이 낙태를 하도록 만드는 어떤 요인들이 숨어 있다면, 이 요인들은 이후 그 여성의 삶에서 계속 낙태를 유도하는 요소로 남을 것이다.

그렇다면 여성들이 연애과정에서 낙태를 하는 이유는 무엇이며, 낙태를 하지 않기 위해서는 어떤 전략이 필요한가? 나는 이러한 문제의식을 여성들이 연애과정에서 언제, 어떻게 성관계를 하고 있으며, 왜 원치 않은 임신이나 낙태를 하는지를 통해 분석해보려 한다. 이를 위해 약 10명의 여성들이 혼전 성관계, 임신, 낙태를 하게 된 과정을 인터뷰했다.[4]

1) 혼전 성관계의 각본-피임과 성관계 결정은 누가 하는가

사례 여성들 10명의 성과 관련된 일련의 경험들을 표로 정리해 보면 다음과 같다. 교제 기간, 성관계를 시작한 나이, 당시 여성의 직업, 사귀던 남성의 나이와 직업, 그리고 낙태 횟수가 표에 나타나 있다.

사례 번호	현재 나이	성관계 시작 때의 나이		교제이전 성관계 유무		첫 성관계시 피임여부	연애당시 여성직업	결혼상태 /현재직업	낙태 횟수	교제 기간
		여	남	여	남					
1	30	28	28	무	유	안함	대학생	기혼/대학강사	2	3
2	29	20	22	무	유	안함	대학생	미혼/대학원	1	4
3	27	21	22	무	?	안함	대학생	미혼/회사원	1	4

---

4   10사례를 1990년에서 1993년 동안 인터뷰했다. 나는 사례 여성들과 여러 차례 장기간에 걸쳐 만나 인터뷰했으며, 녹음기를 사용하여 기록했다. 주로 사례 여성들의 집이나 카페에서, 혹은 전화로 인터뷰가 이루어졌다. 이 글에 실린 인용문들은 내가 1993년 여성학과 석사논문으로 제출한 「미혼여성의 성에 관한 연구-낙태행위를 중심으로」에서 재인용했다.

사례 번호	현재 나이	성관계 시작 때의 나이		교제이전 성관계 유무		첫 성관계시 피임여부	연애당시 여성직업	결혼상태 /현재직업	낙태 횟수	교제 기간
		여	남	여	남					
4	25	23	23	무	무	안함	자영업	기혼/자영업	0	4
5	29	21	23	무	무	안함	대학생	전업주부/다른사 람과 결혼	1	6
6	27	23	30	무	유	안함	영업사원	무직/독신모	4	5
7	25	23	30	무	유	안함	생산직	생산직 /동거 후 헤어짐	1	2
8	25	24	26	무	?	안함	사무직	미혼/사무직	2	3
9	28	26	27	무	?	안함	대학생	미혼/취업준비	1	3
10	26	23	23	무	무	안함	대학생	미혼/대학원생	1	8

이 단순화된 표에서 주목해야 할 것은 처음 성관계를 할 때 피임을 한 사례가 단 한 건도 없다는 사실이다. 위의 여성들이 처음으로 성관계를 시작한 나이는 20-28세였다. 성인 여성이 아무런 준비도 없이 성관계를 시작하고 있는 것이다. 여기에서 '준비'란 피임과 같은 실질적인 것부터 출산에 대한 계획, 자기 삶 속에서 연애가 차지하는 비중에 대한 모색, 성에 대한 욕구를 당당하고 구체적으로 표현하는 힘 기르기에 이르기까지 다양하고 복합적인 것을 의미한다. 응답자 가운데 한 여성은 '피임을 안 하면 임신한다는 것쯤은' 알고 있었지만 피임을 하지 못했던 이유를 이렇게 설명하고 있다.

(이하 괄호안 표기는 면접자의 말: 그때 피임을 준비했는가?)

(사례 1) 아니지. 전혀 안 한 상태지. 다만 어떻게 하면 임신이 된다는 것에 대한 기본적인 상식은 갖고 있었지. 나야 언제 임신한다는 것쯤은 알고 있었지.

(그런데도 피임하지 않은 이유는?)

(사례 1) 같이 여관 가는 것도 몇 번을 망설이다 그랬는데 피임하자는 말을 어떻게 하냐. 지금 같으면 하지만. 그때는 그러기 어렵지. 그래도 그날은 임신할 기간이 아니라는 걸 계산해서 여관 가는 걸 허락한 거지. 나야 언제 임신한다는 것쯤은 알고 있었지.

(그 다음에는 피임했는지?)

(사례 1) 안 했어. 대부분 안전한 상황이라고 생각했지. 피임이라고 했던 건 월경 주기법, 체외사정 같은 거였는데 실패한 거지.

(한 번도 콘돔이나 약 같은 것을 써본 적은 없었나?)

(사례 1) 약도 써봤지. 우선 구입하는 방법부터 되게 어렵더라. 약국 가서 사고 이런 것들이…. 여관에서 콘돔 산 적도 몇 번 있었어.…지금은 하면 안 된다고 말하고 그랬지. 남자들은 몸 밖에다 사정하면 안 한 것 같은가 봐. 그래서 싫어하지. 차라리 콘돔을 사용하거나 아니면 약을 집어넣고…. 나중에는 피임하자고 말하는 게 어렵지는 않았어. 그땐 이미 알 건 다 알았으니까. 그래도 내가 먼저 피임약을 사서 준비한 적은 없어. 가다가 도저히 안 되겠다 싶으면 내가 사자고 그러지. 그럼 지가 샀어, 들어가서.

(제일 많이 사용한 피임기구는?)

(사례 1) 쓰긴 좌약을 많이 썼는데 그것도 몇 번 안 써봤어. 손에 꼽을 정도야.

(성관계를 시작할 당시에 몇 살이었나?)

(사례 1) 스물여덟 살.

(그때 피임에 대해서는 얼마나 알고 있었나?)

(사례 1)   콘돔하고 좌약이 있다는 건 알았지. 배란일, 주기 이런 건 알았지. 임신하게 된 날은 그때 괜찮을 것이라고 생각했었을 거야. 내 주기가 불규칙해서 잘못된 거지.…결혼한 다음에는 오히려 피임하기가 쉬웠어. 약 사는 것도 그렇고. 내가 사기도 했어. 왜냐하면 심리적으로 그런 게 있거든. 의사가 알건 모르건 난 결혼한 여자에요, 이게 스스로 확인되니까.

위의 여성은 스물여덟에 최초의 삽입 성관계를 경험했으며 대학원에 다니고 있었고, 피임이나 성에 관한 기본적인 정보나 지식이 있었다. 뭐가 뭔지 몰라서 피임할 생각조차 못하는 것도 큰 문제지만, 이 여성처럼 알 만큼 알면서도 '피임약 사는 것이 창피해서', '피임하자고 말할 수 없어서' 피임을 못하는 경우도 많다.

가임기간에 피임하지 않은 상태에서 이성과 삽입 성관계를 하면 임신이 된다. 이 사실을 알면서도 '피임하자'고 요구하기 어려울 때 대신 어떻게 하는가? 위의 여성처럼 대충 가임기간을 피해서 성관계를 하거나 상대 남성에게 '헤픈 여자'로 보이지 않을 정도로 적당히 말해보는 정도다.

그런데 남성들이 피임을 하지 않는 이유는 무엇일까? 사례 여성들의 인터뷰를 보자.

(남자가 피임하자고 한 적은 없나?)

(사례 8)   그 사람은 피임 안 했어요. 콘돔 같은 거 사용 안 했어요. 사랑하는데 증표가 남아야 되지 않겠느냐면서….

(피임을 했을 때는 주로 어떤 방법을 사용했는지?)

(사례 10)   피임은 주로 질외사정을 했어요. 그때 내가 임신했을 때는 술을 많이 먹은 상태여서 컨트롤이 안 된 거 같아요. 콘돔은 한 번 써봤는데 나도 별로

느낌이 안 좋고…. 막 미끈미끈하다는 느낌이 들고, 걔도 별로 느낌이 안 좋대
요. 별로 안 좋아서 그건 안 써요.

(남자가 피임한 적은 없나?)

(사례 9) 그 형은 여자가 피임하는 걸 반대했어요. 몸에 안 좋다고. 콘돔으로
했어요. 그런데 주로 날짜를 맞춰서 피했고, 콘돔은 거의 안 썼던 것 같아요.

인터뷰 사례에서 보면 가장 일반적으로 선택되는 피임법은 '자연 주기
법'과 '체외사정'이었다. 특히 체외사정은 남성이 여성의 질 안에 사정을
하느냐, 마느냐에 따라 피임이 좌우되는 방법이다. 〈사례 10〉과 같이 술
을 마신 상태에서 잠시 방심하면 '컨트롤'이 안 된다. 남성이 정신 차리고
있느냐 아니냐, 남성이 자기 몸을 제대로 컨트롤하느냐 못 하느냐에 따라
여성의 운명이 좌우되는 것이다.

만약 성기의 형태나 구조, 그리고 사회 문화적인 조건들이 모두 동일한
상태에서 남성에게 자궁이 있다고 가정해보자. 지금처럼 남성은 성충동
을 사회적으로 인정받으며 여성을 정복과 소유의 대상으로 여긴다고 하
자. 그런데 남성이 임신과 출산을 할 수 있는 몸을 갖고 있는 것이다. 남
성이 정자를 사정하는 것이 아니라 여성이 난자를 체외로 내보내 남성 몸
안의 정자와 만나 임신하게 되는 구조라면 지금처럼 남자들이 피임에 대
해서 안이할 수 있을까? 아마 콘돔을 쓰지 않고 성관계를 시도하려는 여
성을 '헤픈 여자, 욕정에 불타는 여자'로 비난할 것이다.

알면서도 할 수 없고, 몰라서 못하는 피임이라는 것. 그것은 개인적으
로 피임에 대해 얼마만큼 많은 정보가 있고 지식을 갖고 있느냐의 문제가
아니다. 성관계와 피임을 둘러싼 결정을 내리는 주체가 누구이며, 그 결정
에서 소외되고 있는 것이 누구인가의 문제인 것이다. 세상에는 수많은 종
류의 피임약과 질 좋은 콘돔이 있다. 요즘에는 슈퍼마켓에서도 콘돔을 판

1부 낙태 현실과 재생산 정책

다. 그러나 중요한 것은 손바닥에 콘돔을 쥐고 있어도 그것을 남성 성기에 끼울 수 있는 힘을 갖지 못했다는 점이다.

피임에 대한 결정권뿐 아니라 성관계를 할 것인지 말 것인지, 언제 어디에서 어떻게 성관계를 할 것인지도 남성의 의지에 따라 결정되고 있다. 아래의 예와 같이 데이트 강간으로 성관계를 시작한 경우도 있었다.

(어떻게 성관계를 하게 되었는지?)

(사례 2) 그냥 같이 있다 보니까…. 둘이 같이 있다가 그런 일이 생기게 됐어요. 왜 그랬냐면, 그 형 집이 항상 비어 있고, 주로 집에서 만나고 놀았거든. 자연스러운 일이었어요. 하지만 늘 우발적으로 성관계를 갖게 되는 상황이 일어났어요. 물론 어떻게 생각하면 그 집에 가면 그런 일이 생길 거라고 짐작했지만, 어쩔 수 없었어요.

(사례 3) 2월에 본격적으로 연애하기 시작해서 성관계는 5월에 가졌고, 그동안 과정이 있었지요. 낮에 어머니가 안 계시니까 집이 비고, 가서 살림하다시피 하고 지냈어요. 그러다가 어느 날 그 형 방에서 성관계를 가지게 되었는데 수치스러웠어요. 알몸을 보인다는 것이. 저항을 했지만 나도 사실은 저항할 마음은 아니었어요. 옆 방에 동생들이 있어서 소리도 못 내고 그랬죠.
성관계를 한다는 것은 거의 상상도 못 했어요. 거의 강제로 한 셈이에요.

(어떻게 성관계를 하게 되었는지?)

(사례 8) 하루는 자기네 회사 동료와 내가 자취하는 집에 왔더라고요. 밤늦도록 얘기하다가 그냥 침대에서 셋이 잤는데, 아침에 그 친구는 먼저 가고, 그 사람은 안 가더라구요. 남자가 옆에 있다는 생각이 전혀 없었어요. 가슴이 뛰거나 불안하지도 않았구요. 그런데 그 사람이 갑자기 결혼하자고 그러면서 허락하지 않으면 안 된다고 그랬어요. 그렇게 해야만 도망가지 않을 것 같다고 하면서 거

의 강제로…. 그 사건 이후 그 사람이 날 너무 쉽게 볼 것 같아서 헤어지려고 했어요. 죽겠다는 생각도 했어요. 순결도 그렇고…. 아무도 날 받아 주지 않을 것 같았구요….

〈사례 2, 3, 8〉의 경우 처음 성관계를 할 때의 상황뿐 아니라 연애하는 동안 지속적으로 일방적인 성관계를 당한 것으로 나타난다. 이처럼 혼전 성관계에서 성에 대한 표현이나 대화가 거의 이루어지지 않는 이유는 남성과 여성에게 서로 다르게 적용되는 이중 성규범의 영향 때문이라고 볼 수 있다.

성에 대해 적극적이면 '정숙하지 않다'는 통념 때문에 여성은 성에 대해 표현하지 못한다. 여성들은 성관계를 '하고 싶지 않다'고 말하지 못할 뿐 아니라 성관계를 '하고 싶다'고 표현할 자유도 없는 것이다. 반면 '남성의 성충동은 억제할 수 없다'는 통념은 일방적이고 폭력적인 성관계를 '남자다운 행동'으로 여기게 하며, 성관계를 의사소통의 방식이 아니라 '소유', '정복'으로 인식하도록 만든다.

남성들의 성에 대한 인식은 여성의 몸을 분절화하여 특정한 부위를 성애화하는 특징을 가진다. 사례 여성들도 대상화, 물체화되는 경험을 하고 있다.

(사례 3) 한번은 이런 일도 있었어요. 걔가 군대 있을 때 면회를 갔는데 말도 안 하고 쳐다보지도 않고 있다가 그냥 성관계를 하는 거에요. 그러더니 끝내고 그냥 나가버리는 거에요. 마치 창녀 취급을 받은 것 같았어요. 그래서 편지에다 이 소리 저 소리 써서 보냈더니 미안하다고 그러더라구요.

(사례 10) 얘는 성관계할 때 내가 옷을 다 벗는 걸 싫어해요. 그리고 짧은 치마 입는 걸 굉장히 좋아해요. 그런데 반바지는 싫대요. 짧은 치마를 입으면 다리

선이 나오잖아요. 그게 굉장히 자극적이래요. 성적으로. (중략) 내가 짧은 치마를 입고 있을 때는 치마를 입은 채로 성관계를 해요.…난 지금 같은 관계도 좋지만 옛날 친구였을 때가 더 그리울 때가 있어요. 얘는 무조건 아무도 없으면 성관계를 하려고 그러니까. 나는 그렇게 급하게 하는 거 별로 좋아하지 않아요.

또한 지속적으로 일방적이고 남성 중심적인 성관계 방식에 익숙해져 성행위는 '으레 그런 것이다'라고 믿게 된다. 이처럼 연애하면서 여성들은 일방적이고 남성 중심적인 성행위의 각본을 수용하게 되는데, 다음의 사례는 일방적인 성관계와 상호적인 성관계의 차이를 이렇게 말하고 있다.

(사례 2) 그 형하고 헤어지고 나서 호주 유학 중에 ○○씨를 만나 사귀다가 같이 자게 됐는데, 그때 '성관계란 이런 것이구나'라고 알게 됐어요. 내가 하고 싶지 않을 때는 억지로 요구하지 않았고, 피임도 알아서 철저히 하고 그랬어요. 보통 남자들하고는 좀 달랐어요. 성관계하면서 불안하거나 그런 것도 없었고, 이용당하는 것 같다는 느낌도 들지 않았어요. 지금은 성관계가 얼마나 서로를 배려할 수 있는 경험인지 잘 알아요. 또 그래야만 한다고 생각해요. 나의 욕구에 대해서도 알아요.

〈사례 2〉의 여성은 '보통 남자'들과는 달리 성관계를 상호적인 관계로 인식하고 피임을 철저히 하는 남성과의 성관계를 통해 과거의 경험이 일방적이었음을 '비교할 수 있는 눈'을 갖게 되었다. 하지만 이 사례의 말대로 한국의 '보통 남자'들이 성을 상호적인 의사소통의 방식으로 받아들이는 경우는 거의 없기 때문에, 여성들은 일방적으로 대상화되며 경우에 따라 폭력적인 성관계를 '정상적이고 당연한 것', '화가 나지만 어쩔 수 없는 것'으로 여기게 된다. 사례 여성들은 연애과정에서 자기 몸의 '주인공'이 되는 경험을 하는 것이 아니라 성적으로 대상화되거나 남성의 요구에 '순응'하고 있다.

성을 소유나 정복의 대상으로 여기는 관념, 그리고 여성의 순결만을 중시하는 이중 성규범은 성관계를 '의사소통 방식'이나 육체적·정서적 만족을 얻기 위한 행위 이상의 의미를 갖게 만든다. 즉 연애과정에서 혼전 성관계는 '좀더 진지한 관계', '결혼할 사이'라는 확신을 갖게 하거나 결혼할 필요성을 느끼게 하는 계기로 작용함으로써 여성이 상대 남성에게 더 의존하게 하고 관계를 유지하기 위해 집착하게 만든다. 이러한 필요성은 일방적이고 폭력적인 성관계를 묵인하거나 수용하게 하는 요인으로 작용하기도 한다.

이상과 같이 여성들은 '연애'를 통해 사회적으로 기대되는 여성다움의 태도를 좀더 구체적이고 직접적으로 경험하게 된다. 그리고 성관계 경험에서 체화된 성에 관한 가치관과 행동방식은 임신, 낙태의 결정과정에도 많은 영향을 미친다.

2) 원치 않은 임신

지금까지 피임과 성관계를 '결정할 수 있는 힘'이 여성들에게는 허용되지 않을 뿐만 아니라 여성들이 피임기구를 구입하거나 피임을 실행하지 못하게 하는 어떤 장애들이 존재한다는 것을 알 수 있었다. 대상화된 일방적 성관계가 지속되고, 여성이 피임을 자기 의지대로 실행하지 못하기 때문에 '임신' 역시 억압적인 경험으로 나타난다.

> (사례 1) 혹시 임신이 됐을까 봐 걱정하면서 그냥 넘어가게 해달라고 하느님께 기도하지. 그리고 생리가 안 나오면 어쩌나 걱정한 게 한두 번이 아니니까. 만약 요번에 생리를 하게 되면 다음부터는 다시는 이런 짓 안 한다는 식으로 하느님께 빌지, 호호호……

(사례 5) 평소에 늘 피임을 하지 않고 관계를 했기 때문에 그때마다 임신할까 봐 걱정했어요. 생리가 좀 늦어지면 아무 일도 못 하고 밤에 잠도 못 자고…. 한 번은 이런 일도 있었어요. 생리가 한 달이 지나도록 없어서 걱정을 하다가 병원에 갔어요. 누가 볼까 봐 골목 구석에 있는 허름한 병원을 찾아서 들어갔는데 소변 검사를 하더라구요. 그런데 임신이 아니라는 거에요. 그 말 듣고 나서 그날 밤에 바로 생리를 했어요. 상상임신이었나 봐요.

이처럼 피임하지 않은 상태에서 성관계를 지속하는 여성들은 항상 임신에 대해 불안감을 갖는다. 피임을 할 수 없기 때문에 임신 역시 선택할 수 없는 것이다. 충분히 준비하여 선택적으로 임신하는 것과, 출산이나 양육이 불가능한 상황에서 무방비 상태로 임신당하는 것은 매우 다르다. 원하지 않는 임신은 '생명'의 잉태가 아니라 암과 같은 '질병' 또는 '장애'로 여겨진다.

(사례 2) 형이 구해 온 약으로 검사를 해봤어요. 반응이 임신이라고 나왔지만 믿지 않았어요. 그럴 리가 없다고 생각했어요. 아닐 거라고 부정하면서 일부러 친구들과 아무 일 없는 것처럼 제주도로 여행까지 갔으니까……. 다녀와서 병원에 다시 갔어요. 무슨 생각을 하고 고민하고 그럴 여유도 없고, 그저 멍한 상태였던 것 같아요. 내 일 같지가 않았으니까….

(사례 5) 임신했다고 의사가 그러는데 눈물이 막 쏟아지더라구. 형도 군대에 있었으니까. 나 혼자 그러고 다니는 게 처량하고. 엄마가 알까 싶어서 티 안 내려고 얼마나 애먹었다구요. 현기증도 나고 구역질도 나고, 졸립고 그러더라구요. 나한테 이런 일이 생긴다는 게… 꿈이었으면 좋겠다, 그런 생각도 많이 했던 거 같아요….

하지만 계획된 임신은 전혀 다르게 경험된다. 〈사례 1〉의 여성은 결혼 전의 임신과 결혼하고 나서 계획적으로 임신했던 경험의 차이를 다음과 같이 설명했다.

(결혼하고 나서 임신의 느낌은?)
(사례 1) 다르지.

(혼전 임신과 어떻게 다른가?)
(사례 1) 정말 틀려. 임신했을 때 무척 좋았지. 특히 요번 임신은 해야겠다라고 생각했던 거잖아. 한 석 달인가 계속 시도를 했는데 임신이 안 됐어. 그거 되게 초조하더라. 왜냐하면 내가 두 번이나 낙태를 했는데, 그 전에도 임신이랬다가 아니고 이러니까 중절 많이 하면 임신이 안 된다는 말도 있고 그래서 되게 무서웠어.

그리고 결혼한 지 1년 정도 되니까 아이를 무척 갖고 싶더라고. ○○씨도 은근히 바라고. ○○씨는 결혼한 다음에 낙태했을 때, 하고 오니까 나중에 자기는 그냥 낳았으면 했다고 말하더라고. 그 후에 임신이 안 됐던 거지.…나 막 신경질 되게 부렸어. 임신할 수 있는 주기가 있잖아. 그때 ○○씨가 무슨 일이 있어서 못 들어오는 거야. 그럼 막 신경질 부리고 그랬어. 그럼 ○○씨가 막 미안하다고 그러고…내가 생각해도 너무 웃겼어. 호호호. 나도 아줌마 다 됐지.…그러다 임신했다고 동네 산부인과 가서 들으니까 너무 좋더라. 너무 좋아서 그 소리만 듣고 다른 주의사항은 물어 보지도 않고 감사합니다, 그러고 나와버렸다니까. ○○씨는 임신이랬다가 아닌 적이 많아서 종합병원에서 진단받고 나서야 확실히 믿더라고. 그 다음에 ○○씨도 이제 본격적으로 좋아했지. 뭐 요새 같은 경우야 되게 좋지.

(이번에 임신했을 때는 의사에게 물어 보고 그럴 수 있었나?)

(사례 1) 그럴 수 있었지. 그러니까 이번에는 생명으로 느껴지는 거고, 그 전에는 생명이 아니라 무슨 혹같이 느껴지는 거야. 커다란 멍에같이 느껴지고. 그 당시에도 마찬가지였을 텐데, 지금은 아기가 어떤 형태일 것이다, 손가락이 어떨 것이고, 이제야 비로소 그런 생각이 드는 거지.

여성이 임신을 하면 두 가지 변화가 일어난다. 첫째 여성 자신의 육체적·정신적 변화, 둘째 태내에 있는 태아의 성장이다. 여성의 육체에 일어나는 호르몬의 변화와 태아가 성장하면서 작용하는 변화 때문에 여성들은 입덧, 현기증, 식욕 등을 느끼거나 정신적으로도 평소와 다른 변화들을 겪게 된다. 그러나 임신 3개월 이전에는 태동을 느끼지 않기 때문에 태아를 자각하지는 못한다. 임신진단을 통해 여성들은 '뱃속에 아이가 있다'는 것을 확인하는 것이다.

위 여성의 이야기는 '뱃속에 아이가 살고 있다'는 사실이 현실적 조건에 따라서 얼마나 다르게 경험되는지를 잘 보여 준다. 원치 않은 임신이 확인되었을 때 태아는 '혹', '멍에'로 느껴졌다. 그리고 육체적인 변화들-입덧, 현기증-은 고통스러운 질병으로 경험되기도 한다. 하지만 결혼 후 기다리고 기다리던 임신이 확인되었을 때 태아는 '생명'으로 느껴지고, '지금은 아기가 어떤 형태일 것이다. 손가락이 어떨 것이고…' 하는 즐거운 상상을 하게 만드는 존재로 변한다.

우리 사회는 여성에게 원하지 않은 임신을 미연에 방지할 수 있는 최소한의 자유(피임할 수 있는 자유)를 허용하지 않을 뿐 아니라 원치 않은 임신을 해결할 수 있는 대안도 다양하지 않다. 만일 미혼모가 '일탈'이 아니라 당당하게 선택할 만한 삶의 방식으로 존재하며, 독신여성이 혼자서 아이를 키우는 것이 '비정상'이 아니라면 낙태 외에도 '독신 어머니가 되어 양육하기'라는 대안들을 선택할 수 있다. 그러나 우리에게는 선택할 만한 삶의 방식이 다양하지 않다.

여성이 임신, 출산, 양육을 선택할 수 있으려면 '결혼제도' 안에 들어가야만 한다. 때문에 연애과정에서의 성경험도 '결혼'과 기존의 남녀 권력관계의 영향권에서 벗어나기 어려운 것이다.

3) 낙태수술 경험

앞서 우리는 연애과정에서 다른 대안 없이 직접적·간접적으로 낙태가 유인되고 강제되는 요인들을 살펴보았다. 연애과정에서 심화되는 남녀의 불평등한 권력관계, 이중 성규범, 선택할 만한 대안의 부재는 여성을 낙태로 몰고 간다. 그러므로 지금 우리 사회에서 낙태는 여성의 '선택'이 아니라 '강요된' 결정이다. 이렇게 낙태가 강요되는 상황이지만 여성들은 낙태수술을 할 때에도 적절한 도움이나 정보를 얻지 못하고 있다. 낙태수술 경험도 매우 억압적인 것으로 나타난다. 수술방법이나 후유증, 경과에 대한 충분한 정보 없이 시술이 이루어지기 때문이다.

(수술대 위에서는 어땠어요?)

(사례 8)   죄 짓고 감옥에 들어가는 것 같았어요. 손이 묶인 죄수 같고, 어디 끌려가서 강간당하는 느낌까지 받았어요. 하도 끔찍해서 두 번째는 임신한 줄 알고도 수술하러 가는 걸 일 주일이나 미뤘어요. 그 남자가 아이가 커지면 너만 힘들다고 얼른 가자고 했어요. 너무 끔찍해요.

(사례 2)   다음날 형하고 병원에 갔어요. 전신마취를 했죠. 옷 벗고 수술대 위에 올라갈 때는 수치스러웠지만, 마취하고 나서는 아무 정신이 없으니까…. 수술대 위의 조명 같은 것들과 덜그럭거리는 소리 같은 게 아직도 생생해요.

(사례 6)   첫 애를 뗄 때 너무 고생스럽게 떼 가지구…. 나는 너무 고생스럽게

했어요. 마취가 안 되어서. 그러니까 마취 안 된 상태에서 애를 뗀 거예요. 의식이 다 있는 상태에서. 간호사가 막 허둥대니까 더 불안했죠. 그때, 간호원이 손에다 마취약을 놓는데 바늘이 부러졌나 어쨌나, 부러진 거 같아요. 막 허둥대더라구요. 가뜩이나 불안한 상태에서 누워 있는데 간호사가 그러니까 더 불안하더라구요.

이처럼 낙태시술 과정에서도 여성들은 소외되어 있다. 자신의 몸에 일어날 일들에 대해 충분한 정보가 주어지지 않은 상태에서 기구가 삽입되고 몸의 일부가 떨어져나가는 경험은 '무기력감'과 '수치심'으로 남을 수밖에 없다. 병원의 의료 관행이나 의사의 태도 역시 낙태를 손쉽게 할 수 있게 만드는 것으로 나타난다.

(사례 8) 의사가 올라가세요, 준비하세요, 그런 말만 하더라구요. 수술하실 거죠? 하면서요. 의사는 원래 사람의 생명을 구하는 건데……. 자세한 얘기도 듣고, 그러면 좋은데……. 낙태하면 불임위험이 있다거나 애를 낳는 방법을 생각해야 되지 않겠느냐는 식으로 의논도 하고 그러면 좋은데…….

(사례 2) 의사가 너무 불친절하고 뚱했어요. 임신한 지 4개월이 훨씬 넘었고 너무 늦게 왔다고 야단을 쳤어요. 수술하기에 많이 늦은 시기라고 하면서도 수술하지 말라고는 하지 않았어요. 나나 형이 어려 보이니까 아이를 낳겠느냐는 말은 묻지도 않았구요.

(사례 10) 의사는 뭐 아무 말 안 해. 처음에 딱 들어가서 임신 여부를 확인하러 왔다고 그랬지. 검사를 했더니 임신이래. 그래서 지웠으면 좋겠다고 그러니까 별 말 안 하고 나가서 수술동의서를 써오라고 그랬어. 그리고 며칠 후에 오라고 그랬나? 수술동의서도 뭐 정식으로 쓰는 게 아니라 시험지 같은 데다 그냥 대충 쓰는 거야.

우리나라는 임신 28주 이전의 낙태는 일정한 조건 아래 허용하고 있다. 임신 28주, 즉 3개월 이후의 낙태는 수술방법과 내용상 그 이전 시기에 행해지는 시술보다 복잡하며 후유증을 남길 확률도 높다. 보통은 여성의 자기 진단으로 마지막 월경이 시작한 날로부터 12주 이내를 임신 첫 3개월, 13-24주를 두 번째 3개월, 25주 이후를 마지막 3개월로 구분하여 낙태시기를 논한다. 임신 12주 이내에는 낙태시술이 제대로 되면 수술 후 질병이 거의 없는 것으로 밝혀지고 있으나 경험적 연구들에 따르면 3개월 이내의 초기 낙태라 할지라도 임신 경과에 따라 합병증, 후유증과 모체가 사망할 가능성이 생긴다고 지적하고 있다.

그러므로 3개월 이내의 초기 낙태가 아닌 후기 낙태는 심각한 후유증을 초래할 가능성이 더 높아진다고 볼 수 있다. 그런데도 〈사례 2〉와 〈사례 6, 7〉과 같이 4개월 이후의 낙태도 자연스럽게 이루어지고 있다. 한 산부인과 의사와의 인터뷰에서 다음과 같은 이야기를 들을 수 있었다.

> **(산부인과 의사)** 출산이나 임산부 진료는 의료 보험이 되니까 마진이 크지 않지만 낙태는 그대로 순수익이나 마찬가지니까…. 그리고 대부분 동네 산부인과에서는 출산을 하지 않으려고 해요. 왜냐하면 입원실이다, 산모 수발이다, 해서 시설비나 보조 경비가 많이 들거든요. 낙태는 간단히 수술하면 되고, 생명에 커다란 위험이 있는 것도 아니면서 수입은 수입대로 올릴 수 있으니까 좋은 수입원이라고 볼 수 있죠. 낙태가 산부인과 수입의 몇 퍼센트를 차지하는가보다는 낙태시술이 많은 이윤을 남긴다는 점이 중요하다고 생각합니다. 의사가 낙태를 권하지는 않지만 일부러 막을 이유도 없다고 봐야지요.

국가는 출산율 조절이라는 미명 아래 낙태를 간접적으로 유도하고 있으며 병원에서는 의료수가를 높이기 위해 낙태를 방조한다. 남성 중심적인 사회에서 여성의 몸에서 일어나는 임신, 낙태, 출산이라는 경험들을 둘러싼 법적·제도적 장치가 '여성의 경험'이나 '시각', '현실'을 중심으로 마련되는 것이 아니라, 국가 또는 기관의 정책이나 이익을 위해 여성의 몸을 통제하는 역할을 하고 있는 것이다.

또한 낙태를 하느냐 안 하느냐, 임신을 하느냐 안 하느냐는 사례 여성들이 교제하는 남성들의 상황이나 결정에 의해 좌우되기도 한다. 사례 여성들이 임신했을 때 상대 남성들은 대부분 학생이거나 경제력이 없는 상황이었으며, 결혼 의사가 분명치 않은 경우가 많았다. 여성이 직업과 일정한 경제력을 갖고 있는 경우에도 상대 남성이 유부남이어서(사례 6), 결혼 의사가 확실하지 않아서(사례 4, 7), 아직 결혼할 형편이 아니어서(사례 8) 낙태를 했다. 나머지 사례들은 여성도 학생이거나 직업이 없는 상태였다.

이렇게 여성이 낙태를 하는 과정에는 낙태를 '유인'하고 '강요'하는 개인적이고 구조적인 압력들이 존재한다. 이중 성규범, 국가의 정책, 임신시킨 남성의 개인적 상황 등 여성의 낙태결정 과정에는 여성을 둘러싼 남성 중심적 사회의 요구들이 개입되고 있는 것이다. 여기에서 우리는 과연 낙태가 여성만의 문제인가를 되묻지 않을 수 없다. 낙태는 여성의 결정인가? 낙태시키는 국가, 남성, 문화, 규범은 왜 문제 삼지 않는가? 낙태는 여성이 자발적으로 선택하거나 선택하지 않는 문제가 아니다. 태아의 생명과 여성의 몸이 국가와 개인 남성의 현실적 필요에 의해 통제되고 있는 것이다. 이처럼 사회적 조건에 의해 '강요된' 낙태수술을 받은 이후에 여성들은 복합적인 심리상태를 경험하는 것으로 나타난다.

(수술 끝나고 마취에서 깨어났을 때 기분이 어땠는지?)

(사례 1) 같이 왔던 친구들 보기에 창피했지. 좀 그랬지. 서글펐던 것도 있었어. 똑같이 하구서 나만 이런다 싶어서. 그런데 그런 것보다는 내가 살았구나, 이제 끝났구나, 그런 것도 있었지. 아마 그때는 뭐 별다른 것을 느끼지 못했던 거 같아. 그럴 정신이 없었어.

(사례 6) 둘이서 그랬는데 나만 이런 꼴을 당한다는 생각이 들면 분하고 억울해서 뭔가 치밀어 오르는 것 같았어요. 내가 좋아서 그런 건데 누굴 탓하랴 하는 심정도 있었지만 여자만 너무 고생하는 거잖아. 내가 저 사람 때문에 이런 일을 당했다 싶으니까 괜히 별것도 아닌 일로 화가 나고 짜증이 나고 그랬지.

(수술이 끝난 다음의 느낌은?)
(사례 2) 수술받은 다음에 여관에 방을 잡아놓고 하루종일 누워서 울었어요. 이젠 몸을 망쳤다는 생각도 들었고, 그냥 너무 비참하고 정신이 없고 막막했던 것 같아요. 죄책감도 들었고요.

(어떤 죄책감? 아이에 대한?)
(사례 2) 그런 게 아니라 사회적으로 비난받을 짓을 했다는 생각이 들었다고 해야 하나…. 하여간 해서는 안 될 짓을 했다는 생각이 들었던 것 같아요. 그리고 피해 의식도 있었고.…성관계는 우발적인 사건이니까 할 수 없다 해도 낙태는 그 수술을 할 때까지 생각할 시간이 있잖아요. 이성적으로 생각한 끝에 내린 결정이기 때문에 자신의 잘못은 지워질 수 없다고 생각했어요. 그리고 지금도 낙태에 대해서는 그렇게 생각해요. 시간이 흐른다고 잘못이 없어지지는 않잖아요.

〈사례 2〉의 여성은 자신이 '이성적으로 생각해서' 낙태를 선택했다고 말하고 있다. 그러나 이 여성은 임신사실을 병원에서 확인하고도 계속 부정할 정도로 현실을 받아들이지 못했고, 수술이 잘못되어 낙태수술을 두 번이나 받았다. 상대 남성과의 성관계도 '배설의 대상이 된 듯한' 일방적인 것이었다. 그런데도 자신의 낙태경험을 이성적 판단에 따라 저질러진 고의적인 잘못이라고 여기는 건 낙태에 대한 사회적 통념을 의식해서이다. 낙태가 구조적으로 여성의 몸을 통제하는 여러 요인의 결과라는 점을 인식하지 못하는 상태에서 여성은 낙태를 개인의 과실로만 받아들이게 된다.

(사례 8)　두 생명이나 죽였다는 생각에 고통스럽고, 나 자신과 그 남자가 원망스러워요. 죽어서 죄받을까 봐 무서워요. 그 남자가 나한테 잘해 주는 것도 미안해요. 나는 두 번이나 낙태를 한 못된 여잔데…….

(면접자: 접물론 두 사람이 내린 결정이지만 좋아서 한 건 아니잖아요. 출산을 하고 싶어도 할 수 없는 상황이었구요.)

(사례 8)　그렇지 않아요. 우리는 무책임한 행동을 했잖아요. 우리가 스스로 선택한 행동이니까요. 책임을 회피한 거에요.

낙태를 경험한 여성들은 성폭력 피해자와 마찬가지로 자신의 경험을 은닉하고, 〈사례 8〉의 여성과 같이 죄의식을 내면화하기도 한다. 성폭력 피해자 가운데는 폭력에 의해 강제로 성행위를 당했으면서도 '순결을 잃었다'는 자괴감을 갖게 되고 '내가 좀더 조신하게 행동했더라면……'하고 자책하는 경우가 많다. 또한 재판과정, 수사과정에서도 성폭력 가해자보다는 오히려 피해자가 책임을 추궁당함으로써 정신적 상처를 입기도 한다.

낙태경험도 마찬가지 문제점을 안고 있다. 낙태하는 여성들은 몸 관리를 제대로 못하고, 헤프고, 생명에 대한 존중감이 없으며, 순결하지 않은 여자로 낙인찍힌다. 여성의 순결만을 중시하는 이중 성규범 때문에 여성은 낙태경험을 공론화하기 어렵다. 그리고 낙태를 하게 만드는 남성들은 보이지 않게 숨을 수 있다. 국가는 형식적으로는 낙태를 금하면서 또 다른 장치를 이용해서 낙태를 권장하거나 유도하고 있다.

그러므로 낙태가 양산될 수밖에 없는 상황인데 낙태의 과실을 개인 여성에게 돌리는 것은 공정하지 못하다. 자신의 몸과 태아의 생명에 치명적인 영향을 미치는 낙태수술을 받는 여성들을 추궁할 것이 아니라 낙태시키는 남성, 낙태를 조장하는 국가, 여성의 몸을 통제하는 가부장적인 구조에 화살을 돌려야 한다. 성적 자기 결정권이 없는 여성에게 낙태는 '강요된 현실'일 뿐인 것이다.

생명은 소중하다. 태아의 생명과 성인 여성의 생명과 몸에 대한 권리 모두가 중요하다. 앞으로 태어날 인간의 권리도 중요하고, 지금 살아가는 인간의 삶의 조건도 중요하다. 아이를 임신하고 출산하는 과정은 여성의 몸에서 일어난다. 만약 여성이 언제 임신하고 출산할지를 스스로 결정할 수 있는 권리가 있다면, 성관계를 하고 안 하고를 결정할 수 있는 실질적인 힘을 갖고 있다면, 낙태가 지금처럼 만연하지는 않을 것이다. 그러므로 정말로 생명과 인권이 중요하다면 낙태를 야기하는 숨어 있는 요인들을 들추어 내고 여성을 둘러싼 억압적인 제도나 장치, 규범에도 메스를 대야만 한다. 낙태는 이중 성규범과 가부장적 사회가 만들어 낸 결과이며, 전체 사회가 짊어지고 해결해 나가야 할 문제이기 때문이다.

3. 어떻게 해결할 수 있을까?

그렇다면 낙태문제를 해결하는 방법은 무엇일까? 여성들이 낙태를 하지 않을 수 있는 현실적 조건을 만들려면 무엇을 어떻게 바꾸어야 하는가? 그리고 낙태를 결정했거나 낙태와 관련된 갈등상황에 처해 있는 여성들을 '지금, 당장' 도울 수 있는 방법은 무엇일까?

첫째, 피임을 당연하게 여기도록 해야 한다. 피임을 일상화하려면 피임기구와 피임 실행을 둘러싼 이미지를 전략적으로 변화시킬 필요가 있다. 혼전 성관계 경험이 낙태로 이어지는 요인 가운데 하나가 '피임 없는 성관계'였다. 앞의 사례가 보여주듯이 여성들은 피임기구를 구입하고 사용하는 데 많은 장애를 느끼고 있다. 그렇다면 여성들이 좀더 편하게 피임기구를 구입할 수 있도록 여자 화장실이나 휴게실에 생리대와 함께 콘돔이나 좌약 자판기를 설치하고, 자세한 사용법을 게시하는 것도 하나의 구체적인 방법 아닐까?

좀더 근본적으로는 '피임을 미리 준비하거나 요구하는 여자'는 '헤픈 여자다'라는 통념을 깨야 한다. 대통령 선거의 당락마저도 '이미지 만들기'에 달려 있는 사회에서 '피임' 이미지 바꾸기는 식은 죽 먹기가 아닐까? '혼전 성관계 때 피임을 준비하는 여자는 생명의 소중함과 자기 몸의 소중함을 잘 알고 있는 멋진 여자'라고 생각하도록 '피임하는 여자'의 이미지도 바꾸어야 한다.

남성들이 콘돔 사용을 꺼리는 것도 피임을 어렵게 하는 요인이다. 남자들이 솔선수범해서 피임하게 하려면 피임하는 것을 '멋있다', '에로틱하다'고 여길 수 있게 성관계의 각본을 변형시키는 것도 전략이 될 수 있다. 예전에는 담배 피우는 카우보이가 정력 넘치는 남성의 표상이었지만, 요즘에는 골초가 발기부전증 환자로 이미지화된다. 콘돔을 에로틱한 이미지로 바꾼다면? '콘돔=섹시한 남자'라는 이미지로 연결시킨다면 아마 알아서 피임하는 남자들이 많아질 것이다. 영화나 드라마의 섹스 신에 콘돔이나 피임기구가 등장하는 경우는 거의 없다. 분위기가 깨지기 때문이다. 이렇게 '피임=분위기 없음'이라는 이미지가 이미 우리에게 각인되어 있다. 하지만 각본은 늘 끊임없이 변하고, 새로 만들어진다. 피임이나 성관계에 대한 이미지도 다양한 매체를 통해 전략적으로 얼마든지 새롭게 만들어낼 수 있다.

둘째, 일방적이고 남성 중심적인 혼전 성관계의 각본을 상호적인 것으로 변화시켜야 한다. 특히 여성이 성적 자기 결정권을 가지려면 성을 금기시하고 자신의 몸을 억압하도록 체화된 습관들을 바꿀 필요가 있다. 성기를 '그것, 거기'라고 표현한다거나 자신의 성기가 어떻게 생겼는지 모른 채 살아가는 여성들이 많다. 사실 성기를 '자지, 보지'라고 부르기 위해서는 대단한 용기가 필요하다. 하지만 한번 말해 버리고 나면 굉장히 시원하다. 매일 거울로 얼굴을 들여다보면서 화장도 하고 열심히 가꾸면서 성기가 어떻게 생겼는지 관심조차 없는 것도 생각해 보면 이상한 일이다. 여성들은 자기 몸을 억압하는 데 익숙해졌기 때문에 성적인 욕망을 표현하고 의지대로 행동할 수 있으려면 먼저 성과 관련된 언어와 친숙해지고, 자신의 몸과 친해져야 한다.

'여자와 그릇은 내돌리면 깨진다'는 등 순결을 강조하는 주입식 성교육도 성문제에서 여성을 무기력하게 만드는 주범이다. 끊임없이 인간의 욕망을 자극하고 성을 상품화하는 사회에서 '순결'을 지킨다는 당위적인 교육만으로 자신의 몸을 스스로 통제하기 어렵다. 그러므로 다양한 상황과 위기에 대처할 수 있는 능력을 스스로 계발할 수 있도록 성에 대해 많은 정보와 지식을 구체적으로 전달하고, 그것을 현실 상황에서 자신에게 맞게 활용할 수 있도록 '성적 자기 결정권 갖기'와 '쾌락과 욕망을 제대로 관리하기'가 성교육의 목표가 되어야 할 것이다.

뿐만 아니라 여학생을 '학생'이 아니라 '여자'로 만들어 내는 공식적·비공식적인 학교 문화 역시 바꾸어야 한다. 학교에서는 여성을 '학생'이 아니라 '여자'로 만드는 과정이 보이게, 보이지 않게 존재한다. 예를 들어 반장은 남학생이, 부반장은 여학생이 주로 맡는다. 대학에서 신입생 환영회를 하면 사회는 남학생이 보고, 뒤풀이 때 숟가락 젓가락은 여학생이 돌린다. 상냥하고 예쁘게 생긴 여학생에게 학점은 후하게 주면서도 정작 기업에 입사할 수 있는 기회나 추천서는 남학생에게만 준다. 학교에서도 집에서도 여성들은 주인공이 아니라 주인공 뒤치다꺼리하는 역할을 주로 하게 된다. 그러므로 학교나 사회에서 여성들을 억압하고 비주체적으로 만들어내는 일상적인 경험들에 문제제기를 하고 이를 바꾸어내야 하는 것이다. 자신의 생활과 관련된 사소한 결정들에서 주인이 되지 못하면 성 문제에 있어서도 주체적일 수 없기 때문이다.

셋째, 낙태하는 여성들을 돕는 지원체계가 필요하다. 우리가 남성 중심적이고 왜곡된 성의 각본을 새롭게 바꾸어나가고 주체적으로 선택할 수 있는 능력을 갖기까지는 많은 시간이 필요하다. 지금 바로 이 순간에도 적절한 정보나 지원을 받지 못한 상태에서 혼자 원치 않았던 임신, 낙태 문제로 고민하고 있는 여성이 있을 것이다.

낙태와 관련된 문제들을 담당하는 지원체계를 통해서 우리가 할 수 있는 일은 많다. 여성이 성적 자기 결정권을 갖도록 기획된 프로그램들을 계발하고, 낙태를 양산해내는 요인들을 없애기 위한 실천적인 대안들을 모색할 수 있다. 이곳에서 임신과 낙태, 출산 등의 문제를 여성의 경험을 중심으로 상담하고 '결정'을 내리는 데 필요한 정보를 제공할 수 있으며, 낙태경험 이후의 정신적·육체적 후유증을 극복하도록 도와줄 수 있다. 한국성폭력상담소가 만들어지면서 드러나지 않았던 여성들의 피해가 알려지고, 법과 제도가 바뀌는 등 성폭력이 사회 문제로 공론화되면서 많은 여성들에게 실질적인 도움을 줄 수 있었던 것은 좋은 선례이다.

넷째, 낙태문제를 제대로 공론화하는 것이 필요하다. 지금까지 낙태문제는 종교계와 여성계의 갈등, 생명권과 선택권의 마찰로 인식되었다. 그러나 엄밀히 말해 생명권에 대한 주장은 있었지만 여성의 선택권이 정면으로 제기된 적은 없다. 낙태의 선택권이란 단지 낙태할 수 있는 자유만을 뜻하지 않는다. 성관계, 임신, 피임, 출산 등 여성의 몸과 관련된 문제들의 결정권이 여성에게 있어야 함을 전제로 하는 것이다. 그러므로 낙태문제를 공론화한다는 것은 여성의 몸은 여성 자신이 주인임을 역설하는 시도들과 여성의 자율권을 통제하고 억압하는 제도나 문화, 의식, 규범의 문제점을 드러내고 변화시키려는 시도들을 말한다.

마지막으로 태아의 생명권을 존중한다는 것이 무엇일까 생각해 보자. 종교계에서는 '생명이 잉태되는 그 순간부터' 생명은 시작된다고 주장하면서, 이유 여하를 막론하고 어떤 시기에 이루어지는 낙태이든 모두 금지해야 한다고 말한다. 나는 태아의 생명은 그 이상이라고 생각한다. 생명의 존엄성을 문제 삼는다면 어떤 상황에서 생명을 잉태할 것인가, 태어난 생명을 어떻게 키울 것인가에 대한 고민도 중요하다.

나는 생명을 잉태하는 과정에 태아의 생명을 위협하는 요소가 이미 내재되어 있다고 생각한다. 많은 여성들이 원치 않는 성관계를 강요당하고, 충분히 준비되지 않은 상황에서 임신을 하며, 여성을 소외시키는 의료 시스템 속에서 낙태나 출산을 경험하고 있다. 이런 상황에서 낙태하는 여성들에게 '태아의 생명권'을 존중하라고 외치는 것은 무의미한 일이다.

지금 이 시간에도 많은 여성들과 생명들이 낙태로 고통받고 죽어 가고 있다. 더욱이 낙태로 인해 사망하는 태아 가운데 다수는 '남아 선호 사상' 때문에 희생되는 여아들이다. 인간이 더 인간다운 조건에서 생명을 잉태하고 태어난 생명을 인간답게 키워 낼 수 있으려면 '여성'의 성적 자기 결정권을 통제하고 억압하는 남성 중심적인 성인식, 성문화와 가부장적인 사회제도를 바꾸어 나가야 할 것이다.

낙태를 하지 않으려면?

1. 원치 않는 성관계는 절대로 하지 않는다.

2. 성관계를 원한다면 철저하게 피임을 준비한다(피임기구를 직접 구입해 보고, 사용법도 익힌다).

3. 성관계를 할 때 상대방이 피임을 하려 하지 않는다면?–'너와 나의 몸과 마음을 사랑하는 방법'이며 '피임도 섹스의 일부'라고 말해 준다. 그리고 자기 자신과 남성에게 '임신, 출산, 양육의 준비가 되어 있는가'라고 묻는다. 그럴 준비가 되어 있지 않다면 어떻게 하는 것이 본인과 한 생명에게 책임을 다하는 일인지를 함께 생각해 본다. 만일 그래도 애인이 피임하지 않으려 한다면 절대로 성관계를 하지 않는다(아예 헤어지는 게 낫지 않을까?).

4. 연애를 하고 있으며, 주기적으로 성행위를 하고 있다면 콘돔이나 좌약을 늘 상비한다.

5. 생각을 바꾼다 '섹스할 때 콘돔을 쓰면 분위기가 깨진다'에서 '섹스할 때 콘돔을 쓰지 않으면 불안해서 느낌이 안 좋다'로 바꾼다. 요즘엔 예쁜 모양의 콘돔도 많이 나와 있다. 콘돔을 에로틱한 액세서리로 생각하고, 에로틱하게 사용한다.

6. 섹스할 때 외에도 일상 생활에서 자기 의사를 분명하게 표현한다. '저 여자는 한 번 아니다라고 하면 정말 아닌 거야'라고 생각하게 말이다. 애매모호하게 자기 의사를 분명히 하지 않으면 섹스할 때도 자기 의사를 존중받지 못한다.

💬 원치 않은 임신을 하게 되었을 때

1. 예정된 기간에 생리를 하지 않으면 망설이지 말고 병원에 가서 임신진단을 받는다.
2. 임신진단을 받았으면 3개월 이내에 낙태할 것인지 출산할 것인지를 결정한다.
3. 낙태를 결정할 때는 자신의 몸과 마음에 생기게 될 후유증에 대해서도 충분히 숙고한다.
4. 믿을 만한 친구에게 도움을 청한다.
5. 상대방 남성도 임신과 낙태의 결정과정에 참여시킨다. 원치 않은 임신을 책임지는 과정을 함께 나눈다. 낙태수술의 방법, 수술의 육체적·정신적 후유증을 알린다. 남자친구를 위한다는 명분 아래 원치 않는 임신이나 낙태를 책임지는 결정과정에 남성을 소외시키지 않는다. 자기 몫의 책임을 다하도록 한다.
6. 임신 사실을 부정하거나 애써 회피하지 말고 현실에 직면해서 최선을 다해 신중히 결정한다. 자신이 '결정'했다고 생각하는 것과 무기력하게 낙태를 '당했다'고 생각하는 것은 다르다. '나는 이 결정을 내리기까지 최선을 다했다'고 스스로를 대견하게 여길 수 있도록 노력한다.

💬 낙태하기로 결정했다면

1. 어떤 병원에서 수술할 것인지 알아보고 병원을 선택한다.
2. 자신이 특이 체질이거나 병력이 있다면(Rh- 혈액형, 심장병, 간질, 천식, 기타 대수술의 경험 등) 큰 병원에서 낙태수술을 받아야 할지도 모른다. 만약 의사가 아무런 체크도 하지 않고 수술일정을 잡으려 한다면 그 병원은 되도록 피하고, 의사가 묻지 않더라도 먼저 밝혀둔다.

3. 의사에게 수술의 방법이나 과정을 묻는다. 마취방법도 가능하다면 국
   부마취를 할지 전신마취를 할지 의사와 상담 후 결정할 수 있도록 한
   다. 3개월 이전의 진공흡입 수술의 경우, 국부마취 쪽이 훨씬 안전하고
   비용도 적게 들기 때문이다.
4. 누구와 함께 병원에 갈지를 결정하고 도움을 요청한다.
5. 부모님에게 알릴 수 없는 경우가 많으므로 수술받은 다음 며칠 충분히
   쉴 만한 장소를 마련해둔다.
6. 수술비용을 마련한다. 그리고 수술받은 다음 치료받고 쉬는 데 필요한
   경비도 함께 마련한다.

💬 낙태수술을 하고 나서

1. 충분한 휴식을 취한다. 임신 3개월 이전에 진공흡입에 의한 수술을 받을
   경우에는 몇 시간이면 일어나서 일상 생활로 돌아갈 수 있다. 하지만 낙태
   수술 후 충분히 안정을 취하지 않으면 이후 후유증이 나타날 확률이 높아
   진다. 수술 후 이틀간은 안정을 취하고 일주일은 활동을 하지 말아야 한다.
2. 세균감염을 막기 위해서 수술 후 4주일 동안은 섹스를 삼가한다.
3. 수술 이후 병원에서 나온 처방대로 통원치료를 꾸준히 받는다. 산부인
   과에 드나드는 것이 창피해서 치료를 받지 않으면 자궁 내막염 등의 후
   유증에 걸릴 위험성이 커진다.
4. 수술 후에 감정이 격해지거나 우울해질 수 있다. 원치 않은 임신에서
   벗어났다는 안도감, 홀가분함과 함께 격한 슬픔과 분노가 동시에 밀려
   오기도 한다. 그 동안 혼자서 너무 어려운 문제를 결정해야 했고, 해결
   해야 했기 때문이다. 스스로 자신을 격려해 주고 위로해 준다. 자책하
   지 않는다. 나중에 두고두고 자신을 성찰할 시간이 많으므로 수술 후에
   는 일단 '힘든 일을 잘 해냈어' 하고 자신을 칭찬해준다.

참고문헌

이숙경(1993), 「미혼여성의 성에 관한 연구-낙태행위를 중심으로」,이화
    여자대학교 석사학위논문

임순영(1991), 「기혼여성의 인공유산경험에 관한 사례연구」, 이화여자대
    학교 석사학위논문

홍문식외(1990), 「인공임신중절실태에 관한 연구-일부 중도시 지역의 시
    술기관을 중심으로」, 한국보건사회연구원

Rodman, Hyman(1987), *The Abortion Question*, New York: Columbia
    University

제 2 장

여성의 재생산권에서 본
낙태와 모자보건정책[1]

조영미(서초여성가족플라자 잠원센터장)

1. 들어가는 말

낙태는 여성들 사이에서 오래전부터 사용되어오던 출산 조절방법이었다. 페체스키에 의하면 낙태야말로 여성들의 출산통제법 중 가장 오래 지속되었고 널리 퍼져 있다고 한다. 여성들은 낙태를 위해 약초나 화학물질, 또는 기계 장치를 사용하기도 하고, 때로는 물리적 폭력을 이용하거나, 심지어 주술의 힘을 빌리기도 하였다고 한다.[2]

---

1   본 연구에서 낙태는 인공 임신중절수술과 혼용해서 사용하고 있다. 인공 임신중절은 모자보건법에서 "태아가 모체 밖에서는 생명을 유지할 수 없는 시기에 태아와 그 부속물을 인공적으로 모체 밖으로 배출시키는 수술을 말한다."고 2조 6항에서 정의하고 있다. 모자보건법의 정의에 따라 인구학적 논의나 의학논의에서는 인공 임신중절이라는 용어를 주로 사용하고 있다. 인공 임신중절수술에는 소파수술(D&C)과 임신 초기에 시행하는 월경조절술(MR Kit)을 포함하기도 한다. 본 연구에서는 낙태라는 용어를 썼는데 그것은 낙태가 일반적으로 여성들이 경험적으로 사용하는 용어이기도 하고, 낙태와 관련된 사회적 논의에서 주로 사용하는 용어여서 선택하였다. 그러나 정부의 정책이나 출산력 조사에서의 통계를 인용할 때는 인공 임신중절수술이라는 용어를 그대로 사용하였다.

2   Rosalind Petchesky, *Abortion and Woman's Choice: The State, Sexuality, and*

전통적 출산조절 방법에 대한 문헌을 보면 강한 산성의 진피탕을 달여 먹는다든가 관계 후 이 물로 세척하는 등의 피임법이 이용되었다고 한다. 그러나 일단 수태된 이후에는 낙태를 해야만 했는데, 민간에서 유통되는 낙태법은 진한 간장으로 담근 게장을 많이 먹거나, 간수를 먹는 것이 있었다. 그러나 간수의 경우는 과음하면 생명이 위태롭기도 한 위험한 방법이었다. 때로는 다른 남성을 다시 접촉하면 그 안에서 상충하여 삭는다는 설도 있었고, 치사량이 되지 않을 만큼의 비상을 먹는 것도 낙태법으로 이용되었다고 전해진다.[3]

전통적으로 민간에서 시행되던 낙태방법들은 과학적 근거도 없었고, 그 효과도 미미했다. 오히려 그것들은 태아뿐만 아니라 여성들의 생명까지도 위협할 수 있었다. 그럼에도 불구하고 이러한 방법들이 사용되었던 것을 보면 낙태법은 어떤 시기에든 여성의 삶에서 절대적으로 필요한 것이었다고 할 수 있다.

한국 사회에서는 1950년대 이후 근대 의학적인 방법으로 낙태를 시술하게 되었다. 물론 그 이전 시대에도 낙태가 시술되기는 하였지만 여성들이 이용하기 시작한 것은 50년대 중반 이후라고 할 수 있다. 한국전쟁 이후 선진 의료기술의 도입으로 항생제를 투여할 수 있게 되고, 또한 마취 기술의 발달과 수혈이 가능해지면서 낙태수술의 안전성이 증대되었다.[4]

Reproductive Freedom, Verso, 1984, pp.1-3.

3   이상옥, "문헌에 나타나 있는 한국 전통사회의 피임방법", 『가정의 빛』, 1970, 9월 호, 11면-13면.

4   선진의학 기술의 도입은 모성 사망의 원인인 출혈과 감염을 막을 수 있게 하였다. 이외에도 전후 전문의료 인력의 증가와 병의원의 증가도 여성들의 낙태시술 보편화에 영향을 미쳤다고 할 수 있다. 1953년-1972년까지 8개의 의과대학이 증설되어 정원이 1,300명에 이르게 되었고, 86년도 이후에는 14개 의과대학이 추가되어 양적 팽창을 거듭하였다. 초기 낙태시술을 산부인과 전문의가 시행하는 경우가 많지 않았지만 이후로는 전문의들의 담당이 된다. 산부인과 전문의 수 역

1960년대 이후 한국 사회에서 낙태는 인구 조절을 위한 수단으로 보편화되기 시작하였고 80년대까지 계속 증가하다가 80년대 말부터 피임 실천율이 증가하면서 감소하게 된다. 그렇지만 아직도 여성들에게 있어서 낙태는 삶에서 한두 번 겪었던지, 혹은 겪을 가능성이 있는 경험들이다. 일반적으로 피임이 잘 실천되면 낙태는 불필요할 것이라고 생각하지만 효과적인 피임법이 존재하는 오늘날까지도 여성의 삶에서 지속되고 있다. 낙태란 임신 후에 임신을 종결할 수 있는 유일한 방법이자, 남성의 협조가 없이도 여성이 혼자 할 수 있는 방법이기 때문이다.[5]

여성의 삶에서 중요한 의미를 가지는 낙태는 이제까지 인구 조절 차원에서 관심을 갖거나 생명윤리, 혹은 성도덕의 관점에서 접근하는 것이 지배적이었다. 따라서 실제로 낙태를 선택하고 경험하는 여성들의 권리나 이해는 거의 인정되지 않았다. 낙태의 문제를 여성의 건강이나 자유로운 선택권이라는 측면에서 접근하는 입장들은 잘 가시화되지도 않았고, 사회적 차원에서 여성의 권리로서 낙태를 주장하는 것도 쉽지 않았다.

그러나 1960년 대 이후 낙태는 빈번하게 시행되었고, 여성의 삶에서 임신, 출산과 함께 피할 수 없는 보편적인 경험들이었다고 할 수 있다. 낙태는 여성의 몸에서 이루어지는 것이자, 여성들이 낙태를 시행하는 조건들이나 그 결과들은 여성의 삶과 긴밀하게 연결되어 있다. 임신, 출산, 낙태, 양육의 문제는 여성의 생물학적 특수성이라는 점에서, 사회적 차원에서 이에 대한 의무가 여성에게 부여된다는 점에서, 그리고 여성이 사회

시 1956년 이후 급증하게 된다. 52-56년 42명, 56-60년 206명, 61-65년 128명, 66-70년 215명, 71-75년 215명, 76-80년 329명이 배출되어 70년대 말 1,169명에 이르게 된다. 병의원 역시 50년대 이후 증가하게 된다. 55년 종합병원 42개소, 병원 90개소, 의원 2,800개소였으나 70년에는 종합병원 12개소, 병원 220개소, 의원 5,402개소로 증가하고 있다. 조영미, 「출산의 의료화와 여성의 재생산권」, 이화여대 여성학과 박사학위논문, 2004, 78-85면.

5   Rosalnd Petchesky, 위의 책, 1984, 29면.

진출을 할 수 있는 조건들을 제약한다는 점에서 여성의 삶에서는 중요한 의미를 가진다. 따라서 낙태를 할 것인가 말 것인가, 언제, 어디서, 어떠한 방식으로 낙태를 할 것인가는 무엇보다도 여성의 이해를 중심으로 결정되어야 할 것이다. 즉 낙태는 여성의 재생산권의 관점에서 다루어져야 할 것이다.

이러한 입장에서 본 연구는 과연 낙태에서 여성은 어떠한 권리를 가져야 하는지를 간단히 살펴보고자 한다. 그리고 이러한 관점에서 한국 사회의 낙태 현실을 살펴보고 나아가 정부의 낙태 관련 정책을 비판적으로 검토해보고자 한다. 이는 기존의 인구 조절 차원에서 낙태를 접근하는 방식이 여성의 재생산 권리를 어떻게 규제하고 침해하는지를 밝히는 작업이 될 것이다. 나아가 이러한 작업은 향후 여성들이 사회적 차원에서 여성의 재생산에 대한 권리들을 어떻게 요구하고 보장받아야 할 것인가를 제시하는 데 유용할 것으로 사료된다.

2. 한국 사회의 낙태실태와 변화추이

근대적 피임법이 보편화되기 이전에 낙태수술은 여성들에게 출산을 조절할 수 있는 중요한 수단이 될 수밖에 없었다. 피임법은 60년대 가족계획정책 실시와 함께 보급되기 시작했으며, 그나마 여성들의 피임 실천은 저조한 편이었다. 이러한 상황에서 출산력 조절이 필요했던 여성들은 낙태를 선호할 수밖에 없었다. 하지만 50년대 당시의 낙태는 주로 대도시 중심으로, 고학력 상류층 여성들에 국한되었으며, 이들의 낙태 사유는 자녀 불원이라는 사회 경제적 이유들이 주를 이루었다고 한다.[6]

---

6   배은경, 앞의 책, 2004.

1) 기혼여성의 낙태

한국 사회에서 낙태가 어느 정도 시행되고 있고, 어떠한 이유에서 시행되고 있는가 하는 것은 1960년대 이후에나 파악이 가능하다. 낙태가 출산력 조절에 있어 중요한 축이 되면서 가족계획 조사에서 가임기 배우자의 낙태에 대한 통계들이 생성되었다. 이러한 경향은 현재까지 지속되고 있으며, 따라서 한국 사회에서 전체적인 낙태의 현실을 파악하는 것은 기혼여성에게만 한정된다.

다음의 표는 1960년대 이후 2000년대까지 기혼여성들의 낙태율의 변화를 보여주고 있다. 1964년 6%에 불과하던 낙태율은 1973년 낙태를 허용하는 모자보건법이 통과되기까지 계속 증가하여 30%에 이르게 된다. 70년대까지 낙태는 도시 여성이 농촌 여성들보다 더 시술 비율이 높다. 이는 낙태시술이 주로 민간 병원에서 자비 부담으로 시행되었으므로 비용을 지불할 수 있으며, 의료시설이 위치한 도시에 거주하는 여성이 용이했기 때문이라 할 수 있다. 그러나 70년대 후반부터는 낙태시행에서 지역이나 학력의 차이가 크게 나타나지 않는다. 또한 모자보건법이 통과되기 전에도 낙태는 계속 증가하고 있었던 점으로 미루어보아 낙태를 불법으로 규정한 법규정이 실제 낙태시술에는 큰 영향을 미치지 않았다고 할 수 있다.

〈표-1〉 15세-44세 유배우 부인의 인공 임신중절 경험율의 변동추이[7]　　　　(단위: %, 회)

	1964	1968	1971	1973	1976	1979	1985	1988	1991	1994	1997	2000
전국	6	16	26	26	39	48	53	52	54	49	44	39
도시	-	26	37	37	46	53	55	54	55	49	45	41
농촌	-	10	19	19	29	40	48	47	49	49	39	39
평균인공 임신중절 횟수	-	-	0.6	0.6	0.9	1.1	1.1	1.0	1.1	0.8	0.7	0.65

출처: 1988 전국출산력 및 가족보건실태조사.
　　　1998 가족보건사업지침.
　　　2000 전국출산력 및 가족보건실태조사.

한 실태 조사연구를 통해서 보면 1966년 서울 성동구 거주 가임부인 대상의 22.5%가 인공유산 경험이 있었다고 하며, 인공유산의 횟수는 1회가 27.0%, 2회가 18.2%, 3회가 13.3%로 평균 1.8회였다고 한다. 여성들이 가족계획은 곧 인공유산으로 착각하고 있을 정도였다고 한다.[8] 이러한 점에서 볼 때 60년대에도 낙태는 도시 여성들에게서는 빈번하게 시행되었다고 볼 수 있다. 70년대 들면서 여성들 사이에서 낙태는 점차 증가한다. 임신중절을 한 여성의 경우 평균 시술 횟수는 70년 1.5회, 73년 2.1회, 76년 2.5회로 증가하고, 극단적인 경우로 낙태를 10회, 15회, 20회를 한 부인들도 있다고 한다.[9]

낙태는 1973년 모자보건법이 통과되면서 도시, 농촌 모두에서 증가하기 시작하여 1980년대 말 50%에 이르게 된다. 이후부터 기혼여성의 낙태는 감소하기 시작한다. 여성들의 평균 낙태 횟수 역시 낙태율과 같이 계속해서 증가하다가 1991년을 정점으로 감소하기 시작한다. 기혼여성들의 낙태가 70년대, 80년대까지 증가하다가 90년대 이후 감소하는 현상은 피임율의 변화와 함께 보아야 설명이 가능하다.

〈표-3〉은 기혼여성의 피임실천율의 변화를 보여주는 것인데, 1960년대와 70년대의 피임실천율은 높지 않았다. 67년도에 가임 여성 중 불

---

7   다음의 표는 기혼여성의 인공 임신중절의 변화추이를 살펴보는데 유용할 것이다.

〈표-2〉 연도별 유배우 부인의 인공 임신중절 수 추정   (단위: 명)

	1970	1975	1981	1984	1990
추정 인공 임신중절수	293,016	510,072	594,365	495,127	402,890
부인 1000명당 임신중절수	71.5	112.8	113.3	89.1	63.6

출처: 홍문식외, 「인공 임신중절의 변동추이」, 한국보건사회연구원, 1992.

8   권이혁, "인공 임신중절과 모자보건법: 인공 임신중절의 실태", 『사법행정』, 1970, 11권 7호, 58-59면.

9   김상혜, "인공 임신중절 경험 부인에 대한 지식, 태도 및 실천에 관한 조사 연구", 『간호학회지』, 제8권 제2호, 1978, 58면.

과 20%가 피임을 실천하고 있었고, 73년도에 36%로 증가하여 79년도 54.5%로 증가했다. 이는 가임기에 있는 여성 중 반수 정도가 전혀 피임을 하지 않고 있다는 것을 의미한다. 따라서 여성들은 피임 미비나 피임 실패로 인해 원치 않는 아이를 임신할 경우가 많이 발생했고, 피임실천율과 낙태시술은 함께 증가하는 현상을 보이게 된다.

이러한 현상은 1980년대 이후 피임률이 급격하게 상승하여 70%에 이를 때까지 지속된다. 80년대 후반부터 여성들의 피임 인식이 높아지고, 남성의 피임 참여도 늘어나기 시작하면서 피임실천율이 상승하게 되었다. 이러한 상황으로 인해 한국 사회에서 기혼여성의 낙태는 감소하기 시작한다. 이러한 추세로 볼 때 기혼여성의 경우는 피임실천율은 더욱 높아지고 반면 낙태율은 감소할 것으로 예상할 수 있다.

〈표-3〉 유배우 부인의 피임실천율의 변화(1964-2000) (단위: %)

	1964	1967	1971	1973	1976	1979	1982	1985	1988	1991	1994	1997	2000
전국	9	20	25	36	44.2	54.5	57.7	70.4	77.1	79.4	77.4	80.5	79.3
도시	19	26	27	39	48.0	55.1	58.7	71.5	77.7	79.3	77.1	80.5	79.2
농촌	6	7	23	24	40.2	53.6	55.7	67.7	75.5	80.0	78.4	80.7	80.2

출처: 1964-1973년: 한국보건사회연구원, 『인구정책 30년』, 1991.
　　 1976-2000년: 2000년 전국출산력 및 가족보건 실태조사.

기혼여성들이 낙태를 하게 되는 이유들이 무엇인지를 살펴보면, 〈표-4〉에 나타난 것과 같이 1960년대 초부터 2000년도까지 모두 출산 조절이 낙태의 가장 큰 요인이라고 할 수 있다. 낙태의 요인에서 터울 조절이나 자녀 불원들이 70% 이상을 차지하는 것으로 보아서 여성들은 가족계획의 한 방편으로 낙태를 선택했다고 할 수 있겠다. 실제로 낙태를 시행한 기혼여성들의 70% 이상이 피임약을 복용하거나 58.4% 이상이 자궁

내 장치를 시행해보았던 경험이 있었다.[10] 따라서 기혼여성들의 낙태는 비효율적이고 안전하지 못한 피임의 문제에서 발생하는 것이라 할 수 있다.

기혼여성들의 낙태는 결국 자녀 불원이나 터울 조절, 경제 곤란 등과 같이 사회, 경제적인 이유에서 주로 시행된다고 할 수 있다. 물론 임부의 건강이나 태아 이상과 같은 요인들도 있지만 이는 부분에 지나지 않는다. 1970년대 조사를 보면 농촌, 도시 모두에서 74.7% 여성들이 낙태수술에 대해서도 긍정적인 태도를 보였다.[11] 다른 연구에서는 원치 않는 임신 시 인공 임신중절 의사가 87.9%에 이르기도 한다.[12]

그렇다고 여성들이 낙태에 대해 안전하다고 생각하는 것은 아니었다. 인공유산과 건강과의 관계에 대한 조사에 보면 90%에 달하는 여성들이 몸에 해롭다고 인식하고 있다. 또한 비용도 만만한 것은 아니었다. 그럼에도 불구하고 여성들은 원치 않는 출산에 대한 강력한 출산력 조절 행위로서 낙태를 시행하고 있다. 이는 여성들이 원치 않는 아이를 임신, 출산하고 양육하는 것보다는 건강상 문제가 있더라도, 경제적 부담이 좀 되더라도 낙태를 하는 것이 더 낫다고 생각하고 있음을 보여준다.

〈표-4〉 15세-45세 유배우 부인의 최종아 인공 임신중절 이유 (단위: %)

	1985	1988	1994	1997	2000
자녀불원	84.9	79.3	58.4	49.7	48.4
터울조절	3.7	5.0	11.1	11.0	13.1
임부의 건강상	2.3	4.9	9.7	10.6	10.1
태아이상	1.5	2.4	5.1	3.6	4.7

10   권이혁, 앞의 책, 58-59면.
11   박병태, 최병목, 권호연, 『1976년 전국출산력 및 가족계획 평가조사』, 가족계획연구원, 1978, 164-165면.
12   김상혜, 앞의책, 54면.

	1985	1988	1994	1997	2000
혼전임신	1.1	1.3	3.3	4.0	5.1
가정문제	1.3	1.1	1.7	1.9	1.1
경제곤란	3.0	3.5	3.7	7.3	6.5
태아가 딸	-	1.5	1.7	2.6	2.3
기타	2.1	0.9	5.3	9.3	-
계	100	100	100	100	100

출처: 1985년 출산력 및 가족보건 실태조사.
1988년 전국 출산력 및 가족보건 실태조사 주요결과.
2000년 전국출산력 및 가족보건 실태조사.

2) 미혼여성의 낙태

기혼여성들의 낙태는 통계에서 보듯이 1990년대를 지나 피임이 잘 되고 모체의 건강에 대한 인식이 강화되면서 점차 줄고 있다. 그러나 미혼여성의 낙태는 공식 통계로도 산출되지 않고 있어 그 실태나 변동추이를 파악하지 못하고 있다. 기혼여성들은 인구 통제의 직접적인 대상이 되기 때문에 정부의 관심의 대상이기도 하였지만, 다른 한편으로 이들은 혼인 관계 내에서 자녀를 생산하는 규범적 가족 내에 있었으므로 공식적으로 가시화될 수 있었다. 그러나 미혼여성의 낙태의 경우 미혼여성의 성을 사회적으로 금기시하는 성문화로 인해 드러내기 어려웠다. 더욱이 미혼여성이 자녀를 임신하는 것은 사회적인 낙인이 찍히는 것이었으므로 미혼여성의 낙태는 비밀스럽게 행해졌다.

미혼여성의 낙태에 대해서는 추계만 있을 뿐인데, 전체 낙태 중 2분의 1이 미혼여성에게서 발생한다고 추정하는 경우에서 3분의 1-4분의 1로 추계하는 경우[13] 등이 있다. 1979년도의 중소도시 병원의 인공 임신중절

13   홍성봉, "서울시 일원의 인구유산의 최근경향," 『대한산부인과학회지』, 22권9호, 1979, 206-214면.

시술 중 28%가 미혼여성이라는 연구가 있고,[14] 1984년 서울 지역 일부 병의원 인공 임신중절자 중 미혼여성의 비율이 33%,[15] 1990년도의 연구에서 보면 조사 전체 6,040 시술 중 기혼이 67.1%, 미혼 32.9%의 비율로 실시되었다고 한다.[16]

당시 기혼의 경우 평균 연령은 29.6세이나 미혼은 23세로 낮았고, 미혼 중 50.5%가 이전에 인공 임신중절의 경험이 있었다고 했다. 미혼의 평균 경험 횟수는 1.8회 정도 되었다. 이것은 1979년도의 연구와 동일하다고 한다. 상대 남성은 남자친구 60.2%, 약혼자 23.5%, 기타 7.9%, 직장 상사나 동료2.5%였으며, 수술시 동행자는 동행자 없이 온 경우가 39.9%, 임신 상대자31.3%, 친구 18.4%, 부모 4.7%, 형제의 4.4% 순이었다.[17]

미혼여성의 경우 특히 19세 이하의 경우는 임신 13주 이상이 지난 후 낙태를 한 비율이 14.1%나 되어서 타 연령층에 비해 3배 이상 높은 비율을 보이고 있다. 젊은층일수록 임신 기간이 긴 경우가 많다고 한다. 이는 인공 임신중절을 처음 경험해보는 경우가 많고, 임신, 출산 등에 대한 경험과 지식이 부족하기 때문이라고 할 수 있다.[18]

이러한 연구를 토대로 해서 볼 때 기혼 대 미혼의 낙태 비율은 2 대 1 정도 된다고 할 수 있을 것이다.[19] 이는 미혼의 낙태를 가장 낮게 추정한

---

14   홍성봉, 앞의 책, 206-214면.

15   김혜선, 문옥륜, 『인공임신중절과 피임수용행위에 관한 조사연구』, 서울대학교 보건대학원 석사학위 논문, 1984. 박상화, "인공임신중절과 여성생식건강", 『대한보건협회지』, 제23권 제1호, 1997, 69 면에서 재인용.

16   홍문식, 이임전, 이상영, 『인공임신중절 실태에 관한 연구-일부 中都市 지역의 시설 기관을 중심으로』, 한국보건사회연구원, 1990, 23면.

17   홍문식 외, 앞의 책, 45-50면.

18   홍문식 외, 앞의 책, 36-38면.

19   미혼여성의 낙태를 추계하는 방법은 다양하다. 이는 한국 사회에서 낙태를 추계

비율인데, 이러한 비율로 볼 때에도 미혼의 낙태는 결코 무시할 수 없는 수치라고 할 수 있다. 그러나 미혼여성의 낙태는 사회적으로 가시화되지 않고 있기 때문에 기혼여성과 같은 정보 및 서비스 접근성을 확보하기 어렵다. 이들에게는 효과적이고 안전한 피임 서비스의 접근이 불가하고, 임신하고 나서도 낙태 서비스를 이용하기까지 시간이나 비용의 측면에서 상당히 열악한 상태에 있다. 이는 향후 이들의 생식건강에도 나쁜 결과를 초래할 수 있다.

기혼여성이 피임률의 향상으로 낙태가 점차 감소하는 추세에 있는 반면 미혼의 낙태는 증가하는 경향이 있다. 특히 영양 발달로 초경 시작 시기가 빨라지고 있고, 초혼 연령의 증가로 결혼 전 기간이 증가하며, 성개방적 규범으로의 가치관이 변화하기 시작하면서 미혼 남녀의 혼전 임신 경험률이 증가하고 있다. 이러한 상황들은 미혼여성들로 하여금 원치 않는 임신과 낙태에 노출될 기회를 증가시키게 된다[20] 그러나 이들에게 적절한 정보나 서비스는 제공되지 않고 있다. 오히려 미혼여성의 낙태는 사회적, 윤리적 측면에서 비난에 직면하게 된다. 이는 이들에 대한 서비스 부재를 정당화하는 기능을 하고, 미혼여성의 낙태를 더욱 증가시키게 되는 요인이 되기도 한다.

하는 방식의 차이점에서 발생하기도 한다. 일부에서는 한국 사회 낙태를 신생아 출산의 2배로 추정하기도 하고, 전체 인공 임신중절 가운데 1/2을 미혼여성의 낙태로 추계하기도 한다. 홍문식 외, 앞의 책에서 재인용. 박영숙의 경우는 혼전 임신 건수를 연간 60만 건으로 10대 후반(15세에서 19세)의 임신을 30만 건 발생한다고 추정한다. 박영숙,『여성건강의 개념과 여성주의적 관점 및 여성 건강의 문제와 의료전달체계』,『여성건강에 대한 워크샵 자료집』, 한국여성단체연합, 2000. 이와 같은 혼전 임신의 경우 대부분 낙태로 이어진다는 점을 고려해보면 미혼여성의 낙태 규모가 상당하다고 추정할 수 있다.

20   박상화, "인공임신중절과 여성생식건강",『대한보건협회지』, 제23권 제1호, 1997, 68면.

3) 성감별 낙태

한국 사회에서 낙태의 특수한 현실 중의 하나로 성감별 낙태를 들 수 있다. 사회적으로 남성을 우대하고, 가족 내에서는 아들을 통해 가계가 계승되고 부모 부양을 함에 따라 남아를 선호하는 문화가 강했다. 가부장적 가족 내에서 여성들은 출산과 양육이 가장 큰 의무였으므로 결혼한 여성들은 아들 출산의 압력을 받게 되었다. 따라서 남아 선호는 1960년대 이후 가족계획을 저해하는 강력한 요인이기도 했다.

그러나 1980년대 이후 출산율이 떨어지면서 남아 선호는 여아 낙태의 문제를 야기했다. 남아 선호 문화는 소 자녀관이 정착된 80년대 이후에도 그대로 유지되었는데, 그것은 아이를 1-2명 낳게 될 때 이 중에 꼭 아들이 있어야 한다는 것으로 나타났다. 그런데 문제는 고 출산 시대에는 출산 자녀 중에서 아들을 낳을 확률이 높지만, 소 자녀 출산에서는 아들을 낳을 수 있는 기회가 상당히 제한되어 있다는 것이었다. 이러한 문제를 해결해 준 것이 성감별 기술과 낙태시술이었다. 아들을 낳아야 하는 여성들은 임신시 태아의 성을 감별할 수 있는 초음파 진단술, 양수 검사, 융모막 검사 등을 이용하고 결과가 딸이면 낙태를 하는 것이었다.

출산력 조사에서 보면 여아 낙태의 실태가 심상치 않게 시행되고 있음이 드러난다. 1994년 조사에서 태아가 남아였던 경우는 94.6%가 정상출산으로 종결되었으나, 태아가 여아였던 경우는 81.1%만이 정상 출산으로 종결되고, 17.4%가 인공 임신중절로 종결되었다.[21] 태아가 남아일 경우는 3.2%만이 임신중절로 종결되었다. 여아 낙태시술의 수가 증가하고 있는 것도 이를 뒷받침해 주고 있다. 여아 인공 임신중절건수는 85년 10,246 건에서 92년 25,111건으로 계속 증가하고 있고, 94년의 낙태 이유 중

---

21 홍문식, 이상영, 장영식, 오영희, 계훈욱, 「1994년 전국출산력 및 가족보건 실태조사」, 한국보건사회연구원, 1994, 150면.

태아가 딸이므로는 1.7%이었으나 97년에는 2.6%로 2배 이상 증가하고 있다.[22]

남아 선호 욕망은 기혼 부부나 가족 내에서 상당했다. 한 연구에 의하면 임신하였을 때 태아의 성을 알아보기를 원하느냐는 질문에 34.12%가 그렇다고 응답하였다. 남성, 여성 모두 비슷했는데, 여성의 경우가 약간 더 높았다. 실제로 임신하고 태아 성감별을 해 본 경험이 있는 경우, 성감별에 이용한 기술은 초음파 기술이 69%로 가장 높고, 양수검사 17.0%, 융모막 검사 1%, 한의 4%, 점이나 철학관이 7%로 나왔다.[23] 또 다른 조사에서도 임신시 태아의 성별 검사 경험 횟수는 1회 이상이 11.5%, 2회 이상이 3.0%로 14.5%나 된다.[24]

남아 선호로 인한 여아 낙태 증가는 곧 출생 성비의 불균형으로 나타나게 되었다. 특히 여성들이 태어나면 좋지 않다고 하는 범띠 해(1986), 용띠 해(1988), 말띠 해(1990)의 성비 불균형은 상당히 심하다. 또한 출생아 순으로 살펴보면 셋째 아이의 경우는 남아의 비율이 1988년 168.9에서 1992년 195.6, 1994년 206.2에 이를 정도로 압도적으로 높다.[25] 합계 출산율이 1.5-1.7을 유지하는 시점에서 셋째 아이를 낳는 것은 아들을 낳기 위한 것이라고 볼 수밖에 없다. 따라서 셋째 아이의 남아 비율이 높은 것은 아들을 원해 성 선별적 인공 임신중절을 시행하였다는 것을 의미한다.[26]

---

22 조남훈, 김승권 외, 「1997년 전국출산력 및 가족보건 실태조사보고」, 한국보건사회연구원, 1997, 169면.

23 장필화, 조영미, 변혜정, 「성비불균형의 원인과 그 대책에 관한 연구」, 대통령직속 여성특별위원회, 1999, 68면.

24 조남훈 외, 앞의 책, 1997.

25 조남훈, "우리나라 성비불균형의 변동추이와 대응전략", 「성비불균형 해소를 위한 전문가 워크숍 자료집」, 이화여대 한국여성연구원, 한국여성단체협의회, 1999, 2-4면.

26 지역적으로 보면 경북지역이 타 지역보다 높아 1988년 126.1, 1990년 130.9, 1992년 123.2로 월등히 높다. 이 지역은 근대화, 도시화라는 변화 속에서도 전통

<표-5> 연도별 출생성비(1970-1996)　　　　　　　　　　　(단위: 여아 100명 당)

연도	1970	1975	1980	1982	1984	1986	1988	1990	1992	1994	1996
성비	109.5	112.4	103.9	106.9	108.7	112.3	113.6	116.8	114.0	115.3	111.7

출처: 조남훈, [성비불균형 변동추이와 대응전략], 1999.

성선호로 인한 여아 낙태는 정부의 측면에서는 인구의 성비 균형을 불안정하게 하여 남성들의 배우자 부족 문제를 초래하기 때문에 관심의 대상이었다. 그리하여 정부는 의료법을 개정해서 성감별 기술을 시행하는 의사를 처벌하는 규정을 강화해서 성감별 낙태를 강력하게 규제했다.[27]

그러나 성감별 낙태는 여성의 입장에서 보면 여성의 재생산 권리를 상당히 침해하는 문제가 있다. 여아 낙태를 막기 위해서는 사회 전반에서 여성의 지위를 향상시키고, 가족 내에서 딸의 위상과 역할을 동등하게 보장하는 노력들이 필요했다. 그러나 여성 불평등이 존속하는 상태에서 정부가 규제만 강화할 경우 여성들은 더욱 위험한 선택을 할 수 밖에 없었다. 이는 정부의 강력한 조치에도 불구하고 앞에서 보듯 성감별 낙태가 증가하는 것이 이를 입증하고 있다. 결국 여성들에게는 더 비밀스럽게, 그리고 위험하게 여아 낙태가 강요되고 있다.

적 가부장제 의식이 강하게 유지되는 문화적 특성을 지니고 있으므로 인해 남아 출산이 급증하게 된다. 김한곤, "선별적 인공유산의 결정인자에 관한 비교 연구", 『한국인구학』 제20권 제1호, 한국인구학회. 1997 참조. 장필화 외, 앞의 책, 8면 참조.

27　의료법 제19조 2에서 의료인의 권리와 의무 조항 중 태아의 성감별 행위 금지조항을 보면 태아의 성감별 목적으로 진찰, 검사나 그 결과를 알려줄 경우 의료인 면허 취소요건에 해당하며, 3년 이하 징역 또는 1000만 원 이하의 벌칙이 가해지는 것으로 되어있다. 그러나 면허를 취소하는 것이 아니라 취소 요건에 해당한다. 박상화, 앞의 책, 67면 참조.

비밀스러운 성감별과 늦은 시기의 낙태는 여성들에게 신체적으로 상당한 무리를 주는 문제를 초래한다. 태아 성감별은 임신 13-4주부터 가능하지만 성별을 정확하게 판독할 수 있는 시기는 임신 17-18주이다. 따라서 태아의 성별이 여아로 판독되어 낙태를 하고자 하면 이미 임신 3개월을 넘어 신체적 부담이 간다. 임신 중기의 인공유산은 태아를 인위적으로 조기출산 시키는 방식을 사용해야 하므로 임산부에게 출혈, 감염, 심한 경우 모성 사망의 위험이 증가한다고 한다.[28]

뿐만 아니라 경제적으로도 상당한 부담이 된다. 태아 성별 확인을 위해서 초음파 기술이 가장 많이 이용되는데, 그 외에도 양수 검사, 융모막 검사 등의 기술을 이용하게 된다. 양수 검사나 융모막 검사는 비용이 70만 원에서 130만 원 정도 드는데, 법으로 성감별을 위한 이 기술 이용을 금지했기 때문에 비밀리에 시행하므로 비용은 더욱 상승할 수밖에 없다. 성감별 낙태는 여성들이 임신 기간 내내 태아가 딸일까 봐 불안에 떨어야 하는 등 심리적 부담도 크다.

이제까지 1960년대 이후 여성들의 낙태 현실에 대해서 살펴보았다. 여성의 낙태는 인구와 가족계획 정책 중심으로 논의되었고 그 결과 기혼여성들의 낙태만 제한적으로 허용되는 상태라고 할 수 있다. 미혼여성들의 낙태는 가시화되지도 않고, 사회적으로 규제를 받아야 하는 것으로 인식하는 경향이 있다. 성감별 낙태 역시 여성에게 어떤 면에서는 강요되고 있고, 이로 인한 여성의 신체적, 심리적, 경제적 부담도 상당한 문제가 된다. 다음에서는 재생산 건강권이라는 개념을 살펴보고 이를 통해 낙태에서 여성들의 어떠한 권리들이 쟁취되어야 하는지를 살펴보기로 한다.

---

28   진건, "의학적 측면에서 본 태아 성감별", 「성비불균형 해소를 위한 전문가 워숍 자료집」, 이화여대 한국여성연구원, 한국여성단체협의회, 1999, 31-33면.

3. 낙태와 여성의 재생산 건강권(Reproductive health right)

앞에서 살펴본 대로 한국 사회에서 낙태를 포함한 여성의 재생산은 인구-가족계획정책의 담론에서만 논의되었지 여성의 권리 및 건강이라는 측면에서 다루어지지 못했다. 향후 낙태를 포함한 여성의 재생산 사안에 대한 논의들이 여성 중심적 관점에서 다루어지기 위해서는 여성의 재생산 건강권이라는 개념이 도입되어야 할 것이다. 따라서 이 부분에서는 여성의 재생산권에 대해서 살펴보고, 구체적으로 낙태와 관련되어서 어떠한 권리들이 보장되어야 하는지를 살펴보기로 한다.

여성의 재생산 건강권이란 1995년 제4차 세계여성회의에서 합의 도출된 개념으로 여성의 재생산-성적 건강과 권리는 여성의 인권으로서 보장되어야 하는 가장 기본적 권리로서 강조하고 있다. 북경대회에서 채택된 재생산 건강(reproductive health)이란 단순히 재생산 체계, 기능 및 과정과 연관된 모든 문제에 있어서 질병 혹은 질환이 없는 상태가 아니라 완전한 신체적, 정신적, 사회적 안녕상태를 의미한다. 이를 구체적으로 살펴보면 첫째는 여성의 만족스럽고 안전한 성생활을 영위할 수 있는 성적 권리를 포함하고, 둘째는 여성이 재생산할 수 있는 능력 및 여부, 시기, 빈도를 결정할 자유를 포함한다. 이에는 임신, 자녀 양육에 관한 적절한 보건의료 서비스 접근권을 보장할 것과, 가족계획에 대한 정보권, 안전하고, 효과적이며, 입수가능하고 받아들일 수 있는 가족계획 방법에 접근할 수 있는 권리를 포함한다.[29]

보다 간단하게 정의하자면 재생산 건강권이란 재생산의 영역에서 여

---

29 재생산권 개념의 변화와 재생산권에 포함되는 권리들은 Ruth Dixon-Mueller, *Population Policy & Women's Rights: Transforming Reproductive Choice*, Praeger, Westport, Connecticut, London, 1993, pp.1-15를 참조하라. 1995년 제4차 세계여성회의-북경행동강령 89조에서 111조를 참조하는 것도 유용하다.

성들이 주체적인 의사결정자가 될 것과, 안전하고 효과적인 공공의 재생산 서비스에 접근할 권리를 확보하는 것으로 압축할 수 있을 것이다. 이를 낙태의 문제와 연결지으면 성적 권리의 측면, 재생산 권리의 측면, 그리고 건강의 측면으로 나누어 논의할 수 있을 것이다.

1) 성적 권리(right to sexual freedom)

낙태에서의 여성의 재생산 권리는 첫째로 성적 권리가 확보되어야 할 것을 주장해야 한다. 성적 권리란 성적 속성과 연관된 문제에 대해 여성 스스로가 통제하고, 자유롭고, 책임 있게 결정할 권리를 포함한다.[30]

앞에서도 언급했지만 여성들이 낙태를 하는 것은 원치 않는 임신 때문이다. 여성은 언제, 누구와 성관계를 할 것인지를 결정할 수 있는 자유가 있어야 하며, 또한 혼인 관계와 무관하게 출산할 수 있는 자유가 보장되면 여성의 원치 않는 임신의 범주가 줄어들 수 있을 것이다. 만일 이러한 자유가 보장되지 않으면 미혼여성의 임신은 자동적으로 원치 않는 임신의 범주에 포함된다.

---

30   북경행동강령 95조에는 "…상호 존중하고 평등한 성적 관계 증진과 특히 청소년이 그들의 성적 속성을 긍정적으로 책임 있는 방법으로 다룰 수 있도록 그들의 교육 및 서비스 요구에 부응하는 충분한 관심을 쏟아야 한다. 재생산 건강은 다음과 같은 요인들 때문에 세계의 많은 사람을 곤란하게 하고 있다; 인간의 성적 속성에 관한 부적절한 지식수준, 부적합하거나 혹은 열악한 재생산 건강 정보 및 서비스 위험 부담이 큰 성적, 재생산적 삶에 대해 가지는 제한된 힘, 청소년들은 많은 국가에서 관련 서비스에 대한 정보와 접근기회의 부족으로 인해 특히 취약하다. 노인여성과 남성은 종종 부적절하게 언급되는 재생산적, 성적 건강 문제를 분명히 가지고 있다."고 되어 있다. 96조에는 "여성의 인권은 성적, 재생산건강, 강제, 차별, 폭력으로부터의 자유를 포함한 성적 속성과 연관된 문제에 대해 통제하고 자유롭고, 책임 있게 결정할 권리를 포함한다. 인간의 본연의 모습에 대한 완전한 존중을 포함하여 성관계와 재생산 문제에 있어 여성과 남성사이의 동등한 관계는 성행위와 결과에 대한 상호존중, 동의, 분담된 책임을 요구한다."로 밝히고 있다. 재생산 권리에서 성적 권리는 앞에서 언급한 권리들이 주로 포함된다고 할 수 있다.

더욱 문제가 되는 것은 미혼여성 및 10대 여성의 성과 출산, 낙태를 사회적으로 낙인시해서 이들의 자유롭게 낙태할 권리, 낙태하지 않을 권리, 안전한 낙태 서비스에 접근할 권리를 제한하게 되는 것이다. 여성의 자유로운 성 선택의 권리가 보장되지 않으면 미혼여성이나 10대 소녀들의 낙태 권리는 정당화될 수 없다는 점에서 이는 상당히 중요하다.

또한 여성은 만족스럽고 안전한 성생활을 영위할 수 있는 권리를 가져야 한다. 남성 중심적인 성문화로 인해 피임이 일방적으로 여성의 책임으로 간주되거나, 성관계가 남성 주도적으로 이루어질 경우, 그리고 성행위 결과에 대해 여성만의 책임이 요구될 경우 여성들에게는 낙태의 부담이 지워진다. 나아가 여성들에게는 남성의 성을 거부할 수 있는 권리도 보장되어야 한다. 따라서 성관계에서 남성과 여성의 상호 존중, 동의가 있어야 하고 성행위의 결과에 대해서도 책임이 분담되어야 할 것이다. 그래야만 여성들의 낙태가 줄어들 수 있을 것이고, 낙태로 인한 신체적, 경제적, 심리적 부담이 경감될 수 있을 것이다.

2) 재생산 권리(right to reproduce or not to reproduce)

여성들은 자녀를 가질 것인지의 여부, 언제, 몇 명의 자녀를 가질지 등을 결정할 수 있는 자유가 있어야 한다. 여성의 의사에 반해 인구학적 측면에서 일정 수의 자녀를 강요하거나, 여성에게 특정한 성별의 자녀를 낳도록 요구하는 것 등은 여성의 재생산 자유를 침해하는 것이 된다. 또한 여성은 자녀를 출산할 것인지 아닌지를 결정할 권리가 있어야 한다. 여성들이 사회, 경제적 이유로 인해 자녀를 출산 할 수 없을 경우 자유스럽게 낙태할 수 있는 권리가 보장되어야 할 것이다. 이는 사회적으로 낙태는 합법화되어야 함을 의미한다.

여성들이 원치 않는 임신을 예방하기 위해서는 남성과 여성 모두 피임에 대한 정보를 가질 수 있어야 하며, 효과적이고, 안전하며, 저렴한 비용으로, 쉽게 사용할 수 있는 피임방법에 접근할 수 있는 권리가 보장되어야 한다. 그렇다고 해서 피임이 잘되면 낙태를 제거할 수 있다고 가정하는 것도 안 된다. 피임 실천은 낙태를 감소시키는 효과는 있어도 낙태를 100% 예방할 수 있는 것은 아니다. 왜냐하면 안전하고 완벽한 피임법이 부족하며, 실제 피임 실천을 100%할 수 있는 상황이 보장되지 않기 때문이다. 따라서 여성들에게 낙태를 자유롭게 선택할 권리는 보장되어야 하며, 안전하고 저렴하며 효율적인 낙태 서비스에 접근할 수 있는 권리가 보장되어야 한다.

3) 건강권(right to health)

여성들에게 낙태가 자유로운 선택이 되기 위해서는 건강의 위협으로부터 안전하게 보호되어야 한다. 낙태는 신체적, 심리적으로 여성들의 건강에 위협을 줄 수 있다. 낙태는 여성의 몸에 후유증으로 인한 신체적 건강의 문제를 일으킨다. 심한 경우 사망에 이를 수 있으며, 과다출혈, 감염, 생식기관 및 내부 장기 손상, 약제에 대한 부작용 및 불완전 유산의 문제들을 유발할 수 있다.[31] 또한 낙태는 차후 임신에도 영향을 미칠 수 있다.

---

31   낙태로 인한 모성 사망은 미국의 경우 100,000건 당 0.6으로 극히 낮지만 개발도상국에서는 전체 모성 사망의 30-50%가 안전하지 못한 낙태로 인한 합병증으로 사망한다고 한다. 사망 원인은 감염, 혈전증, 마취 부작용, 과다 출혈 등이며, 임신 주수, 중절 방법, 시술자의 숙련정도, 연령 및 건강상태 등의 요인에 의해서도 영향을 받는다고 한다. 박상화, 앞의 책, 69-71면.
전 세계적으로 보면 모성 사망의 20-50%가 안전한 낙태만 가능하다면 예방할 수 있다고 한다. 낙태를 불법화하는 것은 모성 사망을 증가시키게 된다. 개도국의 경우 불법적이고 은밀한 낙태로 인한 모성 사망은 심한 경우 80%에 이르기도 한다. 루마니아 86%, 에티오피아 54%, 칠레 36%, 아르헨티나 35%, 소련 29%로 이들 국가에서는 낙태가 불법이다. Jodi L. Jacobson, "The Global Politics of Abortion", *Living With Contradictions: Controversies in Feminist Social Ethics*, ed. by Alison Jaggar, Westview Press, 1994, pp. 298-306.

불임의 우려가 있고, 조산이나 저 체중아의 출산 그리고 자궁 외 임신 등의 문제를 초래할 수 있다.[32]

이러한 건강상의 문제들은 적절한 시기에 낙태를 하지 못했을 경우, 즉 임신 3개월을 초과하였을 경우, 낙태 횟수가 빈번할수록, 낙태가 불법화되어 비밀리에 낙태수술을 할 경우, 낙태 후의 간호를 제대로 받지 못하였을 경우 더욱 심화될 수 있다. 이런 측면에서 본다면 미혼이나 10대의 낙태, 성감별 낙태 등은 여성의 건강에 상당한 위협을 줄 수 있다.

낙태를 하였던 여성들의 경험을 통해서도 낙태의 건강상 문제들은 드러난다. 한 조사연구에서는 낙태 후 합병증을 경험했다고 답한 여성이 54.7%나 되었는데, 이들이 호소한 증상들은 허약감이 32.3%로 가장 많았고, 출혈 23.8%, 복통 및 요통 17.7%, 질 분비물 12.8%, 오한 8.5%, 부종 4.3%로 나타났다.[33] 이들 중 74.4%가 치료를 받아야 할 정도였다고 한다. 기혼여성의 경우 91.1%가 낙태는 건강에 해롭다고 보고 있으며, 낙태 횟수가 증가할수록 해롭다고 응답한 비율이 높았다.[34] 이러한 조사를 통해 볼 때 여성들에게 낙태는 건강의 문제를 초래하는 것이었다고 할 수 있다.

신체적 건강에 대한 우려에 있어서 기혼과 미혼은 다른 태도를 보이기도 한다. 기혼의 경우는 수술 후의 건강 장애를 걱정하는 반면 미혼의 경우는 다음 임신에 지장이 있을 것을 주로 걱정한다. 특히 성감별 낙태의 경우는 태아의 낙태 시기가 임신 3개월을 지나기 때문에 여성의 신체에 미치는 위험이 훨씬 증가하게 된다.

32   박상화, 앞의 책, 71면.
33   김상혜, 앞의 책, 56면.
34   박병태, 최병목, 권호연, 앞의 책, 166-167면.

낙태는 심리적, 정서적인 손상을 초래하기도 한다. 불안감, 후회, 슬픔, 죄책감 등의 정서적 문제를 가져오기도 한다. 특히 미혼여성들의 경우는 사회적 낙인 찍기에 의해 더욱 심리적 고통을 당할 수 있다. 무책임하다는 비난, 성적으로 분방하다는 비난, 고립감, 의료진의 태도 등으로 인해 과도한 정신적 부담을 겪게 된다.[35]

그러나 합법적인 임신 3개월 이내 인공유산의 경우는 의학적 위험성이 그리 높은 것만은 아닐 수 있다는 주장도 있다. 안전한 낙태 서비스를 받아 3개월 이전에 하는 낙태는 임신, 출산, 육아로 인해 여성들이 겪게 될 신체적, 경제적 부담보다 더 가벼울 수 있다. 10대의 경우도 임신 3개월 이전에 시행할 경우 심리적 및 의학적 부작용은 별로 없다고 한다.[36]

여성의 재생산 권리를 인정한다 함은 궁극에는 여성의 재생산을 어떻게 인식하는가 하는 것으로 귀결된다. 여성의 재생산을 국가의 인구 통제의 대상으로만 보거나, 여성들을 출산력 조절의 책임을 가진 자로서만 인식해서는 안 된다는 것이다. 이는 여성을 재생산 영역에서 행위성(agency)을 가진 존재, 즉 자기 몸과 관련한 사안에서 가장 핵심적인 의사 결정자로 인식해야 함을 의미한다. 나아가 여성들이 재생산 사안에서 안전하고, 효과적인, 그리고 건강과 웰빙을 증진할 수 있는 서비스를 요구하는 것은 여성들의 기본적인 권리로서 인정하는 것을 의미한다.

---

35   Ruth Dixon-Mueller, 앞의 책, 175-179면.
36   박상화, 앞의 책, 73면.

4. 모자보건정책[37]과 여성의 재생산권

이 부분에서는 정부의 모자보건정책에서 낙태를 어떻게 다루고 있는지, 어떠한 서비스를 제공하고 있는지를 살펴보면서, 과연 여성의 재생산권이 국가 차원에서 어떻게 인식되고 있는지를 비판적으로 검토해보고자 한다.

1) 모자보건법의 제정

(1) 인구 조절을 위한 낙태 허용

정부가 낙태와 관련해서 취한 조치는 모자보건법을 제정하면서 낙태를 양성화하는 것이었다. 1960년대 이후 인구 조절을 위해 모든 노력을 기울이던 정부는 피임과 함께 출산력 조절에 기여하고 있는 낙태에 관심을 갖는 것은 당연한 일이었다. 그런데 낙태와 관련되어 문제가 있었는데, 그것은 낙태가 불법으로 규정되어 있는 것이었다. 물론 이러한 법과 무관하게 실제에서는 낙태가 빈번하게 시행되었다. 그러나 국가에서는 인구 조절을 좀더 성공적으로 수행하기 위해서 1973년 모자보건법을 제정하게 된다.

---

37 일반적으로 모자보건정책하면 임신, 분만, 수유 및 영유아 관리에 관한 정책으로 인식하고 있다. 그러나 광의의 모자보건에는 가족계획정책, 모자보건 모두 포함된다. 모자보건정책의 기조가 되는 모자보건법에도 임산부, 영유아, 수태조절, 불임수술, 인공 임신중절수술, 모자보건, 가족계획 요원, 모자보건 사업, 가족계획 사업에 관한 정의들이 포함되어 있다. 모자보건법이 제정되면서 가족계획은 모자보건에 포함되는 것으로 되었으나 실제로는 인구 조절의 목표가 워낙 다급하였기에 80년대 이전까지는 모자보건보다는 가족계획에 치우쳤던 것은 사실이다. 86년도 새로이 개정된 모자보건법에는 임신부의 신고, 모자보건수첩의 발급 등이 추가되고, 부담능력이 없는 모성의 산전 진단 소요비용, 조산 경비 2분의 1이내를 국가가 부담하는 조항들이 추가되었다. 모자보건정책에서 낙태에 관한 정책은 극히 제한적인데, 그나마 가족계획과 관련된 영역으로 다루어지고 있다.

그러나 모자보건법은 표면적으로는 "모성의 생명과 건강을 보호하고 건전한 자녀의 출산과 양육을 도모함으로써 국민의 건강 향상에 기여하게 함을 목적으로 한다."고 제1조에 규정하고 있다. 그러나 사실적으로는 여성들의 낙태를 합법화하기 위해서 제정된 법이라고 해도 과언이 아니다. 1963년 모자보건법 초안을 만들었던 김택일의 경우도 모자보건법을 제정에서 '이 기회에 인공 임신중절의 허용 한계를 입법화할 수 있다고 믿었기 때문'이라고 밝히고 있다.[38] 한국 사회의 인구정책을 회고하는 『인구정책 30년』에서도 모자보건법의 제정 목적을 아래와 같이 분명하게 밝히고 있다.

> "법의 필요성은 정부가 가족계획 사업을 추진하면서 불임시술을 하고 있었으므로 이를 위한 법적 근거를 갖고자 하였던 것이 주였으며, 내실 더불어 원하였던 부분은 낙태수술이 불법이었던 상태에서 인공 임신중절을 합법화시키고자 하였던 의도가 포함되어 있었다. 그러나 결과적으로 인공 임신중절의 경제, 사회적 이유에 대한 허용은 불가능하였다."[39]

　정부에서 모자보건법을 제정하게 되는 상황을 살펴보면 법 제정의 목적은 좀더 분명해진다. 1973년도 합계 출산율은 3.6명으로 높은 수준이었다. 반면 피임 실천율은 전국 평균 36%로 저조한 상황이었다. 가임기에 있는 여성들 중 70% 정도가 피임을 피임을 실행하지 않았다. 전반적으로 피임에 대한 의식이 낮았고, 피임약제나 기구의 효능과 안전성도 보장되지 않았다. 반면 불임수술은 남성을 대상으로 하는 정관수술 위주로 시행되고 있어서 한계가 있었다. 여성들의 불임시술인 난관수술은 도입 초기

38　김택일, "한 인구학도의 회고", 『한국인구학회지』, 제11권 제1호, 1988, 7-8면.
39　한국보건사회연구원, 『인구정책 30년』, 1991, 388면.

상태여서, 76년도에 시행율이 4.1%에 머무는 수준이었다.

1970년대 정부는 두 사녀 갖기 운동을 적극적으로 홍보하고 있었는데 피임실천율이 저조했기 때문에 이러한 목표를 달성하는 것은 어려울 수도 있었다. 반면 당시 낙태율은 30%에 이르러 피임률과 거의 비슷한 비율로 시행되었다. 바로 이러한 맥락에서 정부는 낙태를 인구 조절을 위해 최선책은 아니지만 차선책으로 선택했고, 이를 자유롭게 허용하기 위해 모자보건법을 제정했다.

그러나 제정된 모자보건법은 엄밀한 의미에서 낙태를 허용하기 보다는 규제하는 법이라고 할 수 있다. 낙태의 허용 범위를 규정했는데, 그 조문을 따른다면 출산 조절을 위해서 낙태를 하는 것은 허용되지 않기 때문이었다. 다음의 인공 임신중절수술의 허용 한계를 명시한 8조를 살펴보면 낙태는 유전적 사유나 윤리적 사유, 그리고 의학적 사유에서만 허용된다. 따라서 실제로 여성들이 인공 임신중절을 하는 주요 원인인 사회적(단산 목적), 경제적인 사유는 허용되지 않는다.

> 제8조 인공 임신중절수술의 허용 한계
> 1. 우생학적 혹은 유전학적 정신장애나 신체질환
> 2. 본인 또는 배우자가 전염성 질환이 있는 경우
> 3. 강간 또는 준 강간에 의하여 임신된 경우
> 4. 법률상 혼인할 수 없는 혈족 또는 인척 간에 임신된 경우
> 5. 임신의 지속이 보건학적 이유로 모체의 건강을 심히 해하고 있거나 해할 우려가 있는 경우

또한 법에 따르면 여성이 자유롭게 낙태를 결정할 수 있는 것도 아니었다. 인공 임신중절수술 여부를 결정하는 주체는 의사였다. 즉 의사가 여성의 임신을 판단하여 태아와 모체에 건강상 위험이 있는지 여부를 결정

하도록 되어 있다. 이는 법에 규정된 전염성, 우생학적 질환이란 의사의 전문적 판단을 요하는 질병들이자 시술을 담당하는 주체가 의사였기 때문이다.[40] 물론 의사의 판단만으로 수술을 할 수 있는 것은 아니고, 여성 본인과 배우자(사실상의 혼인관계에 있는 자)의 동의가 있어야만 했다. 이러한 측면에서 본다면 모자보건법은 여성 스스로가 자유롭게 낙태를 결정하기에 상당히 어려운 법이기도 했다.

그러나 모자보건법의 조항은 실제 상황에서는 엄격하게 적용되지 않았다. 특히 제5항은 낙태를 자유롭게 시행할 수 있도록 하는 조항으로 인식되었다. 그것은 법조문의 해석을 경우에 따라서는 주관적으로 폭넓게 해석해서 적용할 수 있기 때문이었다. 법에서 규정한 보건학적 이유로 허용하는 기준 자체가 막연하고 유동성이 많아서, 확대 해석하면 대부분의 낙태수술이 합법화 될 수 있었다.

또한 낙태를 시행할 수 있는 절차 역시 까다롭지 않아서 낙태를 원하는 경우 쉽게 접근할 수 있었다. 엄격한 시술 절차가 요구되었다면 낙태시술은 용이하지 않았을 것이다. 예를 들어 의학적 또는 우생학적 견지에서 인공 임신중절 수술을 시행하려면 2인 이상의 전문가의 합의를 거쳐야 한다는 규정이 있었거나, 윤리적 견지에서의 수술은 고소나 일정한 위원회에서의 심사를 거쳐야 한다든가, 아니면 낙태시술은 지정된 의사만이 시술하도록 하는 규정들이었다면 낙태시술은 상당한 규제를 받았을 것이다.

그러나 인구 조절을 위해서 낙태를 합법화해야 할 필요가 있었으므로 이러한 절차를 법으로 엄격하게 규정하는 것은 어려웠다. 아래에서처럼

---

40   우생학적 또는 유전학적 질환에 해당하는 질환은 다음과 같이 모자보건법에 규정되어 있다. 유전성 정신 질환, 전염성 우울증, 전염성 간질증, 전염성 정신박약, 유전성 운동신경원질환, 혈우병, 현저한 유전성범죄경향이 있는 정신 장애, 기타 유전성 질환으로 이상의 그 질환이 태아에 미치는 발생빈도가 10% 이상의 위험성이 있는 질환이다.

당시 농촌의 의료시설이나 인력 부족의 상황에서는 더욱 이러한 규정을 시행하기 어려웠다.

> 우리나라에서 번거로운 절차를 밟게 하면 오히려 합법적인 낙태를 피해버릴 가능성도 없지 아니하므로, 현재로서는 이러한 절차가 필요 없다고 본다. 하여튼 아직도 개인 병원이 많이 있는 우리 실정 하에서는 의사 2명의 합의를 요하도록 하는 것은 굉장히 번거로운 일이며, 시기상조라고 본다.[41]

또한 배우자의 동의 규정에 있어서도 예외 규정들이 있어서 본인의 의사만으로도 수술을 행할 수 있었다. "배우자의 사망, 실종, 행방불명 기타 부득이한 사유로 인하여 동의를 얻을 수 없을 경우에는 본인의 동의만으로 그 수술을 행할 수 있다."는 규정이 있었기 때문이다. 기타 부득이한 사유라는 모호한 규정으로 인해서 낙태시술에서 배우자의 동의는 크게 문제가 되지 않을 수 있었다. 따라서 실제 낙태수술은 여성들이 원할 경우 개별 의사가 판단하여 시술할 수 있었다.

(2) 여성의 사회적, 경제적 이유로 인한 낙태 불허

이상에서 살펴본 것처럼 모자보건법의 제정을 통해서 여성들이 실제적으로는 자유롭게 낙태를 시술할 수 있었던 것은 사실이다. 그러나 이것이 여성의 재생산 자유를 보장해준 것인가는 좀더 비판적으로 평가해야 할 부분이라 할 수 있다.

이는 우선 모자보건법을 제정하는 목적에서 살펴볼 수 있는데, 앞에서도 언급한 것처럼 모자보건법은 일차적으로 여성들의 낙태권을 보장하기

---

41 김종원, 『인공임신중절의 법적규제에 관한 연구: 모자보건법과 관련하여』, 가족계획연구원, 1974, 109면.

위해 법을 제정한 것이 아니라는 점에서 잘 드러난다. 모자보건법의 제정은 국가의 중요 목표였던 인구 조절을 효과적으로 달성하기 위한 것이었고, 낙태 허용은 인구 조절 수단으로서 이루어진 것이었다. 따라서 여성들이 낙태를 선택할 수 있는 것은 부차적으로 주어진 제한적 자유라고 할 수 있을 것이다.

사실 인구 조절을 위한 낙태 허용은 사회적으로 상당한 담론적 위력을 보유하고 있었다. 만일 여성들의 자유로운 선택을 위해서 낙태를 허용한다고 하면 사회적으로 엄청난 비판과 반대가 일어날 것은 자명한 일이었다. 실제로 모자보건법 시안을 만든 상황에서조차도 이에 대한 논란은 상당했다. 종교계나 법조계, 그리고 언론계에서는 낙태 허용은 인명경시 태도 조장, 생명에 대한 존엄성 위배, 여성들의 성적 문란, 그로 인한 사회적 풍기 문란을 일으킬 수 있다고 강한 우려들을 표명했다.

> 도대체 일단 잉태한 아기를 낳지 않게 하려는 궁리는 종교적 견해가 아니라도 생명의 존엄에 대해 죄스러운 일이요, 모체에 주는 큰 피해를 생각하더라도 합리적이라 할 수 없다. 우리가 알맞게 낳아서 훌륭하게 키우기 위하여 생명의 발생 이전에 조절한다는 것은 도의적으로나 생리적으로나 슬기로운 일이라 하겠으나, 일단 잉태한 죄 없는 아기를 비참하게 살해한다는 것은 종교인이 아니더라도 뜻있는 사람은 그대로 간과할 수 없는 일이다.[42]

이러한 우려를 잠재울 수 있었던 것이 경제적 차원에서 인구 조절이 필요하다는 사실이었다. 모자보건법이 시안이 만들어졌을 때 사회적으로 무분별한 낙태에 대한 막연한 우려는 있었지만 경제적 차원에서 수용하

---

42   김택현, 「낙태의 합법화 문제: 모자보건법 제8조를 중심으로」, 『사법행정』, 14권 10호, 1974, 38면.

는 입장이 지배적이었다.[43] 당시의 맥락이 국가적 차원에서 강력하게 가족계획 정책을 시행하는 상황이었고, 근대화를 이루고 경제발전을 하는 것이 모든 국민의 삶을 향상시키는 것이라는 신념이 강했기 때문에 지도층들이 명시적이든 암묵적이든 낙태 허용에 동의를 표명했다.

낙태시술에 대해일반인들의 허용적인 태도도 인구 조절을 위한 낙태를 정당화하는 데 기여했다. 1973년도의 20-29세 남녀 1,094명을 대상으로 한 조사에 따르면 모자보건법에 명시된 의학적, 윤리적 사유에 의한 인공 임신중절은 각각 93.7%, 98.9%로 찬성을 하고 있다. 이와 동시에 법에 명시되지 않은 경제적 사유에 대해서는 73.5%가 찬성을, 단산을 목적으로 하는 사회적 사유에 대해서도 91.6%가 찬성하고 있다.[44]

그러나 인구 조절 차원에서 정당화되는 낙태는 여성의 재생산권에는 한계라고 할 수 있다. 그것은 여성들의 낙태를 합법화해 주는 문항이 모자보건법에 명시되지 않은 데서 좀더 분명해진다. 여성들이 낙태를 하는 이유는 주로 단산(자녀 불원)이나 터울 조절이 대부분이고, 그 다음이 아이를 키울 경제적 여력이 없어서이다. 그렇다면 모자보건법은 바로 사회적 이유 및 경제적 이유로 인한 낙태를 허용 조건에 포함시켜 여성의 자유로운 낙태를 보장해야 했다. 그러나 모자보건법에는 논란 끝에 그러한 조항이 명시되지 않았고, 그것은 1986년 개정될 때도 마찬가지였다. 여성들에게 낙태를 허용하는 조항들은 모호하고 추상적인 용어나 기준을 써서 적당히 얼버무리는 것으로 그치고 있다.

---

43 김종원, 「인공임신중절과 형법」, 『사법행정』, 1970, 11권 7호, 59면.

44 경제적 사유는 "경제적 사정이 아주 딱한 경우에는 낙태를 하는 것이 좋겠느냐"라는 질문을 하였고, 사회적 사유는 "아이가 너무 많을 경우에 낙태를 하는 것이 좋겠느냐?"라는 질문을 하였다. 이에 대해 사회적 사유에 대한 찬성비율이 높았다. 이 조사에서는 "이 법률이 만들어지면 풍기가 문란해질 것으로 생각하느냐?"의 항목도 포함시켰는데, 그렇지 않다고 응답한 비율이 41.53%, 그렇다고 응답한 비율이 38.42%로 나왔다. 김종원, 앞의 책, 1974, 79-90면.

또한 형법에서 낙태를 불법으로 규정하는 조항들은 삭제되어야 했다. 여성들에게 낙태는 완전하게 합법적인 것이어야 했다. 하지만 아직도 낙태는 불법으로 규정되어 있다. 이와 같이 모호한 허용 기준이나 절차 규정, 그리고 서로 모순되는 법의 공존은 언제든지 여성의 낙태권을 규제할 수 있는 여지를 남겨두게 된다. 왜냐하면 사회적 맥락의 변화에 따라 여성의 낙태권을 규제할 우려가 있기 때문이다. 현재와 같이 인구 조절의 목표가 달성되고, 저출산의 문제가 대두하면 언제 어떻게 낙태 규제가 일어날지 모르기 때문이다.

여성들은 낙태를 자유롭게 선택하고 이에 대한 접근성이 강화되기를 강하게 원하고 있었다. 유배우 부인을 대상으로 하는 출산력 조사에서 여성들은 원치 않는 임신의 경우 낙태를 하겠다는 비율이 1971년 61.3%, 73년 81.3%, 76년 84.2%로 증가하고 있다. 경우에 따라서 하겠다는 비율까지 합하면 91%에 이르기도 한다.[45] 여성들이 이러한 태도를 보이는 것은 원치 않는 임신의 결과를 고스란히 담지 해야 하기 때문이었다. 따라서 여성들의 경우 사회적 사유나 경제적 사유에 의한 낙태 허용은 보장되어야만 하였다.

모자보건법에서 여성의 사회적, 혹은 경제적 사유에 의한 낙태 허용 조항을 포함시키지 않았다는 것, 그리고 아직도 낙태에 관한 법이 모순되게 존재하고 있다는 것은 여성을 자신의 임신, 출산, 피임, 낙태의 행위자(agency)로 간주하지 않는다는 것을 의미한다. 국가에서 관심이 있는 여성이란 장래의 인구의 양과 질에 대해 책임을 가진 어머니(responsible mother)이다. 따라서 기혼여성이 주 관심 대상이고, 이들에 대해서도 국가의 인구정책을 잘 따라야 할 책임을 가진 존재로서만 인정할 뿐이다.

그렇기 때문에 이들이 스스로의 판단에 의해 자유롭게 낙태를 선택하

---

45   박병태 외, 앞의 책, 164-165면.

는 것에는 관심이 없다. 오히려 여성들이 낙태 선택의 자유와 권리를 갖는 것은 사회에 위험한 것으로 간주하게 된다. 따라서 미혼여성이 낙태를 하거나, 기혼여성들이 낙태를 빈번하게 되면 '무지한 여성', '이기적 여성', 나아가 '성적으로 문란한 여성'으로 비난받는다.

이러한 인식은 이들의 낙태 권리를 제한하고 사회적으로 이들의 존재를 비가시화하게 된다. 따라서 이들로 하여금 국가에 대해 합법적이고 안전한 낙태 서비스를 요구하지 못하게 한다. 그 결과 어떤 다른 집단보다도 열악한 위치에 놓이게 한다.

2) 저소득층, 농촌 여성들을 대상으로 하는 모자보건정책

가. 민간 의료 서비스 이용 유도 정책

정부에서는 경제적, 사회적 사유에서의 낙태를 허용하기 위해 모자보건법을 제정하였으나 여성들에게 낙태를 지원하는 서비스 제공은 거의 부재했다고 할 수 있다. 이는 가족계획정책에서 피임이나 불임시술 등에 무료 서비스 지원이 집중되어 있는 것과는 차별적이라고 하겠다. 낙태가 인구 조절 방법으로 피임과 같은 정도로 기여하고 있는 상태에서 인구 조절 차원에서도 낙태를 지원할 수 있는 서비스가 있어야 할 것이지만 가족계획 서비스보다는 부차적인 것이었다.

인공유산의 경우 비용이 1976년 기준으로 5,000-5,999원 사이가 40%로 가장 높고, 2,000-3,999원이 23.8%, 6,000-9,999원이 19.4%로 평균 약 5,000원이 상회하는 것이었다. 유배우 부인의 합계 인공 임신중절 률이 1975년 2.3회, 1978년 2.9회이었으며, 시술 장소는 개인 병원 및 종합병원이 91.3%, 보건소나 보건소 지정 병원이 5.1%이었다.[46]

---

46   박병태 외, 앞의 책, 168-170면.

이러한 통계로 미루어볼 때 기혼여성에게서 낙태는 상당히 빈번하게 일어나고 있었고, 낙태시술은 민간 병원에서 자비 부담으로 시행되었다고 할 수 있다. 그런데 1977년, 78년도에 한국에서 임신 3개월 이내 낙태 비용은 건설노동자 월급의 10%, 6개월 이내 낙태 비용은 35%에 달할 정도였다고 한다.[47] 이런 측면에서 볼 때 여성들에게 있어서 경제적 부담은 만만치 않았을 것으로 예상되고, 농촌이나 도시 저소득층의 여성 그리고 미혼여성에게는 더 부담이 되었을 것이다.

실제로 여성들은 정부에서 인공 임신중절 시술을 도와줄 경우 약 78%가 도움을 받겠다는 태도를 보이고, 도시보다 농촌에서 좀더 많은 부인이 무료로 시술을 지원해주는 것을 원하고 있다. 인공 임신중절을 가족계획 사업에 포함시켜 무료로 시술을 도와줄 경우 인공 임신중절을 반대한 부인 중에서도 13%가 시술하겠다는 의사를 밝히기도 하였다.[48] 이러한 수치를 볼 때 여성들의 경우 정부의 안전하고 저렴한 낙태 서비스 제공을 원했다고 할 수 있다.

그렇다면 왜 모자보건정책에서 다수의 여성들이 원하는 안전하고 질 좋은 낙태 서비스를 제공하지 않는가. 그것은 국가가 한정된 예산을 가지고 효율성을 극대화하기 위해 공공 서비스를 제한하고 민간 의료로 이전시키는 경향이 있기 때문이다. 예를 들어 병원분만과 같은 모자보건 사업은 민간의료 서비스를 이용하도록 유도하는 것과 같은 것이다.[49] 따라서

---

47   Ruth Dixon-Mueller, 앞의 책, 174면.

48   송건용·한성현, 『1973년 전국 가족계획 및 출산력 조사 종합보고』, 가족계획연구원, 1974, 203-205면 참조. 1973년도 조사에서 극빈자의 낙태수술의 비용은 국가가 부담하는 것이 좋겠느냐는 항목에 찬성: 89.28%, 반대 10.71%가 나왔다. 김종원, 앞의 책, 1974, 102-103면. 그러나 이러한 일반인들의 요구에도 불구하고 실제로 이러한 조항은 포함되지 않았다.

49   조영미, 앞의 논문, 136-146을 참조하여 보면 낙태와 분만에 대한 국가가 유사한 시각을 가지고 있음을 발견할 수 있을 것이다.

국가는 특정한 의료기관을 피임, 불임시술, 낙태 지정병원으로 정하거나 이를 시술할 수 있는 인력을 양성하는 정도의 서비스만 제공한다.

이와 같이 공공 서비스를 제한적으로 최소화하면 공공부분이 경쟁력이 저하되고 자연스럽게 민간 부분으로 이전된다. 그럴 경우 낙태를 해야 할 필요가 있는 여성들은 어쩔 수 없이 자비로 민간 서비스를 선택할 수밖에 없다. 물론 이 경우는 도시 중산층 여성들에게 해당될 것이고, 이들은 공공 서비스 대상에서 쉽게 배제될 수 있다.

또한 여성들은 가족계획이나 낙태 서비스 모두를 원하고 있는데 왜 국가는 가족계획 서비스 지원에만 치중하는가 하는 의문이 든다. 모자보건법은 제정하였지만 낙태 서비스는 상당히 제한되어 있는 반면 피임이나 불임시술 등은 적극적으로 지원한다. 그것은 효율성이라는 측면에서 가족계획이 더 유용하였기 때문이다. 피임의 경우 낙태보다 비용이 저렴하고, 원치 않는 임신을 사전에 예방하는 서비스라는 점에서 선호된다.[50] 불임시술의 경우는 어떤 시술보다도 효과가 즉각적으로 나타나며 동시에 영구적이다. 그러나 비용은 적게 들므로 어떤 다른 시술보다도 선호된다.[51]

반면 낙태는 임신 후 해결하는 시술이었고, 윤리적 차원이나 성풍속의

---

50 피임에 대해서는 가족계획 초기부터 정부가 상당한 비용부담을 하였다. 이후 1990년대 들면서 이 부분도 자비 부담으로 전환해간다. 1988년 정부비용부담실태를 보면 자궁 내장치 59.5%, 먹는 피임약 11.7%, 콘돔 13.1%에 이른다. 반면 난관수술 85.5%, 정관수술 87.1%로 불임시술은 상대적으로 정부 부담률이 높다. 한국인구학회편, 「1988년 전국 출산력 및 가족보건실태조사 주요결과」, 『한국인구학회지』, 12권 1호, 1989, 122면.

51 불임시술은 정부의 우선적 지원대상 이었다. 불임시술은 20세에서 44세까지의 남성과 여성 중 경제적 수술비를 낼 능력이 없다고 판단되는 경우에 지원하였다. 지원은 정관수술의 경우 1971년 시술 1건당 1,000의 시술비를 의료진에게 지급하고, 권장비 100원은 가족계획요원에게 지급하였다. 시술자에게는 회복기간 중 3일 임금을 보상하여 800원씩 지급하였다. 이 보상금은 1972년부터는 지급되지 않았다. 송건용, 한성현, 앞의 책, 202면.

규제라는 차원에서도 공공연하게 시행하기에는 부담이 있었다. 그러나 사회적 논란에도 불구하고 모자보건법을 제정하기까지 하며 낙태를 양성화했다는 점에서 보면 이것도 결정적인 요인이라고 할 수는 없다. 오히려 원치 않는 임신을 했을 경우 여성들에게 즉각적으로 그 영향이 미치므로 인해 여성 스스로 먼저 선택할 수밖에 없는 상황이 국가로 하여금 서비스 부재를 유지할 수 있도록 했다고 볼 수 있다.

결국 국가가 여성들의 건강이나 권리보다는 인구 조절에서 효율성과 성과를 올리기 위한 정책에 치중했기 때문에 공공의 낙태 서비스 제공은 미미할 수밖에 없었다고 할 수 있다.

나. 농촌 및 도시 저소득층 여성을 타깃으로 한 서비스 제공

그렇다고 해서 국가가 낙태시술 서비스 제공에 관여하지 않은 것은 아니었다. 민간 의료 서비스를 이용하는데 제한이 있는 계층에는 정부의 지원이 있었다. 그러나 그것도 1974년도부터 가능하였다. 〈표-6〉에서 보듯이 정부는 1974년 인공 임신중절 3,000건을 책정하고 생활보호법에 규정한 보호대상자 및 영세민 중 피임희망자 또는 피임 실패자를 대상으로 선정했다. 그러나 목표량 3,000건은 피임시술이나 불임 시술에 비해서 상당히 적은 규모였다. 1974년도 유배우 부인의 낙태 추정건수가 39만건이었다는 것을 감안하면 전국에 걸쳐 3,000건이라는 것은 상당히 제한적인 지원이었다고 할 수 있다.[52]

그나마 당해연도 목표량 중에서 2,194건을 시술하여 73.1%밖에 달성하지 못했다. 서울에서는 동장이 발급한 영세민증을 첨부해야 대상자로 선정되었고, 충청남도에서는 산부인과 전문의 자격증 소지자가 없어서 시술을 하지 못했다고 한다. 이와 같은 비현실적인 지원 규모, 까다로운

---

52   가족계획연구원, 『1974년도 가족계획사업평가: 사업통계를 중심으로』, 1975, 60면.

행정 절차, 의료 인력이나 시설의 부재 등은 도시 저소득층이나 농촌 여성들에게 별다른 혜택을 주지 못했다.[53]

〈표-6〉 가족계획 사업목표량

(단위: 건)

	루우프	정관수술	난관수술	월경 조절술 (인공 임신중절)	콘 돔	먹는 피임약
1974	380,000	37,000		3,000		250,000
1977	400,000	60,000	73,000	20,000	100,000	200,000
1978	240,980	36,922	193,398	60,797	110,901	130,500

출처: 가족계획연구원, 1973년 전국 가족계획 및 출산력 조사 종합보고. 1974.
가족계획연구원, 1977년도 전국가족계획사업평가 세미나 종합보고서. 1977.
공세권 외, 「가족계획사업 목표량제도 연구」, 가족계획연구원. 1978.

1970년대 중반이 제공되었던 낙태 서비스는 월경 조절술(Menstruation Regulation)로서 인공 임신중절보다는 임신 초기에 시행할 수 있는 간편한 방법이었다. 보건소 통해 시술되었고 1974년 가협의 부속병원에서 시범사업으로 보급되기 시작했다. 월경 조절술은 임신 8주 내에 가능하였으므로 가족계획사업으로 인정하여 무료시술이 가능했다고 한다.[54] 월경조절술이 시행되었던 기관은 보건소 및 시술지정 의료기관에서 63.9%로 가장 많이 시행되었고, 그 다음이 가협 부속의원에서 29.6%가 시행되었다. 이는 월경 조절술이 대부분의 의료기관에서 시행되었음을 의미한다. 그 외에 가족계획센터 4.3%, 이동시술반 2.2%가 시행되었다.[55]

1974년 이후 월경 조절술은 계속 증가하여 78년도에는 6만 건을 목표로 하기에 이른다. 무료 지원의 서비스가 증가하게 된 데는 국가에서 루

53   가족계획연구원, 앞의 책, 67-69면.
54   배은경, 앞의 책, 2004.
55   조남훈, 이규식, 정영일, 이종섭, 『1978년도 가족계획사업평가』, 가족계획연구원, 1979, 60면.

프 시술이나 먹는 피임약은 비교적 중단율이 높아 월경 조절술의 수용성이 증대되었으므로 사업 목표량을 증대시켰기 때문이었다. 또한 영세민 대상 지역을 늘려 서비스 제공을 확대했던 것도 원인이 된다. 그러나 무엇보다도 영세민 여성들 중에서 월경 조절술을 원하는 수가 늘어난 것이 중요했다. 그래서 1978년의 경우 목표량을 초과달성하여 103.0%의 사업 실적을 올리기도 했고, 지역적으로는 경북 지역이 전년도에 비해 804%나 급증하는 기록을 달성하기도 했다.[56]

그러나 정부의 월경 조절술 서비스 보급은 문제가 있었다. 정부의 지원은 무료 시술이라는 혜택은 있었지만 목표량제에 의해 시술 대상을 일방적으로 결정하고, 일방적으로 시술 서비스를 제공한다는 점에서 시술 대상 여성들의 권리를 침해할 우려가 있었다. 또한 지원의 대상 여성은 저소득층 기혼여성에게만 제한된다는 점에서 모든 여성에게 안전하고 저렴한 서비스가 제공되지 않는 것도 문제였다. 특히 누구보다도 긴급하게 지원 서비스를 필요로 하는 미혼여성, 특히 저소득층 미혼여성의 경우는 수혜 대상에서 배제 되었다.

그러나 무엇보다도 문제가 되는 것은 임신 중절 대상자 선정과정에서 향후 자궁 내 장치나 불임시술을 함께 할 것을 권유 혹은 강요했다는 것이다. 1970년대에 원치 않는 임신을 했을 경우 가족계획 요원이 난관수술을 전제로 수술을 하는 경우가 많았다고 한다.[57]

무료 낙태가 여성들의 자율적 의사에 의해서 선택되었다고만 볼 수 없는 근거들이 있다. 1988년도 불임수술 및 자궁 내 장치 수용 부인의 당해 피임방법 수용시의 임신 및 출산상태에 보면 난관수술 중 38.8%가 인공임신중절과 동시에 실시되었고, 자궁 내 장치 18.7%가 인공임신 중절과

---

56   조남훈 외, 앞의 책, 1979, 56-57면.
57   배은경, 앞의 책, 2004.

동시에 실시되었다. 이를 정상출산과 동시에 한 경우와 비교해보면 난관
수술의 경우 9.4%, 자궁 내 장치는 0.4%에 그친다. 이는 불임시술과 피임
시술의 1/2은 인공유산과 함께 시행되었음을 의미한다.

〈표-7〉 불임시술 및 자궁내 장치 수용 시 피임 및 출산 상태 (단위: %)

	소계	정상출산과 동시	임신중절과 동시	피임 중	기타	모르겠다	피임 중 변경	계
난관 수술	77.7	9.4	38.8	-	29.5	-	22.3	100.0
정관 수술	69.0	8.8	9.0	10.6	39.9	0.7	31.0	100.0
자궁내 장치	71.1	0.4	18.7	-	52.0	-	28.9	100.0
전체	75.1	8.2	30.4	2.1	34.2	0.2	24.9	100.0

출처: 1988년 전국출산력 및 가족보건 실태조사.

이를 다시 말하면 '공짜로' 낙태하는 대신 일종의 패키지로 불임시술을
함께 하는 것이다. 그런데 문제는 출산직후나 인공유산과 동시에 불임시
술을 할 경우 대부분이 강제적인 불임시술로 이어진다는 것이다. 가족계
획 요원들에게는 일정한 불임시술의 목표량이 할당되어 있다. 따라서 이
들은 무료로 낙태시술을 해주는 대가로 불임시술을 하도록 암암리에 권
유하게 된다. 가족계획 요원들은 목표 수행을 위해 여성들이 낙태 후 집
에 돌아가기 전에 난관을 묶으려고 한다. 여성들은 일단 집으로 돌아가면
마음이 변할 수 있기 때문이었다. 이러한 상황에서 여성들은 요원의 재촉
을 받거나, 정서적 스트레스를 받는 가운데 불임시술에 대한 결정을 내려
야 한다. 이는 후에 후회하는 경우를 발생시키기도 하고, 때로는 정확한
지식이 없이 동의하여 재생산 자율성이나 선택권을 제한하게 된다.[58]

58   미국의 경우 여성의 재생산권을 보호하기 위해 출산 혹은 낙태 직후 동의를 받

1부 낙태 현실과 재생산 정책

낙태와 관련하여 지극히 제한적인 서비스가 제공되었으나 그것도 저소득층 및 농촌 기혼여성에게 한정되었고, 그 대상 집단조차도 서비스 접근성이 상당히 떨어졌다고 할 수 있다. 무엇보다도 그것이 불임시술이나 피임시술과 동시적으로 시행되었다는 것은 지원을 담보로 강요적인 시술을 받게 했을 가능성이 높다는 점에서 문제라고 할 수 있다.

5. 결론 및 제언

한국 사회에서 여성들은 낙태 선택에 있어서 제한적이나마 자유롭게 시술할 수는 있었다. 그러나 그것은 인구 조절을 위해서 여성들의 낙태를 허용해야 했던 절실한 국가의 필요에 의한 것이었다. 국가의 낙태 허용 정책은 어떤 의미에서는 성공적이어서 출산력 저하에 상당한 기여를 하였다. 1960년에서 1987년까지 합계 출산율은 6.3에서 1.6으로 감소하였는데 낙태가 출산력 저하에 32.2%를 차지했다고 한다.[59]

〈표-8〉 인공 임신중절이 출산력에 미친 영향: 1971-1988

	1971	1976	1978	1982	1988
합계율(%)	13.2	24.1	26.8	25.0	23.5

출처: 한국보건사회연구원, 「인구정책 30년」, 1991.

는 것을 급하고 있으며, 불임시술 결정과 실제 수술 사이에 경과기간을 두고 있는데, 통상 30일 정도의 대기기간을 두고 있다. 낙태와 불임시술을 동시에 시행하는 경우는 이미 불임시술을 하려고 결정하고 있는 중에 원치 않는 임신이 발생하였을 때에만 해당된다고 한다. Adele Clarke, *Subtle Forms of Sterilization Abuse: A Reproductive Rights Analysis*, 1994.

59   Asia Pac Pop Policy(1994), Sep(30), pp. 1-4.

그러나 인구 정책 중심의 낙태정책은 여성들의 재생산 건강권을 확보하는 데는 상당한 한계를 지닐 수밖에 없었다. 여성들에게는 연령이나 혼인상태, 지역, 계층을 막론하고 합법적이고 안전한 낙태 서비스를 받을 권리가 있는데, 이러한 요구를 충족시켜줄 수 있는 공공 서비스가 제공되지 않았다. 인구의 어머니로서 기혼여성만 대상으로 했던 낙태 정책들은 접근성과 자율성에서 미흡했고, 미혼의 여성, 10대의 여성, 빈곤한 여성들을 비가시화시켜 이들의 상황을 더욱 악화시켰다.

또한 여성의 재생산을 인구의 관점에서만 보도록 하여 여성의 재생산을 국가에 대한 의무나 책임으로 규정케 하고, 여성의 재생산은 국가의 이해에 따라 조절될 수 있는 대상으로만 보게 했다. 이는 자신의 재생산에 대해 의사결정권을 가진 행위자로서의 여성을 부정하여 법적으로나 사회적으로나 여성의 자율적인 선택의 자유를 제한하게 했다.

이제 한국 사회에서 낙태문제는 여성의 재생산 건강권의 차원에서 접근해야 할 것이다. 그래야만 특정 집단의 여성들이 비가시화되는 문제를 해결할 수 있고, 이들을 정책의 시혜나 보호의 대상이 아니라 권리로서 서비스를 당당하게 요구할 수 있게 할 것이다. 그리고 이러한 시각이 있어야만 이들이 정말로 필요로 하는 서비스를 제공할 수 있을 것이다.

또한 향후 모자보건 정책에서 낙태는 다음과 같은 방향으로 서비스가 제공되어야 할 것이다. 가족계획 정보나 서비스 제공으로 원치 않는 임신을 예방할 수 있어야 할 것이고, 임신한 여성은 신뢰할 수 있는 정보와 상담에 쉽게 접근할 수 있어야 할 것이다. 안전하고, 합병증이 일어나지 않도록 하는 의료 서비스에 누구나 접근할 수 있어야 하며, 유산의 합병증 치료, 유산 후 간호 및 가족계획 서비스는 즉각적으로 제공되어야 할 것이다. 무엇보다도 모든 여성이 이에 접근할 수 있어야 한다는 것이 중요하다. 그럴 때 여성들은 재생산 건강을 확보할 수 있을 것이다.

제3장

1부 토론

일시: 2004년 11월 3일
장소: 서울대학교 법과대학 근대법학교육 100주년기념관
사회: 박은정(전 서울대학교 법학전문대학원 교수·전 국민권익위원회 위원장)
지정토론: 허준용(전 고려대학교 의과대학 교수·산부인과 전문의)
　　　　 배은경(서울대학교 여성학협동과정 교수)

박은정　예, 조영미 선생님 발표 감사합니다. 저출산 문제까지 안게 된 우리 사회에서 낙태문제가 여성의 재생산, 건강권이라는 차원에서 다시 한번 검토되어야 한다는 말씀을 해주셨습니다. 감사드립니다. 이어서 배은경 선생님께 10분 간 토론을 부탁드리겠습니다.

배은경　반갑습니다. 저는 이숙경 선생님 글을 중심으로 토론하겠습니다. 저는 이숙경 선생님 글을 읽으면서 또 오늘 이 토론회에 참여하면서, 참으로 감사하고 다행스럽다고 느낍니다. 일반적으로 낙태라는 문제를 가지고 토의를 할 때 한국의 현실과는 맞지도 않는, 여성의 선택권과 태아의 생명권을 대립시키는 미국사회의 논의구조를 그대로 가져와서 논의를 시작하는 것을 많이 보아왔기 때문입니다. 이숙경 선생님께서 말씀해 주셨듯이 한국 사회에서는 여성의 선택권에 대한 주장이 실제로 제기된 적이 '없다'는 것이 정확한 역사적 사실인데도 말입니다. 이것은 법적으로나 사회적으로 어떤 제도를 마련할 때 우리를 둘러싼 사회적 현실로부터 출발하기보다는 자꾸만 서구 선진국의 경험에서 무언가를 따와서 배우려고 하는 한국 사회 지식의, 또는 제도의 식민성과 관련된 현상일 것입니

다. 그러나 이번 학술대회는 좀 다른 것 같습니다. 그간 한국 사회에서 드러낼 수 없는 것으로 여겨졌던 미혼여성의 낙태 경험을 다룬 이숙경선생님 글이 첫 순서로 발표되었고, 학술대회 전체를 보아도 실제 여성들이 낙태를 하게 되는 상황에 대한 경험적인 면에서 출발하여 좀더 거시적으로 여성들을 둘러싼 사회적 조건들을 따져보고 그 다음에 여러가지 참조점들을 바탕으로 구체적인 제도적 방안을 고민하는 순서로 조직되어 있는 것을 보았습니다. 이런 점에서 저는 대회 조직자께도, 또 이숙경 선생님께도 우선 감사하다는 말씀부터 드리고 싶습니다.

서구에서의 논의구도를 한국의 현실에 덧씌우는 것을 넘어서기 위해서는 무엇보다 한국여성의 실제적인 경험으로부터 논의를 시작해야 할 것입니다. 저는 여기서 낙태를 둘러싼 여성의 경험이라고 하는 것이 단지 '이 아이를 낳을 것인가 말 것인가' 라는 고립적이고 일회적인 자율적 선택과 결단의 순간으로 환원될 수 없다는 점을 강조하고 싶습니다. 여성들이 낙태를 고민하게 되는 상황은 실제로 배란이나 성적 성숙과 같은 생물학적인 조건과, 성적인 결합 즉 섹슈얼리티의 장면, 10개월이라는 임신기간의 경험과 출산, 그리고 아이를 낳은 후에 그 아이를 키우는 일까지, 하나의 연속선으로 이어집니다. 그러므로 낙태라는 하나의 사건은 자기 삶을 꾸려가는 한 인간으로서 여성들이 갖는 일생의 문제, 그녀의 생애기획 전체와 관련된 것으로서 파악되어야 한다고 생각합니다. 저는 이숙경선생님께서 여자들의 낙태 경험을 인터뷰하기 위해 그 여자의 살아온 이야기들과 앞으로의 이야기를 다 들을 수밖에 없었다고 말씀하신 것이 이 점을 정확하게 지적하고 있다고 생각합니다. 낙태는 일회적인'사건'이라기보다는 여성들의 생애상의 문제입니다. 그리고 그렇기 때문에 그것에 대해 접근하는 우리들의 방식은 생물학과 섹슈얼리티, 어머니 노릇과 그 기간의 생활조건들까지 포괄하는 연속적인 단계의 모든 범위를 고려할 수 있는 방향으로 재구성되어야 할 것입니다.

우선 생물학적인 측면에 대해서는 조영미 선생님께서 건강이라는 쟁점으로 말씀해주셨는데, 의료적인 문제, 보건적인 문제에 더하여 사회적 지원의 문제가 이야기되어야 할 것입니다. 또 이숙경 선생님 발표에서처럼 낙태를 섹슈얼리티 장면과 관련시켜 논하고 여성을 성적 주체로 인식하고 주목하는 것 역시 중요하다고 생각합니다. 저는 박사학위 논문을 한국 여성들이 출산조절을 할 수 있게 된 역사적 과정에 관해서 썼습니다. 현재 한국 사회의 분위기는 여성이 피임에 대한 대책 없이 성관계를 하면 그건 그 여자의 잘못이라고 비난하는 상황이 되었지만, 과거에는 그렇지 않았습니다. 1950년대, 60년대초까지도 여자들을 피임시키면 성문란이 일어날 것이라는 견해가 지배적이었습니다. 낙태를 권리로 인정하면 얼마나 섹슈얼리티가 문란해질 것인가라는 우려는 지금도 많이 있습니다만, 오늘날의 한국 여성들은 어찌되었든 피임도 인공유산도 실행할 수 있습니다. 저는 이렇게 되기까지의 역사적 과정을 들여다 보면서, 인구 억제와 섹슈얼리티 규제라는 두마리 토끼를 다 잡으려 했던 국가의 전략이 낙태를 포함한 출산조절(birth control)과 여성의 성을 둘러싼 담론의 지형을 일정 정도 만들어낸 면이 있다고 생각하게 되었습니다.

　한국 사회에서 피임이나 낙태와 같은 출산조절 행위가 일반인들에게 보급된 것은 무엇보다 가족계획사업에 의해서였습니다. 당시의 국가는 인구를 줄이겠다는 당면한 목표를 위해서, 출산조절을 보급하면 성문란이 일어날 것이라는 우려와 반대를 극복할 필요가 있었습니다. 그런 논란을 어떻게든 피하면서 피임이나 인공유산을 보급하기 위해 국가가 선택한 전략은 성과 출산조절을 결혼과 의료라고 하는 두 영역 속에 묶어 놓는 것이었습니다. 피임법 보급이나 인공유산 시술은 당연히 결혼한 여자들을 대상으로 하는 것으로 여겨졌습니다. 가족계획사업이 한창일 때도 미혼여성들에게는 어떤 서비스나 정보도 제공되지 않았습니다. 결혼한 여자들에게 출산조절에 관한 정보를 제공한다 해도, 그것은 여성들의 생애 전체를 기획하는 문제라든가 아이를 낳아서 어떻게 기를 것인가와 같은 연속선상의 문제를 함께 고려할 수 있는 내용으로 구성되지 않았습니다. 피임이나 낙태는 굉장히 의료적이고 기술적인 문제로 환원되어서 생물학적인 측면만이 강조되는 방식으로 이야기되어왔습니다. 저는 그런 점에서 이숙경 선생님께서 낙태문제에 접근하는 방식이 한국 사회의 담론 구도에 대하여 대단히 중요한 문제를 제기하고 있다고 생각합니다. 특히 여성의 성적 자기 결정권이라는 문제를 낙태문제에 관한 논의와 관련하여 논의할 주제로 포함시킨 것은 중요한 문제틀의 전환입니다.

그러나 다른 한편, 이숙경 선생님 논의에 더하여 좀더 생각해 볼 점도 있습니다. 현재 미혼여성의 낙태문제를 둘러싼 상황들, 즉 결혼과 섹슈얼리티와 임신의 문제가 결합되는 방식이 변화하고 있다는 점에 대해 좀더 주의를 기울여야 한다고 봅니다. 여성들의 성활동이 늘어났다. 성개방이 되었다고들 말하고 있지만 이것이 여성의 성적 주체로서의 자기 권리가 주장되는 진행방식으로 되지 않다는 이숙경 선생님 지적에 동의합니다. 그러나 다른 한편 우리가 주목해야 할 것은, 결혼을 한 여성이건 결혼을 하지 않은 여성이건 간에 임신을 하고 이 아이를 낳을 것인가 말 것인가를 결정할 때 가장 문제가 되는 것은 자신이 '어머니'로서 살 것인가 말 것인가라는 점이라는 사실입니다. 어머니가 된다고 하는 것은 그 여성의 삶을 완전히 바꾸어놓는 것이기 때문입니다. 그렇다면 낙태문제를 바라볼 때 바로 이 '어머니'라는 위치의 문제, 아이를 낳아 어떻게 기르고 자신이 어머니로서 어떻게 살아갈 것인가라는 문제 역시 중요하게 고려되어야 할 것입니다. 저는 이것이 특히 미혼여성의 낙태 경험과 관련해서 더욱 중요하다고 생각합니다. 결혼하지 않은 상태의 어머니라는 위치가 해당 여성에게 어떻게 다가갈 것인가라는 문제를 고민해야 한다는 것입니다. 다시 말해 성적 주체로서의 여성의 경험이라는 부분도 중요하지만, 모성적 주체로서의 여성의 경험이라는 부분이 특히 결혼 여부에 따라서 어떻게 받아들여지고 있는가를 좀더 생각해 볼 필요가 있다고 봅니다.

그리고 한 가지만 더 지적을 하자면 보수적인 성규범과 실제 성관행 사이의 괴리를 말씀하셨는데, 한국 사회의 성규범이 정말로 '보수적'인가라는 점에 대해 저는 의심을 가지고 있습니다. 제가 보기에 문제는 지배적인 규범, 수면 위에 있는 공론화된 성규범과, 실제로 미혼여성들이 처해 있는 일상적인 관계 속에서의 성규범 사이에 존재하는 차이인 것 같습니다. 일상적인 형태의 성규범은 이미 결혼과 가족에 국한되지 않은 다양한 방식으로 안정적인 친밀성과 섹슈얼리티를 추구하는 데 이르고 있습니다. 1990년대 말만 하더라도 대학에서의 여성학 강의에서 '혼전순결' 문제는 뜨거운 토론거리가 되었습니다. 그러나 이제는 그런 종류의 토론을 요구하는 것 자체가 어려울 정도로, 섹슈얼리티와 결혼의 결합은 약화되고 있습니다. 통계를 보면 2003년 초혼연령이 여성 27.1세, 남성 30.1세로 성인이 된 후 결혼하기까지의 기간이 7년에서 10년에 달합니다. 이런 상태에서 젊은이들은 미성년의 성행동은 문제지만 성인들끼리의 합의된 성이라면 괜찮다거나, 서로 진실로 사랑하는 남녀사이라면 괜찮다고 하는 새로운 규범을 만들어내고 있습니다. 그러나 결혼과 출산의 연관은 어떨까요? 인구학적 연구들은 저출산이 운위되는 오늘날에도 대개의 한국여성들은 결혼하고 1년 내지 2년 안에 출산을 하고 있음을 보여주고 있습니다. 실제 첫출산을 경험하는 평균연령은 모든 통계에서 초혼연령 1년 남짓 이후로 나타나고 있습니다. 즉 오늘날 섹슈얼리티-출산-결혼을 둘러싼 규범적 상황은 결혼과 섹슈얼리티의 연결은 약화되면서도 결혼과 출산의 연결은 여전히 매우 강력하게 유지되고 있다는 것입니다. 이같은 일상적인 차원에서의 규범이 젊은 여성들의 성활동에 더 힘을 갖고 있는 상황에서는 우리가 생각해야 될 부분이 좀더 많을 것이라고 봅니다. 감사합니다.

박은정 예, 선생님 고맙습니다. 이어서 허준용 선생님께 토론을 부탁드리겠습니다.

허준용 안녕하십니까. 고려대학교 의과대학에 있는 허준용이라고 합니다. 많은 선생님들 이야기 잘 들었습니다. 저는 지금 가장 문제되고 있는 모자보건법에 대해서 의학적으로, pro-life(생명옹호)나 pro-choice(선택옹호)의 입장이 아니라, 되도록 중립적인 입장에서 말씀을 드리겠습니다. 97년도 보고에 의하면 전체 임신의, 약 20 내지 30% 정도가 낙태가 되는 상황에 있고 낙태 중에서 약 80% 이상은 현재 모자보건법상으로는 허용되지 않는 이유로 인한 것입니다. 여러 선생님들이 말씀하셨지만 현재의 모자보건법이 모호한 상태로 있기 때문에 여성의 재생산 또는 건강권 보호도 제대로 못하고 있고 또 생명의 존엄성 수호에서도 제 역할을 못하고 있고, 법의 권위 유지에도 문제가 있어 모두 실패한 상황이라고 생각합니다. 마침 올해 6월에 복지부 인구가정정책과에서 대한의학협회와 대한산부인과학회에 모자보건법령정비의견 검토를 요청한 바 있어 대한산부인과학회에서 정부정책에 대한 의견을 모으고 기존의 모자보건법 시행령의 문제를 검토하는 좋은 기회가 되었습니다. 그것을 중심으로 발췌해서 이야기하겠습니다.

우선 임신인공중절 수술 기간이 지금 법령에서는 28주로 되어있지만 결론부터 말씀드리자면 이것을 24주로 하는 것이 적절하고, 이것도 일률적으로 적용할 것이 아니라 예외 사항을 두어야 한다는 것입니다. 지금 28주라는 것은 태아가 생존할 가능성을 고려한 기준인데 최근에 저체중아 치료가 많이 발달하여 27주에도 80%이상의 생존률을 보이기 때문에 현재는 맞지 않는 기준이라고 하겠습니다. 의학적으로는 태아생존가능성을 고려하면 24주를 기준으로 하는 것이 가장 적당할 것 같습니다. 다음에 예외사항의 필요성에 대해서 보면 생존 가능성이 전혀 없는 선천성 기형들, 예를 들자면 무뇌아 같은 경우에는 28주가 넘어서 발견되었더라도 법에 묶여서 인공임신중절을 못하게 하는 것은 문제이므로 일률적으로 규정하기보다는 예외 조항을 많이 두어야한다는 것이 의학적인 견지가 되겠습니다.

다음에 모자보건법 14조 2항에서 전염성 질환이 있는 경우에 임신중절을 허용하고 있습니다. 이것은 산모나 태아에 의학적인 문제가 발생할까 해서 만든 법령인데 실제로 법에 규정된 전염성 질환 중 대부분은 산모나 태아에게 그렇게 큰 영향이 없습니다. 그러므로 법상의 전염성 질환이 있다고 건강상의 이유로 임신중절을 한다는 것은 의학적으로는 맞지가 않습니다. 성병 같은 것이 대표적인 예라고 하겠습니다. 더군다나 시행령에서는 전염병 예방법상의 전염병이 모두 포함되어 있는데 지금은 전염병 예방법의 전염병의 종류가 많이 달라졌습니다. 그런데 이것이 같이 뭉쳐져 있어서 성병에 걸렸으면 건강을 위해서 임신중절을 해야 한다는 의학적으로 맞지 않는 법조항이 되어 있습니다.

그 다음에 정부에서는 인공 임신중절수술을 허용할 때 어떤 중간 절차 또는 점검절차를 만들자 해서, 수술하는 의사와 허용사유를 판단하는 의사를 분리하기를 원합니다. 그 이유는 환자와 의사의 그릇된 담합을 막고 의사의 경제적인 관심을 차단하기 위해서라고 합니다. 그런데 그렇게 한다면 환자가 이중으로 진찰을 받아야 하므로 의료비도 증가하고 결국은 병원문이 더 높아져서 낙태 시기를 놓치게 되므로 여성의 건강이 더 위험해 질 수도 있고, 또 산모들이 진찰을 받는 기회가 적어져서 기형아 출산의 위험이 더 높아질 수도 있을 것입니다.

현행 모자보건법은 넓은 의미의 사회·경제적 사유의 임신중절을 인정하지 않고 있습니다. 그러나 현재로서는 이런 사유로 인한 임신중절이 80% 이상에 달하고 있습니다. 또 UN 보고에 의하면 선진국에서는 77%가 사회·경제적 사유를 허용하고 있습니다. 그렇기 때문에 우리나라도 현실과 세계적인 추세에 비추어 볼 때 임신 첫 3개월 이내에 한해서는 사회·

경제적 사유로 인한 임신중절을 허용하는 것을 심각하게 고려해보아야 하지 않는가 하는 생각입니다. 단 이 때 임신중절이 남용되지 않도록 어떠한 보완장치는 필요할 것입니다. 결론적으로 pro choice v. pro life는 세계적인 핫이슈이고 굉장히 문제 중의 하나인데 선불리 이를 건드려 양쪽 집단에서 비난받는 것이 싫다고 해서 이 문제를 덮어두는 것은 굉장히 무책임한 일입니다. 그래서 각 분야에서 최선의 합의점을 시급하게 도출하는 것이 중요하다고 봅니다.

이젠 여자아이가 없어서 남자끼리 짝하는 경우도 좀 없어져야 되겠고, 젊어서 즐거운 연애와 행복한 시간을 보내야 되겠고, 또 중년이 되어서도 여성이 건강을 행복하게 유지하기 위해서는 역시 예방이 제일 중요하다고 하겠습니다. 지금 분위기가 산부인과 의사가 부정적인 의미로 되어 있어서 조금 섭섭합니다만 사실 수술하는 산부인과 의사가 제일 피해자가 될 수도 있습니다. 임신 12주 이후에 수술을 하게 되면 팔 다리를 따로따로 분리해야 하는데 이런 임신 산물들이 자궁에 그대로 남아있을 때는 합병증이 굉장히 많습니다. 그래서 수술을 완벽하게 했는지를 확인하려고 팔 두개, 다리 두개가 다 나왔나 모아두면 이라크 전쟁 바닥에 있는 상황 비슷한 그림이 되는데, 산부인과 의사 중에 이런 거 좋아하는 의사 하나도 없습니다. 그러니 예방을 잘해서 산부인과 의사가 이런 상황에 처하지 않도록 도와주시기 바랍니다. 이상입니다.

박은정 두 분 토론자 선생님들 고맙습니다. 앞으로 한 10분 내지 15분 정도 동안 우선 참석해주신 여러분들의 질의를 받고 그 다음에 발표자 선생님들이 마지막 말을 하시는 것으로 하겠습니다. 질문이나 의견 있으신 분들은 말씀해 주시기 바랍니다. 예, 신동운 선생님.

신동운 법과대학 신동운입니다. 지금 토론자리에서는 여성의 선택권이 강조되고 있는데 저는 다른 관점에서 또 균형을 맞추어야 된다고 생각합니다. 저는 생명권을 존중하자 이런 얘기보다 우리 형법이 왜 낙태죄를 규정했는가 이런 것을 한 번 점검해야 할 것 같습니다. 일제하에서는 아이를 많이 낳아야 된다고 해서 아이 많이 낳는 사람들을 표창도 하고 그랬거든요. 그런데 정작 제정형법이 국회에서 통과될 때 대논쟁이 있었습니다. 그래서 낙태죄를 폐지하자는 안이 나오고 하면서 여성에 대한 배려가 대단히 많았습니다. 예를 들면 우리 형법이 가지고 있는 특색 중의 하나로 여성의 사회적인 지위를 보장하기 위해서 영아살해죄·영아유기죄를 감경처벌하고 간통죄·혼인빙자간음죄를 처벌하는 것을 들 수 있습니다. 그리고 낙태죄도 폐지하자는 안까지 나왔었습니다. 그렇게 해서 마지막 토론이 격렬하게 벌어지는 와중에 이용설 의원께서 한 말씀 하십니다. 뭐라고 하셨냐면, 여러분들 지금 다 어머니 뱃속을 거쳐 나왔습니다. 나는 이 말만 하겠습니다. 그러니까 사람들이 와 웃고서 그 다음에 낙태죄가 통과됩니다. 그러니까 선택권을 말씀하시면 태어난 여성은 선택권을 가지지만 앞으로 어머니의 모체를 통해서 세상에 나올 사람들은 어떻게 될 것인가 그 점에 대한 배려는 어떻게 할 것인가라는 문제가 논의가 되어야 될 것 같습니다. 또 50년 전에 우리 형법전이 만들어질 때의 상황을 우리가 한번 생각을 해야 되겠습니다.

또 한 가지 더 마이크를 잡은 김에 말씀을 드리면, 모자보건법은 1973년도에 제정이 됐습니다. 유신 때 만들어졌습니다. 그리고 국회를 통과하지 않은 법률입니다. 그래서 아주 인구정책적인 관점에서 제정된 법인데 이 모자보건법의 법률조항만 말씀하셨습니다마는 시행령에 보면 유전적 질환의 구체적인 내용을 적으면서 '범죄를 범할 우려가 있는 질환을 가진 사람' 이렇게 규정되었어요. 그래서 이게 어떤 시각에서 나온 것인지는 알 수 없습니다마는, 대충 생각하기에는 성범죄자는 가계가 쭉 내려가기 때문에 위에서 성범죄를 범했으면 자식도 성범죄를 범헬 것이다. 그래서 아예 단

종시키는 것이 낫다. 이런 사고가 있는지 모르겠습니다. 그래서 낙태죄가 50년대에 제정이 되고 모자보건법은 73년 유신 때 만들어졌는데 그 당시의 생각들이 지금의 시점에서는 어떻게 재조명되어야 될 것인지 이런 얘기를 해야 될 것 같습니다.

제가 들은 자기 결정권이라고 하는 것은 미국의 판례에도 나오고 독일의 헌법재판소 위헌판결에서도 나오고 많이 나오거든요, 그야말로 서양의 이야기를 되풀이하지 않고 우리 현실을 놓고 이야기해야 되는 것 아닌가에 대해서. 저는 그냥 제가 알고 있는 지식을 말씀을 드립니다마는 토론자들께서 그 부분에 대해서 어떤 의견을 가지고 계신지 여쭙고 싶습니다.

박은정   예, 신선생님 고맙습니다. 아마 선생님께서 말씀하신 부분은 2부에서 본격적으로 낙태와 관련된 법의 시각을 재조정하는 부분에서 더 깊이 있게 논의될 것 같습니다. 발표하신 두 분 말씀을 먼저 들어보기로 하겠는데요. 지금 신선생님이 말씀하신 것 포함해서 1-2분정도로 간략하게 말씀해주시면 고맙겠습니다.

이숙경   예. 신 선생님 말씀 잘 들었습니다. 저는 여기에서 서구의 여성의 선택권에 대한 논의를 할 생각은 전혀 없습니다. 그것이 도달하고 싶은 지점 중 하나일 수는 있지만 그걸 바라보고 낙태에 관해서 생각하고 말해본 적은 없습니다. 그리고 형법으로 금한 것이 여성들을 보호하기 위해서였다는 그 취지에 대해서는 알겠는데요. 여성들 스스로 누군가에 의해서 보호당하고 싶어하는 것이 아니라는 것을 말씀드리고 싶습니다. 여성은 충분히 자신의 몸에서 일어나는 경험들이나 자기 삶의 맥락을 스스로 계획하고, 만들어갈 수가 있는데 이것을 결정하고 고민하는 과정에서 본인의 생각이나 본인의 의지가 너무 발현되지 않는 현실에 대해서 저는 계속 문제제기를 하고 있는 것입니다. 특히 임신, 낙태, 성관계와 같이 일상적이고 개인적이고 사적인 영역으로 보이는 부분에서 이런 것들이 더 많이 발생합니다. 낙태가 일어나지 않게 하려면 여성 스스로 자기의 의지를 가지고, 내가 나를 보호해야 할 건지 말건지 가장 먼저 결정해야 된다고 생각하는 것이지요. 그런 부분이 막혀있기 때문에 이렇게 많이 낙태가 일어나는 것이라고 봅니다. 그리고 어머니가 된다는 부분에 있어서도 여성들 스스로, 준비된 어머니가 되고, 기꺼이 자기가 자기 삶에서 어머니가 된다는 것을 수용하고. 낙태를 할지 말지 이전에 어머니로서의 자기 삶에 대해서 선택할 수 있다면 낙태하는 여성의 숫자도 훨씬 줄어들지 않을까 하고 생각합니다. 그래서 누군가가 법이나 제도나, 어떤 장치를 통해서 보호해주지 않아도 여성 스스로 자기 인생의 순환을 잘 풀어나간다면 이 문제는 해결될 수 있을 것이고 그 칼자루는 여자들이 쥐어야 된다는 맥락에서 성적 자기 결정권을 이야기했던 것이고 여성의 선택권, 프라이버시 부분과는 조금 다른 의도로 자기 결정권 이야기를 했었습니다.

박은정　예, 조영미 선생님부터 말씀해주십시오.

조영미　특정한 질문에 대한 답은 아니고 제가 다 논의하지 못한 것 중에서 두 가지만 말씀드리고 싶은데요. 먼저 태아를 생명으로 본다고 할 때, 그 태아를 어떻게 규정하느냐 하는 것에 의견의 일치를 보고 있다고 생각합니다. 한편으로는 뱃속에 있는 임신 몇 개월 된 유기체, 또 다른 한편으로는 엄마와 분리된 어떤 아이 이렇게 생각하는데, 사실 태아라는 것이 우리가 그렇게 생각할 수 있는 고정된 실체를 가진 존재가 아닐 수 있다는 겁니다. 왜냐하면 우리가 낙태의 원인이 되는 원치 않는 임신을 판단하는 데 있어서 혼인 여부, 자녀의 수, 성별, 기형여부가 문제가 될 것인데 이렇게 우리 사회에서 이 태아가 바람직한 태아인가 태어나야 하는 태아인가를 결정하는 맥락이 있다는 것입니다. 어머니가 낙태를 결정하는 데 있어서도, 우리 사회에서 어떤 태아가 바람직한 태아고, 태어나야 되는 태아인가 그리고 이 아이를 어떻게 양육할 것인가까지 고려하는, 여러 가지 사회적인 맥락 속에서 발생하는 선택이라는 것을 말씀드리고 싶은 거죠. 어머니가 아닌 다른 사람이 얼마나 그 뱃속에 있는 태아에 대해서 누가 어떻게 고민하고 어떻게 결정하고 할 수 있는 것인지, 어머니가 결정권을 가지지 않으면 과연 누가 가질 것인가를 근본적으로 좀더 생각해 보아야 한다고 말씀드리고 싶습니다.

박은정 배은경 선생님 말씀하십시오.

배은경 나올 말씀은 다 나온 것 같지만 제가 좀 빠트린 점도 있고 부탁을 좀 드리고 싶은 지점도 있습니다. 방금 조영미 선생님이 말씀하신 대로 실제로는 pro-life와 pro-choice의 대립구도가 현실과 맞지 않습니다. 어머니와 태아의 이익은 대립되지 않고, 어머니가 실제로 태아의 생명권을 짓밟으면서 자기의 선택을 하겠다고 주장하지도 않는다는 것입니다. 그것이 한국 사회에서 현실입니다. 저는 여기서 여성의 선택권을 옹호하고 싶지 않습니다. 왜냐하면 그것이 옹호되어야 할 선택권인지에 대해서 한국 사회에서 한 번도 질문되지 않았기 때문입니다. 그렇다면 무엇을 옹호할 것인가에 대한 질문을 해야 할 텐데, 한국 사회에서는 낙태를 이 아이를 낳을 것인가, 지울 것인가 하는 고립된 선택으로만 생각하면서 그것을 여성의 선택권이라고 불러왔습니다.

한국 여성들은 아이를 제대로 키울 조건이 확보되지 않았다고 판단되면, 아무에게도 물어보지 않고, 아무 말 없이 자기 몸을 망쳐가면서 낙태를 할 수 있었습니다. 그것을 여성의 권리라고 부를 수 있다면, 한국 사회에서는 그러한 잔인한 권리는 너무나 많이 허용되어 왔습니다. 아무도 그 여자에게 도움을 주지 않았습니다. 낙태를 하지 않을 수 있도록 도움을 주는 사람도, 제도도, 문화도 없었습니다. 그런 상황 자체에 대한 질문 없이 여성의 선택권을 옹호하고자 하는 마음은, 사실 저를 포함해서 여기 나와 계신 모든 분들이 별로 없는 것 같습니다. 선택권을 이야기하려면, 생물학적인 조건, 섹슈얼리티를 둘러싼 사회적 조건, 그리고 양육과 어머니노릇을 둘러싼 조건의 모든 면에서 선택지가 충분히 주어져 있어야 하고, 또한 그러한 선택지들을 놓고 충분히 고려해서 선택할 수 있는 주체로서의 권리라는 것에 대한 사고를 시작하는 데서 출발해야 할 것입니다. 만약 우리에게 그러한 사회적 조건이 만들어져 있지 않다면, 선택권을 말할 수 있기 위해서 우리는 무엇을 생각해야 되고 무엇을 좀더 고려해야 되고, 무엇에 대해서 감수성을 길러야 할 것인가라는 질문을 우선적으로 해야 한다고 생각합니다.

사실 한국 사회에서는 미혼여성이 임신해서 낙태를 하는 것보다 더한 비난의 대상이 되는 사람들이 있습니다. 바로 미혼으로 임신한 주제에 애를 낳는 여자가 그들입니다. 1997년에 대한가족계획협회에서 병원에서 임신중절 시술을 받은 여성들을 대상으로 임신중절 동기를 조사한 적이 있었습니다. 여기서 제가 말씀드리고 싶은 것은 그 조사 결과가 통계적으로 어떻게 나타났느냐 하는 것보다, 조사를 위해서 작성된 질문지의 항목 구성과 관련한 문제입니다. 질문지에는 단산을 위해서, 터울조절, 임신중에 약물복용 등의 선택지들과 함께 '내가 미혼이어서'라는 항목이 들어가 있었습니다. 이것은 미혼여성이 낙태를 하는 데는 다른 동기가 필요하지 않다. 미혼인 여자가 임신을 하면 당연히 낙태를 해야 한다라는 한국 사회의 통념을 그대로 보여주는 것이었습니다. 한국 사회에서 법적으로는 낙태를 하면 낙태죄에 해당해서 처벌받게 되어 있지만, 어떤 여성들이 임신했을 경우에는 법과는 또다른 규범이 작동해서 낙태를 하지 '않았다'는 이유로 다른 방식으로 처벌받을 수 있는 상황이 발생하고 있습니다. 이러한 점에 대해 좀더 생각해 보아야 한다고 생각합니다.

박은정　예, 고맙습니다. 이숙경 선생님 말씀하십시오.

이숙경　배은경 선생님 말씀에 좀만 덧붙이지자면, 낙태를 선택할 수 있는 권리 자체가 아니라 여러 가지 영역에 대해서 같이 이루어져야 된다는 말씀을 하셨는데요, 낙태 논문 쓰고, 낙태한 여성들 만났을 때는 이렇게 여자들을 낙태하게 만드는 세상이 너무 밉고 그 분노 때문에 어떻게 하면 여자들이 낙태를 안 할 수 있을까, 이런 문제 어떻게 해결할 수 있을까, 이것만 생각했어요. 애를 딱 낳고 나니까, 세상에, 여자들이 적극적으로 애 낳는 것 자체를 못하게 했구나. 그게 지금 현실의 엄청 무서운 점이라는 것을 알았어요. 출산과 임신은 선택할 수 있는 거에요. 그런데 즐거운 면에 대해서 전혀 생각 못해요. 현실이 너무 안 좋기 때문에. 그래서 우리는 우리가 뭘 원하는지, 어떻게 가야 되는지에 대한 상상력 자체가 없는 겁니다. 낙태의 문제에 대해서는 그래요. 진짜 선택권이라고 말하기 위한 선택 자체가 없는 현실, 그렇다라는 것 자체를 말할 수 있게 되어서 정말 기쁩니다.

박은정　예, 고맙습니다. 허준용 선생님 마지막으로 말씀하실 기회를 드리겠습니다.

허준용　저는 정부의 정책에 대해서 조금 우려를 표할까 합니다. 지금 여러분들 다 신문지상을 통해서 아시겠지만 분만료를 정부에서 대줄 테니까 애를 많이 낳으라고 하는데 분만료는 20% 본인 부담해서 8만원입니다. 우리가 여러 가지 사회여건이 안돼서 출산률이 떨어지고 있는 것이 현실인데, 단순하게 8만원 줄 테니까 애 많이 낳아라 라는 태도가 우려가 되듯이, 지금 이 모자보건법도 의사들에 대해서 다른 의사가 지금 소파 수술을 하려고 하는데 맞는 것이냐 아니냐 하는 제어장치를 마련하는 등으로 인공유산을 제어하려는 경향이 있는 것 같습니다. 그런데 그 의도가 우리가 지금 출산률이 떨어지니까 출산률을 높이기 위해서 유산을 좀 규제하는 것이 아닌가하는 우려까지 든다는 것이지요. 진짜로 그런 의도로 하는 것이라면 이건 문제가 많다고 봅니다. 저희들이 지금 느끼는 바로는 사후피임약의 보급이라든지, 여러 가지 피임방법 보급 등으로 인해서 기혼여성이나 젊은 여성들의 낙태는 줄어들고 있다고 봅니다. 그러면 누가 늘어나느냐, 고등학생들입니다. 자꾸 성적으로 더 노출이 되니까 오히려 무방비 상태가 되는 것이 미성년자들인데, 낙태를 규제하면 미성년자들이 애를 많이 낳아서 국가가 맨파워가 넘쳐날 것이다 이런 발상을 하지 않는 것이 굉장히 중요하다고 생각합니다. 또 만약 막았을 때 그런 아이들이 음지로 가서 낙태수술을 받게 되는 것 역시 문제가 될 수 있다는 겁니다. 어쨌든 그런 걸 다 우리가 저울질을 해서 pro-life 와 pro-choice의 중간점을 찾아야 된다고 생각합니다.

박은정 예, 고맙습니다. 1부의 발표와 토론은 2부에서 낙태와 관련해서 법의 시각을 재조명하기 위한 다양한 사실 관련 자료와 풍성한 논의거리들을 제공해주었다고 생각합니다. 아무쪼록 계속 참여하시면서 좋은 성과를 내는데 기여하셨으면 좋겠습니다. 이상으로 1부 발표와 토론을 마치겠습니다. 감사합니다.

제4장

낙태죄 입법의 재구성을 위한 논의

이인영(홍익대학교 법학부 교수)

1. 들어가는 말

우리 사회에서 낙태는 도덕적 쟁점이자 법률적 쟁점이다. 낙태행위의 옳고 그름은 도덕적 문제에서 출발하여, 서로 다른 이념과 인식을 가진 경우에는 서로 상충되는 대답을 하고, 또 같은 출발선에 있었다고 하더라도 구체적인 사례 해결에서 개인별로 서로 다른 결론에 도달할 수 있다. 낙태죄와 관련해서 개인의 도덕적 신념이나 결론이 사회 속 모든 사람들의 생활을 지배하는 법률 속에 구현되어야 하는가 하는 의문이 제기된다. 이 문제는 그리 간단하지는 않는 것 같다. 그러나 다수인의 도덕적 신념 내지는 인식들 속에서 발견되는 권리를 보호하는 법률이면 그 법률은 정당화될 수 있다고 본다. 사회는 내부적으로 용인된 기본적인 권리를 인정하고 강화하는 법률을 가지고 있어야 함을 말하는 것이다.

낙태에 대한 논의를 할 때 우리는 낙태현상과 낙태규범을 분리해서 논할 수는 없다. 하지만 우리 사회에 낙태의 현상이 만연되어 있다고 해서 그로부터 낙태규범의 폐지라는 결론을 쉽게 도출하지는 않는다. 낙태행위가 아무리 사회에서 다수 행해지고 무의식적으로 수용되고 있다고 하더라도 그 수치의 측정량에 따라 범죄구성 요건의 존폐를 결정할 수는 없다고 본다. 해당 구성요건의 존폐를 논하기 위해서는 "그 법규정이 처벌 대상으로 하는 행위가 사회발전에 따라 전혀 위법하지 않다고 인식되고, 그 처벌이 무가치할 뿐 아니라 사회정의에 위반될 정도에 이를 때이어야 한다"는 요건이 구비되어야 한다. 낙태죄라는 규범을 이러한 관점에서 분석하고 재구성해야 한다는 점에서 이 연구를 시작하고자 했다.

본 연구에서는 우리나라의 현행 형법의 사문화된 규정이라고 평가받는 낙태죄 규정을 우리 현실에 접목하려는 시도를 행하고자 한다. 국민들의 인식도, 실제로 발생하고 있는 낙태현실과 낙태죄 규정과의 격차를 찾는 방법으로 현행 법체계의 재구성을 시도하였다. 낙태죄의 재구성에 관한 논의는 태아의 생명권과 임부의 자기 결정권 법익 간의 조화, 법률 개선 의무와 관찰 의무, 낙태 행위자에 대한 보호와 규제의 논리, 가부장적 유물 성격의 배우자 동의 요건 상담절차의 도입에 관한 논의를 중심으로 서술했다. 낙태죄의 재구성의 논의를 형법의 영역뿐 아니라 모자보건법의 인공임신중절 시술 규정에 대한 적합성과 입법방향을 함께 고려하면서 전체적인 해결방향을 찾아가는 서술형식을 취하였다.

범죄의 공식적 통계는 그 이면에 숨겨진 범죄의 수가 남겨져 있지만, 대검찰청에서 발간되는 『범죄분석』과 한국보건사회연구원에서 발간되는 조사보고서인 『전국 출산력 및 가족보건실태서』가 낙태죄 범죄의 질과 양을 측정하는 도구로서 사용되었다. 현실 분석을 행하는 것은 결국 미래의 법정책의 합리성과 구체성을 확보하기 위한 선행작업이라는 점에서 낙태죄의 범죄 통계와 일반 국민의 인식도를 부록에서 제시하였다.

2. 낙태죄 처벌규정의 연혁과 내용

1) 형법초안의 심의과정

(1) 정부안으로 형법초안에서의 낙태죄 규정

1953년 정부가 제출한 형법 초안에 의하면 제27장 낙태죄는 2개의 조문으로 되어 있다.[1] 처벌 유형으로는 부녀가 약물 등 기타 방법으로 낙태한 경우와 부녀의 촉탁 또는 승낙을 받아 낙태하게 한 경우, 전항의 죄를 범하여 치상케 한 경우이다.(제287조) 또한 의사, 의생, 산파, 약제사 또는 약종상이 부녀의 촉탁 또는 승낙을 받아 낙태하는 경우에도 처벌하며, 전항의 죄를 범하여 부녀를 치상케 한 경우에도 처벌규정을 두고 있다.(제288조)

법제사법위원회의 수정안은 제287조 2항에 '부녀의 촉탁 또는 승낙없이 낙태하게 한 경우를 처벌하는 조항(강제낙태죄)'을 신설하는 규정이었으며, 형법초안에 부녀의 촉탁 또는 승낙 없이 낙태를 시켰을 때 처벌하는 규정이 없었기 때문에 신설하였다.[2]

(2) 법제사법위원회의 낙태죄 초안 심의과정

법제사법위원회에 회부된 낙태죄와 관련된 수정안 중에서 주목할 만 것은 변진갑 의원이 제출한 낙태죄 삭제안이었다. 낙태죄에 관한 처벌규정을 두고 있는 제27장을 전부 삭제하자는 수정안이었다. 1953년 7월의 제16회 국회 임시회의에서 변진갑 의원은 본인이 발의한 수정안에 대한 취지를 설명하고 있다. 간략하게 요약하면 다음과 같다.[3]

---

1   한국형사정책연구원, 『형사법령제정자료집(1) 형법』, 1990, 64면.
2   형법제정자료집, 447면.
3   형법제정자료집, 447-452면.

첫째, 오늘날에서는 낙태죄의 처벌이 이루어지지 않으며, 그 당시의 일본 법률에도 낙태죄의 처벌규정이 있지만 실제에는 가형을 안 하기로 되어 있는 것 같다. 오히려 후생성에서 공연히 낙태죄에 대한 지도를 행하고 있는 실정이다. 경찰이나 검찰에서 잘 취급을 하지 않는다는 것은 낙태죄의 존치가치가 그 만큼 없어졌음을 지적할 수 있다.[4]

둘째, 여성들의 사회활동의 증가를 들 수 있으며, 한때의 부주의로 인해서 임신한 경우 그것을 낙태하도록 하지 않으면 사회적 지탄을 받고 아이를 출산해서 죽여서 수형생활을 하거나 결국 윤락의 생활을 맛볼 수 있다는 점을 지적할 수 있다. 남에게 강간을 당하거나 생활고에 따라 유혹에 빠지는 경우도 생각할 수 있는데 그 경우에도 낙태를 가능하게 하는 것이 낫다고 볼 수 있다. 또한 정당한 내외간에 산다고 하더라도 가난한 가정에서 임신한 경우에 이러한 사정을 감안하여 합법적으로 낙태하는 것을 인정해 주는 것이 옳지 않겠느냐는 점에서 삭제안을 제출했다고 밝히고 있다.[5]

셋째, 개인이 사회의 한 구성분자로 처해있는 사회적 현실은 도저히 자연적으로 증가하는 그 인구를 수용해 줄 수 없는 환경이기 때문에, 인구정책면에서 확고한 사회정책이 있지 않고서는 낙태죄를 둔다면 우리 사회에 미치는 폐단이 예상 이상이라고 지적했다.[6]

넷째, 그 당시에 영아를 살해하는 건수가 하루에 4-5건이 신문지면에 날마다 나오는 상황에서 그 원인이 낙태죄를 허용하지 않기 때문이라고 생각되며, 낙태를 인정하면 그러한 모든 범죄를 방지하는 길이 된다고 지적했다.[7]

---

4   형법제정자료집, 458면.
5   형법제정자료집, 450면.
6   형법제정자료집, 454-455면.
7   형법제정자료집, 451면.

다섯째, 이미 여러 번의 출산의 경험을 가진 부녀가 또다시 임신을 하여 분만하게 되면 그 경우 여성은 여러 가지 생활고이라든지 기타 생리적 관계로 이미 그 신체가 다시 임신을 견디지 못할 정도로 쇠약해진다는 점을 지적하였다. 낙태를 하려고 시도하다가 모체까지 사망한 사례를 보건대 이 경우 부득이한 사정이 있을 때에는 합법적으로 낙태를 하게 하는 것이 신체적으로 폐단을 줄이는 방법이라고 볼 수 있다.

심의과정에서 법제사법위원장 대리인 엄상섭 의원은 낙태죄 처벌규정에 대한 형법 초안에 대한 질의답변에서 "법전편찬위원회에서 안을 만들 때 도의적인 측면에서나 국가나 민족 전체적으로 보아 개인 희생이 너무 크지 않은가라는 점을 고려했고, 그리고 국가나 민족 전체적으로 보아도 인구가 적어서 노력해 볼 때도 있고 또 인구가 너무 많아서 곤란할 때도 있고 해서 사실은 그다지 큰 확신을 가지지 못하고 이 낙태죄의 장을 초안에 존치시켰다"고 하였다.[8] 법전편찬위원회에서는 낙태죄의 형을 될 수 있는 대로 가볍게 하고 또 그 외에 특별법을 가지고 국가의 그 때 그 때에 따라 조절은 단행법으로 만들기로 하고 우선은 이 정도의 조문을 가지고 국회의 심의를 받는 것이 좋겠다는 의견이 지배적이었다고 한다.[9]

삭제안에 대한 반론으로 낙태죄 초안 규정을 지지하는 의원들의 답변은 크게 다음과 같이 요약할 수 있다.

---

8   엄상섭의원은 답변에서 "그렇지만 여기서 우리가 한 가지 생각해 볼 점은 그러면 우리가 국가나 민족 전체로서 그러한 인구를 아직까지 더 좀 증식시켜야 되겠다. 이러한 방향으로 나갈 적에 어떠한 환경을 정비했느냐? 이것을 한번 우리가 돌아볼 필요가 있습니다. 현재와 같은 상태를 두고 낙태만 처벌해두고 불의의 씨가 된다든지 혹은 그애를 난 어머니 혹은 근친자로서는 개인적 생활이나 명예상의 지중한 영향을 물리치면서도 국가적이나 민족적 입장에서 그것을 길러서 이렇게 강요하기는 어려운 입장은 아닐까요?…"라고 개인적 의견을 나타내었다. 형법제정자료집, 453면.

9   형법제정자료집, 454면.

첫째, 낙태죄를 규정하게 된 유래를 살펴보면, 이론상으로 태아도 인명의 하나라 볼 수 있고, 인구 증식상 낙태를 하게 되면 젊은 내외들이 편안한 생활을 하기 위해서 아기를 일찍 떼어버릴 경향이 있기 때문에 인구증식 상으로 좋지 못하다는 점에 있다. 군국주의자들이 전쟁을 하는데 있어서 급속도로 인구를 증가시키기 위해서 낙태를 허용하지 않았다는 점을 지적할 수 있다.

둘째, 대항력이 없는 태아를 죽여 버린다는 것은 인간이 되려는 것을 근본부터 없애버리는 일인 까닭에 낙태죄를 삭제하는 것은 인간의 존엄성을 말살시키는 것이라고 보았다.[10]

셋째, 낙태죄의 존속을 바라는 이유 중의 하나가 만일 낙태를 인정하지 않고 마음대로 낙태를 허용하게 한다면 이 나라의 풍기가 문란해질 것이라는 우려이다. 도시의 부녀자가 낙태한 사례가 농촌의 사례보다 많다는 점에서 진심으로 생계가 빈곤하다고 하여 낙태를 시킨다는 것은 허언이라는 지적도 있었다.[11]

낙태죄의 제27장 전부를 삭제하자는 변집섭 의원 수정안이 표결에 붙여졌는데, 거수 표결에서 재적의원 207인 중에서 可에 27표이었다. 재표결에서도 미결되어 전문 삭제의 수정안은 폐기되었다. 제288조 제2항에 부동의 낙태죄를 신설하자는 법제사법위원회의 수정안은 이의제기 없이 통과되었다.

2) 1992년의 낙태죄 개정안

1992년 형사법개정특별소위원회의 제2위원회가 낙태죄 조문의 개정 문제를 검토하여 가안을 마련하고, 공청회를 거쳐 수정한 낙태죄 규정을

---

10 형법제정자료집, 467면.
11 형법제정자료집, 459면.

형법개정법률안에 포함시켰다. 1992년의 개정안은 낙태죄의 구성요건 체계를 자기낙태죄, 동의낙태죄, 영리낙태죄, 부동의낙태죄로 구성하고 있다.[12] 개정법률안에는 의사 등 업무자에 의한 낙태를 일반인의 낙태와 구별하여 무겁게 처벌할 이유가 없다는 점에서 업무상 낙태죄를 폐지하고 그 대신 영리낙태죄를 두어 가중처벌하고 있다.

1992년 개정안에서 주목할 것은 낙태허용범위를 형법에 편입한 것이다. 낙태의 허용범위를 형법에 편입할 것인가 여부에 대해서 개정작업시에 많은 논의가 있었으며, 위원회의 심의과정에서는 가부 동수로 결론을 내리지 못하고 있다가 조정의 단계에서 형법전에 허용범위에 관한 조문을 신설하기로 결정하였다.[13] 조정단계에서 낙태의 허용한계는 모자보건을 위한 규정이 아니라 낙태죄의 위법성조각사유에 관한 규정이므로 형법에서 규정해야 하며, 허용한계도 정리할 필요가 있기 때문에 이를 형법으로 편입하여 규정한다는 점에서 의견의 일치가 있었다.[14]

1992년 낙태죄 개정안은 허용범위에 관한 방식으로 모자보건법과 동일하게 적응방식을 취하고 있다.[15] 개정안 제안이유서에 의하면 "허용범

---

12 형법개정법률안의 형성과정에서도 부녀의 자기낙태행위와 의사 등의 동의낙태행위의 비범죄 주장도 강하게 대두되었지만 태아의 생명존중을 이유로 거의 현행 형법대로 존치하기로 하였다. 차용석, 「사회변동과 형법」, 『법학논총』 제11집, 한양대학교 법학연구소, 42면.

13 법무부, 「형법개정법률안 제안이유서」, 『형사법개정자료(XIV)』, 1992. 10, 136면.

14 이에 대하여 법무부의 의견을 살펴보면 "낙태죄 개정안은 단지 모자보건법의 규정을 형법 전안에 포섭하는 것으로 그치는 것이 아니라 생명 경시의 무뎌진 법감각을 기본법인 형법적 차원에서 경고한다는 차원에서도 이해할 수 있듯이 태아의 생명권 침해에 대한 사법질서의 새로운 형성을 통하여 규범유도적 기능을 다하겠다는 의지의 표출로 이해할 수 있다"고 한다. 김규헌, 「형법개정안 중 낙태죄 및 간통죄에 관한 검토」, 『법조』 제453호, 1994. 6, 158면.

15 1992년 개정안 제135조 (낙태의 허용범위) ①의사가 다음 각호의 1에 해당하는 경우에 임신중인 여자의 촉탁 또는 승낙을 받아 낙태하게 한 때에는 벌하지 아니한다. 1. 임신의 지속이 의학적 이유로 모체의 건강을 심히 해하고 있거나 해할 염려

위의 결정방식을 기한방식에 의할 것인가 또는 적응방식에 의할 것인가에 관하여는 기한방식에 의한 낙태의 절대적 자유화는 예컨대 임신 3개월을 전후한 태아의 발육상태의 차이를 과학적으로 검증할 수 없다는 이유 때문에 적응방식에 의하지 않을 수 없다는 점에 의견이 일치되었다"고 한다.[16] 현행 모자보건법과 같이 의학적, 우생학적, 윤리적 적응을 규정하고 있지만, 일부 적응방식에 대한 문제점을 보완하고 있었다. 먼저 우생학적 적응은 태아를 기준으로 유전적 소질 또는 출생전의 영향으로 건강상태에 중대한 손상을 입고 있거나, 입을 염려가 뚜렷한 경우에 해당하는 것으로 임신 중의 중독이나 충격에 의한 경우도 우생학적 적응으로 포함하고 있다. 윤리적 적응사유로 강간, 준강간, 특수강간, 미성년자간음, 업무상위력 등에 의한 간음 등에 의하여 임신된 경우를 모두 포함하고 있다. 모자보건법의 낙태허용기간이 너무 길다는 비판에 따라 우생학적 적응은 임신 24주 이내, 윤리적 적응은 20주 이내로 제한하였다.[17]

3) 현행 형법상의 낙태죄 규정

형법상 낙태는 태아를 자연적인 분만기에 이르기 전에 인위적으로 모체 밖으로 배출하거나 모체 내에서 살해하는 것을 의미한다.[18] 모자보건법상의 인공임신중절수술은 태아가 모체 밖에서는 생명을 유지할 수 없

가 있는 경우 2. 태아가 유전적 소질 또는 출생전의 유해한 영향으로 인하여 건강상태에 중대한 손상을 입고 있거나 입을 염려가 뚜렷한 경우 3. 제166조 내지 170조, 제172조 내지 175조에 의하여 임신한 경우 4. 법률상 혼인할 수 없는 혈족 또는 인척간에 임신한 경우 ② 제1항의 제2호의 낙태는 임신한 날로부터 24주 내에, 제1항 제3호 또는 제1항 제4호의 낙태는 임신한 날로부터 20주 내에 하여야 한다.

16　법무부, 「형법개정법률안 제안이유서」, 『형사개정자료(XIV)』, 136-137면.
17　법무부, 「형법개정법률안 제안이유서」, 『형사법개정자료(XIV)』, 136면.
18　이형국, 『형법각론연구 I』, 법문사, 1997, 141면; 박상기, 『형법각론』(제4판), 박영사, 2003, 83면.

는 시기에 태아와 그 부속물을 인공적으로 모체 밖으로 배출시키는 수술을 말한다고 규정하고 있다.[19] 형법상의 낙태의 개념은 모자보건법상의 인공임신중절수술보다는 넓은 개념이다. 인공임신중절수술에는 태아를 모체 안에서 살해하는 행위가 포함되어 있지 않을 뿐 아니라,[20] 인공임신중절수술 후에는 태아의 사망이 초래되지만 낙태죄에서는 태아가 사망하지 않아도 모체 외로 배출시키면 족하기 때문이다.[21]

낙태죄의 기본적 구성요건으로 자기낙태죄(제269조 제1항)는 임산부가 스스로 낙태함으로써 성립하는 범죄이며 1년 이하의 징역 또는 2백만원 이하의 벌금에 처한다. 주체가 임신한 여성에 국한하므로 신분범이다. 임신한 여성이 낙태를 부탁하거나 시술자가 임부의 동의를 받고 행하는 동의낙태죄(제269조 제2항)는 자기낙태죄와 필요적 공범관계에 있다. 업무상동의낙태죄는 의사, 한의사, 조산사, 약제사 또는 약종상이 임산부의 촉탁 또는 승낙을 받아 낙태하게 함으로써 성립하는 범죄이고, 형벌은 2년 이하의 징역이다.[22] 그러나 임신의 지속이 모체의 건강을 해칠 우려가 현저할뿐더러 기형아 내지 불구아를 출산할 가능성마저도 없지 않다는 판단 하에 부득이 취하게 된 산부인과 의사의 낙태수술행위는 정당행위 내지 긴급피난에 해당되어 위법성이 없다는 것이 판례의 태도이다.[23]

임부의 승낙없이 임의로 낙태행위를 하는 경우에는 부동의낙태죄(제270조 제2항)로 처벌하며, 임부가 모르게 낙태하게 한 경우 뿐 아니라 유효하지

---

19   모자보건법 제2조 제6호.

20   배종대, 『형법각론』, 홍문사, 2002, 163면.

21   오영근, 『형법각론』, 박영사, 2002, 116면.

22   이 규정에 대해서는 의사가 하는 경우에는 위험이 적기 때문에 입법론상 잘못이라는 비판이 있다. 그러나 일반인에 의해서 낙태가 이루어지기 어렵고 대부분 이러한 업무자를 통해서 낙태가 행해진다는 점을 고려할 때, 이들의 책임을 가중한 것이 불합리하다고 할 수 없다.

23   대판 75도1206.

않은 촉탁, 승낙에 의한 경우도 포함한다.[24] 동의낙태죄, 업무상동의낙태죄, 부동의낙태죄를 범하여 임부의 상해 또는 사망의 결과를 발생시킨 경우에는 제269조 제3항 및 제270조 제3항의 낙태치사상죄가 성립한다.[25]

3. 형법상의 낙태죄에 관한 재구성을 위한 논의

1) 낙태죄와 보호법익 충돌의 문제 해결

(1) 낙태죄의 보호법익으로서 태아의 생명권 보호

낙태죄의 보호법익에 관하여 태아의 생명·신체를 주된 보호법익으로 하고 임부의 생명·신체를 부차적인 보호법익으로 한다는 견해,[26] 태아의 생명을 주된 보호법익으로 하고 임부의 생명을 주된 보호법익으로 하고 임부의 생명·신체를 부차적인 보호법익으로 한다는 견해,[27] 태아의 생명이 보호법익이고, 임부의 생명·신체는 독자적인 법익이 아니라 태아의 생

---

24   오영근, 앞의 책, 120면.

25   낙태에 수반하는 상해는 상해죄의 상해가 되기에 충분하므로 낙태죄와 상해죄는 상상적 경합관계에 있다고 할 수 있다. 예외적으로 상해가 극히 경미한 경우에는 상해죄는 불가벌적 수반행위이므로 낙태죄만이 성립한다. 이에 반해 낙태에 수반되는 상해가 있으면 상해죄는 낙태죄에 흡수된다는 견해가 있다. 임웅, 『형법각론』, 박영사, 2002, 103면.

26   오영근 교수는 태아의 생명만을 보호하는 것이 아니라 신체의 안전도 보호하는 것이라고 한다. 왜냐하면 태아의 생명만이라고 본다면 태아의 생명에 추상적인 위험조차 초래하지 않는 시기에 태아를 모체 외로 배출하는 행위는 낙태죄가 될 수 없기 때문이라고 한다. 오영근, 앞의 책, 116면. 정성근·박광민, 『형법각론』, 삼지사, 2002, 82-83면.

27   이형국, 앞의 책, 148면; 김일수·서보학, 『형법각론』, 박영사, 2002, 46면; 배종대, 앞의 책, 150면; 이재상, 『형법각론』, 박영사, 1999, 83면.

명보호에 수반되는 부수적인 의미를 갖는 것에 불과하다는 견해[28]가 대립되고 있다. 낙태죄의 주된 법익을 태아의 생명으로 보고, 임부의 신체를 부차적인 보호법익으로 보는 견해가 현재 형법학계의 다수설의 입장이다.[29]

태아가 비록 생물학적으로는 모체에 종속되어 있지만 생명권과 인간의 존엄성이라는 기본권의 주체임에 틀림없다.[30] 우리나라 헌법재판소는 "인간의 생명에 대한 권리는 비록 헌법에 명문의 규정이 없다고 하더라도 인간의 생존본능과 존재목적에 바탕을 둔 선험적이고 자연법적인 권리로서 헌법에 규정된 모든 기본권의 전제로서 기능하는 기본권 중의 기본권"이라고 보고 있다.[31] 생명권을 헌법상의 권리로 인정하는 가장 큰 의의는 인간생명은 어떠한 경우에도 국가목적의 단순한 수단일 수 없다는 점을 분명히 밝히는 데 있다. 즉, 생명권이 보호되는 헌법질서 내에서는 이른바 '보호가치 없는 생명', '생존가치가 없는 생명'이라는 개념이 국가정책결

28 이정원교수는 낙태치상죄가 무겁게 처벌되는 것은 낙태로 인하여 부녀에게 상해를 입혔기 때문에 무겁게 처벌되는 것이지, 낙태죄 자체의 부차적인 보호법익이 부녀의 신체이기 때문이 아니라고 한다. 이정원,『형법각론』, 법지사, 2000, 111면; 박상기, 앞의 책, 86면.

29 대부분의 나라는 임부의 건강을 보호하기 위해서 낙태를 허용하거나 낙태허용의 한계로서 임부의 건강을 고려한다. 임신으로 인하여 임부의 생명과 건강에 특별한 위험이 초래되는 경우 낙태를 허용하며, 낙태로 인하여 임부의 건강이 심하게 침해되고 부작용이 초래될 수 있는 경우에는 낙태시술은 거부된다. 부녀의 생명과 건강도 부차적 보호법익으로 인정하고 있다. Laufs/Uhlenbruck,「Handbuch des Artzrecht」, 2.Auflage, 1999, Verlag C.H.Beck, §143. 15ff

30 태아는 기본권의 주체일 뿐 아니라 국가가 부여하는 일부 권리의 주체이다. 민법 제762조에서 태아는 손해배상 청구권에 관하여 이미 출생한 것으로 보며, 민법 제858조는 부는 포태 중인 태아에 대하여도 이를 인지할 수 있다고 규정하고 있다.

31 헌재결 1996. 11. 28, 95헌바1; 독일의 연방헌법재판소는 독일헌법 제1조 1항 2문의 인간의 존엄성 조항과 헌법 제2조 2항 1문의 생명권 조항으로부터 태아를 포함하는 인간의 생명에 대한 국가의 보호의무가 도출된다는 입장으로서, 생명은 인간존엄의 기초이자 모든 기본권의 기초이며 헌법질서의 최고가치라고 판시하고 있다. BVerfGE 39, 1(41)

정을 유도하는 동기로 작용할 수는 없다.[32] 인간생존의 가장 기초가 되는 생명에 관한 권리를 부인하면서 인간의 존엄성을 논할 수 없고, 생명권이 인정되지 않는 경우에는 신체의 자유를 비롯한 기타의 기본권 보장은 실질적으로 무의미하기 때문에 헌법질서 내에서 생명권은 명문 규정의 유무에 관계없이 헌법상의 기본권으로 인정하고 있다.[33]

대법원판례[34]도 '인간의 생명[35]은 잉태된 때부터 시작되는 것이고 회임된 태아는 새로운 존재와 인격의 근원으로서 존엄과 가치를 지니므로 그 자신이 이를 인식하고 있던지 또 스스로를 방어할 수 있는지에 관계없이 침해되지 않도록 보호해야 하는 것이 헌법 아래에서 국민 일반이 지니는 건전한 도의적 감정과 합치된다'는 태도를 보였다.[36] 출생, 신분, 인종, 발육과 건강의 정도가 인간의 인격성을 규정하지 않으므로 환자, 정신박약아, 노인, 신생아, 아직 태어나지 않은 태아는 모두 평등하게 생명권의

---

32 이재상, 앞의 책, 86면.

33 생명권은 인간이 태어나면서 사망에 이르기까지 누리는 인간의 기본적인 권리이다. 이와 같은 점에서 생명권은 다른 여타의 권리에 우선하는 기본권이라고 할 수 있다. 독일 기본법제2조 제2항은 "누구든지 생명과 신체를 훼손당하지 아니할 권리를 가진다"라고 하여 생명권을 명시적으로 규정하고 있다. 우리나라 현행 헌법에는 명시적 규정은 없지만 생명권은 신체의 완전성 및 신체활동의 임의성을 보장하는 신체의 자유의 당연한 전제일 뿐 아니라, 인간의 존엄성을 그 가치적 핵으로 하는 우리나라 기본질서의 논리적 기초라고 본다.

34 대판 1985. 6. 11, 84도1958.

35 대법원은 '생명은 한 번 잃으면 영원히 회복될 수 없고 이 세상 무엇과도 바꿀 수 없는 절대적 존재이며, 한 사람의 생명은 고귀하고 전 지구보다 무겁고 또 귀중하고 엄숙한 것이며, 존엄한 인간의 근원'이라고 판시하였다(대판 1963. 2. 28, 62도241; 대판 1967. 9. 19, 67도988).

36 태아는 수정란이 초기 배아단계를 지나 자궁점막에 착상한 때라고 보며, 예외적인 경우이긴 하지만 수정 후 13일이 지났더라도 착상되기 전의 초기 배아는 낙태죄의 행위객체인 태아가 될 수 없고, 수정 후 13일 전이라도 일단 착상된 배아는 낙태죄의 행위객체인 태아가 된다. 그러므로 수정란이 자궁에 착상하지 못하게 하는 수태조절은 낙태가 아니라고 볼 수 있다. 이정원, 앞의 책, 119면.

보호를 받을 권리가 있는 것이다.[37] 일부 헌법학자들에 의해서 헌법 제11조의 평등권에 근거하여 태아의 생명권을 주장한다. 모든 인간은 수태되는 순간부터 평등하게 법적 보호를 받아야 함에도 불구하고 국가가 태아의 생명권을 의도적으로 법률에 의하여 박탈한다면 법 앞에서의 인간의 평등은 전혀 의미가 없다고 할 것이므로 태아는 헌법 제11조의 규정에 의하여도 국가로부터 평등하게 생명의 보호를 받아야 한다는 주장이다.[38]

태아의 생명보호는 국가가 법률에 의하여 일정한 요구나 금지를 밝히고 작위나 부작위의무를 확정함으로써 실현된다. 그러나 태아의 생명에 대한 국가의 보호의무의 내용은 낙태금지와 출산의무를 불가분의 요소로 한다. 태아는 부모를 통하여 생존과 성장을 할 수 있도록 존중, 보호받을 권리가 있고 국가나 사회는 태아를 존중, 보호할 의무를 부담한다. 이와 같이 태아의 생명보호는 제3자로부터 특히 임부, 임부의 가족, 그 밖의 사회적 환경을 포함하여 태아를 둘러싼 압력으로부터의 보호를 포함한다. 임부와 태아의 문제는 그들만의 문제가 아니고 전체 사회의 문제라고 할 것이다. 그러므로 형법 제269조, 제270조는 임부의 자기낙태행위와 의사 등의 낙태행위를 가벌적인 행위로서 처벌하고 있는 것이다.

(2) 임부의 자기 결정권과의 법익충돌의 해결

낙태죄의 보호법익으로서 태아의 생명권은 특히 임신 초기의 출산 여부에 대한 임부의 자기 결정권과 충돌하게 된다. 임신과 출산 여부에 대한 결정권은 사생활의 자유에 속하는 것으로서 헌법상 보호되는 개성신장의 권리와 인간의 존엄권에 의하여 보호된다는 주장을 근거로 하고 있

---

37 이진우, "낙태-자유인가 아니면 살인인가?", 『철학연구』(제53집), 1994. 11, 128면.
38 오상걸, 「모자보건법(형법개정안 제135조)과 태아의 생명권」, 『변호사』 제26집, 1996. 1, 539면.

다. 독일의 헌법재판소의 판결에 의하면 국가의 태아 보호의무는 태아의 출산을 위한 영역으로까지 이르러야 하며, 태아의 생명권은 다른 법익과도 조화되도록 규정되어야 한다는 점을 명시하고 있다. 또한 국가는 생명보호의무를 다하기 위해서 과소금지의 원칙 아래 규범적이고 사실적인 모든 조치를 취해야 하며, 이는 다른 법익과의 조화 속에서 적합하고 효과적으로 이루어져야 한다고 판결하였다.[39] 이에 반해 미국의 연방대법원은 수정헌법 제14조의 적법절차 조항에 의하여 보호되는 프라이버시권에 근거하여 제한적으로 낙태를 허용하는 입장으로서,[40] 낙태의 자유란 '원치 않는 어머니가 되지 않을 자유, 임신과 출산의 과정상 특별한 희생을 강요당하지 않을 자유'를 말한다고 하며,[41] 따라서 여성에게 원치 않는 임신과 출산을 강요하는 것은 여성의 신체에 대한 명백한 침해이자 극심한 심리적 폭력이며 인간의 존엄성의 전제가 되는 사생활의 자유의 본질을 침해하는 것으로 본다.[42] 또한 낙태를 금지하는 것은 가부장제 지배규범을 이용하여 여성에게 가하는 일종의 억압이며 생물학적 조건을 절대화하여 여성을 사회적으로 무력화시키는 것이라고도 한다.[43] 이러한 선택우선론은 임신과 출산은 여성의 몸 안에서 일어나는 현상으로서 이로 인한 물리적, 심리적, 사회적 영향을 여성 자신이 받는다는 현실인식에서 출발

---

39   태아의 생명권과 모체의 자기 결정권이 충돌되는 상황에 있어서 국가 어떠한 방법으로 또한 어느 정도로 태아를 보호할 것인가에 관한 구체적인 결정은 입법자의 과제로 볼 수 있다. BVerfGB 88, 203(203f).

40   Roe v. Wade, 410 U.S. 113(1973).

41   낙태를 하지 않으면 임부와 태아가 모두 사망할 상황에서는 정당방위로서 낙태가 정당화된다는 주장이다. Tom L. Beauchamp/LeRoy Walters, *Contemporary Issues in Bioethics*, Wadsworth Publishing Company, 1999, 192면.

42   Laurence H. Tribe, *Abortion:The Clash of Absolutes*, W.W.Norton & Company, 1992, pp. 98-104.

43   김은실, 「낙태에 관한 사회적 논의와 여성의 삶」, 『형사정책연구』(제2권 제2호), 1991 여름, 401면.

하여 여성의 사회적 지위를 향상시키려면 임신과 출산을 자율적으로 결정할 수 있어야 한다는 자각에서 비롯되는 것이라고 볼 수 있다.[44] 하지만 임부의 자기 결정권은 무제한적인 것은 아니었다. 미국의 연방대법원은 태아의 발달과 인간임(personhood)에 대한 종교적인 관점과 철학적인 관점의 차이가 너무나 크다는 사실을 강조하면서, 합법적인 목적을 위해 체외생존 가능성(viability)[45]이라는 기준을 정하였다. 따라서 주 의회는 체외생존 가능성이 발생하기 이후의 낙태를 불법적인 것으로 규정할 수 있으나, 체외생존 가능성이 발생하기 이전의 낙태에 대해서는 처벌할 수 없다.

이 판결에서 "프라이버시의 권리는 국가가 적정 절차에 의하지 않고는 어느 누구의 생명, 자유 또는 재산을 박탈할 수 없다고 규정한 수정 제14조의 기본적 자유에 해당하므로 태어나지 않은 태아에게 모체 외에 생존능력을 가질 때까지 헌법적 보호를 인정할 수 없다"고 판시하였다. 이 내용은 Casey 판결에서 일부 변경되었다. 이 판결에 의하면 각 주는 임부의 자기 결정권에 중대한 부담을 주지 않는 한 낙태를 규제할 수 있다고 판시하고 있다.[46]

44   이진우, 「낙태-자유인가 아니면 살인인가?」, 『철학연구』(제53집), 1994. 11, 120면.
45   미국 연방대법원은 Roe v. Wade 사건에서 체외생존 가능성을 태아가 "엄마의 자궁 밖에서 인공적으로 도움을 받을 지라도 살아갈 수 있는 가능성이 있는 시점"이라고 정의하였다. "일반적으로 생존가능성은 28주이지만 더 빠를 수도 있으며, 24주일 때도 가능하다"고 판시하고 있다. 1979년 Colauti v. Franklin 사건에서 "개개의 태아가 생존할 지 여부는 주치의가 판단할 문제이며 그래야만 한다"고 판시하여 의사들에게 생존가능성을 판단하는데 상당한 재량권을 부여하였다. Gregory E. Pence, 구영모·김장한·이재담 역, 『의료윤리』, 2003, 350면.
46   Casey 사건은 1989년에 개정된 Pennsylvania 주의 낙태법 규정이 수정헌법 제14조의 적법절차에 반하여 여성의 낙태에 대한 자유를 침해한 것이라고 주장하면서 이법의 무효선언 및 집행정지를 구한 소송이었다. 이 판결의 주요 판시내용은 다음과 같다. 첫째, 임부는 생존능력이 없는 태아에 대하여 낙태를 선택할 '기본적 권리'(fundamental Rights)를 가지며, 이 권리는 수정헌법 제14조의 적정절차조항에 의하여 보장되는 자유개념에 근거하고 있다. 둘째, 국가는 임신의 계속

한편 1993년에 'Freedom of Choice Act 0f 1993'이 상원에 발의되었다. 이 법안의 입법배경을 살펴보면, 1973년의 Roe v. Wade 판결의 제한적인 검사기준 하에서 각 주에서는 임부의 임신을 종결할 권리를 제한하는 법이 주의 이익을 취하기 위해서 이용할 수 있는 적어도 가장 제한적인 수단이어야 한다는 것을 나타내도록 요구되었다. 그런데 1989년 이후 대법원은 그러한 권리를 제한하는 주법의 합헌성에 대해 행해지는 도전을 검토하기 위해서 더 이상 제한적인 검사기준을 적용하지 않으려고 하자 이에 여성의 선택의 자유권을 보호하기 위하여 발의하였다. Roe v. Wade 판결의 제한적인 검사기준에 대한 최근의 대법원의 수정된 견해를 취한 결과, 일부 주는 임신의 종결여부를 선택하거나 또는 피임할 수 있는 여성의 권리를 제한하고 있다. 'Freedom of Choice Act of 1993'은 위와 같이 임신을 종결하려는 여성의 자유를 제한하는 주의 권한에 법령의 차원에서 일정한 제한을 설정하려는데 그 입법목적을 가지고 발의되었지만 입법화되지 못했다.[47]

독일의 경우 낙태와 관련해서 두 개의 연방헌법재판소의 판결이 있다.

이 임산부의 생명이나 건강을 위협할 경우에 그 예외를 인정하는 한에서 생존가능한 태아에 대한 낙태를 금지할 수 있다. 셋째, Pennsylvania 주의 낙태법 중 응급한 경우를 제외하고는 배우자의 동의 없이는 낙태수술을 할 수 없도록 한 규정은 위헌이다. Planned Parenthood of Southeastern Pennsylvania v. Casey, 112 S. Ct. 2791(1992).

47 Freedom of Choice Act of 1993(as Reported in the Senate), Calendar No. 61, 103d CONGRESS, 1st Session, S. 25 [Report No. 103-42]; 그러나 클린턴 행정부는 연방정부의 임신중절 제한법에 많은 부분을 뒤집는 정관에 서명하였는데, 그 내용은 다음과 같다. 첫째, 국제연합과 다른 국가가족계획 프로그램이 그들의 작업 중의 일부로 임신중절을 시술하는데 대해 미국 정부가 의회의 승인을 받아 다시 재정지원을 하였다. 둘째, 여성이 비용을 지불하는 경우 군인병원에서 낙태를 시행할 수 있도록 하였다. 셋째, 유산된 태아의 조직을 연구목적으로 사용하도록 허용하였다. 넷째, 소위 임신중절약인 RU-486의 안전성과 효과를 검토하도록 연방정부 통제기관에 명령하였다.

1975년 독일의 연방헌법재판소의 판결에서는 헌법상 보호되는 생명권은 태아에게도 인정되며, 국가는 그것을 보호할 의무가 있다고 하여 임부의 자기 결정권보다 태아의 생명에 우선권을 인정하였다.[48] 따라서 임신 3개월 이내의 낙태행위는 위헌이라고 판단하였으며, 일정한 사유가 있는 경우에만 예외적으로 낙태를 허용해야 한다고 판시하였다. 두 번째 연방대법원 판결은 1992년 독일 연방의회에서 통일 후 낙태에 관한 새로운 법안을 가결하였는데, 이 법안에 대해서 바이에른 주정부와 독일기독교민주당(CDU)과 독일기독교사회당(CSU) 소속 의원 248명이 법률에 대한 위헌심사를 청구한 데에 대한 판결이다.

1993년 5월 28일 연방대법원 판결에 의하면 헌법은 인간의 생명, 또한 태어나지 않은 생명도 보호할 의무가 있다고 규정하고 있다. "낙태는 전 임신기간 동안 원칙적으로 불법으로 간주되며, 따라서 법적으로 금지되며, 태아의 생명권은 단지 한정된 기간이라도 할지라도 제3자의 임의적이고 비법률적인 결정에 맡겨서는 안 되며, 어머니 자신에게도 책임을 떠넘겨서는 안 된다"고 판시하였다. 아직 태어나지 않은 생명의 보호와 충돌하는 임부의 기본권은 기본법 제1조 제1항의 인간존엄의 존중, 기본법 제2조 제2항의 생명 및 신체적 완전성의 권리 그리고 기본법 제2조 제1항의 인격발현권이다. 그러나 "낙태는 언제나 태아를 살해하는 것이므로 충돌하는 기본권들 사이에는 진정한 비교가 불가능하고 다만 임신의 지속이 생명을 위협하거나 건강에 심각한 위험을 야기하고 다른 방법으로는 그러한 위험을 피할 수 없는 경우에 의학적 처방에 따라 낙태를 정당화할 수 있다"고 판시하였다.[49]

---

48   BVerfGE 39. 1 ff.

49   그러나 이 판결에 의하면 태아의 생명보호를 위한 입법으로서 임신의 지속을 위하여 상담에 중점을 둔다면 제3자에 의한 적용사유의 확인을 포기하거나 일정기간 동안 낙태를 허용하는 입법을 세울 수 있다고 하여 임신초기에 임부에게 낙태

(3) 양자택일적 논리구조에서의 탈피

일정한 기간 내에 여성이 낙태할 권리를 갖는 법질서에서는 태아의 생명권은 그 기간 내에서만 이차적인 의미를 가지고, 태아의 생명보호에만 우선권을 인정하는 법질서에서도 임부의 낙태결정권은 이차적인 법익으로서의 의미를 유지하고 있다고 본다. 즉, 태아의 생명권을 우선적인 보호법익으로 하는 낙태죄 규정에서도 임부의 동의 없는 낙태죄를 처벌함으로써 임부의 자기 결정권을 보충적으로 보호하고 있으며, 임부의 자기 결정권을 존중하는 입법에서도 낙태의 기간을 제한함으로써 태아의 생명이 형법적 보호를 받게 된다. 미국의 경우 1993년 상원에 발의된 법안 'Freedom of Choice Act 0f 1993'에 의하면 주는 태아의 생존능력이 있기 전에는 임신을 종결할 지 여부를 선택할 자유를 제한할 수 없다고 명시하고, 다만 태아가 생존능력을 가지고 있는 때 이후에는 그러한 임신의 종결이 임부의 생명 또는 건강을 보전하기 위해 필요한 경우가 아니면 임신의 종결여부에 대한 선택의 자유를 제한할 수 있다고 규정하고 있다.[50]

독일의 헌법재판소는 임신으로 인해 있을 수 있는 보통의 부담을 넘어서는 사회적 또는 심리적, 신체적 부담이 있는 경우에는 태아의 생명권 보호를 일정 정도 후퇴시키고 있다. 이러한 점에서 낙태에 대한 미 연방대법원의 입장과 독일연방헌법재판소의 입장이 어느 정도 유사점내지 근접하고 있는 경향을 가지고 있음을 알 수 있다.[51] 우리 사회에서 태아

결정권을 주는 낙태규정도 위헌이 아님을 시사하고 있다. BVerfGE 88, 21.

50 Freedom of Choice Act of 1993(as Reported in the Senate), Calendar No. 61, 103d CONGRESS, 1st Session, S. 25 [Report No. 103-42].

51 독일의 Bruggermann 교수에 의하면 미국 연방대법원의 Roe Wade 판결과 독일의 연방헌법재판소의 제1차 판결 사이에는 결과적으로 커다란 차이가 없다고 하며, 미국 연방대법원의 Casey 판결은 낙태문제에 대해 독일적 이해에 근접하여 있다는 결론을 주장한다. 다만 미국의 연방대법원과 독일의 헌법재판소간의 낙태 판결에서의 본질적인 차이는 독일 헌법재판소는 태아의 생명에 대한 국가의 보

의 생명권과 여성의 자기 결정권 간의 충돌의 문제를 논의할 때 두 법익 중에서 어느 한 법익을 우선적으로 취해야 한다는 양자택일의 문제로 접근하고 있다. 양 법익의 조화와 합의점을 논하는 방식보다는 오히려 태아 생명권의 보호법익에 중점을 두는 태도를 취하는 것이 형법학계의 일반적인 시각이다. "낙태문제가 곧 우리의 생명권과 직결된다는 사실을 알아야 할 필요가 있다. 태어나지 않은 사람의 보호없이 태어난 사람이 제대로 보호될 수 없으며, 그것은 이미 그 자체로 모순이고 이율배반이다"라는 명제 하에 "낙태는 모체의 생명이 위협받는 예외상황과 강간·준강간에 의하여 임신된 경우에만 허용되어야 한다"[52]고 결론을 끌어낸다. 또한 "현행 형법은 태아의 생명을 독립된 그리고 주된 보호법익으로 보고 있기 때문에 임부의 동의를 얻은 타인은 물론 임부도 함부로 처분하지 못한다"고 주장하기도 한다.[53] 이 과정 어디에도 법익 충돌의 갈등상황을 해결하기 위해서 다른 법익간의 조화를 논하고 있는 것 같지 않다.[54]

미국의 Roe v. Wade, 410 U.S. 113(1973)에서 "산모의 생명을 구하기 위한 경우를 제외하고, 임신기간이나 당사자의 이해관계와는 무관하게 일체의 낙태를 금지하는 텍사스 주법과 같은 법령은 적정절차를 규정한 수정헌법 제14조에 위배된다"라는 논지를 밝혔듯이 현실적으로 어떠한 법

호의무를 인정하는데 반해, 미국 연방대법원은 그러한 보호의무를 인정하지 않고 개별 주마다 부당한 부담(undue burden)의 범위 한계 내에서 낙태에 대한 규제를 할 수 있다는 태도 즉, 개별 주마다 낙태를 반드시 규제해야 하는 것은 아니라는 태도를 가지고 있다는 점에서 나타난다. 홍성방, 「낙태와 헌법상의 기본가치- 미연방대법원과 독일연방헌법재판소 판례에 나타난 낙태와 헌법상의 가치의 관계를 중심으로」, 『서강법학연구』 제3권, 44-45면.

52 배종대, 앞의 책, 162면.

53 김일수, 앞의 책, 46면.

54 김영환 교수는 형법상 낙태의 문제를 원칙과 예외, 금지와 허용이 양자 간의 한계를 어떻게 설정하는 가에 집중하고 있다고 지적한다. 김영환, 「낙태죄 논쟁의 재구성」, 『형사정책연구』 제2권 제2호, 1991. 여름, 412면.

도 태아의 생명과 임부의 자기 결정권이라는 두 법익 중 어느 하나를 완전히 배제할 수는 없다. 그러므로 낙태죄 논쟁의 효율성을 위해서는 동일한 논리적인 차원에 있는 보호법익 중에서 어느 것을 선택할 것인가라는 양자택일적 논리구조로 진정한 해법을 찾을 수 없다는 점을 분명히 하며, 태아의 생명권과 임부의 자기 결정권 그 어느 것도 취사선택해서 버릴 수 없는, 그럼으로써 동일하게 보호법익으로 존중하는 태도를 가지고 새로운 논의를 시작해야 할 것이다.[55]

2) 낙태죄규정의 '죽은 형법'극복을 위한 개정논의

(1) 사문화규정에 대한 법률개선의무

일부 학자들에 의해서 낙태에 관한 현행 형법규정은 실질적으로 모두 '죽은 법'이고 모자보건법만이 '살아있는 법'이라고 한다.[56] 모자보건법은 낙태를 사실상 허용하고 있는 '법의 탈을 쓴 불법'이라는 비유도 거론하고 있다. 형법상의 낙태죄 규정을 집행의 단계에서, 또는 일반 국민의 인식수준에서 규범력을 상실한 사문화된 규정으로 정의한다면, 낙태죄의 구성요건 해당성을 기본 전제로 허용범위 즉, 위법성조각사유를 논하는 모자보건법도 역시 죽은 법이지 살아있는 법이라고 할 수 없다. 현행 모자보건법이 겉으로 금지하는 것처럼 하면서 속으로는 완전히 허용하는 교묘한 방법을 사용하고 있다고 비판하지만, 모자보건법은 다른 입법례와 비교해서 아주 엄격한 적응방식을 가지고 있으며, 엄격한 기준대로 운

---

55   입법자는 세계관의 차이가 첨예하게 대립하는 상이한 낙태죄의 규정을 통합할 수 있는 힘이 없다고 한다. 김일수, 「낙태죄의 해석론과 입법론」, 『법학논집』 11, 고려대학교 법학연구소, 1994. 10, 23면.

56   배종대, 앞의 책, 153면.

영하지 못하는 문제점을 안고 있다.[57] 결국 우리 사회에서 낙태죄의 규정이 실효성을 상실하게 된 배경을 살펴보면 입법자는 엄격한 낙태금지 규정을 입법하고 그 내용으로 삼고 있는 생명보호에 충실한 우월한 가치관에만 흡족해 하고 있으며, 이를 집행하는 사법기관은 범죄로 처벌하기에는 너무 방대하여 무관심한척 방관하고, 사회구성원들은 낙태를 원하는 여성과 의료진들이 수단껏 보이지 않는 곳에서 처리하는 것을 묵인하고 있는 실정인 것이다.

2003년의 일반 국민 인식도 조사결과[58]에 의하면 여성이 우연한 성관계에 의하여 원하지 않은 임신을 한 경우 임신한 여성이 임신초기에 스스로 낙태여부를 결정할 수 있다고 생각하느냐는 질문에 77.0%가 낙태결정에 대해 동의한다는 응답을 보였으며, 동의하지 않는다는 응답은 19.6%이었다. 기혼여성이 사회적·경제적 사정이 너무 어려운 상황에서 원하지 않은 임신한 경우에 임신 초기에 임신한 여성의 낙태결정을 허용할 수 있느냐는 질문에 61.5%가 낙태결정을 허용할 수 있다고 응답하였으며, 동의하지 않는다고 응답한 경우가 35.1%로 나타났다.

1991년 심영희 교수가 행한 조사결과에 의하면 낙태규제 관련법에 대해 전혀 아는 바가 없다는 응답이 51.8%를 차지하고 있다.[59] 일반적으로 당시 낙태죄를 알고 있었던 사람은 24.2%로 매우 낮은 수준이었으며, 80년대 이후에 비로소 낙태죄가 인식되고 있는 것으로 분석하였다. 학력이 높을수록 더 많이 알고 있었으며, 첫 낙태에 대한 현재의 느낌은 잘한 일이 49.4%, 느낌 없음이 25.5%이고 후회하는 경우가 25.1%로서 대체로 낙

---

57   낙태죄의 허용범위를 기준으로 엄격성의 정도를 논한다면 아주 엄격한 적응모델에 해당한다고 지적하고 있다. 이기헌, 낙태의 허용범위와 허용절차 규정에 관한 연구, 한국형사정책연구원, 1996. 6, 72면.

58   이인영 외 지음,『생명보호를 위한 법정책연구』, 삼우사, 2004, 193-203면.

59   심영희,『낙태의 실태 및 의식에 관한 연구』, 한국형사정책연구원, 1991, 206-207면.

태에 대해 별다른 의미를 부여하고 있지 않았다.[60]

또한 1999년의 한국보건사회연구원의 「출산력 및 가족보건실태조사」에 의하면 인공 임신중절수술 건수가 연간 16만건으로 추정되는데 비해, 정부의 공식통계에 의하면 1999년 수사기관에서 인지된 발생건수는 42건에 불과하다. 2004년 대검찰청의 처리결과[61]도 살펴보면 기소되어 재판에 회부된 사건은 8건에 불과한 현실이다.

태아의 생명보호의무를 명시하고 이를 관철시키고자 하는 형법의 의지는 한차례의 입법으로 전부 달성되는 것은 아니라고 생각한다. 입법당시에 헌법적 요청을 충족시켰던 기존의 보호대책들로는 변화된 상황에서 제기되는 보호의무의 요청을 충족시킬 수 없는 경우에는 그것을 대체하거나 개선하여야 하는 의무가 수반되어야 한다.[62] 즉, 입법자가 현재의 법률로는 헌법에 의해 정해진 기준에 따른 보호의무를 다할 수 없을 때에는 그 법률의 수정이나 보충을 통해서 법의 결함을 제거하고, 보호의무를 수행하기 위한 최소한의 기준이 보장되도록 해야 한다는 것을 의미한다.[63] 입법자는 낙태시술의 발달과 사회현실 여건이나 가치관의 변화에 따라서 낙태를 규율하는 법규정이 실질적인 규범력을 행사하는지를 관찰하여야 하고,[64] 효과적으로 목적을 수행하고 있는지에 관한 정보를 보유하려고

---

60   심영희, 앞의 책, 200면.

61   범죄분석, 대검찰청, 2004, 311면.

62   정태호, 「기본권 보호의무」, 『현대 공법의 제조명』, 고려대학교 법학연구소, 1997, 398면.

63   홍완식, 「독일 연방헌법재판소의 낙태판결에 관한 고찰」, 『강원법학』 제10권, 1998. 10, 556면.

64   이를 관찰의무라고 한다. 관찰의무는 입법자가 입법권의 한계 내에서 법률의 효력을 판단하기 위해서 여러 가지 필요한 자료들이 계획적으로 조사되고, 수집되고, 평가되도록 하는 것이다. 이러한 관찰을 통해 새로운 법률의 실제적인 효과를 평가하고 최대한으로 충실한 자료를 토대로 법을 만들 수 있는 것이다. 홍완식, 앞의 논문, 557면.

해야 한다. 입법자는 태아를 보호하기 위한 법률이 기대하는 만큼의 효과를 달성하고 있는지에 대해 일정한 기간을 두고 평가하고 관찰하며, 낙태에 관한 통계를 정기적으로 평가해야 한다. 실제로 발생하는 범죄의 수와 이를 절차상으로 실현하여 형벌권을 집행한 범죄의 수가 현격한 차이를 드러낸다는 것을 단순히 관찰만을 요청하기에는 문제의 심각성을 안고 있다. 이제는 적절하고도 효과적으로 낙태를 규율할 수 있도록 법을 개정하거나 새로운 제도를 도입해야 하는 의무 즉 법률개선의무[65]의 이행을 촉구해야할 시점으로 보인다.

(2) 낙태죄규정 존폐의 논의

태아보호와 관련해서 낙태에 대한 각국의 법적 태도는 다양한 유형으로 나타난다. Albin Eser 교수는 다섯 가지 유형으로 구분했는데, 전면금지 유형, 제3자의 평가에 기초한 금지·허용을 결정하는 생명보호우선 유형, 분쟁 지향적 대화 유형, 자기 결정에 기초하고 시간의 진행에 따라 낙태여부를 결정하는 여성의 선택권 우선 유형, 낙태 허가 유형으로 구분할 수 있다.[66] 이러한 기준으로 각국의 입법현황을 분석하면 대부분의 국가는 전면금지형 또는 허가형의 극단적인 유형을 취하기보다는 제한적 허용, 제한적 금지 등의 중간적인 입법형식을 취하고 있다.

우리나라에서 낙태죄의 폐지에 관한 움직임이 있었다. 2000년 12월 27

---

65 법률개선의무는 입법자가 현재의 법률로는 헌법에 의해 정해진 기준에 따른 보호의무를 다할 수 없는 때에 그 법률의 수정이나 보충을 통해서 법의 결함을 제거하고 보호의무를 수행하기 위한 최소한의 기준이 보장되도록 해야 한다는 것을 의미한다.

66 Albin Eser, "Abortion Law Reform in Germany in international Comparative Perspective", *European Journal of Health Law 1*, 1994, pp. 15-34.

일 일부 국회의원들에 의해 모자보건법개정에 관한청원[67]이 있었다. 청원의 취지는 모자보건법 제14조를 폐지하여 낙태를 전면 금지시킴으로써 생명의 존엄성을 강조하고 올바른 성윤리관을 확립하기 위해서이다. 본 청원은 제217회 국회(임시회) 제1차 여성특별위원회에 2001년 2월 8일에 상정되어 청원심사 소위원회로 회부되었는데, 여성특별위원회는 다음과 같은 의견서를 작성하였다. "낙태의 전면금지는 현실성이 없으므로 융통성있게 풀어나가야 한다는 것이 다수의 의견이었다. 현재 세계적인 여성운동의 흐름은 여성의 성적 결정권을 존중하는 차원에서 낙태의 합법화에 대한 주장이 제기되고 있는 바, 이 문제는 태아의 생명을 존중하되 여성의 선택권도 존중되어야 하며, 미혼모의 출산 후 보호대책 등과 함께 종합적으로 신중히 검토되어야 한다는데 동의하였다. 소관 위원회에서 청원심사시 공청회 등을 통하여 사회적으로 공감할 수 있는 대안을 모색하는 한편, 모자보건법 제14조의 폐지보다는 현실을 감안한 일부 개정 또는 낙태 관련 법규정에 대한 전반적인 검토가 필요하다는데 의견을 같이 하였다."[68]

한편 중국은 자기 낙태 및 동의 낙태 행위를 아무런 법률상 유보 규정도 없이 허용하고 있는 유일한 국가이다. 중국의 형법에 낙태죄의 처벌규정을 두고 있지 않는 것은 한편으로 과잉인구를 감소시키려는 목적을 두고 있으며, 다른 한편으로 부모가 태아에 대한 처분권을 가진다는 전통적

---

67   낙태의 허용범위에 관하여 규정하고 있는 모자보건법 제14조는 인간의 존엄성과 기본권 보장에 관한 헌법 제10조에 위배될 뿐만 아니라 형법 제269조 및 제270조 낙태죄의 규범적 효력을 잃게 함으로써 무분별한 낙태를 조장하고 생명경시 풍조와 성윤리 문란 등의 사회문제를 야기하고 있다는 것이 청원의 요지이다. 2001년 4월 19일 국회 보건복지위원회에 상정되었으나 2002년 11월 6일 본회의 불부의로 의결되었다.

68   제217회 국회(임시회) 여성특별위원회 회의록 제1호(부록), 2001. 2. 8, 2면.

인 사상에 근거한다.[69] 이것은 여성의 자기 결정권 보호라는 측면보다는 태어나지 않은 생명을 임신기간의 전 과정을 통해 전혀 법적 보호가치가 없는 존재로 인정하고 있기 때문이다.

이에 반해서 낙태를 전면적으로 허용하지 않는 국가는 아일랜드이다.[70] "인신에 대한 범죄법"(Offences Against the Person Act 1861) 제58조에 낙태에 대한 처벌규정을 두며, 낙태의 정당화 사유에 관한 규정을 두고 있지 않다. 낙태행위에 관여한 임부, 의사 및 제3자를 낙태죄로 처벌하며, 판례도 역시 동일한 태도를 취하고 있다. 즉, 낙태죄 규정에서 일정한 경우에 낙태를 허용하는 정당화 사유를 인정하지 않기 때문에 낙태죄의 처벌에 대해서만 규정하고 있는 것이다. 다만 학설에서 임부의 생명 또는 신체의 위험을 피하기 위한 낙태는 처음부터 구성요건에 해당하지 않는 치료행위로 보아 처벌받지 않는다고 해석하고 있다.[71]

(3) 형법과 특별법 형식에 관한 논의

① 우리나라에서의 논의과정

우리나라의 경우 형법의 개정논의가 진행될 때 낙태죄와 관련해서 논의된 주요내용은 어떤 입법형식을 취할 것인가라는 점이었다. 형법에 규정을 두고 특별법인 모자보건법에 허용사유를 규정하고 있는 입법형식을 그대로 유지하는 방안과 형법 규정에 낙태의 허용범위를 규정하는 개정

69　오상원, 「비교법적 시각에서 본 태어나지 않은 생명의 보호가치와 보호를 위한 법제화모델」, 『형사법연구』, 제16권 특별호, 359면.

70　아일랜드는 국민의 95%가 카톨릭신자인 국가로서 카톨릭 교회가 입법에 결정적인 영향력을 행사하고 있기 때문에 낙태를 전면적으로 금지하는 규정을 가지고 있다. 사람을 살해하는 것으로 취급한다. 박선영, 『시민과 변호사』, 2002. 7, 92면.

71　이기헌, 『낙태의 허용범위와 허용절차에 관한 연구』, 한국형사정책연구원, 1996, 74면.

안으로 의견이 모아졌다. 즉, 낙태죄는 형법에서 규정해야 하지만 허용범위는 모자보건법과 같은 특별법에 규정해야만 사회변화에 따라 탄력적으로 운용할 수 있기 때문에 형법전에 낙태를 금지규정을 두고 모자보건법에 허용사유를 두는 입법형식이 그대로 유지되어야 한다는 의견과 생명권을 보장하는 헌법정신에 비추어 낙태죄를 폐지할 수 없고,[72] 낙태의 허용범위는 형법에 규정할 성격의 것일 뿐이지 모자보건법 등의 특별법에 맡길 성격의 것이 아니기 때문에 형법전에 낙태죄와 허용사유를 함께 명시하는 입법형식이 필요하다는 의견이 각각 대립되었다. 법무부 형사법특별심의위원회의 심의과정에서 표결까지 갔는데 제1차 표결결과 찬성과 반대가 동수로 나와 의견의 일치를 보지 못하다가 재차 심의한 결과 특별한 표결없이 현행대로 유지하는 것으로 결론을 내렸다.[73] 이후 여러 차례의 논의과정을 거쳐 1992년 낙태죄 개정안을 마련하였는데, 이 안은 낙태죄를 현행 형법규정을 그대로 존치하되 모자보건법상의 허용범위를 형법전에 편입하는 입법형식을 제시하였다.

1992년 형법개정안의 낙태허용사유는 임신의 지속이 의학적 이유로 모체의 건강을 심히 해하고 있거나 해할 염려가 있는 경우, 태아가 유전적 소질 또는 출생전의 유해한 영향으로 인하여 건강상태에 중대한 손상을 입고 있는 경우, 강간 등의 성범죄에 의하여 임신한 경우, 법률상 혼인할 수 없는 혈족 또는 인척간에 임신한 경우이다. 위 허용사유들은 모자

---

[72] 당시의 여성계에서는 낙태죄에 대해 침묵하였는데, 이에 대해 차용석 교수는 낙태죄의 자기 결정권이나 간통죄에서의 성적 결정권 모두 개인의 프라이버시 권리로서 같은 정도로 존중받아야 하는데, 부녀의 자기낙태죄의 존치에 침묵하고 간통죄의 폐지에 반대하는 여성계의 태도에 대해 기이함을 표시하였다. 낙태죄에 대해 침묵하였던 이유로는 낙태죄가 범죄화되어 있어도 사실상 사문화되어 왔으므로 여성에게는 아무런 불만이나 고통이 되지 않는다는 점을 들고 있다. 차용석, 「사회변동과 형법」, 『법학논총』 제11집, 한양대학교 법학연구소, 22면.

[73] 법무부 편, 『형사법개정특별위원회 회의록』 제4권, 1988, 218면.

보건법 제14조의 인공 임신중절수술의 허용한계에 관한 규정의 내용과 크게 다르지 않을 뿐 아니라, 문제점으로 지적되었던 절차규정에 관한 보완없이 임부와 시술의사의 판단에 따라 낙태할 수 있도록 허용하고 있었다. 이 개정법률안 역시 1995년 12월 29일 국회에서 통과된 '형법 중 개정법률안'에 채택되지 못하였으며, 우리나라의 낙태규제법의 입법형식은 형법의 낙태죄 규정과 그 허용사유를 규정하고 있는 특별법인 모자보건법의 형식을 그대로 유지하게 되었다.

② 외국의 낙태죄 규정의 입법형식

외국의 낙태죄의 입법형태를 크게 세 가지로 분류할 수 있다. 낙태죄에 관한 규정을 형법에만 두는 경우, 형법과 특별법에 규정하고 있는 경우, 특별법의 형식을 취하고 있는 경우이다.

첫째, 낙태죄의 규정을 형법에만 두고 있는 나라는 독일, 오스트리아, 벨기에, 그리이스, 스위스, 스페인 등이다. 오스트리아와 스위스의 형법전은 낙태에 관한 규정을 독립된 장으로 구성하고 있으며, 독일과 그리스 형법에서는 "생명에 대한 범죄"의 장에 낙태에 관한 규정을 두고 있다.

둘째, 처벌규정인 낙태죄에 관한 규정을 형법에 규정하고 있고, 허용절차 규정으로 낙태죄에 관한 허용규정을 특별법에 규정하고 있는 입법형식이다. 일본, 프랑스, 영국, 네덜란드 등이 취하고 있다. 프랑스의 형법에서는 제1장 제2절 "고살이 아닌 고의의 상해 및 구타, 기타 고의의 중죄 및 경죄"에 낙태죄를 규정하고 있으며, 허용되는 낙태규정은 공중보건법에 두고 있다. 영국의 경우 형법규정인 "인신에 대한 범죄법"(Offences AgainSt the Person Act 1861)에 규정하고 있다. 네덜란드의 형법에는 원칙적으로 낙태금지규정이 없으며, 낙태에 관한 절차규정에 반하는 경우에만 처벌하고 있다(제296조 제1항-4항). 합법적인 낙태를 위한 전제조건, 기구, 통제에 관하여는 낙태법과 낙태법시행령에 자세히 규정하고 있다. 일본은 형법 제211조에서 제216조에 낙태에 원칙적인 가벌성을, 우생보호법 제14조에 정당화 사유를 규정하고 있다.

셋째, 형법전이 아니라 별도의 특별법을 제정하여 낙태에 관한 규정을 두고 있는 입법형식이다. 덴마크의 경우 1939년에 형법에서 낙태죄의 규정을 삭제하고 특별법으로 낙태법을 제정하였다. 현행 낙태법(1973. 6. 13. 법률 제350호)은 의사면허 없는 자의 낙태행위와 의학적 긴급상황이 아닌 의사의 낙태행위, 임신 12주 이후의 허가없는 낙태행위, 적응사유없는 낙태행위 등에 대해서 처벌규정을 두고 있으며, 허용요건 및 절차에 관한 규정도 포함하고 있다. 스웨덴에서는 1962년 형법에 있던 낙태죄 규정을 1975년 1월 1일부터 폐지하고 특별법으로 낙태규제법을 제정하였다. 사회법 영역에 속하는 낙태규제법은 그 규정의 실효성을 위해서 일정한 위반행위에 대해서 처벌규정을 두고 있다.

③ 소결: 형법과 특별법의 형식 유지

형법상의 생명권을 침해하는 범죄의 유형으로 태아의 생명권 보호를 위한 낙태죄의 처벌규정이 필요하다. 그리고 일정한 사유가 있는 경우 낙태를 허용하는 규정도 아울러 필요하다. 낙태행위 금지규정과 허용규정을 동일한 법전에 두는 경우를 상정할 수 있지만, 낙태의 허용사유와 관련해서 무엇보다 필요한 것은 절차규정이다. 낙태의 허용사유를 확인하는 절차에 관한 규정이 필요하다는 주장 내지 상담절차의 도입이 필요하다는 주장에서 단순히 낙태의 허용사유에 관한 규정만으로 낙태죄의 법체계가 완비될 수는 없다.

통상의 가벌적인 행위 중심으로 규정하는 형식을 가지고 있는 형법에 구체적인 절차규정 특히 의사의 법적 설명의무, 상담의무, 동의서식 절차 등의 규정 등을 모두 빠짐없이 규정하기에는 무리이며, 결국 또 다른 특별법을 필요로 할 수 밖에 없다. 즉, 형법의 법적인 성격을 고려해 볼 때 낙태죄의 허용절차 규정을 형법에 규정하는 것은 적절하지 않는 것이다.[74] 시술기관, 상담절차, 시술의사 등의 낙태의 허용절차에 관한 규정은 범죄유형의 금지규범형태인 형법에 규정하기보다는 사회상황과 변화에 따라 적극적으로 대응해서 개정하기가 좀더 수월한 특별법에 규정하는 것이 바람직하다고 본다. 특별법으로 별도의 낙태법을 만드는 방법도 있지만 기존의 허용사유를 규정하고 있는 모자보건법의 전면적인 개정으로 이 문제를 해결할 수도 있을 것이다.

(4) 허용방식으로 기한방식과 적응방식에 관한 입법논의

① 기한방식

기한방식은 수정 또는 착상한 때로부터 계산하여 일정한 시간적 범위 내에서 임부의 자기 결정권에 근거해서 의사에 의해 시술된 낙태를 일정한 사실의 존재와 관계 없이 처벌하지 않는 규정형식이다. 기한방식은 자유롭게 낙태를 할 수 있는 일정한 기한을 설정하는 방식으로 임부의 자기 결정권에 기초를 두고 있다.[75] 이는 낙태의 자유화에 접근하는 방식이지만, 항상 헌법적 검토의 대상이 되기도 한다. 왜냐하면 기한방식은 사전적인 상담절차나 협의절차를 갖추고 있더라도 태아의 형법상의 보호를 포기하는 것을 의미하며, 인간의 생명을 위헌적인 방법으로 조건없이 임부의 처리에 맡겨지는 부당한 결과를 초래한다는 비판을 받고 있기 때문이다.[76] 기한방식을 취하고 있는 국가들은 기한의 허용상한선을 10주와 12

---

74 독일의 경우 상담절차와 같은 허용절차를 형법전에 규정하고 있는데, 이와 같은 순수한 절차는 특별법에 두어야 했다는 비판이 있다고 한다. 이기헌, 앞의 책, 36면.

75 김일수/서보학, 앞의 책, 48면.

76 일정기간 낙태를 규제하지 않는다면 생성중의 생명에 대한 살해를 실제 완전히

주 사이에 규정하고 있다. 기한의 결정은 태아의 발달과정을 고려한 결과로서, 특히 낙태시의 위험이 12주 이내의 경우에는 분만시의 위험에 비해 상대적으로 적으며, 그 이후의 낙태는 임부의 신체상의 위험이 증가하는 데 그 근거를 두고 있다.

기한방식을 취하고 있는 입법례로는 스웨덴의 경우 자기 낙태, 타인에 의한 낙태의 교사, 방조행위를 처벌하지 않는다. 1974년의 낙태법에 의하면 임신 18주말까지 임부가 낙태를 청구할 수 있다. 낙태를 원하는 임부는 임신 12주부터 18주 사이에 사회복지원의 상담을 청구해야 하며, 이러한 상담의무는 경우에 따라 면제될 수 있으며, 의무를 지키지 않더라도 법적인 제재는 없다. 임신 29주까지의 낙태는 사회복지부의 허가가 필요하며, 비전문가에 의한 낙태와 의사가 절차규정에 위반하여 시술한 경우에는 처벌한다. 체코슬로바키아의 형법에서는 자기 낙태죄에 대한 처벌규정을 두고 있지 않으며, 타인의 낙태행위, 낙태규정의 허용절차에 반하는 낙태행위는 처벌규정을 두고 있다. 1986년의 낙태법은 임부의 생명과 건강을 보호하고 계획적이고 책임감 있는 부모의 관심을 고려하기 위해서 낙태시술의 조건들을 규정하고 있는데, 임신 12주 내에 임부가 서면으로 신청하고 임부의 건강에 이상이 없다면 낙태를 허용한다. 그리고 임부의 건강상의 이유로 인한 경우에는 임부의 동의가 있으면 임신기간과 상관없이 낙태를 허용하고 있다.

기한방식을 취하고 있는 미국의 경우 1973년의 Roe v. Wade 판결에서 연방대법원은 낙태의 금지는 사생활의 보호에 관한 권리는 임부의 사생활권을 침해한다고 해석하고 모체의 생명에 대한 위험이 있는 경우에만 낙태를 허용하는 텍사스 주 법률을 위헌이라고 판시했다. 임신을 세 단

허용하게 되고, 그로써 형법을 통해 낙태행위가 금지되어 있음을 확실히 인식하게 하는 것을 불가능하게 한다는 문제점을 안고 있다. 오상원, 앞의 논문, 369면.

계로 나누어 임신 초기 3개월 동안에는 주 정부가 낙태에 대한 여성의 결정에 제한을 둘 수 없으며, 주 정부는 면허 있는 의사에 의한 시술을 요구할 수 있을 뿐이다. 임신 4-6개월 기간인 제2 삼분기에는 주 정부가 여성의 건강을 보호하기 위해서 낙태를 제한할 수 있다. 그 이후의 마지막 삼분기에는 태아가 생존가능하므로 주 정부는 낙태를 금지할 수 있다. 임신 6개월 이후에는 추상적인 태아의 생명권이 아니라 태아의 체외 생존능력(viability)을 인정하여 낙태를 금지하고 있다. 다만 임부의 건강을 위해서 필요한 경우에는 예외를 인정할 수 있다.[77]

② 정당화 사유방식 내지 적응방식

정당화 사유방식은 기한과 상관없이 수태 후의 모든 낙태행위를 원칙적으로 금지하고 일정한 정당화 사유가 있을 경우에만 예외적으로 낙태를 허용하는 방법을 말한다.[78] 정당화 사유방식은 임신중절의 허용이 법률에 규정된 특정의 전제조건에 충족하는 경우에만 가능하도록 하는 방식을 취하고 있다. 법률상으로 규정된 정당화 사유로는 의학적 적응, 우생학적 적응, 윤리적 적응(범죄학적 적응), 사회적 적응을 들 수 있다. 이와 같이 적응사유인 정당화 사유를 취하는 경우에도 사회적 정당화 사유를 인정하지 않고, 의학적, 우생학적, 윤리적 정당화 사유만 인정하는 입법모델을 엄격한 적응모델이라고 하며, 사회적 정당화 사유를 인정하고 있는 경우를 완화된 적응모델로 구분한다.[79]

---

77   자세한 내용은 Furrow/Greaney/Johnson/Jost/Schwartz, Health Law, 1995, pp. 796-797.
78   배종대, 앞의 책, 153면.
79   이기헌, 앞의 책, 55-61면.

a. 의학적 정당화 사유

임신으로 모체의 생명이 위협받는 상황이 전개될 때 모체의 생명을 위하여 태아의 생명을 포기하는 것이 일반적으로 정당화된다고 평가한다. 모체의 생명, 또는 건강을 우선시키는 결정으로 낙태의 예외적 허용을 인정하는 경우를 의학적 정당화 사유라고 하며, 임신을 계속할 수 없는 모체의 생명과 건강에 대한 구체적 위험이 있어야 한다.

이탈리아의 헌법재판소는 1975년 2월 18일 판결에서 "태아도 헌법 제32조 제2항의 모성, 어린이 및 소년 보호조항과 제2조의 불가침적인 인권을 향유 하지만 이미 인간인 어머니의 건강 및 생명에 대한 권리와 아직 인간이 아닌 태아의 그러한 권리는 동일하지 않다. 그러므로 긴급피난이라는 정당화 사유는 임부의 건강권에도 미치며, 임부의 건강이 손상될 위험이 있는 경우에는 태아의 생명보다 우선권이 인정된다"고 판시했다. 독일 형법의 경우 제218조 a (낙태의 정당화 사유)에 의하면 임부의 현재와 장래의 생활관계를 고려할 때 임부의 생명의 위험 또는 육체적·정신적 건강상태의 중대한 침해를 제거하기 위하여 의학상 낙태 이외에 다른 방법이 없는 경우, 임부의 동의로써 의사가 시술하는 경우에는 낙태는 허용된다.

포르투갈 형법에 의하면 의학적 적응사유 중 임부의 생명에 위험이 있거나 신체 혹은 육체적·정신적 건강이 회복할 수 없을 정도로 심하게 손상될 위험이 있고 그 위험을 제거하기 위하여 낙태가 유일한 수단으로 인정될 때는 기한과 관계없이 낙태가 허용된다.(형법 제140조 제1항 a) 임부의 사망의 위험 또는 육체적·정신적 건강의 지속적인 침해를 제거하기 위하여 필요한 경우에는 임신 12주 이내의 낙태를 허용하고 있다. 또한 노르웨이 낙태법에 의하면 임신 12주 이내에는 상담을 거친 낙태는 처벌하지 않는데, 12주 이후에 임신, 출산, 아이의 양육이 임부의 신체적·정신적 건강에 부담을 줄 수 있는 경우에는 낙태가 허용된다.(낙태법 제2조 제2항) 영국의 경우 의학적 정당화 사유에 관해 임부의 생명, 건강상의 위험과 아이의 건강상의 위험을 모두 포함해서 규정하고 있다.[80] 특히 임신의 지속이 이미 생존하고 있는 자녀들의 생명, 건강을 위해 부정적인 결과를 야기할 염려가 있다는 사실만으로 임부의 건강에 영향을 미친다고 본다.

이와 같이 의학적 정당화 사유의 경우 임부의 생명상의 위험뿐 아니라 건강상의 위험도 고려하여 규정하고, 건강상의 위험에는 신체적인 위험과 정신적인 위험도 포함된다고 규정하는 입법례가 대부분이다.

b. 우생학적 정당화 사유

우생학적 정당화 사유는 유전적인 소질 또는 특수사정에 의하여 태아가 치료불가능한 중한 질병에 걸렸거나 또는 확실한 근거 하에 선천성 장애가 있는 경우 적용되는 정당화 사유이다. 일본의 우생보호법 제14조에 의하면 임부 또는 그 배우자에게 유전성 질환이 있는 경우, 친족 중에 유전성질환을 가진 자가 있는 경우, 임부 또는 그 배우자가 나병환자인 경우에는 낙태가 허용된다. 포르투갈 형법은 태아가 치료 불가능한 중한 질병이 걸렸거나 기형이라는 확실한 근거가 있고 낙태가 16주 이내에 행하여지는 경우에는 낙태가 허용된다.(제140조 제1항 c) 노르웨이 낙태법에 의하면 임신 12주 이내에는 상담을 거친 경우에는 허용된다. 그러나 12주 이후에 유전전 소질, 질병 또는 임신 중의 유해한 영향으로 아이의 건강에 중대한 침해를 줄 위험이 있는 경우에는 낙태가 허용되지만(낙태법 제2제4항), 임신 18주 이후에는 특히 중대한 사유가 있는 경우를 제외하고는

---

[80] Abortion Act 1967에 의하면 의학적 정당화 사유의 구체적인 내용으로 임신의 지속으로 임부에게 생명의 위험이 초래되고, 그 위험이 낙태를 할 때 야기될 수 있는 생명의 위험보다 더 큰 경우와 임신의 지속으로 정신적·육체적인 건강이 침해될 위험이 있으며, 그 위험이 낙태를 할 때 야기될 수 있는 건강침해의 위험보다 더 큰 경우, 임신으로 현재의 아이의 육체적·정신적인 건강이 침해될 위험이 있으며, 그 위험이 낙태로 인한 위험보다 큰 경우이다.

낙태가 허용되지 않는다(제2조 제6항).

한편 태아의 손상에서 신체적인 기형 뿐 아니라 정신적인 손상도 포함하여 규정하고 있는 입법이 있다. 스페인 형법에 의하면 태아가 심한 육체적 혹은 정신적인 장애를 가지고 태어날 개연성이 있고 낙태가 22주 이내에 행하여지는 경우에는 낙태가 허용된다.(형법 제417조) 핀란드 낙태법에서도 아이가 정신박약, 심한 질병 또는 심한 신체장애를 가질 수 있다고 인정할만한 근거가 있는 경우 낙태가 허용된다.(낙태법 제1조 제5호) 영국의 경우 출생 시에 신체적 정신적으로 심한 장애를 보일 위험이 클 때에는 낙태가 허용된다. 이탈리아 형법의 경우 태아가 임부에게 육체적·정신적인 중대한 위험을 초래할 수 있을 정도의 이상 또는 기형의 위험이 있을 때에 낙태가 허용된다. 그리고 이러한 요건은 공립병원의 산부인과 의사로부터 확인을 받아야 한다.(낙태법 법률 제194호 제2조 4항)

대부분의 국가에서는 태아의 손상의 개연성과 강도를 엄격하게 규정하는 방법으로 우생학적 사유를 인정하고 있으며, 임부의 동의를 낙태의 필요요건으로 규정하고 있다. 우생학적 정당화 사유를 인정하는 배경에는 부분적으로 임부 또는 부모에게 아이의 질병이나 손상으로 받게 될 부담을 덜어준다는 취지가 숨어 있으며, 개발도상국이나 중진국의 경우 신체적·정신적 장애자가 겪게 될 생계부담의 문제도 함께 고려하고 있는 것으로 보인다. 이에 반해 독일의 경우 1995년 형법개정을 통하여 우생학적 정당화 사유를 폐지하였다. 그 이유는 우생학적 정당화 사유는 장애아의 생명권을 경시한다는 오해를 불러일으키며, 장애가 생명보호의 완화사유가 될 수 없다는 점을 들고 있다. 우생학적 사유는 의학적·사회적 적응사유에 포함되어 적용할 수 있다.[81]

---

81   이재상, 앞의 책, 89면.

c. 윤리적 정당화 사유

윤리적 정당화 사유는 성범죄로 인하여 임신한 경우 또는 반윤리적인 성행위에 의한 임신의 경우 낙태가 허용하는 정당화 사유이다. 비자발적으로 강요된 상태하에서의 성범죄 행위로 인한 임신인 경우에는 임부에게 임신의 지속을 강요할 수 없다는 데에 그 입법취지가 있으며, 특히 미성년자의 간음의 경우 임부에게 성범죄의 불유쾌한 사건에 대한 기억의 부담을 제거하게 해 준다는 점에서 그 입법취지를 찾아볼 수 있다.[82] 이러한 상황에서 임신을 지속하도록 강요하는 것은 오히려 법질서에 반하거나 또는 책임없는 부녀에 대한 강요가 되기 때문에 정당화 사유로 인정하는 것이다.[83] 적용범위를 넓게 잡아서 혼인 외의 임신을 포함하는 입법례가 있는 반면, 아주 좁게 범위를 한정하여 정신장애 부녀자에 대한 성범죄로 인한 임신의 경우에만 제한해서 허용하는 입법례가 있다.

독일 형법의 경우 성범죄 행위로 인하여 임신했다고 인정할만한 충분한 이유가 있는 경우 임신 12주 내에 낙태가 허용된다.(제218조 a의 (3)) 노르웨이 낙태법에 의하면 12주 이후에도 친족 간의 임신 또는 성범죄로 인한 임신인 경우 낙태가 허용된다.(제2조 제4항) 폴란드 낙태법에는 범죄행위로 임신되었다는 근거있는 의심이 들 때 낙태가 허용된다.(낙태법 제2조 제2항) 핀란드의 낙태법은 강간죄, 인간의 자유를 침해하는 추행죄, 미성년자에 대한 추행죄 및 직계비속과의 근친상간 또는 남매간의 근친상간 등의 범죄로 인하여 임신한 경우에는 낙태가 허용된다. 다만 범죄를 이유로 소송이 제기되거나, 형사기소를 위해 고발이 이루어지거나, 또는 경찰 조사로 명백히 밝혀진 경우가 아니면 합법적인 낙태를 위한 근거로 사용할 수 없다.(낙태법 제3조)

---

82   오종원, 앞의 논문, 364면.
83   이정원, 앞의 책, 116면.

d. 사회적 정당화 사유

사회적 정당화 사유는 양육의 희망·기대가 절망적인 출생의 경우에는 낙태가 허용된다는 것을 의미하며, 대체로 임부의 사회적·경제적 부담을 전제로 한다. 임부 개인이 처해 있는 상황뿐 아니라 임부의 가정 및 그 밖의 상황도 고려의 대상이 되며, 이러한 사정들이 임부에게 중대한 부담이 될 경우에는 사회적 적응으로 인한 낙태를 허용한다. 이와 같이 임부에게 임신의 지속을 기대할 수 없게 하는 사회적·경제적 부담에 따른 낙태의 허용범위를 넓혀주고 있다는 점에서 낙태를 무제한적으로 확대 인정하는 위험성을 안고 있다는 문제점이 있다. 특히 이 정당화 사유는 임부의 신고나 임부의 진술에 의존하고 있기 때문에 심사가 정확하지 않을 뿐 아니라 신고 내용의 불확정성으로 인해 임부가 신고한 모든 것을 유효한 것으로 수용할 가능성이 존재하며, 이러한 경우 정당화범위의 확장을 가져올 수 있다.[84]

사회적·경제적 정당화 사유를 인정하는 입법례로 핀란드 낙태법은 출산이나 육아가 산모와 그녀의 가족의 생활조건 그리고 여타 상황과 관련하여 중대한 부담을 주는 경우에 사회적 정당화 사유로 인정한다.(낙태법 제1조 2호) 그리고 17세 이하이거나 40세 이상인 경우 또는 이미 4명 이상의 자녀를 출산한 경우 낙태가 허용된다.(동법 제1조 5호) 부모의 일방 또는 양방의 질병, 정신적 불안 또는 이와 비교할만한 원인이 부모의 아이를 돌볼 능력을 심각하게 제약하는 경우(동법 제1조 6호)도 사회적 정당화 사유에 해당한다.

헝가리 낙태법에서는 의무적으로 낙태를 허가해야 하는 사회적 정당화 사유로 임부가 미혼이거나 지속적인 별거생활 중이거나 만 35세 이상

84　이 정당화 사유에 해당할 때에는 임부는 실제적인 충동근거를 극복하지 못하고 광의의 의학적 적응사유를 밑받침해주고 있는 수많은 자살의 위협이 현실화되어 버리는 결과를 초래할 수 있다고 한다. 오종원, 앞의 논문, 365면.

이거나 임부와 그 남편이 자기소유의 집이나 독립적인 셋집을 가지지 못한 경우를 규정하고 있다.(제2조 제1항) 그 밖에 혼합된 의학적·사회적 정당화 사유로 의학적 소견에 의하면 태아의 생존능력이 의심스럽고 임부에게 현재 생존하는 두 자녀가 있을 때는 낙태를 임의적으로 허용할 수 있으며, 셋 이상의 자녀가 있거나 3번 이상 출산한 경우, 또는 생존하는 두 자녀가 있고 적어도 난산의 경험이 있었던 경우에는 낙태를 허가해야 한다고 규정하고 있다.

사회적 정당화 사유의 유형으로 기혼여성의 낙태상황도 문제가 되지만, 가장 사회적으로 문제가 되는 유형이 미혼여성의 임신일 것이다. 핀란드 낙태법의 경우 만 17세 미만이면 임신중단을 허용하는 사유에 해당하고, 미성년의 임부는 단지 신청하기만 하면 된다. 핀란드 낙태법은 미성년자라고 하더라도 임신중단을 신청할 능력이 있다는 가정 하에 제정되었다. 낙태법 제2조에 규정된 절차는 임부가 미성년자일 경우 보호자 또는 특정된 신탁인의 동의가 필요한 것으로 규정하고 있지 않다. 하지만 보호자는 언제든지 낙태결정이 이루어지기 전에 자신의 견해를 말할 수 있다. 미성년자인 낙태신청자가 이러한 청문에 반대하여 자신의 프라이버시 문제라고 말하는 경우에는 미성년자의 의견을 따라주어야 하며, 보호자와의 상담은 이루어지지 않는다.(환자의 지위와 권리에 관한 법률 제7조, 제9조 제2항) 임부가 임신 당시 만 17세 이상인 미성년자이라고 하더라도, 합법적 낙태를 위한 정당화 사유가 존재하는지를 검토하여야 하는데, 이 때 임부의 연령이 고려된다. 전국건강위원회(The National Board of Health)의 제1979년 제1679호 회람에 의하면 사회적 정당화 사유의 충족여부를 판단할 때, 교육의 중단, 혼인여부, 재정적 상황, 그리고 임부의 연령과 미숙함이 고려되어야 함을 밝히고 있다.[85] 또한 핀란드의 경우에도 정당화 사유에 의한 합법

---

85   Raimo Lahti/ 조국 역, "인간생명의 법적 보호-핀란드의 관점-", 형사법연구, 240-

적 낙태는 임신 후 12주 전까지의 낙태에 적용된다. 그러나 임신여성이 17세 미만의 미성년자인 경우에는 임신 후 12주가 경과한 후에도 낙태가 허용될 수 있다.(낙태법 제5조 제2항)

③ 우리나라에서의 논의과정: 적응방식의 채택

기한방식과 적응방식의 경계는 상당히 유동적으로 보인다. 기한방식을 취하는 경우에도 기한이 경과한 이후의 낙태에 대해서 적응사유가 있을 것을 요구하거나, 기한을 짧게 잡은 경우에는 포괄적인 적응사유 내지 임신기간에 따른 단계별 적응사유인 정당화 사유들을 포함하기도 한다. 그리고 적응방식을 취하고 있는 경우에도 개별적인 적응사유별로 낙태를 허용하는 기한을 법령에 명시해놓고 있다. 결국 낙태의 허용사유로서 기한방식 또는 적응방식의 입법형식을 선택하는 문제는 그 사회가 가지고 낙태현실과 여건, 일반국민들의 여론, 정부의 집행력및 집행의지 등을 고려하여 결정할 법정책적인 문제로 귀결된다.

우리나라의 모자보건법 제14조는 낙태의 정당화 사유로서 우생학적 정당화 사유, 윤리적 정당화 사유, 보건의학적 정당화 사유를 인정하고 있다. 이와 같이 모자보건법은 적응방식의 입법형태를 취하고 있다. 모자보건법이 적응방식을 취하고 있지만, 일부 학자들에 의해 기한방식을 취하자는 주장이 있었다. 그 논거가 태아의 생명은 사람이 아니라 생성 중인 생명에 지나지 않으므로 사람의 생명과 같이 절대적으로 보호해야 할 법익이라고 할 수 없고, 임신 12주의 낙태는 임부의 생명과 신체에 해를 끼치는 점이 적고, 낙태의 현실적 실효성을 고려하여 그 실효성이 없는 부분에 대한 법적 통제의 포기가 필요하다는 점이다.[86]

241면.
86   이재상, 앞의 책, 93면.

이기헌 교수는 임신3개월 전후의 발육상태에 근거하여 보호할 가치가 없는 생명이라는 관점에서 기한방식을 채택하고 있는 것은 아니라면서 임신을 계속할 것인가 아닌가에 대하여 판단을 내리는 데는 결국 임부의 의사가 결정적이기 때문에 임부에 맡기되 그러한 결정을 가능한 한 임신초기에 하도록 하려는 데서 찾아야 한다고 주장한다.[87] 그러나 기한방식에 의한 임신 12주 이내의 낙태권의 허용은 인간의 존엄과 가치라는 헌법상의 기본 원칙에 위배되고 태아의 생명을 2등급의 생명으로 취급하고 있어 생명존중의 취지에 정면으로 반한다는 점에서 우리 현실에서 기한방식은 쉽게 받아들여지지 않는다.[88]

현재 대부분의 학자들은 낙태의 허용방식에 대해 적응방식을 유지하는 것이 타당하다는 데에 의견의 일치를 보이고 있다. 형법개정법률안의 제안이유서에 의하면 "허용범위의 결정방식을 기한방식에 의할 것인가 또는 적응방식에 의할 것인가에 관하여는 기한방식에 의한 낙태의 절대적 자유화는 예컨대 임신 3개월을 전후한 태아의 발육상태의 차이를 과학적으로 검증할 수 없다는 이유 때문에 적응방식에 의하지 않을 수 없다는 점에 의견이 일치되었다"고 논거를 밝히고 있다.[89] 그러나 적응방식을 취할 경우 임신중절이 위법인지 불법인지에 대하여 진지하게 고민하기보다는, 임부에게 임신중절의 정당화 사유를 찾는 것이 1차적인 목표가 되어 임부로 하여금 태아에 대한 책임을 좀더 직접적으로 느끼게 하며, 그 양심에 따른 행위를 진지하게 가질 수 있는 기회를 봉쇄한다는 문제점이 있을 수 있다.

87   이기헌, 앞의 책, 79면.
88   신동운, 「형법개정과 관련하여 본 낙태죄 연구」, 『형사정책연구』 제2권 제2호, 1991 여름, 372면.
89   법무부 편, 형사개정자료(XIV), 형법개정법률안 제안서, 1992. 10, 136-137면.

4. 모자보건법 제14조의 재구성과 입법방향

1) 모자보건법의 제정배경과 연혁

형법에서 낙태죄의 전형적인 특징과 기본적인 불법내용은 태아의 생명을 침해하려는 목적의 임신중절이다. 태아의 생존여부, 또는 구체적 위험의 발생 여부와 관계없이 자연분만기 이전에 태아를 모체 밖으로 배출하는 행위만 있으면 낙태죄는 성립한다.[90] 그러나 낙태가 허용되는 특별법형식으로 모자보건법 제14조는 의학적·우생학적·윤리적 적응이 있는 경우에는 의사는 본인과 배우자의 동의를 얻어 인공 임신중절수술을 할 수 있도록 규정하고 있다. 모자보건법 제14조는 형법상 낙태죄의 특수한 위법성조각사유가 된다. 다만 모자보건법에서 '인공 임신 중절'이라 함은 태아가 모체 외에서 생명을 유지할 수 없는 시기에 태아와 그 부속물을 인공적으로 모체외부에 배출시키는 수술을 말하는데 반해, 형법상의 낙태는 태아를 자연의 분만기에 앞서서 인공적으로 모체밖으로 배출하는 행위 및 태아를 모체내에서 살해하는 행위를 말하므로 모자보건법상의 인공 임신중절수술이 형법상의 낙태보다 좁은 개념이라고 할 수 있다.[91]

우리나라에서의 형법의 낙태죄 규정이 1953년부터 있었는데, 1973년에 모자보건법을 제정하여 임신 28주 이내에 인공임신중절수술을 할 수 있는 합법적 허용사유를 규정했다. 우리나라가 70년대에 낙태의 규제를 완화한 것은 임부의 자기 결정권 내지 낙태 자유화라는 사회적 요구가 형성되었기 때문이 이를 반영하기 위해서 모자보건법을 제정한 것이 아니라 오히려 인구폭발이라는 사회문제와 사문화된 법규정과 현실사이의 괴

---

90 이형국, 앞의 책, 149면; 김일수, 앞의 책, 47면; 박상기, 앞의 책, 87면; 이정원, 앞의 책, 103면;; 정영일, 앞의 책, 361면.

91 배종대, 앞의 책, 163면; 오영근, 앞의 책, 116면; 이영란, 「형법상 낙태죄에 관한 고찰」, 『아세아여성연구』 25, 아세아여성연구소, 1986. 12, 171면.

리를 해결하기 위해서 국가적인 해결방법의 하나로 낙태규제를 완화하여 모자보건법을 제정하였다.[92] 법의 명칭은 모자보건법이지만 그 실질적인 내용은 가족계획이라고 할 수 있으며, 가족계획사업의 핵심에 속하는 낙태에 대하여 합법성을 부여하기 위한 목적에서의 입법이었던 것이다.[93] 모자보건법이 제정된 이후에 정부는 현실적인 낙태의 관행을 어느 정도 합법화하기 위해서 인구억제 정책의 일환으로 모자보건법의 낙태 허용사유를 더욱 확대하는 정책을 추진한 것을 알 수 있다.[94] 예를 들어 76년에 낙태의 허용사유인 의학적·윤리적·우생학적 사유 외에 사회경제적 허용사유를 포함시키는 개정안을 준비한 적이 있으며, 83년에 미혼여성의 낙태 합법화와 2자녀 영세민가구의 단산 낙태의 합법화를 위한 개정작업,

---

92 우리나라는 1961년 12월 6일에 가족계획을 국가시책으로 채택함으로써 1962년부터는 보건사회부 주관으로 가족계획사업을 착수하였다. 인구억제정책의 일환으로 시작된 가족계획사업은 경제개발 5개년 계획하에 추진되었으며, 대한가족계획협회(1961)과 가족계획 어머니회(1968) 등의 민간단체의 조직과 함께 농촌지역을 중심으로 계몽교육, 피임보급의 확대 등의 사업에 역점을 두었다. 1970년대에 들어서 정부의 인구억제정책이 더욱 강조되었고, 모자보건법을 제정함으로써 불임시술 및 피임시술 등에 대한 지원정책 및 법적 근거를 얻게 되었고, 1973년 인공임신중절수술의 법적 한계인 허용사유를 규정함으로써 낙태에 대한 법적 완화가 이루어지게 되었다.

93 형법상 금지된 낙태를 모자보건법에서는 임신중절이라고 표현함으로써 모자보건법은 낙태가 금지된 행위라는 점을 희석시키고 있다고 지적한다. 조홍석, 「현행 모자보건법 제14조의 헌법상의 문제점과 개선방안」, 2000, 11면; 인구정책이 수반되지 않는 경제정책은 불가능하다는 생각에서 가족계획사업의 일환으로 제정된 것이다. 오상걸, 앞의 논문, 541면.

94 낙태죄의 처벌규정을 두는 역사적 근거 중의 하나가 인구정책적 이유 즉, 국력증가를 위한 인구증가정책의 일환이라는 점은 현재의 모자보건법이 취하고 있는 태도와 상반된다. 과거 제국주의적 팽창기에 유럽각국이 국력의 경쟁을 하였을 때 국민들이 성적 향락을 위해 산아제한을 해서 국력을 약화시키는 일이 없도록 이를 막기 위해서 낙태를 처벌하였다는 정책적 의의가 있었다고 한다. 김기두, 「낙태죄에 관한 연구」, 『법학』43권. 서울대학교 법학연구소, 1980. 5, 10-11면.

86년의 미혼여성의 낙태 합법화 추진방안 등이 이러한 예에 해당한다.[95]

1973년 이후 모자보건법 제14조의 개정이 이루어지지 않고 있다가, 92년 형법의 개정작업의 과정에서 모자보건법 제14조의 규정을 형법전에 편입하는 개정안을 준비하였는데, 95년의 '형법개정법률'에는 이것이 수용되지 못했다. 이후 97년 11월 28일 김병태 의원 외 20인의 국회의원에 의해서 '모자보건법개정법률안'의 발의가 이루어졌다. 그 제안이유에 의하면 현행 모자보건법상의 허용범위 및 허용기간, 절차규정 등의 미비로 인하여 인공 임신 중절시술이 증가하고 있기 때문에 이를 자세하게 규정함으로써 임산부의 건강권과 태아의 생명권을 함께 존중하고자 하기 위해서 개정안을 발의한다고 밝히고 있다.[96]

개정법률안의 주요 내용은 인공임신중절수술의 허용사유 중 유전학적 정신장애나 신체질환을 구체화하고, 임신의 지속이 보건의학적 이유로 모체 및 태아의 건강을 심히 해하고 있을 때 인공임신중절수술을 허용하며, 성범죄로 인하여 임신된 경우에 허용되는 윤리적 허용사유를 확대하고 있다. 또한 인공 임신 중절수술의 허용기간을 임신한 날로부터 20주 이내로 단축하도록 제안하였다. 법안심사소위원회의 심사에 따르면 인공임신중절수술이 허용되는 질환의 종류와 허용기간 및 태아의 기형 등의 문제는 의료계·학계·여성단체·종교단체 등에서 다양하게 의견이 제시되므로 국회 차원의 여론 수렴과정을 거쳐 개정안이 마련되어야 할 필요가 있기 때문에 이 개정법률안을 본회의에 부의하지 않기로 최종 결정하였다.[97]

---

95 심영희, 「낙태실태 및 의식에 관한 연구」, 한국형사정책연구원 보고서, 1991. 5. 40면.
96 제15대 국회회기 내에 의안번호 제150912호로 보건복지위원회에 1997년 12월 1일 회부되어 1998년 11월 30일 상정되었지만 1998년 12월 30일 대안폐기로 처리되었다.
97 제199회 국회(임시회) 보건복지위원회 모자보건법중개정법률안 심사보고서, 1-7면.

2) 모자보건법상의 정당화 사유에 관한 적합성 검토

낙태 허용사유의 방식으로 적응방식을 취하고 있는 모자보건법은 제14조에 5가지 유형의 정당화 사유를 규정하고 있다. 위 정당화 사유에 따라 인공 임신중절수술을 받은 자와 수술을 행한 자는 형법의 규정에도 불구하고 낙태죄로 처벌받지 않는다.(모자보건법 제28조)

그러나 모자보건법상의 낙태죄의 허용사유인 5가지의 유형은 해석상의 적용범위가 불명확하고 또 경우에 따라서는 지나치게 협소하다는 문제점과 함께 사회적 적응사유를 인정하고 있지 않다는 점에서 여러 지적을 받아왔다. 아래에서는 그와 관련된 논의를 살펴보면 문제해결을 위한 적극적인 입법방향을 제시하고자 한다.

(1) 우생학적 정당화 사유

우생학적 정당화 사유는 본인 또는 배우자가 대통령령이 정하는 우생학적, 또는 유전학적 정신장애나 신체질환이 있는 경우이다. 모자보건법 시행령 제15조 제2항에 의하여 인공 임신중절수술을 할 수 있는 우생학적 또는 유전학적 정신장애나 신체질환은 '유전적 정신분열증, 유전적 조울증, 유전성 간질증, 유전성 정신박약, 유전성 운동신경원 질환, 혈우병, 현저한 범죄성향이 있는 유전성 정신장애, 기타 유전성 질환으로서 그 질환이 태아에 미치는 위험성이 현저한 질환'을 말한다.

우생학적 정당화 사유와 관련해서 가장 많은 지적을 받는 부분은 다음과 같다.

첫째, 태아의 생명을 우생학적 이유 때문에 침해하는 것은 결국 건강과 생명을 바꾸는 결과이며, '생명의 질'을 위해서 생명을 희생시키는 것에 지나지 않는다는 지적이다.[98] 그러나 이러한 주장에 대해서 임부의 정

---

98   홍성방, 앞의 논문, 46면.

상적인 양육을 기대할 수 없는 상황에서까지 임신의 지속을 강요할 수 없으며, 사람의 생명과 태아의 생명은 결코 동일하다고 볼 수 없고, 또한 낙태죄를 비범죄화해야 한다는 요청을 고려한다면 이러한 비판은 타당하지 않다고 지적할 수 있다.[99]

둘째, 유전성의 여부를 과학적으로 확인할 수 있는지 여부와 범죄성향의 유전성여부를 명확히 할 수 있느냐에 대한 지적이다. 배종대 교수는 이 조항에서 열거하고 있는 유전성 질환의 경우 유전성 여부를 과학적으로 확인할 수 있는 방법이 있는지가 의심스럽다면서, 범죄성향이 유전된다는 말이 이해하기 어렵다는 지적을 하고 있다.[100] 의사가 이러한 기준을 확정한다는 것은 불가능하다고 보면서 설사 유전성이 확실하더라도 생명에 대한 가치판단이 허용되지 않기 때문에, 그것은 낙태죄의 정당화 사유가 될 수는 없다고 한다.[101] 즉 우생학적 정당화 사유 중에서 특히 현저한 범죄성향이 있는 유전성 정신장애는 이를 판단하는 것이 어려운 것으로서 자칫 우생학적 인종차별의 근거가 될 수 있다고 보기 때문에 삭제하는 것이 필요하다는 지적이 있다.[102] 그러나 범죄성향의 유전성 질환 여부는 과학적으로 검증되지 않은 경우에는 정당화 사유로 인정할 수 없다는 점에서는 동의하지만, 과학적으로 검증된 세대간에 이어지는 심각한 유전적 질환은 법령에 명시하고 그에 해당하는 경우 정당화 사유로 인정하는 것이 필요하다고 본다.

---

99   이정원, 앞의 책, 115면.

100   배종대, 앞의 책, 156면.

101   정신장애나 신체질환 자체를 낙태의 정당화 사유로 할 수 있는지 구체적으로 판단되어야 한다고 주장하면서 예컨대 유전성 조울증이나 유전성 간질증이 있다는 사유가 태아의 생명 자체를 박탈하는 정당화 사유가 될 수 없다는 견해가 있다. 조홍석, 앞의 논문, 11면; 오상걸, 앞의 논문, 543면.

102   박상기, 앞의 책, 92면.

셋째, 모자보건법은 본인 또는 배우자에게 우생학적 또는 유전학적 정신장애나 신체질환이 있는 경우로 범위를 제한하고 있기 때문에 엄격하게 해석하면 임신 중에 일어난 충격으로 인하여 태아에게 나타날 수 있는 질환 내지 손상은 포함되지 않는다고 해석할 수 있다. 중대한 신체장애는 유전적 원인에 의한 경우뿐 아니라 임신 중의 충격 등의 원인에 의한 손상도 포함해야 할 것이다. 여기에서 출생할 아이에 대한 손상은 정신적인 손상 또는 육체적인 손상 모두를 포함하여 해석할 수 있으며, 그 원인은 유전학적 소질에 한정되는 것이 아니라 약물복용, 임신중독증, X선 촬영, 질병 등에 의한 경우도 포함하는 것으로 해석해야 할 것이다.[103]

1992년의 '형법 중 개정법률안'에서는 허용범위를 '태아가 유전적 소질 또는 출생전의 유해한 영향으로 인하여 건강상태에 중대한 손상을 입고 있거나 입을 염려가 뚜렷한 경우'라고 규정하고 있다. 97년 11월 28일 김병태 의원 등 20인 의원이 발의한 '모자보건법개정법률안'에는 유전학적 정신장애나 신체질환을 시행령에 두지 않고 법률에 명시하도록 하여 법률의 강행성과 실효성을 높이고, 또한 임산부의 건강권과 태아의 생명권보호를 더욱 강화하고 있다. 이 개정법률안에서 제시하고 있는 유전학적 정신장애나 신체질환은 유전성 정신분열증·조울증·정신박약·운동신경원질환·혈우병·현저한 범죄성향이 있는 유전성 정신질환, 기타 유전성 질환으로 태아에 미치는 위험성이 현저한 질환이다.[104] 이에 반해 97년

---

103 우생학적 정당화 사유에는 임신 중의 충격 등과 같은 출생전의 유해한 영향으로 저능아, 기형아 또는 정상적인 생육을 기대할 수 없는 출산이 확실한 경우에 허용되는 임신중절 사유인데, 우리나라의 모자보건법은 본인 또는 배우자에게 우생학적, 유전적 질환 또는 신체적 질환이 있는 경우에만 제한적으로 허용하고 있다고 해석한다. 김일수, 앞의 책, 52면; 이재상, 앞의 책, 89면; 정성근, 박광민, 앞의 책, 88면.

104 제199회 국회(임시회) 보건복지위원회 상정 모자보건법중개정법률안 제14조 제1항 제1호.

개정법률안의 심의과정에서 한국모자보건학회는 유전성 정신분열증, 유전성 조울증, 유전성 간질증, 유전성 정신박약을 허용되는 질환의 종류에서 삭제를 요청하였다.[105]

(2) 전염성 질환에 의한 낙태허용 사유

본인, 또는 배우자가 대통령령이 정하는 전염성 질환이 있는 경우 낙태가 허용된다. 모자보건법 시행령 제15조 제3항에 의하면 인공 임신중절 수술을 할 수 있는 전염성 질환은 태아에게 미치는 위험성이 높은 풍진·수두·간염·후천성면역결핍증 및 전염병예방법 제2조 제1항의 전염병을 말한다.[106] 1997년에 발의된 개정법률안의 심사과정에서 대한의사협회와 한국모자보건학회는 간염과 전염병예방법 제2조 제1항의 규정에 의한 전염병을 허용되는 전염성 질환의 종류에서 삭제할 것을 요청한 바 있다.[107] 그 논거로는 풍진, 수두, 간염 등은 이제 더 이상 중대한 질병이 아니며, 전염병예방법상의 법정전염병이 태아의 생명 자체를 부인해야 할 중대한 질병인지가 의문시 된다는 점이다. 태아에게 미치는 영향이 큰 전염성 질환에 의해서 태아가 감염되지 않은 한, 위 사유가 낙태의 정당화 사유가 될 수 없다는 주장이었다.[108] 예를 들어 임부나 배우자가 풍진, 수두, 간염에 걸렸다고 해도 태아도 같은 질병에 걸릴 확률이 크지 않으며, 설사 태아가 위 병에 전염되었다고 하더라도 치료로 충분히 나을 수 있기 때문에

---

105   제199회 국회(임시회) 보건복지위원회 모자보건법중개정법률안 심사보고서 4면.

106   전염병예방법상의 법정전염병은 제1종 콜레라, 장티푸스, 디프테리아, 페스트, 발진티푸스, 파라티푸스, 세균성이질, 황열, 제2종 폴리오, 백일해, 홍역, 유행성이하선염, 일본뇌염, 공수병, 말라리아, 발진열, 성홍열, 재귀열, 아메바성질병, 수박구균성수막염, 유행성출혈병, 파상풍, 후천성면역결핍증, 렙토스피라증, 쯔쯔가무시병, 제3종 결핵, 나병, 성병, 만성 간염이 여기에서의 전염성 질환이다.

107   제199회 국회(임시회) 보건복지위원회 모자보건법중개정법률안 심사보고서 4면.

108   오상걸, 앞의 논문, 543면.

건강상의 일시적인 위험 발생으로 생명권을 포기하거나 박탈하는 일은 있을 수 없다는 점이다.

(3) 성범죄에 의한 정당화 사유

모자보건법 제14조는 성범죄로 임신한 경우를 강간, 준강간으로 제한하고 있기 때문에 강제추행죄, 미성년자 간음죄, 업무상 위력에 의한 간음죄에 의하여 임신한 경우는 낙태가 허용되지 않는다. 이에 대해 이재상 교수는 혼인빙자간음죄에 의한 임신한 경우에도 해당되지 않는다고 지적하면서 모자보건법상의 윤리적 정당화 사유의 범위가 지나치게 엄격하다고 말한다.[109] 그러나 오히려 이 경우라도 여전히 국가의 태아생명의 보호의무가 해소되는 것은 아니라고 하여 이 사유를 정당화 사유로 인정할 수 없다는 주장이 있다.[110] 강간으로 임신한 임부는 인간존엄성과 인격발현권이 침해받는 반면, 낙태를 허용할 경우 태아는 생명권을 침해받게 되기 때문이라는 근거를 제시하고 있다.[111] 강간이나 준강간과 같이 범죄학적 징표가 명백한 경우에 산모에 대하여 출산의무를 부과할 기대가능성이 존재하지 않는다고 하더라도 이로써 국가의 보호의무가 해소되는 것은 아니라고 하며, 조언과 부조를 통하여 국가는 가능한 한 태아의 출생을 가능하도록 노력해야 한다는 주장까지도 제안되고 있다.[112]

1992년의 형법 중 개정법률안에 의하면 강간, 준강간에 의하여 임신된 경우뿐만 아니라 특수강간, 미성년자 간음, 업무상 위력에 의한 간음에

---

109   이재상, 앞의 책, 29면; 정성근, 박광민, 앞의 책, 88면.
110   조홍석, 앞의 논문, 12면.
111   홍성방, 앞의 논문, 46면.
112   극단적인 견해로서 태아의 생명권을 위해 부녀의 인격권은 양보되어야 하며, 태아의 출산, 양육에 이르기 까지 국가나 사회복지단체가 이러한 태아의 생명권을 돌보아야 한다는 견해도 있다. 오상걸, 앞의 논문, 543면.

의하여 임신한 경우를 모두 포함하고 있다. 97년에 발의된 개정법률안도 "형법상 처벌될 수 있는 성범죄"로 범위를 확대하고 있다. 그러나 심사과 정에서 개정안과 같이 형법상의 성범죄 즉, 혼인빙자간음죄, 업무상 위력 등에 의한 간음죄 등을 추가할 경우에는 이에 대한 해당여부를 판단하는 데 어려움과 이를 규명하기 위해 시기를 놓치는 경우 임신중절 가능시기 를 놓쳐 모체의 건강을 해칠 우려와 법적용에 어려움이 많다는 점을 지적 하였다.[113]

(4) 윤리학적 정당화 사유

법률상 혼인할 수 없는 혈족 또는 인척간에 임신한 경우는 윤리적 정당 화 사유에 해당하는 예시로서 규정한 것이다. 그러나 이 규정에 대해서 헌 법상의 태아가 가지는 생명권이 법률(민법 제809조)에 의하여 좌우된다는 문제점이 지적된다. 박상기 교수는 민법상 금지되는 동성동본간의 혼인의 타당성이 의문시될 뿐 아니라 동성동본간의 혼인도 현실적으로 일정기간 동안 혼인을 허용하였던 점을 감안하면 법률상 혼인할 수 없는 사이에서 출생하였다고 하여 태아의 생명권이 경시되는 근거라고 할 수 없다고 한 다.[114] 허영 교수도 이 조항은 혈족간의 금혼 금지에 관한 민법의 규정에 실효성을 주기 위해서 헌법상 보장되는 태아의 생명권을 제물로 바친다 는, 결국 사생아를 방지하려는 목적과 우생학적 관점을 고려한다고 하더 라도 도저히 수긍할 수 없는 입법례라고 비판하고 있다.[115]

법률상 혼인할 수 없는 자 사이에 임신한 경우에는 사회 윤리적으로 임신을 강요할 수 없기 때문에 낙태를 허용하는 취지로 볼 수 있지만, 근

---

113 제199회 국회(임시회) 보건복지위원회 모자보건법 중 개정법률안 심사보고서 5면.
114 박상기, 앞의 책, 93면.
115 허영, 「인공임신중절과 헌법」, 『공법연구』 제5집, 1977, 88-89면.

친상간이 아닌 민법 제809조에서 금지하고 있는 동성동본 사이에 임신한 경우를 이에 포함시켜 반드시 낙태를 허용할 사유에 해당한다고 하기는 어렵다. 그러한 점에서 이 규정을 따로 둘 필요가 없이 신설하는 사회적 정당화 사유에서 검토하는 것이 더욱 필요하다고 본다.

(5) 임신의 지속이 보건의학적 이유로 모체의 건강을 심히 해하고 있거나 해할 우려가 있는 경우

만약 산모의 생명이 위험한 경우에는 당연히 낙태가 허용될 것이다. 살아있는 사람의 생명과 생성 중인 생명은 법익 형량상 차이가 있다고 보기 때문이다. 그런데 임신의 지속은 부녀의 신체에 영향을 미치고, 임신과 결부된 위험이 상존할 수 있기 때문에, 단순히 산모의 건강을 해하고 있거나 해할 우려가 있는 경우의 낙태를 어떻게 취급하여야 할지 여부가 문제된다. '모체의 건강을 해할 우려'라는 요건을 임신에 따르는 신체의 일반적 위험으로 이해될 수 있으며, 이와 같이 확대 해석될 위험을 안고 있기 때문에 모체의 생명이 위협받는 상황으로 제한해야 하고 생명의 지장이 없는 신체에 대한 위험은 제외해야 한다는 주장이 있다.[116]

한편 임신의 지속이 보건의학적 이유로 모체의 건강을 심히 해하고 있거나 해할 우려가 있는 경우의 의학적 사유의 해석에서 정신적 건강의 범위를 부녀의 현재와 미래의 생활관계까지 고려함으로써 의학적 사회적 기준으로까지 확장하자는 주장[117]이 있다. 최근 의학의 발달로 신체적인

---

116 배종대, 앞의 책, 157면; 같은 논지로 박상기 교수는 모체의 건강을 확대 해석하는 경우에는 대부분의 낙태 행위를 정당화할 위험이 있기 때문에 모체의 생명에 위험이 있을 것으로 작용되는 경우에 한해서 제한할 필요가 있다고 지적한다. 박상기, 앞의 책, 93면; 오상걸, 앞의 논문, 545면.

117 모체의 건강을 심히해 해한다는 것은 모체의 육체적·정신적 건강상태를 심히 해하는 것을 의미한다고 해석하면서 모체의 현재의 건강상태 뿐 아니라 미래의 건강상태도 판단대상이 된다고 주장한다. 이재상, 앞의 책, 88-89면; 이에 반해 김일

측면에서의 모체의 위험성이 상당부분 감소하고 있기 때문에 보건의학적인 사유를 신체적인 질병상황으로 제한하여 해석할 것이 아니라 정신적 건강상태를 현저히 해하는 경우로 확장할 필요가 있다는 주장과 동일하다.[118]

(6) 사회적 정당화 사유

임부의 정상적인 양육을 기대할 수 없는 상황에서까지 임신의 지속을 강요할 수 없다는 점에서 사회적 적응사유는 대체로 임부의 사회적·경제적 부담을 전제로 한다.[119] 모자보건법 제14조는 미성년자의 낙태 또는 미혼여성의 낙태의 대부분이 태아의 출산 후의 양육을 기대할 수 없는 절망적인 상황을 전혀 고려하지 않고, 특히 사회적 정당화 사유를 인정하지 않음으로써 낙태현실을 전적으로 방임하고 있다. 의학적 적응사유의 내용인 모체의 정신건강을 해할 우려라는 해석을 확대하여 경제적 부담을 원인으로 하는 낙태는 임부의 정신적 건강을 해할 우려가 있는 것으로 해

수 교수는 의학적 적응사유에 장래의 정신적 건강까지 확장시키면 사회적 경제적 곤궁으로 인한 정신적 고통으로 인한 낙태를 의학적 적응에 포함시킬 수는 있지만, 이러한 확대는 태아의 생명보호의 관점에서 결코 바람직하지 않다고 한다. 적응사유가 확대되어 사회적 적응사유를 추가하는 등 완화의 폭이 넓어지고 있지만, 현대사회를 윤리적 기준이 없는 시대로 전락시킬 위험이 있어 다시금 생명존중의 각성소리가 일어나는 실정이라고 한다. 김일수, 앞의 논문, 11면.

118 신동운, 「형법개정과 관련하여 본 낙태죄연구」, 『형사정책연구』 제2권 제2호, 1991. 여름, 374면.

119 낙태의 허용사유 중에서 사회적 적응사유를 인정하는 경우에는 임부의 사회적 경제적 부담이 판단 기준이 된다. 예를 들어 임부의 연령이나 자녀수, 주거조건 등이 허가사유로서 작용한다. 핀란드 낙태법은 임부가 17세 이하이거나 40세 이상인 경우 혹은 이미 넷 이상의 자녀를 출산한 경우에는 낙태를 할 수 있다. 헝가리법에서는 임부가 미혼이거나 지속적인 별거생활 중에 있거나 만 35세 이상이거나 임부와 그 남편이 자기 소유의 집이나 독립적인 셋집을 가지고 있지 못한 경우에는 낙태가 허용된다. 이기헌, 앞의 책, 85면.

석할 수 있다는 주장은 법해석상 너무 확장된 것이라고 본다.[120] 모자보건법 제14조에서는 사회적 정당화 사유를 규정하지 않기 때문에, 사회적 정당화 사유의 명문의 규정 없이 모자보건법상의 건강이라는 용어 속에 정신적 건강을 포함시키는 확대해석의 방법으로 형법상의 낙태행위를 허용할 수는 없으리라고 생각된다.

3) 모자보건법 제14조의 개정방향

앞에서 지적한 바와 같이 모자보건법상의 낙태의 정당화 규정인 제14조는 인구억제정책의 일환인 가족계획사업의 편의를 위한 규정이라는 점에서 입법과정에서 그 본질이 전도된 규정이다. 입법취지에서의 문제점뿐 아니라 그 규정의 범위와 내용에 있어서도 많은 문제점을 안고 있는데 이를 해결하는 방향성을 지적하면 다음과 같다.

첫째, 낙태죄 규정의 적용이 배제되는 정당화 사유를 어떻게 입법할 것인가라는 문제제기에 앞서 법률규정의 정비만으로 해결되어야 할 문제는 아니다. 임신은 임신한 여성의 사적 영역이다. 그러나 낙태는 전적으로 임부의 사적인 영역으로 볼 수는 없다. 낙태의 관행은 여성의 의식과 이념에 의해서 오로지 형성되는 개인적 영역에 있는 것은 아니다. 역사적으로 낙태의 관행은 가족계획이라는 그 시대의 보건정책이나 복지정책과 맞물려 있으면서 성문화, 경제적 상황 등의 그 시대의 사회구조적 요인들에 의해서 낙태에 대한 개인의 선택이 이루어지는 것을 알 수 있다. 우리나라의 조사결과[121]에 의하면 기혼의 임부가 임신중절 수술을 하는 이유 중에서 가장 많은 비중을 차지하는 사유가 자녀를 원하지 않아서(47.9%), 터울을 조절하기 위해서(11.1%), 임부의 건강상의 이유(9.7%)의 순서이며, 기

---

120   김기두, 앞의 논문, 16면; 이정원, 앞의 책, 115면.
121   한국보건사회연구원, 『전국 출산력 및 가족보건실태조사』, 1997, 161면.

타 경제적 곤란(3.7%), 혼전 임신(3.3%) 등의 사유도 적지 않은 비중을 차지하고 있다.

결론적으로 낙태 금지와 태아출산의 의무는 국가의 태아 보호의무의 실천적 의미와 별개로 분리해서 논할 수는 없다. 독일의 헌법재판소의 판결에 의하면 태아에 대한 국가의 보호의무는 태아에 대한 타인의 기본권 침해행위를 방지하고, 임산부나 그 가족의 생활관계에서 출산으로 인해 발생할 수 있는 위험을 제거하거나 출산을 방해하는 요소를 제거해야 하며, 여성이 임신 중이거나 출산 후에 부딪히는 어려움을 도와주어야 한다는 것을 의미한다고 한다.[122] 국가의 미흡한 복지정책이 사회적 정당화 사유로 보상되는 일이 있어서는 안된다는 주장[123]보다는 오히려 낙태를 이념문제로서만 접근하지 말고 현 사회복지수준과 이에 따른 여성현실을 고려하여 하나의 대안으로서 접근하자는 구상[124]이 설득력을 더 주고 있는 것으로 보인다.[125] 미혼모에 따른 사회적 차별과 경제적 곤궁 및 가계

122　독일의 헌법재판소 판례(BVerfGE 88, 203)에 의하면 독일의 기본법 제6조 제4항은 공사법의 모든 영역에서 임산부를 보호할 의무를 확대하였고, 이는 임신과 출산이 사회 전체의 이익을 위한 것이라는 생각을 표현하고 있다고 한다. 홍완식, 앞의 논문, 554-555면.

123　배종대, 앞의 책, 154면.

124　심영희 교수는 사회복지수준, 의료발달의 수준, 성문화, 여성노동 상황 등의 사회구조적 요인들이 여성의 낙태 관행을 형성하고 있기 때문에 이러한 현실적 기초 위에서 낙태와 관련된 이념들을 수렴하고 합리적인 낙태규제방안이나 복지정책이 수립되어야 한다고 지적하고 있다. 심영희, 앞의 책, 59면; 이와 같은 의미로 이기헌 교수는 수단의 복합성이라는 접근을 제시하고 있다. 적절한 성교육, 피임법 상담, 가족계획을 위한 효과적인 조치 및 아기를 가진 임부와 아이를 기르는 어머니에 대한 지원을 포함하여 종합적인 개인적 사회적 예방대책이 강구되어야 한다고 주장한다. 이기헌, 「낙태죄소고-적응모델과 태아진단의 문제점을 중심으로」, 『사회과학논총』 제1집, 명지대학교 사회과학연구소, 1986, 259면.

125　임신으로 인하여 발생하는 부녀의 사회적 지위나 가정내의 역할에 있어서의 여러 가지 제약이나 불이익은 낙태죄의 폐지라는 극단적인 처방이 아니라 여성의

소득과 결부된 환경에서의 자녀양육의 불가능성과 그 밖의 실질적 이유들이 낙태를 행하는 원인과 동기가 되고 있다는 점에서 임부에 대한 국가의 배려는 임신 중 또는 출산 후에 겪게 될 실질적 곤궁상태를 이유로 낙태하지 않도록 할 의무를 포함한다고 할 것이다. 낙태를 법적으로 넓게 허용하지만 실제 낙태율이 낮게 나타나는 몇몇 국가의 사례[126]들에서 낮은 낙태율을 유지하는 이유가 낙태규정이 관대하느냐 아니냐에 달려있기 보다는 피임, 낙태상담 그리고 임부에게 부조가 잘 되어 있었느냐에 좌우된다는 점에서 규제의 논리 이면에 임부에 대한 부조와 보호의 논리를 동시에 고려해야 할 필요가 있다.[127]

둘째, 모자보건법에 낙태죄의 정당화 사유를 인정하고 있는데 그 정당화 사유의 범위가 지나치게 좁게 규정되어 있으며, 특히 사회적 정당화 사유를 인정하지 않는다는 점에서 낙태의 현실문제를 해결하는데 가장 큰 한계가 있다.

기혼여성의 낙태와 관련해서 아이의 출산 혹은 양육이 임신한 여성과 그 가정과 취업상황에 미치는 영향을 고려하여 본다면 국가가 모성보호를 위한 보육시설이나 환경을 구비하지 않은 현실에서는 임부에게 전적

지위향상을 위한 전반적인 사회적 모순점의 제거와 사회복지적 제반시책에 의하여 해결하여야 할 것이라는 주장과 동일한 의미라고 본다. 신동운, 「형법 개정과 관련하여 본 낙태죄 연구」, 『형사정책연구』 제2권 제2호, 370면.

126 예를 들어 네덜란드의 경우 낙태를 원칙적으로 금지하는 규정이 없으며, 단지 허가된 시설 이외에서 행하는 낙태시술 즉 낙태절차규정에 반하는 경우만 처벌한다. 그러나 네덜란드에서의 낙태율이 다른 나라보다 아주 낮은 것을 보면 상담절차와 피임, 임신한 여성에 대한 지원대책 등이 마련되어 있기 때문인 것을 알 수 있다.

127 낙태규정에서 어떠한 규정 모델이 효율적이냐는 확실하게 말할 수 없다. 기한모델이나 상담모델을 가진 국가가 적응모델을 가진 국가보다 낙태율이 높다고 할 수 없으며, 다른 한편 적응방식을 취한 국가가 기한방식을 취한 국가보다 낙태율이 낮다고 할 수 없다. 결국 효율적인 법정책을 구사하기 위해서 어떠한 규제형식을 취할 것이냐에 논의를 집중하는 것은 그리 큰 의미가 없다고 본다.

으로 임신의 지속을 강요할 수는 없다. 임신의 지속이 임부에게 의학적 정당화 사유에 해당하는 것과 동일한 정도의 비중을 가지고 임부에게 중대한 부담으로 미치는 경우에는 사회적 정당화 사유로 인정하여 낙태를 허용하여야 할 것이다. 사회적 정당화 사유 규정을 가지고 있지 않는 우리 현실에서는 낙태행위자에 대한 엄격한 규제일변도의 논리만으로 사문화되어 있는 낙태죄규정의 개선을 해결할 수 없을 것으로 본다.[128]

미성년자인 미혼여성의 낙태의 경우에도 마찬가지이다. 임신으로 인한 모든 책임을 당사자인 미성년자에게 전적으로 부담지울 수 없다. 임신의 지속과 아기의 출산은 윤리적 비난이라는 사회적 압박, 직업기회 상실로 인한 경제적 곤란 등으로 절망적인 상황을 만들어간다. 특히 성인으로서 책임능력이 형성되지 않은 시기의 행위와 결과에 대해서 전적으로 개인의 책임으로 돌리기에는 무리이며, 성교육과 피임 등의 사전적인 예방정책을 제대로 이행하지 못한 사회도 역시 그 책임의 일부를 부담해야 할 것이다. 이 경우 구체적인 임부의 갈등상황 등을 판단하여 아이의 정상적인 출산과 양육을 기대할 수 없는 경우까지 임신의 지속을 강요할 수 없다는 점에서 사회적 정당화 사유를 근거로 낙태를 허용해야 할 것으로 본다.

셋째, 모자보건법 제14조 제1항 제1호의 우생학적 정당화 사유의 범위가 너무 제한적이라는 점이다. 우생학적 정당화 사유의 원인을 본인 또는 배우자에게 있는 경우로 제한하지 않고, 임신 중에 일어난 충격으로 인한 태아의 질환 내지 손상까지 포함해서 적용할 필요가 있다. 출생할 아이에

128　낙태의 문제가 단순한 인구정책적 문제나 혹은 사회구조적인 문제가 아니라 형법적 문제라는 점에서 현행 형법상 가능한 문제해결을 모색해야 한다는 주장이 있다. 그 방법으로 인적인 처벌조각사유, 또는 형의 면제등을 통해 비가벌적인 영역을 확장하는 것이 바람직하다고 한다. 하지만 낙태죄의 비범죄화 문제가 거론되지 않는 한 형법에서의 세분된 처벌방식만으로 논하는 것은 그리 효율적으로 보이지 않는다. 김영환, 앞의 논문, 418면.

대한 손상은 정신적인 손상 또는 육체적인 손상 모두를 포함하며, 그 원인은 유전학적 소질에 한정되는 것이 아니라 약물복용, 임신중독증, X선 촬영, 질병 등에 의한 경우도 해당되어야 할 것이다. 이 경우 이러한 요건을 판단하는 의사와 낙태시술 의사를 분리하지 않을 경우 판단의 공정성이 보장되지 않는다는 문제점[129]을 고려하여 정당화 사유에 해당하는지 여부의 판단절차를 구비할 필요가 있으며, 판단의사 내지 상담의사와 시술의사를 분리하는 절차규정이 필요하다고 본다.

넷째, 모자보건법 제14조 제1항 2호에 규정되어 있는 전염성 질환 중에서 간염이나 결핵, 성병 등과 같은 제3종 법정 전염성 질환은 현대 의학상 치료가 가능할 뿐 아니라 태아에게 심각한 질환 내지 손상을 야기하지 않기 때문에 이를 허용범위에 포함시킬 근거가 없다고 본다. 삭제하는 것이 바람직하다. 대한의사협회나 한국모자보건학회에서는 이미 이 규정의 삭제를 요청한 바 있다.

다섯째, 윤리적 정당화 사유로 강간 또는 준강간에 의한 임신에 제한할 것이 아니라 형법 또는 성폭력특별법에 의해서 처벌되는 성범죄로 인하여 임신한 경우에도 포함해야 할 것으로 보인다. 다만 혼인빙자간음죄로 인한 임신의 경우 범죄사실만 인정되면 낙태가 허용되는 윤리적 정당화 사유를 적용하기보다는 오히려 임신의 지속이 가져오는 임부와 그 가족에 대한 사회적 경제적 상황을 고려하여 허용여부를 판단하는 사회적 정당화 사유로 분류하는 것이 필요하다고 본다.

---

129   박상기교수는 현행 모자보건법의 문제점의 하나로 판단의 공정성문제를 제기하고 있다. 박상기, 앞의 책, 93면.

구분	모자보건법 제14조 제1항	1992년 형법중 개정법률안 (형법 규정)	1997년 모자보건법중 개정법률안	2005년 모자보건법중 개정법률안	입법방향성 제안
우생학적 정당화 사유	1. 본인 또는 배우자가 대통령령이 정하는 우생학적 또는 유전학적 정신장애나 유전질환이 있는 경우	2. 태아가 유전적 소질 또는 출생전의 유해한 영향으로 인하여 건강상태에 중대한 손상을 입고 있거나 입을 염려가 뚜렷한 경우	1. 본인 또는 배우자가 다음 각목의 1에 해당하는 우생학적 또는 유전학적 정신장애나 신체질환이 있는 경우	1. 본인 또는 배우자가 대통령령이 정하는 우생학적 또는 유전학적 정신장애나 유전질환이 있는 경우130	유전적 소질 또는 출생전의 영향에 의해 태아의 건강상태가 중대한 손상을 입고 있거나 입을 염려가 뚜렷한 경우
전염성 질환에 의한 정당화 사유	2. 본인 또는 배우자가 대통령령이 정하는 전염성질환이 있는 경우	삭제	2. 본인 또는 배우자가 태아에 미치는 위험성이 높은 풍진·수두·후천성 면역결핍증 및 전염병예방법 제2조 제1항의 전염병이 있는 경우	2. 본인 또는 배우자가 대통령령이 정하는 전염성질환이 있는 경우	삭제
성범죄에 의한 정당화 사유	3. 강간 또는 준강간에 의하여 임신된 경우	3. 제166조 내지 제170조, 제172조 내지 제175조에 의하여 임신한 경우	5. 형법상 처벌될 수 있는 성범죄로 인하여 임신한 경우	3. 강간 또는 준강간에 의하여 임신된 경우	성폭력에 의한 범죄(특별법범 포함)로 인하여 임신한 경우
윤리적 정당화 사유	4. 법률상 혼인할 수 없는 혈족 또는 인척간에 임신된 경우	4. 법률상 혼인할 수 없는 혈족 또는 인척간에 임신한 경우	3. 법률상 혼인할 수 없는 혈족 또는 인척간에 임신한 경우	4. 법률상 혼인할 수 없는 혈족 또는 인척간에 임신된 경우	법률상 혼인할 수 없는 혈족 또는 인척간에 임신된 경우
의학적 정당화 사유	5. 임신의 지속이 보건의학적 이유로 모체의 건강을 심히 해하고 있거나 해할 우려가 있는 경우	1. 임신의 지속이 의학적 이유로 모체의 건강을 심히 해하고 있거나 해할 염려가 있는 경우	4. 임신의 지속이 보건 의학적 이유로 모체 및 태아의 건강을 심히 해하고 있거나 해할 우려가 있는 경우	5. 임신의 지속이 보건 의학적 이유로 모체의 건강을 심히 해하고 있거나 해할 우려가 있는 경우 6. 태아의 질환이 태아를 사망하게 하거나 치료가 불가능한 경우	임신의 지속이 보건 의학적 이유로 모체의 건강을 심히 해하고 있거나 해할 우려가 있는 경우
사회적 적응사유	불인정	불인정	불인정	불인정	인정

5. 낙태죄의 절차적 규정

1) 배우자 동의 등의 부당한 부담에 대한 삭제

모자보건법 제14조에 의하면 낙태의 허용사유에 해당하는 경우 임부와 그 배우자의 동의를 얻을 것을 요구하고 있다. 다만 배우자가 사망·실종·행방불명 기타 부득이한 사유로 동의할 수 없는 경우에는 임부의 동의로 충분하다고 규정하고 있다. 모자보건법상 배우자에는 사실상의 혼인관계에 있는 자도 포함된다고 규정하고 있다. 사실상의 혼인관계에만 해당한다고 하면 만약 사실상의 혼인관계로 볼 수 없는 태아의 잠재적 아버지는 동의하지 않아도 가능하다고 해석할 수 있다. 결과적으로 기혼의 여성의 낙태에는 배우자의 동의라는 제한적 요건을 규정하면서, 미혼의 여성에게는 이러한 요건을 부과하지 않고 있다. 이러한 절차규정을 둔 취지가 미혼의 여성의 경우에는 태아의 잠재적인 아버지의 동의를 구하기 어렵다는 사정을 고려한 것인지, 또는 미혼여성의 낙태요건을 완화함으로써 기혼여성보다는 더 허용적인 태도를 유지하기 위하여 동의 규정을 두고 있지 않는지는 그 의도가 분명하지 않다.

임부와 배우자의 동의는 판단능력 있는 자의 자유로운 의사에 의해야 할 것이다. 그런데 예를 들어 임부에게 적응사유가 있고, 여성 자신의 동의가 있는 상황에서 배우자의 동의가 없으면 낙태가 허용되지 않는다. 배우자의 동의 없이 낙태를 행한 임부는 법률이 정한 낙태의 허용요건을 구비하지 않았기 때문에 비록 모자보건법 제14조의 정당화 사유에 해당한다고 하더라도 여전히 처벌받는다. 이와 같이 배우자의 동의가 있어야 한다는 요건으로 낙태죄의 가벌성을 좌우한다는 데에는 문제점이 있다. 이 규정의 목적이 기혼여성의 낙태시에 법률상의 배우자의 의사도 존중하기 위한 것이라고 하지만, 임신의 지속을 배우자의 동의 여부에 따라 좌우하게 하고, 더 나아가 임부의 낙태행위의 가벌성을 근거지우려는 규정은 가부장제의 유물로서 볼 수밖에 없다. 임부와 태아의 권리 내지 이익의 고려가 없이 배우자의 독자적인 이익 고려에 따라서 임신의 지속, 또는 낙태에 관한 결정권을 좌우할 수 있게 한다는 것 역시 자기 결정권의 주체인 임부의 자율적 존재성 그 자체를 부인하는 결과라고 볼 수 있다.[130]

　이와 관련된 미국의 판례가 우리에게 좋은 시사점을 주는 것으로 보인다. 미국의 연방대법원은 1976년의 임신중절에 남편의 동의를 요구하는 미주리 주법을 기각하였으며, 또한 92년 미국 펜실베니아 임신중절규제법에서는 결혼한 여성은 특정한 경우를 제외하고 임신중절을 하려는 자신의 생각을 남편에게 통고하였다는 진술에 서명하여야 한다는 절차규정을 기각하였다.[131] 연방대법원은 생물학적 아버지로부터의 동의가 남성에게 여성의 권리에 대한 거부권을 주는 것과 다르지 않으며, 여성은 "임신에 의해 직접적이고 즉시 영향을 받기 때문에" 그러한 거부권에 구속되어서는 안 된다고 판시하였다.[132] 즉 연방대법원은 펜실베니아 법률이 임신중절을 하려는 여성에게 부당한 부담을 부과하려는 의도가 있었거나 그런 결과를 가져왔다고 평가하였다. 부당한 부담(undue burden)이라는 기준으로 임신중절을 금지하려는 법률이나 여성들의 자기 결정권을 제한하거나 어렵게 만들어서 횟수를 줄이려는 시도는 비합법적이라는 것을 명확히 하였다.[133] 또한 80년 3월 15일의 유럽인권위원회은 "남편과 장래

130　이영란 교수는 인공임신중절시 배우자의 동의를 얻도록 하는 것은 낙태가 남성의 자녀에 대한 희망을 파괴하는 행위라고 하는 사고와 맥락을 같이 하는 시대착오적 사상의 표현이라고 지적하였다. 이영란, 앞의 논문, 17면.

131　Planned Parenthood of Southeastern Pennsylvania v. Casey 505 U.S. 833, 112 S.Ct 2791, 120 L.Ed.2d 674(1992); 자세한 설명은 Furrow·Greaney·Johnson·Jost·Schwartz, *Health Law*, 2000, pp. 928-930.

132　Gregory E. Pence, 구영모·김장한·이재담 역, 앞의 책, 351면.

133　주가 부과한 부담이 사실에 근거하였는지는 사실에 기초하여 심사되어야 한다. 여성의 낙태 또는 임신의 지속 여부에 대한 궁극적인 결정을 효과적으로 부정하

의 아버지가 사생활과 가족생활의 존중에 대하여 갖는 권리는 아내가 하려는 낙태에 대한 권리까지 포함하는 것은 아니다"라고 선언하고 있다.[134] 핀란드의 경우에도 마찬가지로 낙태를 위하여 잠재적인 아버지의 동의가 필수적인 것은 아니다. 다만 태어날 아이의 부친은 이유가 있을 때는 언제나 자신의 의견을 말할 수 있으며, 이는 임신중단의 조치가 있기 전에 이루어져야 한다고 규정하고 있다.[135]

2) 의사의 의한 시술과 확인절차

모자보건법상의 인공 임신중절수술은 의사에 의한 시술이어야 한다. 의사는 본인과 배우자의 동의를 얻어 인공 임신중절수술을 할 수 있다.(제14조 제1항) 그런데 모자보건법은 인공 임신중절수술이 가능한 허용요건에 대한 판단기준과 절차에 관한 규정을 전혀 두고 있지 않다. 낙태의 허용사유인 정당화 사유의 판단에 대한 심사의 오류 가능성 또는 착오의 가능성조차도 검토하고 있지 않다. 대법원의 낙태 관련 판례에 의하면 "인공 임신중절수술 허용 한계인 임신의 지속이 보건의학적 이유로 모체의 건강을 심히 해하고 있거나 해할 우려가 있는 경우라 함은 임신의 지속이 모체의 생명과 건강에 심각한 위험을 초래하게 되어 모체의 생명과 건

는 지 여부에 대해서 사실의 문제로서 검토해야 한다. Furrow·Greaney·Johnson·Jost·Schwartz, *Health Law*, 1995, p. 800.

134 이기헌, 앞의 책, 46면.

135 RU-486 또는 미페프리스톤은 프랑스 내분비학자 에티엥 에밀 볼리에가 개발했다. 이 약은 수정란의 착상을 위하여 자궁벽을 준비시키는 호르몬인 프로제스테론(황체호르몬)의 작용을 차단시키는 작용을 한다. 이어스 프로스타글란딘을 쓰면 자궁수축이 유발되어 수정란을 포함한 자궁내막이 배출된다. 이 약은 임신초기 5주-7주내에 사용해야 효과적이다. 의사들은 이 약을 가능한 한 조기에 쓸수록 좋다고 하지만, 일부 연구자들은 임신 10주까지도 사용할 수도 있다고 한다. R. Munson 저, 박석건·정유석 외 옮김, 『의료문제의 윤리적 성찰』, 단국대학교 출판부, 2001년, 109면.

강만이라도 구하기 위하여는 인공 임신중절수술이 부득이하다고 인정되는 경우를 말하며 이러한 판단은 치료행위에 임하는 의사의 건전하고도 신중한 판단에 위임되어 있다"고 판시하고 있다.[136] 이와 같이 낙태의 허용사유가 있는 경우에 허용요건에 해당하는가를 판단하는 절차를 정하지 않아 의사의 독단적인 판단으로 낙태를 할 수 있게 하는 것은 실질적으로 낙태를 완전히 자유화하는 것과 마찬가지라는 지적이 있다.[137] 왜냐하면 모자보건법은 의사에게 판단 권한을 일임하고, 낙태의 정당화 사유의 범위가 상당히 넓기 때문에 문제가 되는 경우 낙태를 원하는 임부와 시술의사의 담합이 가능할 수 있기 때문이다. 임부와 의사의 담합에 제약을 할 수 있는 유일한 방법은 확인의사(의견진술의사: Statement-giving physician)와 시술의사(performing physician)를 구분함으로써 의사의 경제적 관심을 차단하여 정당화 사유의 존재를 객관적·공적으로 확인할 수 있어야 한다.[138] 더 나아가 정당화 사유를 확인하지 않거나 또는 허위로 판단된 경우에는 이에 대한 처벌규정이 있어야 할 것이다. 입법의 보완이 필요한 부분으로 생각된다.[139]

유럽의 대부분의 국가에서는 낙태의 허용 여부에 대한 확인을 1인 내지 3인의 의사에 의해서 행한다. 수명의 의사 상호간의 독립성을 인정하

---

136 대법원 1985. 6. 11, 84도1958.

137 이재상, 앞의 책, 90면.

138 배종대, 앞의 책, 159면; 박상기, 앞의 책, 93면.

139 1999년 2월 8일 모자보건법에서 삭제된 조항이지만 불임수술 절차에 관한 규정에서는 불임수술대상자를 보고하는 의사와 불임수술을 하는 의사를 분리하고 있었다. 제1항은 "의사가 환자를 진단한 결과 대통령령이 정하는 질환에 걸린 것을 확인하고 그 질환의 유전 또는 전염을 방지하기 위하여 불임수술이 행하는 것이 공익상 필요하다고 인정할 때에는 대통령령이 정하는 바에 따라 보건사회부장관에게 불임수술의 대상의 발견을 보고할 수 있다"고 규정하고, 제2항에서는 "보건사회부 장관은 제1항의 규정에 의한 보고를 받은 때에는 의사를 지정하여 그 환자에게 불임수술을 받도록 명령할 수 있다"고 규정하고 있었다.

고 있으며, 확인의사와 시술의사의 분리를 요구하는 규정을 두고 있다. 이렇게 함으로써 의사 상호간에 긴장형성의 문제를 해결하고 경제적 동기에 의한 의사들의 낙태시술을 방지할 수 있다. 독일의 경우 수술 3일 전에 의사(Indikationsartz)와의 상담을 거친 사실을 시술의사(Beratungsartz)에게 입증하여야 하며, 직접 낙태시술을 행하지 않은 의사의 확인서를 받지 않고 낙태한 자는 그 행위가 제218조에 의하여 처벌되지 않은 때에는 1년 이하의 자유형 또는 벌금형에 처한다. 그 정을 알면서 낙태의 요건에 대하여 부정 확인을 한 의사는 2년 이하의 자유형 또는 벌금형에 처하고 있다.[140] 이와같이 상담의사와 시술의사가 구분되어 있으며, 낙태를 시술하는 의사는 상담원이 될 수 없다는 규정을 두고 있다.(독일 형법 제219조)

영국의 1967년의 낙태법은 일반 의사 2명이 한 가지 또는 그 이상의 정당화 사유가 있음을 확인해야 한다. 반드시 산부인과 의사일 것을 요구하지 않으며, 의사 2명이 공동으로 확인할 수 있다. 증명은 서면으로 하며, 의사 2명의 이름, 주소, 지위, 임부의 이름과 주소 및 존재하는 허용사유, 서명, 날짜를 기록하여야 한다. 긴급 피난에 의한 낙태행위의 경우에는 의사 1명이 증명하는 것도 가능하며, 이 경우 서면으로 낙태가 생명을 구하기 위한 것인지, 또는 지속적인 건강침해를 막기 위한 것인지 기재하여야 한다. 긴급 피난에 의한 낙태행위가 아닌 이상, 공영병원이나 보건부가 낙태의 목적으로 인정한 시설에서 행해야 한다. 낙태의 시술방법에 관하여는 규정을 두지 않고 의사의 재량에 맡기고 있다.

프랑스의 경우 낙태의 허용사유에 관해 공중보건법에 규정을 두고 있는데, 의학적 정당화 사유로서 낙태하는 경우에는 2명의 의사가 허용요건을 서식으로 확인해야 한다. 확인을 하는 의사 중 1명은 낙태를 시행할 수

---

140   Laufs/Uhlenbruck, Handbuch des Artzrecht, 2.Auflage, 1999, Verlag C.H.Beck, §143. 11ff.

있는 병원에서 임상을 담당해야 하며, 다른 의사는 지방법원 항소부나 항소법원의 전문가 명단에 등록된 자여야 한다.[141] 스위스형법은 의학적 정당화 사유에 의하여 낙태를 할 경우 다른 의사의 확인서를 받아야만 시술을 할 수 있다. 확인은 임부의 상태에 대하여 전문적인 지식이 있고 권한있는 기관에 의해 자격을 인정받은 의사가 해야 한다.(제120조 제1항) 긴급피난에 의한 낙태행위는 다른 의사의 확인서를 요구하지 않으나, 낙태를 시술한 의사는 24시간 이내에 관계 관청에 그 사실을 신고할 의무가 있다.(제120조 제2항) 신고하지 않는 경우 구류 또는 과태료의 처벌을 행한다.(제121조)

핀란드 낙태법은 대부분의 낙태의 경우 2인의 의사의 결정이 요구된다. 각 의사는 별도의 자신의 견해를 서면으로 제출해야 하며, 상세하게 기재하여야 한다. 의사 중 1명은 임신 중단에 대하여 의견을 진술하는 의사이어야 하며, 다른 1명은 낙태를 시술하는 의사이어야 한다.(낙태법 제6조)

한편 낙태를 시술하는 의사는 개인적인 사정으로 낙태시술 행위를 거부할 수 있다. 의료기관 역시 종교단체에서 운영하는 의료기관이나 민간단체 운영의 의료기관의 경우 낙태를 거부할 수 있다. 미국의 경우 연방정부 또는 연방정부의 재정적 지원을 받고 있는 주 정부는 의료기관이 낙태시술의 수련을 실시하기를 거부하거나 또는 그러한 수련과정을 요구하거나 제공하는 것을 거부하거나 그러한 낙태, 또는 수련을 위해 이송을 제공하는 것을 거부하는 데 근거하여 차별을 제공할 수 없다.[142] 독일의 경우 임부가 원하지 않는 여성과의 상담시 낙태의 관여를 거부할 수 있다는 의사표시를 해야 하며, 낙태상담을 할 의사가 없음을 주지시키고 다른

141   Wüst-Reichenbach, Landesbericht Frankreich, in:Eser, Koch, Teil I, Schwangerschaftsabbruch, S. 524.

142   U.S. Code: Title 42: Section 238n.

의사를 소개할 의무가 있다.[143] 1970년 오슬로의 세계의사연합선언에 의하면 "낙태의 상담이나 낙태시술을 허용할 수 없다는 신념을 가진 의사는 그것을 행하지 않을 수 있다. 다만, 임부가 자격 있는 다른 동료에 의하여 계속적인 의료조치를 받을 수 있도록 해야 한다"고 선언하고 있다.

3) 낙태허용기한의 시점

(1) 외국에서의 입법례

대부분의 국가에서는 낙태의 정당화 사유별로 각각의 기한을 제한하고 있다. 우생학적 정당화 사유는 임신한 날로부터 12주와 28주 사이에 낙태의 허용기간을 두며, 이와 같이 허용의 시간적 한계를 길게 두는 이유는 아이에게 예견할 수 있는 손상의 진단이 빈번히 늦게 이루어지며, 또한 이와 관련된 예후진단 역시 늦은 시점에 이르러서야 비교적 확실하게 이루어지기 때문이다. 의학적 정당화 사유의 시간적 제한도 28주 이내의 시점을 두고 있다. 윤리적 정당화 사유 및 사회적 정당화 사유의 경우 임신한 날로부터 10주 내지 16주 이내 허용하고 있다. 이와 같이 기간을 단축한 근거는 정당화 사유가 되는 사안이 임신 초기에 거의 확실하게 드러나기 때문에 낙태에 대한 결정을 되도록 빠른 시점에 내릴 것을 촉구하기 위해서다.

한편 미국의 경우 1995년부터 임신 20주 이후에 시행되는 낙태의 시술방법에 초점을 맞추는 논의가 시작되었다. 1996년 미국의회는 자궁경부확장 및 배출술을 포함하는 임신말기 임신중절법을 금지하는 법률 즉, '부분출산 낙태금지법안'(Partial Birth Abortion Ban Act)을 통과하였지만 클린

---

143   Laufs/Uhlenbruck, 「Handbuch des Artzrecht」, 2.Auflage, 1999, Verlag C.H.Beck, §
        143. 43ff.

턴 행정부는 임부의 건강을 보호하는 전제조건이 없다는 이유로 거부하였다. '부분출산 낙태금지법안'은 임신 3개월 후 낙태시술을 위해 의사들이 종종 사용해온 '경관 확장 및 적출'을 형사범죄로 규정하고 있다. 태아의 머리 전체가 나오거나, 태아가 거꾸로 나올 경우 배꼽 이상이 산모의 몸 밖으로 나오게 되면 부분출산이라고 보고 이러한 방법으로 낙태시술을 한 의사에게 최고 징역 2년을 처하도록 규정하고 있다. 미국 의회는 1년 후에 두 번째로 이 법안을 통과시키려고 했으며, 하원은 295 대 136의 표결로 이 법안을 통과시켰다. 상원의 경우 64 대 36의 표결로 통과시켰지만, 법안의 내용이 임신한 여성의 생명보호를 이유로 예외규정을 두고 있기 때문에 클린턴 행정부는 임신한 여성의 건강을 보호할 수 있도록 임신중절을 허용하지 않으면 어떤 법안도 거부할 것이라고 공표했다.

낙태반대론자들은 건강이라는 이유를 예외로 하도록 허용하면, 특히 정신건강과 같은 경우처럼 건강에 대한 모호한 특성 때문에 실제적으로 아무런 규제가 없는 것과 마찬가지라고 반박했다. 임신 말기 임신중절 시술을 금지하는 법률의 통과가 상당히 지연되자 1997년 22개 주들은 각기 주 법률들을 통과시켰다. 그러나 98년까지 법률을 제정한 주의 절반 정도는 법원으로부터 위헌이라는 판정을 받았다. 그 이유로는 법률용어가 너무 광범위하고, 부분출산의 방법은 태아의 생존 가능 시기 이전에 시술되는 임신중절에도 적용될 수 있다는 점이며, 임신한 여성의 건강을 보호하기 위한 예외조항을 두고 있지 않다는 점이다.[144] 95년 미국의 오하이오 의회도 태아의 생존가능한 시점 이후의 낙태를 금지하는 법률(House of Bill 135)을 제정했다. 태아의 생존가능성을 임신한 후 24주 이후로 정하였다. 낙태에 관한 유일한 예외조항은 의사가 "임신한 여성의 사망을 방지하기 위해서, 또는 임신한 여성의 주요 신체기능에 중대하고도 불가역적인 심

---

144   Furrow·Greaney·Johnson·Jost·Schwartz, *Health Law*, West Group, 2000, p. 937.

각한 위험을 예방하기 위해서" 필요하다고 판단하는 경우이다. 신시내티에 있는 제6회 순회법원은 금지되는 낙태시술의 범위를 광범위하게 적용함으로써 통상 임신 제2 삼분기에 가장 많이 사용되는 임신 중절시술방법을 이 법률이 금지함으로써 여성의 낙태결정권을 위헌적으로 제한했다고 판시하였다.[145] 이 판결은 대법원에 상정되었는데, 98년의 오하이오 주 대법원은 6대3으로 이 사건을 기각하였으며, 순회법원의 판결이 그대로 유지되어야 한다고 판결하였다.[146]

2003년 상원과 하원을 통과하여 효력을 발생한 'Partial-Birth Abortion Ban Act of 2003'은 부분 출산을 금지했으며, 부분출산에 의한 낙태시술을 행하고 그럼으로써 태아(human fetus)를 살해한 의사는 벌금형 또는 2년 이하 징역형을 부과할 수 있다고 규정하고 있다.[147]

(2) 우리나라에서의 논의와 제안

현행 모자보건법 시행령 제15조에 의하면 인공 임신중절수술은 임신한 날로부터 28주일 이내에 있는 자에 한하여 할 수 있다고 규정하고 있다. 그러나 보건의료 기술의 발달로 인하여 조산아의 생존 가능성이 훨씬 높아졌기 때문에 낙태 허용기간에 대해서 이미 1992년부터 개정논의가 있어 왔다. 92년의 '형법중개정법률안'에 의하면 의학적, 우생학적 정당화 사유의 경우에는 24주 이내에 가능하도록 하고, 윤리적 정당화 사유의 경우에는 20주 이내에 할 수 있다고 정당화 사유의 유형별로 구분하

---

145 제6 순회법원은 D&X(dilation and extraction)의 사용 금지, 생존 능력 이후의 낙태 시행의 금지, 생존 능력 검사 요구의 세 가지 점이 위헌적이라고 판시하였다. http://laws.findlaw.com/6th/970336p.html.

146 Women Medical Professional Corporation v. Voinovich, 130 F.3d 187(6th Cir. 1997).

147 Partial Birth Abortion Ban Act of 2003, 108th Congress, 1 st Session, S. 3.

고 있다. 97년에 발의된 '모자보건법중개정법률안'에 의하면 정당화 사유별 구분없이 인공 임신중절수술의 허용기간을 임신한 날로부터 20주 이내로 단축하고 있다. 이 법안에 대해 대한의사협회는 28주의 검토의견을, 한국모자보건학회는 24주 이내라는 검토의견을 제시한 바 있다.[148]

모자보건법에서 인공 임신중절수술이 태아가 모체 밖에서 생존할 수 없는 시기에 행해질 수 있도록 예정하고 규정했다면 과연 임신한 날로부터 28주의 기준이 생존능력 여부를 판단하는 적합한 기준인지 의문이다. 미숙아를 위한 의료기구의 발전에 따라 임신 22-24주가 되면 보조기구의 도움으로 모체 외에서의 충분히 생존할 수 있게 된 사정을 감안한다면 낙태허용기간을 각 정당화 사유별로 구분하여 기한을 정해야 할 것이다. 그리고 적어도 낙태가 가능한 상한선의 기한을 임신한 날로부터 22-24주로 대폭 축소해야 할 필요가 있다.[149] 상한선의 기한을 축소함으로써 적어도 생존능력이 있는 태아를 낙태하는 경우에는 살인죄를 적용할 수 있을 것이다.[150] 결론적으로 의학적, 우생학적 정당화 사유의 경우에는 임신한 날로부터 24주 이내에 낙태가 가능하고, 성범죄에 의한 정당화 사유, 윤리적 정당화 사유, 사회적 정당화 사유의 경우에는 20주의 기한을 제안하고자 한다. 미혼여성 또는 미성년자의 임신의 경우 피임교육이나 임신에 대한 사전 성교육이 제대로 이루어지지 못하는 교육현실에서 다른 입법례와 같이 짧은 기한으로 낙태 허용기한을 정한다면 오히려 자신의 신체의 변화에 무지한 미성년자의 보호에 미흡한 결과를 초래할 염려가 있다는 점에서 임신한 날로부터 20주 이내를 기준점으로 제안한다.

---

148   제199회 국회(임시회) 보건복지위원회 모자보건법 중 개정법률안 심사보고서 6면.

149   신동운 교수는 일본의 경우와 같이 우선 23주로 단축하고 각 적용사유의 긴급성 여하에 따라 단계적으로 제한하자는 의견을 제시하고 있다. 신동운, 앞의 논문, 373면.

150   김일수, 서보학, 앞의 책, 52면; 오상원, 앞의 논문, 361면.

6. 상담절차의 도입에 대한 입법론적 제안

1) 임부의 최종적인 낙태 결정과정 속의 상담절차

여성들이 자신의 생식기능을 조절할 독점적인 권리를 가진다고 전제하자. 그러한 권리는 우리가 신체에 대해 행해지는 것을 조절할 수 있는 일반적으로 인정되는 권리에 근거를 둔다. 임신은 여성의 신체에 일어난 그 무엇이므로 여성은 임신을 계속할 것인지 아니면 임신중절을 할 것인지 결정하려고 할 것이다. 사회마다 다양한 낙태 관행에 따라 임부는 배우자나 상대방 남성과 의논하여 낙태를 하거나 단독으로, 혹은 가족과 의논하여 행할 수 있다. 심영희 교수의 연구결과[151]에 의하면 기혼의 경우 혼자 결정한 경우가 20.0%, 남편과 의논한 여성이 74.1%, 의사나 상담원과 의논한 경우가 3.0%이다. 미혼의 경우 혼자 결정한 경우가 35.5%, 누군가와 의논한 경우가 64.5%로 나타났다.[152] 임신중절을 한다는 결정 그 자체가 상당한 이유에 의해 근거해야 한다는 점에서 몰래 숨어서 또는 노출되지 않고 이루어지는 결정이 외형상 여성 스스로에 의한 자율 형태로 이루어졌다는 형식만으로 정당화될 수 있는지는 의문스럽다. 특히 상해의 결과를 수반하는 낙태행위에는 그 행위가 주는 의학적 의미와 그 낙태수술로 초래할지 모르는 위험한 결과에 대한 정보 제공 내지 설명 없이 이루어지는 결정, 또는 임신과 분만 등에 대한 공적·사적 부조에 대한 정보 제공 없이 이루어진 결정들이 자율성과 최선에 따른 결정으로 수용될 수 있는지 의심스럽다.

특히 낙태행위 전에 여성은 의사로부터 임신 여부의 진단을 받고 의학

---

151 심영희, 『낙태의 실태 및 의식에 관한 연구』, 한국형사정책연구원, 1991, 206-237면.

152 심영희, 앞의 책, 179면.

적 소견을 듣고, 낙태수술시의 수술의 의학적 의미와 낙태수술로부터 초래할 수 있는 위험한 결과에 관하여 설명을 들어야 한다.[153] 또한 의료적인 상담에 국한할 것이 아니라 낙태를 해야 할 사정과 여건, 낙태이외의 방법에 대한 모색, 임부와 아이에 대한 부조방안들에 대해서 임부와 대화하고 임부에게 정보를 제공하는 사회적 상담도 필요하다.[154] 결국 낙태가 안전하고 합법적으로, 드물게 이루어지기 위해서는 임부의 구체적인 상황을 염두에 두고 경제적, 사회적, 개인적 관점에서 전체적인 생활관계를 고려하여 책임 있는 결정을 행하도록 하는 것이 상담의 궁극적인 목적으로 필요하다고 본다. 임신을 지속하거나 중단하는 결정에 도움이 될 수 있는 중요한 정보를 제공받은 경우에는 미성년자이지만 16세의 임부도 그에 따라 스스로 자기 결정을 할 수 있다고 본다.[155] 상담의 목표 설정이 여성에게 자기 책임적인 결정을 행할 수 있도록 돕는 것에 기본적인 목표를 두고 있다면, 임신의 지속과 임부와 아이의 상황을 수월하게 하는 도움에 관한 상담이 포함되어도 무방할 것이다.[156]

---

153 Erwin Deutsch, 「Medizinrecht-Arztrecht, Arzneimittellrecht und Medizinprodukterecht」, 4. Auflage, Springer, 1999, S. 304.

154 상담규정은 임산부에게 유전적인 이유나 모체의 건강 또는 생명이 위험한 이유로 인하여 낙태가 허용되는 경우와 비교할 만큼 과중하고도 이겨낼 수 없는 부담이 지워질 때, 이러한 예외상황에서의 낙태를 허용하려는 취지 하에서 만들어졌다고 한다. 홍완식, 앞의 논문, 559면.

155 독일 지방법원 판례에 의하면 16세의 임부가 낙태의 의미와 결과에 대한 충분한 설명을 들었다면 스스로 결정을 내릴 수 있다고 판시하였다. LG München I, NJW 80, 646; Erwin Deutsch, 「Medizinrecht-Arztrecht, Arzneimittellrecht und Medizinprodukterecht」, 4. Auflage, Springer, 1999, S. 304.

156 독일 헌법재판소 판례에 의하면 상담을 통하여 형식적으로 정보가 주어지는 것이 아니라 태아보호를 위하여 실질적인 도움이 주어질 수 있도록 되어야 한다고 지적하였다. BVerfGE 88, 203(308).

2) 상담과 여성의 자율적인 결정권의 한계

상담절차는 여성 스스로가 낙태에 관한 실제적인 최종 결정을 하고 시행하려는 여성의 책임감을 강화하는 것을 목표하여야 한다. 따라서 상담의 내용 속에 임신의 지속이나 중단에 관해 책임 있는 결정을 내리기 위해서 정보와 의견이 주어져야 한다. 하지만 임산부의 출산을 장려하고 태아가 보호될 수 있는 방향으로 상담에 응해야 하고 출산을 하도록 권장할 수는 없다. 가능한 한 낙태를 피해야겠지만, 임부의 절망적인 상황에 의한 불가피한 낙태까지 국가가 금지하고 출산을 강제할 수 없으므로 결국 임부의 자기결정에 의존해야 할 것이다.

여성은 그들의 신체를 가진다고 할 수 있으며, 여성의 신체는 그들 자신의 재산이므로 여성들은 임신을 할 것인지 여부를 결정할 권리를 가지며 만약 원하지 않은 임신을 한 경우에는 임신중절 수술을 할 것인지 여부를 결정할 권리도 이에 포함된다고 주장할 수 있다. 하지만 이 논리는 다른 한편으로 여성의 신체는 자신의 재산이라고 인정하더라도 항상 재산권을 행사하는데 한계가 내재되어 있음을 간과할 수 없다. 여성이 임신을 하면 태아의 생명보호에 대한 도덕적 의무를 넘어서는 법적 의무가 부과된다는 주장이 설득력이 없는 것처럼, 그녀 자신의 이해득실에 따라 태아의 생명을 박탈할 권리가 있다는 주장 역시 전적으로 수긍할 수는 없다. 태아가 생성 중인 인간이라고 하더라도 생명에 대한 태아의 요구가 여성의 일생을 스스로 결정하려는 요구에 대해 무조건적인 선행조건으로 보호받아야 한다는 논리가 전제될 수 없는 것처럼, 여성이 신체를 조절할 권리가 있고 임신중절을 할 수 있다고 하더라도 그 권리가 전적으로 무제한적인 것은 아니라는 것이다. 이러한 중간자적 입장을 피력하는 것은 결국 낙태결정은 '자율성과 최선이라는 개념에 따라 생명을 결정할 권리'에서 유래한다는 점을 강조하고자 하는 것이다. 즉, 임신중절을 한다는 결정은 비중 있는 상당한 이유에 근거를 두어야 하며, 태아의 생명을 취사 선

2부 낙태죄와 낙태권의 재구성

택할 정당하고 적절한 이유가 있어야만 수용될 수 있을 것으로 생각하기 때문이다.

3) 상담절차와 관련된 외국의 입법례

대부분의 국가에서는 정해진 낙태기간이 준수되었는지, 낙태 허용사유가 있는지 여부를 확인한 후에 낙태시술을 행하게 한다. 그런데 이 과정에서 누가 낙태를 최종적으로 결정하는가에 대해서는 위원회에 그 권한을 주는 입법례를 살펴볼 수 있으며, 임부에게 그 권한이 주는 경우에도 상담절차를 임의적 또는 의무적으로 두는 입법례를 찾아볼 수 있다.

첫째, 위원회의 결정에 의한 결정절차를 취하는 국가는 헝가리의 경우이다. 헝가리의 낙태법(1973년) 규정에 의하면 낙태를 원하는 임부는 산부인과 의사에게 임신과 임신기간의 확인을 받고 서식을 작성하여 낙태심사위원회에 낙태허가 신청을 해야 한다. 낙태심사위원회는 임부의 거주관계, 가족상황, 이전의 낙태경력, 피임방법 등이 기재되어 있는 서식을 중심으로 낙태허가 여부를 결정한다. 1심에서 낙태가 허가되지 않으면 임부는 2심위원회에 재심을 청구할 수 있다. 낙태심사위원회에는 임신과 관련된 건강, 사회·경제적 문제 등을 포괄적으로 다루며, 상담시 임부가 자신과 가족을 위하여 부조를 청구할 수 있다는 것을 알려야 한다.[157]

둘째, 상담절차를 의무적으로 두는 입법례를 취하는 국가는 프랑스, 독일, 이탈리아, 오스트리아, 노르웨이, 네덜란드를 들 수 있다. 대부분의 국가에서 임신 12주 이내의 낙태 결정이라는 기한방식을 취하면서 의무적인 상담절차를 취하는 경향을 가지고 있다. 독일의 판례에서 나타났듯이

---

157   헝가리 법에서의 낙태심사위원회에서의 낙태 결정은 중립적인 기구에서 적응사유를 심사한다는 점에서 장점이 있지만 임부와 시술하는 의사의 도덕적, 법적 책임의식이 실종될 우려가 있다는 단점이 있다. 이기헌, 앞의 보고서, 102면.

상담절차는 태아의 생명권과 임부의 기본권의 충돌을 조정하는 절차적 수단으로 인정하고 있다.[158]

프랑스의 경우 임신 10주 이내의 낙태에 대해서는 의학적·사회적 상담절차를 거쳐야 한다. 공중보건법 제162-4에 의하면 임부는 우선 의사로부터 임부 자신과 장래의 모성에 대한 의학적 위험에 관하여 설명을 들어야 한다. 그 후에 임부는 상담소[159]에서 사회적 상담을 거친다. 상담소는 임부의 개인적 상황과 관련하여 도움과 조언을 주어야 하며, 임부에게 상담을 실시했다는 증명서를 교부한다.(제162-5조) 사회적 상담 이후에 임부는 낙태를 할 수 있다는 것을 의사로부터 서식으로 확인받는다. 그리고 상담과 낙태시술 사이에 유보기간을 두고 있는데, 낙태시술을 받으려면 처음으로 의사를 방문한 시기로부터 낙태시술까지 7일간의 유보기간을 두고, 사회적 상담을 한 때로부터 2일간의 기간을 두어야 한다. 임신 10주 이내의 낙태의 경우에는 병원은 의료적·사회적 상담에 관한 증명서를 1년 동안 보관해야 하며, 치료적인 낙태의 경우에는 정당화 사유에 관한 증명서를 3년간 보관해야 한다. 의사가 임부의 신원을 밝히지 않고 낙태시술을 병원에 보고하고, 병원은 이를 지방보건감독관에 보고한다. 이와 같이 시술하는 모든 낙태에 관하여 신고하도록 함으로써 낙태행위에 대한 통제가 이루어진다.

독일의 경우에도 형법에 의학적·사회적 상담절차에 관한 규정을 두고

---

158   BVerfGE 88, 203(270).

159   사회적 상담을 하는 장소로는 정보제공소, 상담소 또는 가족상담소 등으로 자연인이나 법인에 의해서 운영되며, 영리를 목적으로 하지 않는다. 상담업무를 하려면 활동의 종류와 상담원의 자격을 미리 고지해야 한다. 상담원은 원칙적으로 의학적, 사회적인 교육을 받은 자이어야 한다. 출산조절과 성교육에 관한 정보와 일반적인 가족상담 및 부부상담원의 자격을 부여하기 위해서는 120시간의 보충교육, 개별상담을 위하여 400시간의 교육을 요하며, 상담분석을 위한 사전교육을 요구하기도 한다. 이기헌, 앞의 책, 92면.

있다. 낙태를 원하는 여성을 포함하여 임부는 국가가 운영하는 상담소나 국가가 인정하는 종교기관이나 사회단체 등에서 운영하는 상담소에서 임신 및 출산 등에 관한 상담을 할 수 있는데, 특히 낙태를 원하는 임부는 상담을 거친 후가 아니면 낙태를 할 수 없도록 규정함으로써 상담을 법적으로 의무화했다.[160] 독일 형법 제219조에 상담은 태아의 생명보호에 기여한다고 명시하고 있으며, 상담절차는 임부가 책임 있고 양심에 따른 결정을 하도록 조력을 제공하여야 한다고 규정하고 있다.[161] 이 경우 임부는 태아가 각 임신단계에서 임신에 대한 관계에서도 생명에 대한 독자적 권리를 가지는 것이므로 출산으로 인하여 임부의 수인을 기대할 수 있는 피해의 한도를 초과하는 중대하고 비통상적인 고통을 야기되는 경우 예외적인 상황에 한하여 낙태가 법질서에 의하여 고려될 수 있을 뿐이라는 사실을 인식하여야 한다.(제219조 제1항)[162]

상담은 임신갈등법에 따라 정부가 인정한 상담소가 하며, 상담소는 상

---

160 다만 긴급한 상황의 경우에는 상담이 면제되는데 이 경우 책임면제사유로 인정하여 낙태죄를 적용하지 않는다. Laufs/Uhlenbruck, 「Handbuch des Artzrecht」, 2.Auflage, 1999, Verlag C.H.Beck, §143. 33ff.

161 상담은 임부를 격려하여 임신을 지속시키고 임부에 대하여 자녀와 함께 하는 미래의 삶의 전망을 일깨워 주기 위한 노력을 주요 내용으로 하고 있지만 기본적으로 상담은 임신의 지속에 한정하기 보다는 임부에게 포괄적인 정보를 제공하는 것이 우선적인 목적이다. 상담의 과정은 여성 스스로가 낙태에 관한 실제적인 최종결정을 하고 책임을 지는, 여성의 책임감을 강화하는 것을 목표로 하고 있다. BVerfGE 88, 203(281f).

162 이에 관한 자세한 규정은 임신갈등법(Schwangerschaftskonfliktgesetz)에 두고 있으며, 주마다 시행령을 두고 있다. 예를 들어 Nordrhein-Westfalen 주 시행령은 "상담은 정신적·사회적 갈등을 해소시키고 그것을 극복할 수 있도록 모든 공적·사적인 도움을 고려하여야 한다. 상담을 위하여는 임부의 구체적인 상황을 염두에 두고 임부의 개인적, 경제적, 사회적인 관점에서 그의 전체의 생활관계를 고려해야 한다. 상담의 목적은 법적으로 주어진 가능한 범위 내에서 임부가 자기책임적으로 결정할 수 있게 하는 것이다"라고 규정하고 있다. 이기헌, 앞의 책, 108면.

담이 종료한 후 임부에게 최종 상담일자와 임부의 성명이 기재된 확인서를 임신갈등법의 규준에 따라 발급하여야 한다.(독일 형법 제219조 제2항)[163] 상담절차에 대한 조사결과에 의하면 법정상담의무를 거친 여성들은 처음에는 단순히 '상담확인증'을 받으려고 했으나, 상담 후에는 그들 중 82%가 상담에 만족한다는 의견을 표했으며, 출산여부를 갈등하였던 임부의 절반가량이 임신지속을 유지하면서 이 과정에서 상담의 역할이 컸다고 말하고 있다.[164]

핀란드의 낙태법은 낙태가 시술되기 전에 임부에게 임신 중단의 중요성과 그 효과를 반드시 통지되어야 한다(낙태법 제4조 1항) 낙태에 대하여 의견을 진술하는 의사가 이러한 정보를 주어야 한다. 합법적인 낙태의 요건인 사회적 정당화 사유에 해당하는 지 여부를 고려할 때, 낙태신청 임부와 그녀의 가족의 생활조건과 상황을 연구하기 위하여 사회복지공무원의 보고서가 반드시 필요하다.(제7조 2항) 사회복지공무원은 임부와 상담하면서 낙태 이외의 대안에 대해 조언해야 한다.

이탈리아의 낙태법은 임신초기 90일 이내에 임부가 낙태를 원하면 상담을 청구하여 가족상담소, 사회·의료기관, 또는 개인적으로 아는 의사와 상담해야 한다.(법률 제194호 제5조 제1항) 상담의 목적은 가능한 한 임부가 임신을 지속하고 모성의 의무를 부담할 것을 스스로 결정하도록 하기 위하여 임부가 갖는 부담을 덜어주고 사회적 도움을 제공하는데 있다.(제1조) 낙태를 긴급하게 해야 할 상황인 경우에는 상담소의 의사, 사회·의료기관의 의사, 또는 개인적으로 아는 의사의 확인을 받아 낙태시술을 받을 수 있다. 긴급한 상황이 아닌 경우에는 임신 경과기간과 낙태사유에 대한 확인을 받아 7일간의 유보기간을 가진 후 낙태시술을 받을 수 있다(제5조 제4항)

163 　낙태를 시술한 의사는 상담원이 될 수 없다.(독일 형법 제219조 제2항)
164 　이기헌, 앞의 책, 121면.

노르웨이 낙태법에 의하면 낙태는 임부에게 중대한 어려움을 줄 수 있으므로 스스로 궁극적인 결정을 내릴 수 있도록 사회가 임부에게 줄 수 있는 정보와 상담을 제공해야 한다고 규정하고 있다. 임부는 정보와 상담을 받은 후에 임신 12주 이내에 낙태시술을 받을 수 있고, 임부 스스로 낙태에 대한 궁극적인 결정을 할 수 있다. 다만 낙태법 제1조에 의하면 사회가 낙태를 가능한 한 줄이기 위해서 책임 있는 자세를 가질 수 있도록 윤리적인 도움, 성문제 설명, 공동생활문제에 대한 인식 및 가족계획을 위한 정보를 제공해야 한다고 규정하고 있다.

네덜란드의 낙태법에 의하면 임부는 의사를 직접 찾아가서 상담을 해야 하며, 진찰의사가 이를 담당한다. 병원에서 임신상담을 위하여 두는 사회복지요원이나 심리학자와의 상담은 임의적이다.(제3조 제1항) 상담의 형식이나 내용은 특별히 규정되어 있지 않으며, 임부의 책임 있는 결정을 하도록 신체적·사회적·정신적 사항들에 대해서 상담한다. 상담 후에 임부는 낙태를 할 것인지, 또는 다른 방법을 취할 것인지를 결정하며, 결정 후 낙태시술까지 5일간의 유예기간을 두도록 한다.(제3조 제3항)

셋째, 임의적인 상담절차를 두고 있는 입법례이다. 상담절차에 관한 규정을 두고 있지만 의무적으로 이행할 것을 요구하지는 않는다.

영국의 낙태법(1967년)에서는 상담에 관한 규정을 두고 있지 않다. 정부 차원에서 1977년 기준을 만들어 상담절차의 중요성을 강조하고 시행하고 있지만 의무사항은 아니다. 스웨덴의 74년의 낙태법에 의하면 낙태를 원하는 임부는 임신 12주부터 18주까지 사회복지상담원의 상담을 청구해야 한다. 이러한 상담의무는 경우에 따라 면제될 수 있으며, 의무를 지키지 않더라도 제재조항을 두고 있지 않다.

4) 우리나라에서의 상담절차의 도입

이미 많은 국가에서 시행하고 있는 상담절차에 대한 논의가 우리나라에서도 새롭게 검토되었으면 한다. 상담절차의 도입과 관련해서 고려해야 할 점은 다음과 같다.

첫째, 상담절차를 통하여 임부가 책임있는 결정을 내리기 위하여 필요로 하는 적합한 지식과 정보를 매개하는 것이 필요하다. 임신의 지속이나 중단에 대해 임부의 책임 있는 결정을 내릴 수 있도록 정보와 의견이 주어져야 한다. 임부의 책임의식을 강화하는 있도록 하는 것이 국가의 보호의무의 목표이다.

둘째, 상담하는 과정에 임부가 임신의 지속에 따라 생활이 불가피하게 변화하고, 갈등이 축적되어 사회적·경제적 어려움을 겪는 임부의 주관적·객관적 상황이 고려되어야 한다. 낙태의 허용사유 중 하나인 사회적 정당화 사유에 의한 낙태가 허용되어야 할 필요가 있다.

셋째, 긍정적이든 부정적이든 임신과 관련된 갈등상황에서 임부의 의지에 영향을 미칠 수 있는 사람들, 예를 들어 태아의 잠재적인 아버지나 임부의 부모, 근무하는 직장의 상사나 동료의 낙태 압력으로부터 자유롭게 결정할 수 있도록 여성의 책임감을 강화하는 방향으로 상담이 이루어져야 한다.

넷째, 상담과정에서 임산부의 출산을 장려하거나 강요하는 형태의 상담이 이루어져서는 안된다. 임부에게 낙태 이외의 대안에 대한 설명과 사회부조 및 국가나 사회단체의 조치들에 대한 설명이 수반되어야 하지만, 이 설명은 결국 책임 있는 결정을 위한 설명에 해당하는 것이어야 한다.

다섯째, 임부에 의한 자발적인 상담절차인 임의적 상담제도는 심각한 갈등상황에 있는 많은 임부들이 상담기관을 찾지 않을 수 있다는 문제점을 안고 있기 때문에 충분한 정보가 제공됨으로써 폭넓은 결정의 기초를 찾을 수 있는 의무적 내지 필요적 성격의 상담절차를 운영하는 것이 바람직하다고 본다. 상담은 여성의 혼자만의 결정과 배치되는 것이 아니라 여성의 책임 있는 결정을 가능하게 하는 도구로서 제시될 수 있으며, 그늘

속에 숨어 있는 결정과정이 아니라 절차 속에 드러난 공개된 과정으로서 결국 사회내의 합리적인 낙태결정을 가능하게 하는 절차를 말하는 것이기 때문이다.[165]

7. 결론

형법상의 낙태죄 규정을 집행의 단계에서, 또는 일반국민의 인식수준에서 규범력을 상실한 사문화된 규정으로 정의한다면, 낙태죄의 구성요건해당성을 기본 전제로 허용범위, 즉 위법성조각사유를 논하는 모자보건법 역시 죽은 법이지 살아 있는 법이라고 할 수 없다. 우리 사회에서 낙태죄의 규정이 실효성을 상실하게 된 배경을 살펴보면 입법자는 엄격한 낙태금지 규정을 입법하고 그 내용으로 삼고 있는 생명보호에 충실한 우월한 가치관에만 흡족해 하고 있으며, 이를 집행하는 사법기관은 범죄로 처벌하기에는 너무 방대하여 무관심한 척 방관하고, 사회 구성원들은 낙태를 원하는 여성과 의료진들이 수단껏 보이지 않는 곳에서 처리하는 것을 묵인하고 있는 실정인 것이다. 실제로 발생하는 낙태범죄의 수와 이를 절차상으로 실현하여 형벌권을 집행한 범죄의 수가 현격한 차이를 드러낸다는 것을 단순히 관찰만을 요청하기에는 문제의 심각성을 안고 있다. 앞으로 적절하고 효과적으로 낙태를 규율할 수 있도록 법을 개정하거나 새로운 제도를 도입해야 하는 의무, 즉 법률개선 의무의 이행을 촉구해야 할 시점으로 보인다.

---

165 이러한 점에서 사회적 적응방식과 연계된 형태의 예외적 상황에서의 낙태를 허용하려는 취지로 상담절차를 도입하는 것이 필요하다고 보며, 그런 점에서 구체적인 절차내용에 관한 연구가 계속되어야 할 것으로 본다.

통상의 가벌적인 행위를 중심으로 규정하는 형식을 가지고 있는 형법 전에 구체적인 절차규정, 특히 의사의 법적 설명의무, 상담의무, 동의서식 절차 등의 규정 등을 모두 빠짐없이 규정하기에는 무리이며, 결국 또 다른 특별법을 필요로 할 수 밖에 없다. 즉, 형법의 법적인 성격을 고려해 볼 때 낙태죄의 허용절차 규정을 형법에 규정하는 것은 적절하지 않다. 시술 기관, 상담절차, 시술의사 등의 낙태의 허용절차에 관한 규정은 범죄유형 의 금지규범형태인 형법에 규정하기보다는 사회상황과 변화에 따라 적극 적으로 대응하여 개정하기가 좀더 수월한 특별법에 규정하는 것이 바람 직하다고 본다. 특별법으로 별도의 낙태법을 만드는 방법도 있지만 모자 보건법의 전면적인 개정으로 이 문제를 해결하여야 할 것이다.

우리 사회에서 낙태죄에 관한 논의를 전개할 때 태아의 생명권과 여성 의 자기 결정권 간의 충돌의 문제를 두 법익 중에서 어느 한 법익을 우선 적으로 취해야 한다는 양자택일의 문제로 접근하고 있다. 낙태죄의 보호 법익의 한계가 어디에 있는가, 태아의 자기 결정권 혹은 여성의 자기 결 정권 중 무엇을 우선할 것인가는 법질서의 결단에 속하는 문제이다. 구체 적 상황에서 어떠한 방법으로 어느 정도로 보호할 것인가는 입법자의 결 정사항이라고 할 수 있지만, 현실적으로 어느 법도 태아의 생명이라는 법 익과 임부의 자기 결정권이라는 두 법익 중 어느 하나를 완전히 배제할 수 없다는 점에서 양 법익간의 조화를 요청할 수밖에 없다.

낙태의 금지와 태아출산의 의무는 국가의 태아 보호의무의 실천적 의 미와 별개로 분리해서 논할 수는 없다. 국가의 보호의무는 태아에 대한 타인의 기본권 침해행위를 방지하고, 임산부나 그 가정의 생환관계에서 출산으로 인해 발생할 수 있는 위험을 제거하거나 출산을 방해하는 요소 를 제거해야 하며, 여성이 임신 중이거나 출산 후에 부딪히는 어려움을 도와주어야 한다는 것을 의미한다고 한다. 따라서 국가의 미흡한 복지정 책이 사회적 정당화 사유로 보상되는 일이 있어서는 안된다는 주장보다는 오히려 낙태를 이념문제로서만 접근하지 말고 현 사회복지 수준과 이에 따른 여성의 현실을 고려하여 하나의 대안으로서 접근하자는 구상이 더 설득력을 가지는 것으로 생각된다.

기한방식과 적응방식의 경계는 상당히 유동적으로 보인다. 기한방식을 취하는 경우에도 기한이 경과한 이후의 낙태에 대해서 적응사유가 있을 것을 요구하거나, 기한을 짧게 잡은 경우에는 포괄적인 적응사유 내지 임신기간에 따른 단계별 적응사유인 정당화 사유들을 포함하기도 한다. 그리고 적응방식을 취하고 있는 경우에도 개별적인 적응사유별로 낙태를 허용하는 기한을 법령에 명시해놓고 있다. 결국 낙태의 허용사유로서 기한방식 또는 적응방식의 입법형식을 선택하는 문제는 그 사회가 가지고 낙태현실과 여건, 일반 국민들의 여론, 정부의 집행력 및 집행의지 등을 고려하여 결정할 법정책적인 문제로 귀결된다.

우리나라의 모자보건법 제14조는 낙태의 정당화 사유로서 우생학적 정당화 사유, 윤리적 정당화 사유, 보건의학적 정당화 사유를 인정하고 있다. 모자보건법은 적응방식의 입법형태를 취하고 있다.

모자보건법에 낙태죄의 정당화 사유를 인정하고 있는데 그 정당화 사유의 범위가 지나치게 좁게 규정되어 있으며, 특히 사회적 정당화 사유를 인정하지 않는다는 점에서 낙태의 현실문제를 해결하는데 가장 큰 한계가 있다.

기혼여성의 낙태와 관련해서 아이의 출산 혹은 양육이 임신한 여성과 그 가정과 취업상황에 미치는 영향을 고려하여 본다면 국가가 모성보호를 위한 보육시설이나 환경을 구비하지 않은 현실에서는 임부에게 전적으로 임신의 지속을 강요할 수는 없다. 임신의 지속이 임부에게 의학적 정당화 사유에 해당하는 것과 동일한 정도의 비중을 가지고 임부에게 중대한 부담으로 미치는 경우에는 사회적 정당화 사유로 인정하여 낙태를 허용하여야 할 것이다. 이러한 사회적 정당화 사유 규정을 가지고 있지 않은 우리

현실에서는 낙태행위자에 대한 엄격한 규제 일변도의 논리만으로 사문화되어 있는 낙태죄 규정의 개선을 해결할 수 없을 것으로 본다.

미성년자인 미혼여성의 낙태의 경우에도 마찬가지이다. 임신으로 인한 모든 책임을 당사자인 미성년자에게 전적으로 부담지울 수 없다. 임신의 지속과 아기의 출산은 윤리적 비난이라는 사회적 압박, 직업기회 상실로 인한 경제적 곤란 등으로 절망적인 상황을 만들어간다. 특히 성인으로서 책임능력이 형성되지 않은 시기의 행위와 결과에 대해서 전적으로 개인의 책임으로 돌리기에는 무리이며, 성교육과 피임 등의 사전적인 예방정책을 제대로 이행하지 못한 사회도 그 책임의 일부를 부담해야 할 것이다. 이 경우 구체적인 임부의 갈등상황 등을 판단하여 아이의 정상적인 출산과 양육을 기대할 수 없는 경우까지 임신의 지속을 강요할 수 없다는 점에서 사회적 정당화 사유를 근거로 낙태를 허용해야 할 것으로 본다.

한편 배우자의 동의가 있어야 한다는 요건으로 낙태죄의 가벌성을 좌우한다는 데에 문제점이 있다. 이 규정의 취지가 기혼여성의 낙태 시에 배우자의 의사도 존중하기 위한 것이라고 하더라도 배우자의 동의여부에 가벌성을 좌우하는 법은 가부장제의 유물로서 볼 수밖에 없다. 임부와 태아의 권리 내지 이익의 고려가 없이 배우자의 독자적인 이익에 의해서 임신의 지속, 또는 임신중절수술에 관한 결정권을 좌우할 수 있게 한다는 것은 자기 결정권에 바탕을 둔 임부의 자율적 인간 존재성 자체를 부인하는 결과라고 볼 수 있다.

낙태행위 전에 여성은 의사로부터 임신 여부의 진단을 받고 의학적 소견을 듣고, 낙태수술시의 수술의 의학적 의미와 낙태수술로부터 초래할 수 있는 위험한 결과에 관하여 설명을 듣고, 임신을 지속하거나 중단하는 결정에 도움이 될 수 있는 의학상 중요한 정보를 제공받을 필요가 있다. 의료적인 상담에 국한 할 것이 아니라 낙태를 해야 할 사정과 여건, 낙태 이외의 방법에 대한 모색, 임부와 아이에 대한 부조방안들에 대해서 임부와 대화하고 임부에게 정보를 제공하는 사회적 상담도 필요하다. 결국 낙태가 안전하고 합법적으로, 드물게 시행되어야 하기 위해서는 임부의 구체적인 상황을 염두에 두고 경제적, 사회적, 개인적 관점에서 전체적인 생활관계를 고려하여 책임 있는 결정을 행하도록 하는 것이 상담의 궁극적인 목적으로 필요하다. 이러한 점에서 사회적 적응방식과 연계된 형태로 그리고 예외적 상황에서의 낙태를 허용하려는 취지로 의무적 상담절차를 도입하는 것이 필요하다고 보며 앞으로 구체적인 절차내용에 관한 연구가 계속되어야 할 것으로 본다.

1. 인공임신중절 실태

〈표 1〉 인공 임신중절률의 추이

연령	1975	1984	1987	1991	1994	1997	1999
20-24세	63	91	102	186	105	79	53
25-29세	86	146	103	112	94	51	33
30-34세	158	115	71	60	63	49	33
35-39세	153	40	29	21	25	16	12
40-44세	75	20	7	6	1	3	1

출처:한국보건사회연구원, 「전국출산력 및 가족보건실태조사」, 1997, 152면.

〈표 2〉 인공 임신중절 경험률의 추이 (단위:건수)

연령	1975	1984	1987	1990	1993	1996
전 체	39	53	52	54	49	44
15-24세	16	22	27	29	21	21
25-29세	27	42	41	40	36	27
30-34세	46	61	57	55	51	45
35-39세	50	63	63	60	58	52
40-44세	45	67	62	65	60	53

출처:한국보건사회연구원, 「전국출산력 및 가족보건실태조사」, 1997, 152면.

〈표 3〉 총임신 및 임신소모 대비 인공 임신중절률[166]의 변화   (단위: %)

연도	총임신 (A)	임신소모 (B)	인공임신중절 (C)	총임신대비 인공임신중절비율 (C/A)	임신소모 대비 인공임신중절비율 (C/B)
1993	2.96	1.09	0.84	28.4	77.1
1996	2.83	1.01	0.74	26.1	73.3

출처:한국보건사회연구원, 「전국출산력 및 가족보건실태조사」, 1997, 152면.

〈표 4〉 인공 임신중절 경험회수의 분포   (단위: %)

연도	무경험	유경험			계(수)	평균회수
		소계	1회	2회 이상		
1993	50.8	49.2	28.3	20.9	100.0(5,183)	0.8
1996	55.8	44.2	24.9	19.3	100.0(5,420)	0.7

출처:한국보건사회연구원, 「전국출산력 및 가족보건실태조사」, 1997, 161면.

2. 낙태죄에 관한 범죄통계

〈표 5〉 낙태죄 발생건수[167]   (단위:건수, %)

구분	발생건수 (발생비)	검거건수 (검거율)	검거인원		
			계	남성	여성
1999	42(0.1)	41(97.6)	55	25	30
2000	39(0.1)	37(94.9)	64	28	36
2001	42(0.1)	42(100.0)	70	30	40
2002	34(0.1)	36(105.9)	52	31	21
2003	22(0.0)	18(81.8)	28	12	16

출처: 범죄분석, 대검찰청, 2000년, 50~51면; 2001년, 50~51면; 2002년, 50~51면; 2003년, 50~51면; 2004년, 50~51면.
* 발생비는 인구 100,000명에 대한 범죄 발생건수
** 검거율은 발생건수에 대한 검거건수의 백분율(%)

166   부인의 총 임신 중 인공임신중절로 종결된 비율과 부인의 전체 임신소모(사산, 자연유산, 인공 임신중절) 중 인공 임신중절로 이어진 비율.

167   낙태죄의 발생건수는 1999년의 경우 42명이었고, 2003년의 경우 22명이다. 인구 100,000명 당 범죄발생건수인 발생비율은 0.1에 미치지 못하고 있다.

낙태죄 입법의 재구성을 위한 논의

〈표 6〉 낙태범죄자의 성별[168]   (단위:건수, %)

구분	계(A)	남성	여성(B)	B/A×100(%)	미상
1999	66	27	39	59.1	-
2000	70	31	39	55.7	-
2001	77	33	42	54.5	2
2002	48	24	22	45.8	2
2003	41	18	21	51.2	2
형법범(건)	1,025,140	743,313	204,265	19.9	77,562

출처: 범죄분석, 대검찰청, 2000년, 205면, 2001면, 209면; 2003년, 209면, 2004년, 219면.

〈표 7〉 여성범죄자의 연령분포도   (단위:건수, %)

구분	계	미성년자	성년자	미상
1999	39	3	35	1
2000	39	3	36	-
2001	42	2	39	1
2002	22	1	20	1
2003	21	2	19	-

출처:범죄분석, 대검찰청, 2000년, 342-343면; 2001년, 346-347면; 2002년, 346-347면; 2003년, 210면; 2004년, 372면.

〈표 8〉 낙태 범죄자의 검찰청에서의 처리결과도[169]   (단위:건수, %)

구분	계	기소			불기소
		계	구공판	구약식	
1999	66	10	4	6	56
2000	70	11	2	9	59
2001	77	12	8	4	65
2002	48	8	5	3	40
2003	41(100.0)	8(19.5)	5(12.2)	3(7.3)	33(80.5)
형법범	100.0	35.8	9.3	26.5	62.2

출처:범죄분석, 대검찰청, 2000년, 297면; 2001년, 301면; 2002년, 301면; 2003년, 301면; 2004년, 311면.

168   일반형법범에서 여성범죄자의 비율이 19.9%인 것과 비교하면 낙태죄는 범죄자 중 여성이 차지하는 비율이 높은 여성범죄로 분류할 수 있다.

169   낙태죄의 경우 소년보호송치 또는 가정보호송치가 이루어진 경우가 없어서 표에서 제외하였다. 형법범의 통계에서는 2004년의 경우 소년보호송치와 가정보호송치로 종결된 경우가 2.1%에 해당한다.

3. 낙태 인식 분석[170]

<表 9> 낙태결정에 대한 인식도 (단위:건수, %)

구분		빈도(명)	비율(%)
원하지 않은 임신의 경우의 낙태결정	동의함	785	77.0
	동의하지 않음	200	19.6
	모르겠다	35	3.4
	합계	1020	100.0
기혼여성의 경제적 이유로 인한 낙태결정	동의함	628	61.6
	동의하지 않음	358	35.1
	모르겠다	34	3.3
	합계	1020	100.0
다운증후군 태아의 낙태결정	동의함	640	62.7
	동의하지 않음	320	31.4
	모르겠다	60	5.9
	합계	1020	100.0

170 이 조사는 이인영 교수(한림대학교 법학과)가 학술진흥재단의 지원을 받아 행한 생명의 시작과 죽음에 대한 인식도를 측정하기 위해서 계획한 연구의 일환으로 행해졌다. 조사는 낙태를 포함하여 인간복제, 배아연구, 뇌사, 안락사, 사형 등의 16개 문항으로 구성되어 있다. 표본집단으로 일반국민, 생명과학자를 대상으로 설문조사를 행하였으며, 일반국민 대상 설문조사기간은 2003년 4월 15일-5월 14일이었다. 일반국민에 대한 인식도 조사는 설문지 내용과 질문방법에 대한 사전 교육을 받은 면접원을 통해 전화설문의 방법으로 행하였다. 조사대상자 1020명은 16개 시·도 지역에서 인구대비율에 따라 표본을 추출하였고, 조사대상자 1020명 중 남자는 46.6%, 여자는 53.4%로 전국 인구대비율을 맞추고자 하였으며, 연령대별로 인구대비율을 고려하였다.

〈표-10〉 연령, 성별, 종교별로 본 원하지 않은 임신에 대한 낙태 인식　(단위: 명, (%))

구분		원하지 않은 임신에 대한 낙태결정			
		동의함	동의하지 않음	모르겠다	합계
연령별 차이	10대	71(70.3)	29(28.7)	1(1.0)	101(100.0)
	20대	186(83.4)	34(15.2)	3(1.3)	223(100.0)
	30대	185(79.4)	39(16.7)	9(3.9)	233(100.0)
	40대	149(78.4)	38(20.0)	3(1.6)	190(100.0)
	50대	98(68.5)	36(25.2)	9(6.3)	143(100.0)
	60대	81(74.3)	20(18.3)	8(7.3)	109(100.0)
	70대	15(75.0)	3(15.0)	2(10.0)	20(100.0)
성별 차이	남성	335(70.5)	118(24.8)	22(4.6)	475(100.0)
	여성	450(82.6)	82(15.0)	13(2.4)	545(100.0)
종교별 차이	기독교	191(71.8)	62(23.3)	13(4.9)	266(100.0)
	천주교	44(65.7)	21(31.3)	2(1.3)	67(100.0)
	불교	227(80.5)	45(16.0)	10(3.5)	282(100.0)
	기타	6(54.5)	4(36.4)	1(9.1)	11(100.0)
	종교없음	317(80.5)	68(17.3)	9(2.3)	394(100.0)

〈표-11〉 연령, 성별, 종교별로 본 기혼여성의 경제적 이유 등에 의한 낙태 인식 (단위: 명, (%))

구분		기혼여성의 경제적 이유 등에 의한 낙태결정			
		동의함	동의하지 않음	모르겠다	합계
연령별 차이	10대	63(62.4)	35(34.7)	3(3.0)	101(100.0)
	20대	159(71.3)	59(26.5)	5(2.2)	223(100.0)
	30대	160(68.7)	69(29.6)	4(1.7)	233(100.0)
	40대	118(62.1)	63(33.2)	9(4.7)	190(100.0)
	50대	71(49.7)	64(44.8)	8(5.6)	143(100.0)
	60대	45(41.3)	60(55.0)	4(3.7)	109(100.0)
	70대	11(55.0)	8(40.0)	1(5.0)	20(100.0)
성별 차이	남성	279(58.7)	175(36.8)	21(4.4)	475(100.0)
	여성	349(64.0)	183(33.6)	13(2.4)	545(100.0)
종교별 차이	기독교	146(54.9)	113(42.5)	7(2.6)	266(100.0)
	천주교	35(52.2)	28(41.8)	4(6.0)	67(100.0)
	불교	178(63.1)	94(33.3)	10(3.5)	282(100.0)
	기타	5(45.5)	6(54.5)	0(0.0)	11(100.0)
	종교없음	264(67.0)	117(29.7)	13(3.3)	394(100.0)

〈표-12〉 연령, 성별, 종교별로 본 다운증후군 태아의 낙태결정 인식 차이

구분		다운증후군 태아의 낙태결정			
		동의함	동의하지 않음	모르겠다	합계
연령별 차이	10대	49(48.5)	51(50.5)	1(1.0)	101(100.0)
	20대	135(60.5)	78(35.0)	10(4.5)	223(100.0)
	30대	150(64.4)	62(26.6)	21(9.0)	233(100.0)
	40대	130(68.4)	49(25.8)	11(5.8)	190(100.0)
	50대	93(65.0)	40(28.0)	10(7.0)	143(100.0)
	60대	70(64.2)	33(30.3)	6(5.5)	109(100.0)
	70대	13(65.0)	6(30.0)	1(5.0)	20(100.0)
성별 차이	남성	269(56.6)	176(37.1)	30(6.3)	475(100.0)
	여성	371(68.1)	144(26.4)	30(5.5)	545(100.0)
종교별 차이	기독교	150(56.4)	93(35.0)	23(8.6)	266(100.0)
	천주교	31(46.3)	31(46.3)	5(7.4)	67(100.0)
	불교	190(67.4)	76(27.0)	16(5.6)	282(100.0)
	기타	6(54.5)	5(45.5)	0(0.0)	11(100.0)
	종교없음	263(66.8)	115(29.2)	16(4.0)	394(100.0)

제5장

미국 연방대법원판례를 통해 본
낙태와 여성의 프라이버시 권리

최희경 (이화여대 법학전문대학원 교수)

1. 서설

여성만이 임신을 할 수 있으며, 자녀를 출산할 수 있다. 여성이 가지는 이러한 신체적 특성과 능력은 개별 여성에게 축복일 수 있으며, 사회 전체적으로도 구성원을 재생산한다는 커다란 의미를 가지는 것이다. 하지만 이러한 여성의 능력은 임신시기나 여부를 완벽하게 통제하기 어렵다는 점에서, 또한 국가나 사회가 여성의 이해보다는 그 자체의 이해관계를 중심으로 여성의 능력과 결정권을 통제하여 온 점에서 축복만은 아니었다. 이러한 출산을 둘러싼 여성의 결정은 피임 및 불임 여부뿐만 아니라 낙태 여부를 포함하는 것으로서, 특히 낙태의 경우는 태아의 잠재적 생명이 관련되어 있다는 점에서 그 허용 여부를 둘러싸고 많은 논란을 가져왔다. 즉 낙태를 살인이나 유아살해와 동일시하는 입장에서는 이를 절대적으로 금지하고자 했으며 단순히 여성의 신체의 일부에 대한 처분행위로 보는 입장에서는 이의 절대적 허용을 주장하는 등 그 시각의 차이는 매우 크며 서로 조화점을 찾기 어렵다. 또한 일부 종교·정치지도자에게 낙태는 단순한 윤리의 문제이지만 많은 여성에게 낙태는 현실적 문제로서 성과

원치 않는 임신에 대한 절박한 것이다.[1]

역사적으로 볼 때, 미국의 경우 19세기 초부터 낙태금지법이 제정되었다. 이는 당시의 위험한 낙태 관행으로부터 여성의 안전과 건강을 지키기 위한 것이 그 주요한 목적이었다.[2] 하지만 이후 항생제 및 방부제의 개발과 함께 낙태방법은 안전해지고 일반화되었지만, 낙태는 산모의 생명이 위험한 경우를 제외하고는 여전히 금지되었는데, 이는 낙태수술과 관련해서 불법적인 경쟁집단을 배제하고 전문성을 강화하려는 의료집단의 이해관계가 반영된 것이라 할 수 있다.[3] 또한 당시 입법과정에서는 소수의 남성만이 영향력을 행사할 수 있었으며 이들이 낙태 규제가 여성에게 이익이라고 결정하는 경우 여성은 직접적 이해 당사자임에도 불구하고 이를 수동적으로 받아들일 수밖에 없었다. 제한적인 낙태법은 19세기 말경 대다수 주에서 채택되었고, 1960년대에 들어서면서 낙태를 허용하는 정당화 사유가 일부 확대되기는 했지만[4] 여전히 여성의 권리나 이해관계는 중요한 고려대상이 되지 못했다. 이러한 낙태에 대한 규제적 접근방식은 여성의 생명과 건강에 심각한 위험을 가져왔으며, 낙태가 불법이었던 65년 당시 낙태와 관련한 여성의 사망은 235건이나 되었다.[5]

1   Hyman Rodman, Betty Sarvis & Joy Waker Bonar, *The Abortion Question* 39 (New York: Columbia University Press, 1987).

2   Samuel Buell, "Criminal Abortion Revisited," 66 *N.Y.U.L.Rev.* 1774, 1786 (1991).

3   의사들은 이러한 의도를 감추고 다음의 이유를 내세워 낙태 금지의 중요성을 역설하였다. 즉 태아를 보호하기 위한 것이라는 점, 결혼한 여성이 아내와 어머니로서의 의무를 이행하도록 하기 위한 것이라는 점, 위험한 낙태 수술로부터 여성의 건강을 보호하기 위한 것이라는 점, 국가의 인종적 특질을 보전하기 위한 것이라는 점을 내세웠다. Reva Siegel, "Abortion as a Sex Equality Right: Its Basis in Feminist Theory," in *Mothers in Law* 44-45 (M.A. Fineman & I. Karpin eds., 1995).

4   Samuel Buell, supra note 2, 1797-1798 참조.

5   그러나 Roe v. Wade 판결에서 낙태를 합법화한지 3년이 지난 1976년에는 낙태와 관련한 여성의 사망이 단지 27건이었으며, 이중 불법낙태로 인한 것은 단지 2건뿐

그러나 1973년 연방대법원은 낙태 여부를 결정할 여성의 권리가 헌법상의 프라이버시 권리 영역에 포함됨을 선언했으며 낙태는 합법화되었다. 이처럼 미국은 낙태를 둘러싼 논쟁 속에서, 사법부가 주도적 역할을 하면서 이를 해결하기 위한 법적 기본틀을 제시해 왔다. 특히 동 법원은 헌법상 프라이버시 권리를 여성의 낙태권에 있어 중요한 법적 근거로 제시해왔으며, 동 권리를 기초로 해서 다양한 낙태절차나 공적자금 규제문제의 위헌성 여부를 판단해왔다. 이처럼 낙태문제의 법적 기초가 되는 프라이버시권리는 무엇이며, 이러한 프라이버시 권리 중 특히 여성의 프라이버시 권리로 강조될 만큼 중요한 성이나 출산에 대한 결정권의 의미는 무엇인지, 연방대법원이 구체적으로 낙태에 대한 사안에서 이러한 권리를 가지고 어떻게 답을 구해왔는지, 그리고 이러한 방법론을 어떻게 평가할 것인지를 살펴보는 것은 구체적인 낙태문제를 해결함에 있어서 다양한 분석의 틀을 제공하며, 여성의 프라이버시 권리가 가지는 의미를 되짚어 볼 수 있게 한다.

2. 프라이버시 권리와 여성의 권리로서의 의미

프라이버시 권리는 원래 미국에서 보통법상의 불법행위 문제에서 출발했으며, 오늘날에는 개인의 중요한 헌법상의 기본권으로 인정되고 있다. 즉 프라이버시 권리는 처음에는 사인간의 프라이버시 침해를 다루는 불법행위법상의 것이었으나, 점차 국가권력의 부당한 침해로부터 개인의 사적 영역과 자율성을 보장하는 헌법상의 권리로 확대되었다.

처음으로 불법행위법상의 프라이버시에 주목한 쿨리(Cooley) 판사

이었다. Hyman Rodman, Betty Sarvis & Joy Waker Bonar, supra note 1, at 46 참조.

는 1888년 "프라이버시 권리 혹은 개인의 홀로 있을 권리(the right of the individual to be let alone)는…사적인 권리이다.…개인은 항상 자신의 것을 배타적으로 사용·향유할 수 있도록 보장받는다. 보통법은 개인의 인격과 재산을 불가침의 것으로 간주해 왔으며, 그는 홀로 있을 절대적 권리를 가진다."[6]고 설명했다. 그러나 당시 프라이버시 권리는 별다른 주목을 받지 못했으며, 1890년 워렌(Warren)과 브렌다이스(Brandeis)가 이를 독자적 권리로 승인하고 발전시킨 논문[7]을 발표함에 따라 새롭게 그 중요성이 부각되었다. 이들은 당시 신문들이 황색신문으로 전락하여 개인의 사생활 영역을 중대하게 침해하는 것에 항의하여, 쿨리(Cooley) 판사의 "홀로 있을 권리"를 향유하기 위해서는 새로운 법적 구제수단이 필요하다고 보았다. 워렌과 브렌다이스는 모든 개인에게는 사적인 것이 세상에 공표될 경우 신체적으로 폭행을 당하는 것 이상의 침해로 여겨지는 감정, 사고, 정서의 범주가 있으며,[8] 이러한 프라이버시의 침해는 그 자체로 불법행위를 구성한다고 주장했다.

이후 프라이버시는 주로 수색과 압수문제에 관한 수정헌법 제4조[9] 등

---

6   Pavesich v. New Eng. Life Ins. Co., 122, Ga. 190, 50 S.E. 68, 78 (1905) citing Thomas Cooley, Torts 29 (2d. ed., 1888).

7   Warren & Brandeis, "The Right to Privacy," 4 Harv. L. Rev. 193 (1890). 동 논문에 관해서는 Davis, "What Do We Mean by 'Right To Privacy'?," 4 S.D.L. Rev. 1 (1959); Kalven, "Privacy in Tort Law-Were Warren and Brandeis Wrong?," 31 *Law. & Contemp. Probs.* 326 (1966); 서주실, "Warren·Brandeis의 The Right to Privacy", 『미국헌법연구』, 제6호, 1995, 45-84면; 윤명선, 「프라이버시권리에 관한 역사적 고찰-미국을 중심으로」, 『경희법학』, 제20권 제1호, 1985, 112-114면 참조.

8   Id. at 205.

9   수정헌법 제4조는 "불합리한 수색과 압수에 대하여 국민의 신체, 가택, 서류와 재산을 보장하는 권리는 침해될 수 없다"고 규정하고 있다. 관련 사건으로는 Katz v. United States, 389 U.S. 347 (1967); Goldman v. United States, 316 U.S. 129 (1942); Olmstead v. United States, 277 U.S. 438 (1928) 참조.

에서 단편적으로 논의되어 왔으나, 1965년 Griswold v. Connecticut 판결[10]에서 일반적인 헌법상의 프라이버시 권리로 승인되었다. 연방대법원은 동 판결에서 성인의 기혼자에게 피임기구의 판매 및 배부와 이에 관한 상담을 금지하는 코네티컷 주법이 프라이버시 권리를 침해한다고 판시했다. 법정의견을 쓴 더글라스(Douglas) 판사는 권리장전의 몇몇 조항의 반영권(penumbras)과 방출(emanation)에서 프라이버시 권리가 확립된다고 보았는데, 즉 "수정헌법 최초의 10개 조항에 의한 구체적 보장들은 그들의 빛에 의한 발산으로 형성되는 반영권을 가지며, 이러한 반영권들은 권리장전이 생명과 실체를 지닐 수 있게 해준다.…이들 규정에 의한 다양한 프라이버시의 보장이 이른바 프라이버시 권리를 형성한다."[11]고 판시했다. 동 판사는 프라이버시 권리의 헌법적 근거를 이처럼 설명한 후, 피임기구사용을 금지하는 법은 혼인관계를 둘러싼 프라이버시개념에 상반된다고 보았다. 그는 "경찰이 부부의 침실이라는 신성한 영역을 수색하여 피임기구의 사용 증거를 찾도록 법원이 허용할 수 있는가? 이러한 생각은 혼인관계를 둘러싼 프라이버시 권리 관념에 상반되는 것이다.…혼인이란 좋건 나쁘건 어떠한 운명이 될지라도 지속되어야 하며, 또한 신성하게 여겨질 만큼 내밀한 것이다."[12]라고 판시했다. 또한 골드버그(Goldberg) 판사 및 할란(Halan) 판사[13]와 화이트(White) 판사의 동조의견도 동 법이 위헌이라는 결론에 동의하였다. 다만 골드버그 판사는 수정헌법 제9조[14]를 강조

---

10   381 U.S. 479 (1965).

11   Id. at 484.

12   Id. at 485-486.

13   Id. at 499-502.

14   수정헌법 제9조는 "헌법에 어떤 종류의 권리가 열거되어 있다고 하여 인민이 보유하는 기타의 여러 권리를 부인하거나 또는 경시하는 것으로 해석하여서는 안된다"고 규정하고 있다.

하였고,[15] 이와 달리 할란 판사[16]와 화이트 판사[17]의 동조의견은 적법절차 조항에 근거했다. 특히 할란 판사는 부부간의 프라이버시가 "수정헌법 제14조의 적법절차 조항에 의해 보호되는 자유"의 근본적 부분임을 인정했다.

이러한 다수의견에 대하여 블랙(Black) 판사와 스튜어트(Stewart) 판사는 프라이버시 권리는 구체적인 헌법상의 명문규정에 근거하지 않았으므로 인정될 수 없다는 반대의견을 제시했다. 이중 블랙 판사는 더글라스 판사의 법정의견에 대하여 권리장전 조항으로부터 법원이 의거한 종류의 일반적 프라이버시 권리를 이끌어 내는 것은 지나친 일반화라고 비판을 가했다.

이처럼 연방대법원은 Griswold 판결을 통해서 그동안 단편적으로 보호되던 프라이버시를 일반적인 헌법상의 프라이버시 권리로 발전시켰다. 동 판결은 이처럼 헌법상의 프라이버시권리 그 자체를 놓고 보더라도 새롭게 헌법상의 프라이버시 권리의 시대를 열었다는 점에서 중요한 의미를 가지는 것이며, 이후 법원은 에머슨(Emerson) 교수가 예측한 것처럼, "사안별(a case-by-case)로 프라이버시 권리를 발전시키는 과정을 천천히 진전"[18]시켜나갔다. 즉 프라이버시 권리의 헌법적 근거에 대한 논란은 지속되었을지라도, 연방대법원은 수정헌법 제14조상의 자유를 근거로 해서 프라이버시 권리의 보호영역을 확대시켜 나갔다. 예컨대 1972년 Eisenstadt v. Baird 판결[19]을 통하여 혼인 여부와 상관없이 미혼자에게도 피임에 대한 권리가 인정되었으며, 1973년 Roe v. Wade 판결[20]에

---

15   381 U.S. at 499-502.

16   Id.

17   Id. at 502-507.

18   Thomas Emerson, "Nine Justices in Search of a Doctrine," 64 *Mich. L. Rev.* 219, 233 (1965).

19   405 U.S. 438 (1972).

20   410 U.S. 113 (1973).

서는 여성의 낙태에 대한 결정권이 프라이버시권리로 인정되었다. 이후 90년 Cruzan v. Director, Missouri Department of Health 사건[21]에서는 의식 있는 환자에게 원치 않는 치료를 거부할 권리를 인정했으며, 2003년 Lawrence v. Texas 판결[22]에서는 1986년 Bowers v. Hardwick 판결[23]을 파기하여 동성애자의 성행위에 대한 권리도 프라이버시 권리의 내용에 포함시킴으로써 동성애자의 인권향상을 위하여 커다란 진전을 가져왔다.

나아가 Griswold 판결은 헌법상 프라이버시 권리 그 자체로서 뿐만 아니라 그 구체적 보호영역으로서 피임에 대한 결정권을 승인했다는 측면에서 볼 때도 재생산에 대한 개인의 결정권을 인정하기 시작하였다는 점에서 커다란 의미를 가진다. 다만 동 판결의 법정의견도 3명의 동조의견도 모두 피임에 대한 결정을 할 프라이버시 권리가 여성이라는 지위와 관련해서 가지는 의미나 필요성은 간과했으며 이러한 권리를 혼인관계 내의 것으로 인정했다. 그 결과 기혼여성은 피임에 대한 선택권이 인정되었지만 미혼여성은 그렇지 못했으며, 피임에 대한 결정권이 여성에게 인정됨에 따른 의미, 즉 성과 출산을 여성 스스로 통제할 수 있으며 이를 통해 모성의 의무로부터 자유로이 삶을 계획할 수 있게 된 부분들에 대한 의미는 지적되지 않았다. 그렇지만 이후 1972년 Eisenstadt v. Baird 판결[24]에서 법원은 피임에 대한 결정권을 혼인 여부와 상관없이 개인의 권리로 인정하였다. 즉 "Griswold 판결에서 문제된 프라이버시 권리가 혼인관계에 내재되어 있다는 것은 사실이다. 그러나 혼인한 커플들은 정신과 마음이 합쳐진 하나의 독립된 실재가 아니라 각각 독립한 지성과 감성을 가진 두 개인의 결

---

21   497 U.S. 261 (1990).
22   123 S. Ct 2472 (2003).
23   478 U.S. 186 (1986).
24   405 U.S. 438 (1972).

합이다. 만약 프라이버시권리가 어떤 것을 의미한다면, 그것은 기혼 여부와 상관없이 아이를 출산할 것인지 혹은 가질 것인지 여부에 대한 결정처럼 개인에게 근본적인 영향을 미치는 문제에 대하여 정부의 부당한 간섭으로부터 자유로울 개인의 권리이다."[25]라고 판시함으로써, 미혼여성에게도 피임에 대한 권리를 인정했다. 이를 통해서 개별 여성은 출산영역에서의 프라이버시 권리의 완전한 향유를 위해서 한 단계 더 나아갈 수 있게 되었다.

이러한 출산 영역에서의 프라이버시 권리는 특히 여성에게 큰 의미를 가지는데, 이는 여성의 특유한 신체적 특성이나 역할, 경험과 관련하여 임신 및 출산 여부에 대한 결정권이 남성과는 다른 의미를 가진다는 점에서 그러하며, 또한 낙태에 대한 결정권 등은 여성만이 가질 수 있는 권리이기 때문에 그러하다. 이처럼 여성의 경우 주되거나 혹은 전적으로 여성에게만 속하는 특성, 역할, 경험으로 인해 특별한 법적 보호를 필요로 하는 프라이버시 이익을 요구하며,[26] 그 대표적인 프라이버시 권리가 이후 살펴 볼 여성이 가지는 낙태에 대한 결정권이라 하겠다.

3. 여성의 낙태를 결정할 프라이버시 권리의 승인

1) 개설

여성의 낙태에 대한 권리는 1973년 Roe v. Wade 판결을 통해서 헌법상 프라이버시 권리로 인정되었으며, 이로 인해서 낙태 합법화를 위한 새로운 길이 열리게 되었다. 또한 낙태에 대한 결정권은 일련의 판결[27]을 통해서

---

25   Id. at 453.

26   Anita Allen, "Women and their Privacy: What is at Stake?," in *Beyond Domination* (Carol C. Gould, ed., 1984), at. 233.

27   예컨대 Thornburgh v. American College of Obstetricians & Gynecologists, 476 U.S.

확고하게 프라이버시 권리로 보장되었다. 하지만 89년 Webster 판결[28]에서 그동안 허용되지 않던 주의 낙태규제들이 인정되며 Roe 판결이 비판받음에 따라 여성의 프라이버시 권리는 불완전한 처지에 놓이게 되었다. 그렇지만 92년 연방대법원은 Casey 판결[29]에서 여성의 낙태에 대한 권리가 헌법상의 프라이버시 권리로 승인됨을 재차 확인하였다. 이처럼 낙태관련 판결 중에서 Roe, Webster, Casey 판결은 30여 년간의 여성 낙태에 대한 헌법상 권리의 발전에 있어서 중요한 변화와 전환점을 보여주는 판결로서 여성의 프라이버시 권리를 고찰함에 있어서 중요한 것이다. 앞으로 이들 판례를 중심으로 낙태문제에 대한 미연방대법원의 접근방법과 또한 낙태여부를 결정할 여성의 프라이버시 권리의 내용 및 그 변화를 살펴보고자 한다.

2) 낙태를 결정할 프라이버시 권리의 승인

(1) Roe v. Wade 판결[30]의 내용

1973년 연방대법원은 산모의 생명이 위험한 경우를 제외하고는 낙태를

---

747 (1986); City of Akron v. Akron Center for Reproductive Health, 462 U.S. 416 (1983); Planned Parenthood of Missouri v. Danforth, 428 U.S. 52 (1976).

28   Webster v. Reproductive Health Services, 492 U.S. 490 (1989).

29   Planned Parenthood of Southeastern Pennsylvania v. Casey, 505 U.S. 833 (1992).

30   410 U.S. 113 (1973). Roe 판결에 관한 문헌으로는, John Hart Ely, "The Wages of Crying Wolf: A Comment on Roe v. Wade," 82 Yale L.J. 920 (1973); Richard Epstein, "Substantive Due Process By Other Name: The Abortion Cases," 1973 Sup. Ct. Rev. 159; Thomas Grey, "Do We Have an Unwritten Constitution?," 27 *Stan. L. Rev.* 703, 709 (1975); Louis Henkin, "Privacy and Autonomy," 74 *Colum. L. Rev.* 1410 (1974); Philip Heyman&Douglas Barzealy, "The Forest and the Trees: Roe v. Wade and Its Critics," 53 *B.U.L. Rev.* 765 (1973); Lawrence Tribe, "The Supreme Court, 1972 Term-Foreword: Toward a Model of Roles in the Due Process of Life and Law," 87 *Harv. L. Rev.* 1 (1973) 참조.

금지하는 텍사스 주 낙태법에 대해 헌법상의 프라이버시 권리를 침해하여 위헌이라고 판시했다. Roe 판결의 중요한 내용은 여성의 낙태에 대한 결정권은 헌법상의 프라이버시 권리 속에 포함되며, 이를 제한하는 주법은 필요 불가피한(compelling) 이익이 있는 경우에만 정당화된다는 것이다.

먼저 법정의견을 쓴 블랙먼(Blackmun) 판사는 여성이 가지는 헌법상의 프라이버시권리가 "임신을 중지시킬 것인지 여부에 대한 결정을 포함하기에 충분할 만큼 광범위하다"[31]는 것을 강조했다. 그는 "수정헌법 제1조,[32] 수정헌법 제4조와 제5조,[33] 권리장전의 반영권,[34] 수정헌법 제9조,[35] 수정헌법 제14조의 자유의 개념에서[36] 적어도 프라이버시 권리의 뿌리를 찾을 수 있다고 보았다.…또한 선례는 동 권리가 혼인,[37] 출산,[38] 피임,[39] 가족관계,[40] 그리고 자녀양육 및 교육[41]과 관련한 행위로 확대됨을 명확히 하고 있다"고 주장했다. 따라서 동 판사는 이러한 프라이버시권리 속에 낙태권도 포함되어진다고 결론을 내린 것이다.

---

31 410 U.S. at 153.

32 Stanley v. Georia, 394 U.S. 557, 564 (1969).

33 Terry v. Ohio, 392 U.S. 1, 8-9 (1968); Katz v. United States, 389 U.S. 347, 350 (1967); Boyd v. United States, 116 U.S. 616 (1886); Olmstead v. United States, 277 U.S. 438, 478 (1928) (Brandeis. J., dissenting).

34 Griswold v. Connecticut, 381 U.S., at 484-485.

35 Id. at 486 (Goldberg, J., Concurring).

36 Meyer v. Nebraska, 262 U.S. 390, 399 (1923).

37 Loving v. Virginia, 388 U.S. 1, 12 (1967).

38 Skinner v. Oklahoma, 316 U.S. 535, 541-542 (1942).

39 Eisenstadt v. Baird, 405 U.S., at 453-454; id., at 460, 463-465 (White, J., concurring in result).

40 Prince v. Massachusetts, 321 U.S. 158, 166 (1944).

41 Pierce v. Society of Sisters, 268 U.S. 510, 535 (1925); Meyer v. Nebraska, supra note 36.

또한 법정의견은 낙태에 대한 결정권이나 선택권이 무엇을 내포하는가를 구체화하지는 않았으나, 임신을 중지시킬 권리를 중요하게 만드는 몇 가지 요소에 대해서 기술하고 있다. 즉 모성 혹은 더 많은 자녀는 여성에게 가혹한 삶과 미래를 강요할 수 있으며, 또한 절박한 심리적 해악을 초래할 수 있다. 또한 모의 신체적·정신적 건강은 자녀양육으로 인해 해로운 영향을 받을 수 있다. 아울러 원치 않는 자녀로 인해 주변 사람들이 고통을 겪을 수 있으며, 이미 더 이상의 자녀를 돌볼 능력이 없는 가정에 아이를 출산케 하는 문제가 있다. 나아가 일부 미혼모의 경우는 여러 가지 어려움과 함께 사회적 비난을 받게 된다.[42] 법정의견은 이러한 요소들을 고려하여 여성에게 낙태에 대한 선택권이 인정되어야 한다고 확신했다.

그렇지만 법정의견은 여성의 프라이버시 권리를 무제한적인 절대적인 권리로 인정하지는 않았다.[43] 즉 연방대법원은 임신을 3개월 단위로 구분하여서, 처음 3개월은 임신한 여성이 독자적 판단에 의하여 의사와 상의하여 전적으로 낙태여부를 결정할 수 있으나 3개월 이후에는 일정한 제한이 가해진다고 보았다. 먼저 임신 3개월 이후에는 모의 건강을 보호하기 위한 주의 필요 불가피한 이익을 인정했다.[44] 또한 더 나아가 법원은 임신 마지막 3개월 동안 태아의 잠재적 생명(potential life)에 대한 주의 필요 불가피한 이익을 인정했다.[45] 즉 태아를 헌법상 의미에서의 사람은 아니라고 보았으나,[46] 모의 자궁 외부에서 살아갈 가능성이 있는 생존능력(viability)을 가지는 시점부터[47] 주는 이를 보호하기 위해서 여성의 프라이

---

42   410 U.S. at 153.

43   Id. at 154, 159-164.

44   Id. at 162-163 참조.

45   Id. at 154, 163-164 참조.

46   Id. at 157, 159, 162 참조.

47   Id. at 160 참조.

버시 권리를 제한할 수 있는 것이다. 이와 같이 태아의 생명과 관련하여 기본적으로 연방대법원은 태아가 수정헌법 제14조의 용어와 의미에서의 사람에 해당하지 않는다고 보면서도, 생존능력을 가지는 경우 이를 보호하고 있다. 다만 생명이 언제 시작되는지에 대한 어려운 문제에 대하여 법원이 답할 필요는 없다고 보았으며, 생명이 수태시에 시작된다는 하나의 이론을 채택하여 텍사스 주로 하여금 문제되고 있는 임신한 여성의 권리를 전적으로 무효화시킬 수 있다는 견해에는 찬성하지 않고 있는 것이다.[48]

이에 대해 렌퀴스트(Rehnquist) 판사는 동 사건에 프라이버시 권리가 관련되어 있다는 법정의견에 반대하였다.[49] 또한 임신을 3개의 독립된 기간으로 나누어서, 주가 기간별로 일정한 제한을 할 수 있도록 한 법정의견은, 수정헌법 제14조의 입법의도를 넘어선 것으로서 사법적 입법에 참여하는 것이라고 비판했다. 렌퀴스트 판사는 다수의 주가 적어도 한 세기 동안 낙태를 규제했다는 사실을 볼 때 낙태에 대한 권리가 근본적인 것으로서 미합중국 국민의 전통과 양심 속에서 뿌리 깊은 것으로 보기는 어렵다고 반박하였다.[50]

그러나 Roe 판결은 사회의 변화와 헌법의 기본정신에 따라 근거가 박약한 법률을 무효화한 것이며,[51] 낙태에 대한 결정권을 헌법상의 근본적 권리로 인정하여 이를 제한하고자 할 경우 필요 불가피한 이익을 요구하는 엄격 심사기준을 적용한 것이다. 이는 여성의 낙태권이 결혼, 출산, 피임, 자녀양육과 마찬가지로 개인의 근본적 권리로서의 프라이버시권리이

---

48   Id. at 157, 159, 162 참조.

49   Id. at 172 (Rehnquist, J., dissenting).

50   Id. at 174.

51   Michael Perry, "Abortion, the Public Morals, and the Police Power: The Ethical Function of Substantive Due Process," 23 UCLA L. Rev. 689 (1976). 윤후정, 「형벌과 양성평등」, 『이화여대 사회과학논집』, 제8집, 1988, 32면에서 재인용.

며 정부의 부당한 간섭이 허용되지 않는 영역임을 확실히 한 것이다. 다만 이러한 권리를 절대적인 것으로 보지는 않았으며, 모성의 건강과 태아의 잠재적 생명을 보호하기 위하여 일정 시점 이후에 제한할 수 있는 것으로 보고 있다.

(2) Roe v. Wade 판결 이후의 변화

낙태를 결정할 권리가 여성의 헌법상의 프라이버시 권리로 보장되자 선택우선론측 단체는 이를 환영하였다. 또한 가족계획연맹은 안전하면서도 저렴한 비용으로 여성에게 낙태를 제공하고 불법 낙태시술자와 비윤리적 낙태시술자를 축출하고자 전국적으로 클리닉을 세우기 시작했다.[52] 그러나 생명우선론측 단체는 Roe 판결을 결코 수용하지 않았으며, 연방의회, 주의회, 지역 시의회에 로비를 시작했다. 이들은 장기적으로는 헌법 개정을 통해서 연방대법원의 판결을 파기하려 했으며, 단기적으로는 낙태에 대한 공적자금을 보류하도록 의회를 압박하고 낙태를 원하는 여성에게 절차적 장애를 부과함으로써 판결의 힘을 약화시키고자 했다.[53]

이러한 노력의 상당 부분은 여성의 실질적인 낙태권 행사를 어렵게 하여 낙태를 못하게 하려는 것이었다. 이러한 노력 중 일부는 주의 다양한 절차적 규제로 나타났다. 하지만 Roe 판결 이후 상당 기간 동안 이러한 절차적 규제는 연방대법원에서 위헌으로 판단되었으며, 여성의 낙태에 대한 프라이버시 권리는 충실히 보장되었다. 예컨대 1976년 Planned of Central Missouri v. Danforth 사건[54]에서 연방대법원은 기혼여성의 경

---

52   Lawrence Tribe, *Abortion: The Clash of Absolutes* 142 (New York: W.W. Norton&Company, 1990) 참조.

53   Jill Norgren&Serena Nanda, *American Cultural Pluralism and Law 212* (Westport, Ct: Praeger Pub, 1996).

54   482 U.S. 52 (1976).

우 낙태시 배우자의 동의를 얻도록 한 조항과 미혼의 미성년자의 경우 부모 동의를 얻도록 한 조항을 위헌으로 판시했다. 그리고 83년 City of Akron v. Akron Center for Reproductive Health 사건[55]에서는 15세미만 여성의 낙태시 부모동의를 요구하는 조항을 비롯한 다양한 낙태규제절차[56]를 위헌으로 선언했다. 또한 3년 후 Thornburgh v. American College of Obstetricians & Gynecologists 사건[57]에서는 의사가 환자에게 편견을 줄 수 있는 상담을 강제하는 요건[58]을 포함하여 펜실베이니아 주의 일련의 규제에 대하여 위헌이라고 결정했다. 특히 동 주의 보고요건도 위헌으로 판단했는데 구체적으로 관련조항은 태아가 생존능력이 없다고 본 의사의 판단근거를 보고하도록 했으며 또한 여성의 거주지, 인종, 연령, 혼인여부, 임신 횟수 등 상세한 사항을 보고하도록 하고 있었다.[59]

하지만 낙태에 대한 절차적 규제와 달리 이에 대한 공적자금 지원을 제한하여 여성의 낙태권을 제한하려는 노력은 상대적으로 성공을 거두었다. 예컨대 1976년경 일부 주 의회는 낙태에 대하여 의료보장급부의 지급을 금지했는데,[60] 77년 연방대법원은 Maher v. Roe 판결[61]에서 주 의료보장급부를 의학적으로 필요한 임신3개월 이내의 낙태로 제한한 코네티컷 주 복지부의 규제를 합헌이라고 판단했다. 즉 선례에서 인정된 프라이

---

55   462 U.S. 416 (1983).

56   구체적으로는 (i) 3개월 이후의 모든 낙태 수술은 병원에서 하도록 한 요건, (ii) 15세 이하의 여성은 부모 동의 없이 낙태 수술을 받을 수 없도록 한 요건, (iii) 산모의 인지된 동의요건, (iv) 인지된 동의 이후 24시간내 낙태 수술 금지요건. (v) 낙태된 태아를 인간답고 존엄한 방법으로 처리하도록 한 요건이 그것이다.

57   476 U.S. 747 (1986).

58   Id. at 760-764.

59   Id. at 765-768.

60   Laurence H. Tribe, supra note 52, at 151 참조.

61   432 U.S. 464 (1977).

버시 권리는 부당한 간섭으로부터 임신 중단 여부를 결정할 여성의 자유를 보호하는 것이며, 주가 낙태보다는 출산을 선호하여 이를 공적자금의 배분에 의해서 실행할 권한을 제한하지는 않는다[62]고 보았다. 또한 76년 이후 매년 낙태시 연방자금의 사용을 금지하고자 소위 하이드 개정조항(Hyde Amendment)[63]이 제정되었는데, 연방대법원은 80년 Harris v. McRae 판결[64]에서 하이드 개정조항을 승인했다. 법정의견은 이전의 선례들은 단지 직접적인 정부의 간섭 없이 낙태를 선택할 여성의 권리를 확립한 것에 불과하며, 이것이 선택을 가능토록 하는 재정적 지원에 대한 헌법적 자격을 의미하지는 않는다고 판시했다. 즉 정부는 여성이 선택의 자유를 행사하는데 장애를 부과할 수 없을 뿐이지, 정부 스스로 만들지 않은 가난이라는 장애를 제거할 필요까지는 없다[65]고 본 것이다.

특히 이러한 여성의 낙태권을 둘러싼 논란은 연방대법원이 보수적 판사들로 바뀌면서[66] 또 다른 변화를 가져왔다. 즉 1989년 낙태를 엄격하게 규제하는 미주리 주법에 대한 심사[67]에서, 낙태에 대한 여성의 프라

62　Id. at 473-474.

63　1976년 공화당원인 일리노이주의 Henry J. Hyde 하원의원이 제안했으며, 1977년 효력을 발하였다. 하이드 개정조항의 조건은 매년 다르다. 그렇지만 대부분의 하이드 개정조항은 여성의 생명을 구하기 위한 경우를 제외하고는 낙태에 대한 연방자금 지원을 금지했으며, 때때로 강간이나 근친상간의 경우 자금지원을 일부 허용해 왔다.

64　448 U.S. 297 (1980). 동 판결은 여성의 건강을 보호하기 위하여 낙태가 필요하다고 의사가 결정한 경우조차 가난한 여성의 낙태자금을 연방의료급부 프로그램으로부터 제외시킨 연방정부의 결정을 5대 4로 지지했다.

65　448 U.S. at 316.

66　1986년 Antonin Scalia 판사가 Burger 판사 후임으로 임명되었으며, 1988년 Powell 판사 대신 Anthony Kennedy 판사가 임명되었다.

67　Webster 사건에서 연방대법원이 심사한 미주리 주법의 4개 조항은 다음과 같다. 즉 (i) "모든 인간 존재의 생명은 수태시에 시작된다"는 것을 선언한 법서문, (ii) 공적 고용인의 낙태 시술금지와 낙태시 공적시설 사용의 금지, (iii) 낙태상담에 대

이버시권리는 과거에 비해서 그 보장 여부가 불투명해졌다. Webster v. Reproductive Health Services 판결[68]은 Roe 판결을 직접적으로 파기하지는 않았지만 이를 약화시켰다. 4명의 판사[69]는 엄격한 "3개월 기간구분법(trimester framework)"을 비판하면서, "원리상 근거가 불충분하고 현실적으로 기능할 수 없다"[70]고 주장했다. 특히 스칼리아(Scalia) 판사는 동조의견을 통해서 Roe 판결이 파기되어야 한다고까지 주장했다. 5대 4로 결정된 다수의견은 이전 판결에서 금지되었던 규제를 왜 이제는 승인해야 되는지에 대한 납득할 만한 설명을 제시하지는 않은 채, 미주리주법의 낙태규제절차를 승인했다. 이에 따라 미주리주는 이제 생명이 수태시에 시작된다는 것을 선언할 수 있게 되었으며,[71] 낙태수술시 공적 시설이나 고용인의 사용을 금지[72]할 수 있게 되었다.

이에 대해 블랙먼, 브레넌(Brennan), 마샬(Marshall), 스티븐스(Stevens) 판사는 반대의견에서 임신을 중지시킬 권리가 근본적인 헌법상의 프라이버

한 공적자금의 금지, (iv) 의사로 하여금 태아가 생존 능력이 있는지 여부를 결정하기 위해서 특정한 의료적 심사를 사용하도록 하는 요건이 그것이다.

68 492 U.S. 490 (1989). Webster 판결에 관해서는, James Bopp & Richard Coleson, "What does Webster Mean?," 138 *U. Pa. L. Rev.* 157 (1989); Walter Dellinger&Gene Sperling, "Abortion and the Supreme Court: The Retreat from Roe v. Wade," 138 *U. Pa. L. Rev.* 83, (1989); Daniel Faber&John Nowak, "Beyond the Roe Debate: Judicial Experience With the 1980's "Reasonableness" Test," 76 Va. L. Rev. 519 (1990) 참조.

69 Rehnquist 대법원장, White 판사, Kennedy 판사, O'Connor 판사.

70 492 U.S. at 518.

71 Id. at 505-507.

72 미주리주법 §188.025는 "모의 생명을 구하기 위한 낙태를 제외하고는 이를 시술하거나 원조할 목적으로" 공적 자금을 사용하는 것을 금지하였다.(Mo. Ann. Stat. § 188.205 (vernon 1989). 동법의 §188.215는 공적 시설의 사용에 동일한 규제를 적용하고 있으며, §188.210은 공적 고용관계내에서 공적 피고용인에 대하여 동일한 규제를 적용하고 있다. Id. at 507-511.

시 권리임을 재차 주장했다.[73] 특히 블랙먼 판사는 다수의견의 "3개월 기간구분법"에 대한 비판을 반박하고자 노력했다. 그는 3개월 기간구분법은 Roe 판결의 분석적 핵심으로서, 헌법상 프라이버시권리를 유효하게 할 뿐 아니라 재생산의 역할을 통제할 여성의 권리를 보호하기 위한 것이라고 항변했다. 아울러 이는 개인의 권리와 합법적인 정부이익을 조정하는 것이며 헌법상 권리 범위를 규정하기 위한 법원의 현명하고도 정당한 권한행사에 필요한 것이라고 보았다.

이처럼 Webster 판결은 Roe 판결 자체에 대한 것은 아닐지라도 3개월 기간구분법을 비판했으며, 낙태를 규제하는 절차를 승인했다. 이처럼 법원이 낙태에 대한 여성의 프라이버시 권리를 약화시키려 하자 선택우선측 단체들은 낙태권을 위한 정치적 투쟁의 힘을 다시 모으기 시작했다.[74]

3) 낙태를 결정할 프라이버시 권리의 재승인

(1) Planned Parenthood v. Casey 판결[75]의 내용

Webster 판결 이후 여성의 낙태 여부를 결정할 헌법상의 프라이버시 권리는 위기에 처한 듯이 보였으며, 여러 주에서 제한적인 낙태법이 제정

---

73   492 U.S. 490, at 537.

74   예컨대, Nancy Stearns, "Roe v. Wade: Our Struggle Continues," 4 *Berkeley Women's Law Journal,* 1 (1989) 참조.

75   Planned Parenthood of Southeastern Pennsylvania v. Casey, 505 U.S. 833 (1992). Casey 판결에 대해서는, Ruth Bader Ginsburg, "Speaking in a Judicial Voice," 67 *N.Y.U.L. Rev.* 1185 (1992); Gerald Neuman, "Casey in the Mirror: Abortion, Abuse and the Right to Protection in the United States and Germany," 43 *Am. J. Compar. L.* 273 (1995); Julie Schrager, "The Impact of Casey," 1992 *Wis. L. Rev.* 1331 (1992); David Strauss, "Abortion, Toleration, and Moral Uncertainty," 1992 Sup. Ct. Rev. 1(1993); Kathleen Sullivan, "The Supreme Court 1991 Term-Forword: The Justices of Rules and Standards," 106 *Harv. L. Rev.* 22 (1992) 참조.

되었다. 그러나 1992년 연방대법원[76]은 펜실베이니아 주의 낙태법을 심사하면서, Roe 판결의 '핵심적 내용'은 유지된다고 선언했으며, 신중한 고려 후에 낙태에 대한 여성의 프라이버시 권리를 재승인했다.[77] 또한 Casey 판결에서 법원은 "여성의 역할에 대한 주의 견해, 우리 역사와 문화 속에서 지배적인 견해를 주가 주장하기에는 여성의 고통이 너무나 내밀하고 사적인 것"[78]이기 때문에, 주는 임신한 여성의 낙태 결정을 존중할 의무가 있다고 강조했다.

먼저 오코너(O'Connor), 케네디(Kennedy), 쇼터(Souter) 3인의 판사는 공동의견(joint opinion)[79]에서, Roe 판결의 핵심 내용이 세 부분으로 이루어짐을 명확히 하면서 이를 재승인했다. 첫째, 여성은 태아가 생존능력을 갖기 전에는 낙태를 선택할 권리가 있으며, 주의 부당한 간섭 없이 낙태를 할 권리가 있다는 것이다. 주(州)의 이익은 태아가 생존능력을 갖기 전에는 낙태를 금지하거나 혹은 동 절차를 선택한 여성의 권리에 실제적인 장애를 두도록 할 만큼 강하지 않다. 둘째, 주는 여성의 생명이나 건강이 위험한 경우를 예외로 규정하고 있는 한 태아가 생존능력을 가진 이후에는 낙태를 제한할 수 있는 권한을 가진다고 한다. 셋째, 주는 임신 초기부터 산모의 건강과 어린이가 될 태아의 생명을 보호할 합법적 이익(legitimate

---

76 1992년 당시의 연방대법원도 새로운 판사들로 바뀌었다. David Souter 판사가 Brennan 판사의 자리를 이어받았으며, Clarence Thomas 판사가 Marshall 판사 후임으로 임명되었다.

77 505 U.S. at 879.

78 Id. at 852.

79 공동의견은 거의 선례가 없을 정도로 미연방대법원에서 드문 경우이다. 미연방대법원이 유일하게 공동의견을 제시한 것은 Cooper v. Aaron, 358 U.S. 1 (1958) 사건이다. 9명의 판사가 서명했는데, 이는 미국 역사에서 독특한 것이다. Leslie F. Goldstein, Contemporary Cases in Women's Rights 97 (Wisconsin: The University Press 1994) 참조.

interests)을 가진다는 것이다.[80]

한편 법원은 여성이 낙태에 대한 권리를 가지는 시점으로 '생존능력'은 계속 인정했으나,[81] Roe 판결에서의 3개월 기간구분법은 거부했다.[82] 즉 동 기간구분법이 여성이 권리와 태아의 잠재적 생명에 대한 주의 경쟁적인 이해관계에서 균형을 잡기 위한 수단이라는 본래 목적을 넘어서고 있다고 보았다. 나아가 그 동안 사용되어 오던 엄격 심사기준 대신에 "법의 목적이나 효과가 태아의 생존능력을 갖기 전에 낙태를 하려는 여성에게 실질적 장애(substantial obstacle)가 되는 경우"에만 동 법을 무효로 보는 "부당한 부담(undue burden) 심사기준"[83]을 새롭게 채택했다. 다수의견은 이를 적용하여 펜실베이니아 주법 대부분을 합헌으로 판단했다. 즉 법원은 24시간 대기기간(waiting period) 및 의사가 수술 전 낙태에 대한 정보와 상담을 제공하도록 한 요건을 지지했으며, 또한 기록유지와 보고조항의 정당성을 재확인했다. 다만 낙태시 남편에게 이를 고지토록 하는 조항만이 여성의 프라이버시 권리에 부당한 부담을 주는 것으로서 위헌으로 판단되었다.[84]

---

80 505 U.S. at 846.

81 공동의견은 두 가지 이유를 들어서 생존능력을 지지했다. 첫째는 선례구속의 원리 때문이며, 둘째는 생존능력 개념이 자궁 외부에서 생명을 유지하고 영양을 공급할 수 있는 현실적 가능성을 가진 시점이기 때문이라고 한다.

82 "우리는 3개월 기간구분법을 거부하며, 이를 Roe 판결의 본질로 보지 않는다." Id. at 873.

83 Id. at 877. 동 심사기준에 대해서 많은 비판이 행해졌다. 그 상당 부분은 동 기준의 내용을 구체화하기 위한 충분한 작업이 행해지지 않았다는 것이며, 또한 공동의견이 부당한 부담심사기준에 대해서 이론적 형식의 개요를 만들고 그 기초적 원리를 옹호하고는 있으나 실제 어떻게 적용되는지에 대해서는 별다른 지침을 제공하지 못했다는 것이다. 동 심사기준에 관해서는 최희경, 「Casey 판결상의 부당한 부담심사기준」, 『헌법학연구』, 제8권 제3호, 2002 참조.

84 법원은 "주는 자녀에 대하여 부모가 행사하는 종류의 지배권을 남편이 아내에게

한편 블랙먼, 스티븐스 두 판사는 동조의견에서 선례로서의 Roe 판결을 전폭적으로 지지했다. 이중 블랙먼 판사는 일관되게 주의 낙태규제가 두 가지 측면에서 여성의 프라이버시 권리를 침해한다고 보았다. 첫째, 임신의 강제는 실질적으로 신체를 침해하고 중대한 해악을 가함으로써 여성의 신체적 완전성을 침해하며, 둘째 주가 여성의 낙태권을 제한하는 것은 재생산 및 가족계획에 관하여 스스로 결정을 내릴 권리를 여성에게서 박탈하는 것이라고 하였다.[85] 이에 대해 렌퀴스트, 화이트, 스칼리아, 토마스 4인의 판사들은 계속해서 Roe 판결을 파기하고자 했다. 이들은 낙태권의 존재자체를 부인했으며, 단지 비합리적인 낙태 규제만을 무효로 하고자 했다.

이와 같이 동 판결은 여성의 낙태에 대한 결정권을 프라이버시 권리로 재승인했지만, 주의 낙태규제에 대하여 과거보다 완화된 부당한 부담 심사기준을 적용함으로써 주가 좀더 쉽게 낙태를 제한할 수 있는 길을 열어 놓았다. 또한 어떤 경우에 낙태에 대한 '부당한 부담'이 되는지 명확한 판단기준을 제시하지 못함에 따라 이러한 보호의 범위는 모호하게 남겨졌다. 동 판결은 환영받지 못했으며, 선택우선론자는 법원이 중요한 낙태규제를 승인하여 여성의 프라이버시 권리를 충분히 보장하지 않은 것에 유감을 표명했고, 생명우선론자는 낙태권의 지속적인 보호에 반감을 표시했다.

(2) Casey 판결 이후의 낙태권

Casey 판결이후 여성의 낙태에 대한 프라이버시 권리는 재승인을 받았지만, 이를 제한하려는 주의 시도는 계속되었고 새로운 절차적 규제가 만들어졌다. 그 위헌성 여부는 법원에서 판단되어졌으며, 여성이 향유하

행사하도록 부여할 수 없다"고 한다. 또한 그러한 고지가 아내에 대한 신체적·정신적 학대를 초래할 수 있다고 한다. 505 U.S. at 891-895.

85   Id. at 927.

는 구체적 낙태권의 범위는 법원의 판단에 놓이게 되었다. 이러한 판결들은 Casey 판결 이후의 여성의 프라이버시 권리의 모습을 보여준다. 먼저 1997년 연방대법원은 Mazureck v. Armstrong 판결[86]에서, 의료보조인(physician assistants)에게 낙태수술을 금지하는 몬타나 주법을 지지했다.[87] 몬타나 주법은, 낙태시술자의 수 및 낙태서비스의 이용을 감소시켜서 여성의 낙태를 제한하고자 제정된 것이다.[88] 연방대법원은 의사가 행한 낙태수술과 의료보조인이 행한 것의 합병증 비율에 별 차이가 없음을 지적하면서도, "동일한 임무를 다른 사람이 수행할 수 있기는 하지만, 헌법은 주에게 특별한 기능을 의사만이 할 수 있도록 하는 광범위한 권한을 인정하였다."[89]고 판시했다. 이전의 Casey 판결에서 연방대법원은 낙태와 관련한 정보제공이나 상담을 자격 있는 의사만이 할 수 있도록 함으로써,[90] 상담사나 의사가 아닌 의료인은 정보를 제공할 수 없다고 결정했다.[91] 연방대법원은 이러한 선례를 강조하면서 의사만이 낙태수술을 하도록 하는 주의 대권을 인정한 것이다.[92] 그러나 이러한 규제는 산모의 건강이나 안전을 보호하려는 목적에 적합하지 않다. 왜냐하면 동 규제는 결국 낙태시술

---

86   117 S. Ct. 1865 (1997).

87   Id. at 1869.

88   몬타나 주에서, 낙태수술을 할 수 있는 자격 있는 의료인의 수는 1982년 20명으로부터 1996년 12명으로 감소되었는데 이는 낙태수술자에게 가해지는 괴롭힘 때문이다. 그동안 의료보조인에게 낙태수술이 허용되었지만 이러한 금지에 따라 문제된 법의 직접대상인 Susan Cahill이 낙태를 할 수 없게 되어 동 주에는 단지 11명의 의사만이 낙태시술을 할 수 있게 되었다. Jennifer T. Schirmer, "Phisician Assistant as Abortion Provider: Lessons from Vermont, New York, and Montana," 49 *Hastings L.J.* 253, 264 (1997) 참조.

89   Id. at 1867 (quoting Casey, 505 U.S. at 885).

90   Casey, 505 U.S. at 876; Mazurek, 117 S. Ct. at 1866.

91   Casey, 505 U.S. at 885.

92   Mazurek, 117 S. Ct. at 1867.

자를 감소시켜 낙태비용을 증가시키고 낙태수술 일정을 잡기 어렵게 만들어[93] 여성의 낙태시술을 어렵게 만들기 때문이다. 특히 동 규제는 낙태시술자가 고령화되고, 낙태시술자에 대한 폭력이나 괴롭힘으로 인해 그 수가 감소되고 있는 미국의 상황을 고려할 때 충분한 낙태시술 제공자의 확보가 여성의 헌법상 권리를 행사하기 위한 전제요건이라는 점에서 문제점을 가지고 있다.

다른 낙태 규제절차는 구체적인 수술방법을 규제함으로써 임신 제2기 3개월 간의 낙태[94]를 제한하려는 것이었다. 2000년 Stenberg v. Carhart 판결[95]에서, 연방대법원은 이른바 "부분출산 낙태(partial birth abortion)"를 금지하는 Nebraska 주법[96]을 위헌으로 판단했다. 동 사건의 법정의견은 Casey 판결에서 확립된 원리를 적용했는데, 첫 번째로는 동 주법이 모의 생명보호만을 예외로 하고 있을 뿐 건강보호는 예외사유로 하고 있지 않은 점이 지적되었다.[97] 둘째, 동 법은 특정 낙태절차를 선택한 여성의 능력에 "부당한 부담"을 가하며[98] 이는 결국 낙태 그 자체를 선택할 여성의 권리에 '부당한 부담'을 가하는 것이라고 판단되었다. 즉 법률상 D&E(자연확장흡입) 방법과 D&X(확장적출) 방법이 구별되지 않고 사용되고 있는데, 동 법상의 금지는 그 대상인 D&X 방법뿐 아니라 일반적인 수술인 D&E 방법의 낙태까지 포함할 수 있으므로 지나치게 광범위하다고 본 것이다. 동 판결이 내려진 이후 버지니아 주를 포함하여 다른 30여 개 주의

---

93 Jennifer T. Schirmer, supra note 88, at 270-275 참조.
94 미국에서 행해지는 거의 모든 낙태의 90%가 임신 제1기 3개월 동안에 행해진다. 그리고 대략 모든 낙태의 10%가 임신 제2기 3개월 동안에 행해진다.
95 530 U.S. 914 (2000).
96 Neb. Rev. Stat. 28-326(9), 28-328(1) (Supp. 2000)
97 530 U.S. at 930.
98 Id.

유사한 부분출산낙태금지법이 폐지되었다.[99]

이처럼 프라이버시 권리는 낙태에 대한 여성의 결정권을 지속해서 보호하며, 처음 Roe 판결 당시보다는 적은 권리가 인정될지라도 여전히 이는 헌법상 보장되는 권리이다.

4. 미 연방대법원 판례상의 낙태권에 대한 평가

1) 프라이버시 권리로서의 낙태권의 의미

연방대법원은 Roe 판결과 이후의 관련 판결을 통해서 낙태를 결정할 권리를 여성의 헌법상의 프라이버시 권리로 승인했으며, 이는 여성의 삶에 커다란 변화를 가져다 주었다. 낙태는 더 이상 여성에게 위험하거나 처벌을 받는 수치스러운 경험이 아니라 안전하고 정당한 의료선택으로 바뀌었으며, 여성은 범법자에서 권리행사자로 그 지위가 승격되었다. 또한 낙태권을 프라이버시 권리로 승인함에 따라 임신 및 출산과 관련한 여성의 결정이 존중되어야 한다는 것과 모성으로서의 역할이 국가의 강제사항이 아니라 여성의 선택사항임이 확인되었다. 또한 피임에 대한 권리와 함께 낙태에 대한 권리까지 헌법상의 권리로 승인받음으로써 여성은 재생산 및 성의 통제권을 좀더 확실하게 행사할 수 있게 되었다

---

99   이러한 연방대법원의 판결에도 불구하고 2003년 부분출산낙태금지법은 10월 초 하원에서 281 대 142로, 10월 21일 64대 34로 통과되었으며, 11월 6일 부시대통령은 동 법안에 서명했다. 이에 대해서 2004년 6월 1일 샌프란시스코 소재 연방지방법원은 임신 말기 낙태를 금지하는 부분출산낙태금지법을 위헌이라고 판시했다. 필리스 헤밀턴 판사는 첫째, 낙태를 하려는 여성에게 부당한 부담을 가하고 있으며, 둘째 법조문이 명확하지 않아서 헌법에 위배되며, 셋째 산모의 건강을 보호하는데 필요한 예외적 절차를 의무화하지 않았다는 점에서 위헌이라고 판시했다. New York Times, 2004년 6월 2일자 참조.

이와 같이 낙태권을 프라이버시 권리에 기초한 것은 일부 페미니스트 낙태지지자들의 자유주의적 경향을 반영하며,[100] 소송에 대한 신중한 접근방법을 반영한다.[101] 피임에 대한 권리와 낙태에 대한 권리가 가지고 있는 재생산에 대한 결정권으로서의 관련성의 강조는 이러한 승리의 중요한 밑거름이 되었다. 연방대법원의 초기 판결은 전적으로 프라이버시 권리에만 의존했으며, 평등권은 전혀 고려되지 않았다. 또한 법학자나 소송당사자 중 어느 누구도 낙태권을 성평등 구조로 전환하는데 별 다른 관심을 갖지 않았다. 이는 Roe 판결이 여성운동에 커다란 승리를 가져다 주었기 때문이며, 페미니스트들이 굳이 동 판결을 문제삼을 필요를 느끼지 않았기 때문이었다.

하지만 1980년대 이후 Roe 판결이 법적·정치적 논쟁에 휘말리면서 파기되기 쉬워 보이자 프라이버시 권리에 대한 대안적 기초의 연구와 함께[102] 프라이버시 권리에 대한 비판이 등장하기 시작했다. 이러한 점에서 볼 때 연방대법원이 낙태에 대한 권리를 프라이버시 권리로 인정한 것에 대한 비판은 80년대 이후 낙태권이 위기에 처하면서 나타난 것이며 현실적 필요성에 기인한 것이라 하겠다. 이때 그 헌법적 대안으로 제시된 것이 수정헌법 제14조의 평등보호조항을 근거로 한 이론구성[103]이었다. 구체

---

100   Rhonda Copelon, "From Privacy to Autonomy: The Conditions for Sexual And Reproductive Freedom," in *From Abortion to Reproductive Freedom* 32 (Marlene G. Freid ed., 1990).

101   소송에서 승리하기 위해서 선택우선론측은 연방대법원의 선례를 사용했다. 이들이 내세울 수 있는 최고의 선례는 프라이버시 권리를 기본적 권리로 승인한 Griswold v. Connecticut 판결이다. Mark Tushnet, *Abortion* 111 (New York: Facts On File, Inc., 1996).

102   Reva Siegel(1995), supra note 3, at 62.

103   예컨대 Ruth Barder Ginsburg, "Some Thoughts on Autonomy and Equality in Relation to Roe v. Wade," 63 *N.C.L. Rev.* 375, 382-386 (1985); Sylvia Law, "Rethinking Sex and Constitution," 132 *U. Pa. L. Rev.* 955, 1016-28 (1984) 참조.

적 내용은 다소 차이가 있지만 주된 내용은 다음과 같다. 즉 첫째, 낙태를 제한하는 법은 여성의 몸만이 아니라 여성의 역할을 규제하며, 이를 통해 성적 고정관념을 지속시키므로 평등권을 침해한다는 것이다.[104] 즉 낙태규제는 모성이 여성 본연의 역할이라는 전통적인 가정[105]을 전제로 하여 여성에게 출산을 강제한다고 한다.[106] 둘째, 낙태제한법은 남성 지배적 사회에서 동등한 시민권(equal citizenship)[107]을 성취하려는 여성의 오랜 투쟁을 저해한다는 것이다.[108] 즉 낙태를 금지·제한하는 것은 출산을 선택하고 계획할 능력을 여성에게서 제거하여 스스로의 삶을 계획하고, 타인과 관계를 유지하고 임금노동과 공적 생활에 기여할 능력을 광범위하게 제한하는 것이라고 한다.[109] 셋째, 낙태제한법은 특별히 부담스럽고 침해적인 공적규제를 여성에게만 부가하고 있으며, 이는 성차별에 해당한다고 한다.[110] 이처럼 성평등논의를 주장하는 입장은 낙태규제를 여성의 종

104   Reva Siegel(1995), supra note 3, at 64.

105   Sylvia Law(1984), supra note 103, at 1035; Cass Sunstein, *The Partial Constitution* 277 (Cambridege: Harvard University Press, 1993) 참조.

106   Reva Siegel, "Reasoning from the Body: A Historical Perspective on Abortion Regulation and Questions of Eqaul Protection," 44 *Stan. L. Rev.* 261, 377(1992).

107   Karst는 동등한 시민권(equal citizenship)에 대하여 "이는…자신의 장래를 위하여 책임을 질 권리를 포함한다. 인간이란 자신의 운명을 통제함에 있어서 책임 있는 선택을 하고, 또한 객체로서가 아니라 사회에서 적극적으로 참여할 개인의 능력을 존중받아야 하는 것이다."라고 한다. Kenneth Karst, "Foreword: Equal Citizenship Under the Fourteenth Amendment," 91 *Harv. L. Rev.* 1, 58 (1977). 또한 Karst는 낙태문제가 단순히 여성 대 태아의 문제가 아니며, 이는 또한 사회에서 여성의 지위에 대한 문제인 페미니스트의 문제임을 지적했다. Id.

108   Grevers Schmidt, "Where Privacy Fails: Equal Protection and the Abortion Rights of Minors," 68 *N.Y.U.L. Rev.* 597, 622 (1993).

109   Id. 624; 또한 Sylvia Law(1984), supra note 103, at 1017 참조.

110   Sylvia Law(1984), supra note 103, at 1015; Catharine MacKinnon, "Reflections on Sex Equality Under the Law," 100 *Yale. L.J.* 1281, 1321 (1991); Reva Siegel(1992), supra note 106, at 354.

속적 신분이나 고정관념을 강화하는 것으로 보거나 또는 여성에 대한 차별로 보는 것은 낙태에 대한 시각을 모와 태아의 신체적 관계로부터 사회적 관계로 전환하기 때문에 유용하다고 한다. 즉 성평등논의는 프라이버시 논의와 달리 태아가 사람인가에 대한 답변에서 자유로우며,[111] 또한 추상적이고 대립적인 모-태아의 관계로부터 여성이 자녀를 임신, 출산, 양육하는 사회적 관계의 망으로 전화시킬 수 있다는 것이다.[112] 이러한 분석은 미래세대의 복지를 위해서 모성의 사회적 조건을 개선할 필요가 있다는 논의로 자연스럽게 진전되며 여성의 재생산 영역에 대한 억압적 개입에 대한 반대에서 지지적 개입의 요구로 발전될 수 있다고 한다.

그러나 낙태권을 위한 평등권 논의는 프라이버시 권리의 한계를 극복하고자 하는 노력일 수는 있으나 이러한 논의가 전적으로 프라이버시권리를 대체할 수 있는 것은 아니다. 이는 프라이버시 권리에 부차적인 것으로, 혹은 프라이버시 권리를 보완하는 것으로 사용될 때 좀더 여성의 권리 향상에 기여할 수 있다. 왜냐하면 "여성의 자유를 보호할 수 있는 어떤 원칙적 논의가 진전되어야만,"[113] 평등보호 논의가 낙태권을 위한 설득력 있는 헌법적 논의가 될 수 있기 때문이다. 또한 낙태를 위한 평등보호주장은 성 차이를 전제로 하고 있으며 모든 사람이 동일한 성을 가지며 잠재적인 출산자인 경우에는 문제되지 않는다. 대조적으로 낙태를 위한 프라이버시 논의는 성 차이가 부재한다고 해서 당연히 문제되지 않는 것은 아니다.[114] 사적 표현, 인격의 발현, 내밀성과 함께 국가의 사적 영역의 존중의 원리는

---

111   Cass Sunstein(1993), supra note 105, at 279.

112   Frances Olsen, "Unraveling Compromise," 103 *Harv. L. Rev.* 105, 120-121 (1989) 참조.

113   Linda McClain, "The Poverty of "Privacy?", 3 *Colum. J. Gender&L.* 119, 121-122 (1992).

114   Id. at 420, n. 4 참조.

모든 시민이 동일한 성(性)을 가지고 출산이 가능한 가상적 세계에서조차
도 중요한 것이다.

나아가 낙태권에 대한 프라이버시 논의는 다음의 점에서 여성에게 호
소력을 가진다. 첫째는, 여성이 오랫동안 "성적 표현에 대하여 사회가 부
과한 도덕적 통제에 의해서 억압되어졌다는 점"[115]에 있다. 낙태금지법은
출산을 통제할 여성의 능력을 제한했고 이를 통해서 여성이 자유롭게 성
을 향유할 능력을 제한한 것이며 성을 친밀함의 표현으로 여기지 못하도
록 금지했다.[116] 따라서 낙태의 합법화는 원치 않는 임신의 의무와 두려움
을 없앰으로써, 여성의 성적 요구에 대한 억압과 수치를 제거했다. 둘째,
프라이버시 분석의 다른 긍정적인 면은 낙태를 재생산 능력을 통제할 수
있는 모든 여성의 이익이라는 폭넓은 맥락에서 볼 수 있다는 점이다. 이는
연방대법원 판례에서도 보듯이 피임과 낙태와의 관계를 재확립해주며 또
한 낙태를 개별 임산부의 고립적 행위가 아니라 여성의 재생산능력에 대
한 통제라는 전체적 측면에서 볼 수 있게 해준다. 피임에 대한 결정권이
헌법상의 보호를 받는 경우 낙태에 대하여 이러한 보호가 인정되지 않는
것에는 의문이 제기되며, 신중하게 사용된 정기적인 피임조차 실패할 수
있기 때문에 낙태는 개인의 재생산 능력을 통제하기 위해 필요한 부분임
을 강조할 수 있다.[117] 따라서 피임과 낙태의 관련성을 재생산의 통제라는
측면에서 부각시키고 이에 대한 여성의 결정권의 필요성을 강조함으로써
설득력을 가질 수 있게 해준다.

또한 개인의 사적 영역에서 부당한 국가의 간섭 없이 스스로의 삶을 존
중받는 것은 중요하며, 이러한 프라이버시 권리는 재생산을 둘러싼 결정권

---

115   Frances Olsen, "Statutory Rape: A Feminist Critique of Rights Analysis," 63 *Tex. L.
       Rev.* 387, 388 (1984).

116   Frances Olsen(1989), supra note 112, at 110.

117   Id. at 111.

의 영역에서도 마찬가지로 존중받아야 되는 것이다. 따라서 이를 프라이버시 권리의 영역에서 제외시켜 평등권으로만 이해하려는 것은 남성과 달리 여성이 사적 영역에서 향유할 권리를 포기토록 하는 것이다. 또한 평등보호의 문제로만 보게 되면, 여성의 재생산적 필요들이 남성 삶의 모델에 대한 공적 담론 속에서 만들어져야만 한다. 프라이버시의 문제로 보면 여성은 자신이 구하는 자율성이 남성이 향유하는 것과 엄밀하게 유사한 것인가 보다는 오히려 스스로의 특유한 경험이 반영되도록 주장할 수 있게 된다.

따라서 낙태권은 여성의 사적 영역에서의 선택 및 결정으로서의 의미가 강조되며, 이는 기본적으로 프라이버시 권리로 보장되어야 하는 것으로서 평등권은 이에 부차적인 것이다. 연방대법원도 전적으로 프라이버시 권리에 근거하여 낙태문제를 다루고 있으며, 다만 Casey 판결에서 "국가의 경제적 사회적 삶 속에서 동등하게 참여할 여성의 능력은 자신들의 재생산적 삶을 통제할 능력에 의해서 증진된다."[118]는 점을 지적하고 있다.

2) 낙태권의 구체적 보장수준에 대한 평가

여성의 낙태에 대한 프라이버시 권리가 승인된 후 이를 재승인하기까지의 과정에서 살펴보았듯이 연방대법원 판결에서 보여지는 여성의 권리는 항상 동일한 수준의 보장을 받아온 것은 아니다. 또한 여성의 낙태에 대한 프라이버시 권리를 보장함에 있어서도 동 권리가 단순한 침해의 배제에서 나아가 적극적으로 이의 보호를 요청할 수 있는 권리인지와 관련해서도 연방대법원은 이를 부정적으로 보고 있다.

먼저 연방대법원은 낙태에 대한 프라이버시 권리를 일관되게 동일한 수준의 것으로 보장하고 있지는 않다. 또한 과거 Roe 판결이 내려질 당시보다 현재 미국 여성이 더 적은 프라이버시 권리를 향유하고 있다고 볼 수

118   505 U.S. at 856.

있다. 이는 두 가지 측면에서 설명될 수 있다. 그 하나는 Roe 판결에서 여성의 프라이버시 권리를 인정하면서도 모의 건강과 태아의 잠재적 생명을 필요 불가피한 주의 이익으로 인정함에 따라[119] 주가 계속해서 여성의 낙태권에 개입할 여지를 남겨두었다는 점이다. 즉 여성에게 낙태에 대한 결정권이 프라이버시 권리로 인정되었으나 이후 주는 여성의 건강과 태아의 잠재적 생명을 보호하기 위한 것이라는 점을 강조하면서 다양한 절차적 규제를 지속적으로 도입하여 여성의 권리를 간섭하고 방해해 왔다. 앞서 보았듯이 연방대법원은 Roe판결 이후 상당 기간 동안은 이러한 절차적 규제에 대해서 여성의 프라이버시 권리의 침해로 인정하여 이를 확고하게 보장하는 태도를 취해 왔으나, 1989년 Wester 판결이후에는 태도를 바꾸어 이러한 규제를 점차 허용되기 시작했으며 여성의 프라이버시 권리는 실질적으로 위축되기 시작했다. 또한 92년의 Casey 판결은 Roe 판결의 중요한 틀로서 임신 처음 3개월 동안은 여성의 프라이버시 권리를 절대적으로 보장한 3개월 기간구분법을 포기했으며[120] 주가 태아와 모의 이익을 임신전기간동안 보호할 수 있다고 함으로써 그 개입을 더욱 허용하였다.

또 다른 하나는 전자와 연결되어 있을지라도 주의 낙태규제에 대한 연방대법원의 심사기준의 변화에 의한 것이다. 1992년 Casey 판결은 종래 여성의 프라이버시 권리를 제한하려는 주의 규제에 대하여 필요 불가피한 이익을 요구하던 엄격심사기준이 아니라 보다 완화된 부당한 부담심사기준을 적용하였고, 이를 통해 주가 이전보다 손쉽게 여성의 낙태권을 규제할 수 있도록 했다.[121] 예컨대 엄격 심사기준하에서는 위헌으로 선언되었던 대기기간 요건이나, 의사가 수술전 낙태에 대한 정보와 상담을 제공

---

119   410 U.S. at 162-164 참조.
120   505 U.S. at 873.
121   Id. at 877.

하도록 한 요건 등이 부당한 부담심사기준하에서는 합헌으로 선언되어 여성의 낙태에 대한 권리를 제한할 수 있게 되었다.[122] 이러한 완화된 심사기준의 적용은 주의 다양한 절차적 규제의 도입을 유도하며, 또한 그 기준의 모호성으로 인해서 사법부의 판단과 개입을 이전보다 확대시킬 수 있다. 또한 왜 심사기준이 변화해야 되는지에 대해서 충분한 설명없이 새로운 기준의 대강만을 제시함으로써 많은 논란을 제기했다. 하지만 Carhart 판결에서 보듯이 이제는 낙태권에 대한 독자적인 사법심사 기준으로서 확고하게 자리를 잡고 있다.[123] 그렇다고 하더라도 부당한 부담심사기준의 적용은 헌법상의 근본적 권리로서의 낙태에 대한 결정권을 손상시키며 여성의 프라이버시 권리에 가해질 수 있는 제한을 손쉽게 정당화할 수 있다는 점을 간과해서는 안될 것이다. 적어도 동 심사기준의 구체적 적용범위와 내용을 명확히 하여서 여성의 낙태에 대한 프라이버시 권리가 명목상의 권리가 되지 않도록 해야 할 것이다.

다음으로 여성의 낙태권의 구체적 보장수준의 문제는 여성의 프라이버시 권리가 낙태에 대한 결정권을 침해받지 않을 소극적인 권리인지, 혹은 이것이 충분한 결정을 보호하도록 요구할 수 있는 권리의 문제인지와 관련되어 있다. 이를 가장 잘 나타내 주는 것이 낙태에 대한 공적자금지원의 문제이다. 하지만 낙태에 대한 공적자금 규제가 여성의 프라이버시 권리를 제한하는 것이 그 실질적 목적임에도 불구하고 상대적으로 성공을 거둘 수 있었던 것은 연방대법원이 프라이버시 권리를 소극적 권리로만 이

---

122 Id. at 900-901 참조.

123 Casey 판결에서 부당한 부담심사기준이 3명의 판사에 의해서 지지되었던 것과 달리, Carhart 판결에서는 부당한 부담심사기준은 명백히 다수의견으로서 지지되었다. 즉 브레이어 판사의 법정의견에 스티븐스, 오코너, 사우터, 긴스버그 판사가 참여하였다. 더욱이 Carhart 판결의 반대자들조차 Casey 판결을 선례로 받아들여 이를 따랐으며, 부당한 부담심사기준을 적용하였다.

해했기 때문이다.

예컨대, 1976년 Maher v. Roe 판결과 1980년의 Harris v. McRae 판결 [124]에서 법원은 여성의 프라이버시 권리가 단지 정부 침해로부터의 보호에 한정된다는 입장을 견지했다. 지속적으로 법정의견은 이전의 선례들은 단지 직접적인 정부의 간섭 없이 낙태를 선택할 여성의 근본적 권리를 확립한 것에 불과하며, 이것이 가능한 선택을 위한 재정적 지원을 얻을 수 있는 헌법적 자격을 의미하지는 않는다고 판시했다.[125] 이후의 Webster v. Reproductive Health Services 판결[126]에서도 이러한 입장은 지속되어, 동 법원은 낙태 서비스를 위해서 공적 시설이나 공적 자금의 사용을 금지한 주법을 지지했다. 하지만 Harris v. McRae 판결의 브레넌 판사의 반대의견처럼, "Roe 판결과 그 후속판결[127]이 주에게 낙태를 희망하는 모두에게 이를 보장할 적극적 의무를 부과하지는 않았다. 그러나 주가 임산부의 낙태여부에 대한 결정에 부담이 되는 방식으로 거대한 권력을 휘두르거나 영향을 미치는 것은 금지된다"[128]고 하겠다.

임신을 한 여성은 출산이나 낙태 두 가지 선택만이 가능하다. 그런데 이중 임신의 경우에만 공적 자금을 지원하는 것은 그 의도와 효과가 가난한 임산부에게 출산을 강제하려는 것이기 때문에 이는 명백히 헌법상 보호되는 여성의 결정권을 제한하는 것이다. 또한 여성의 선택의 자유를 방해하는 것은 단순히 여성 스스로의 가난 때문만은 아니며 가난과 결부된 정부의 낙태와 출산에 대한 불평등한 자금보조, 공권력의 개입에 의한 것

---

124 448 U.S. 297 (1980).

125 Id. at 316.

126 492 U.S. 490 (1989).

127 예컨대, Doe v. Bolton, 410 U.S. 179 (1973); Planned Parenthood of Central Missouri v. Danforth, 428 U.S. 52 (1976); Bellotti v. Baird, 443 U.S. 622 (1979).

128 448 U.S. 297, at 330.

이다. 따라서 여성에게 낙태를 선택할 프라이버시 권리가 헌법상 인정되는 이상, 정부는 공적자금 사용을 거부하여 가난한 여성의 낙태능력을 제한할 수 없다. 뿐만 아니라 낙태에 대한 공적자금 규제는 가난한 여성, 특히 그들 중 다수인 유색여성의 권리를 제한하는 것으로서, 여성중 일부가 낙태에 대한 권리를 부인당할 경우 결국에는 모든 여성이 그 권리를 상실할 수 있다는 점이 지적[129]될 수 있다.

나아가 일부 학자들은 이러한 연방대법원의 판결에 대해서 낙태에 대한 권리가 평등권에 근거했다면 다른 결과를 가져왔을 것이라고 주장[130]하면서 프라이버시 권리에 책임을 돌리고 있다. 그러나 이러한 가정은 별로 설득력이 없는데 그 이유는 미국 헌법하에서 평등보호 논리 역시 항상 가난한 자에게 다른 시민과의 실질적 평등을 위해 필요한 것을 제공하지는 않았기 때문이다.[131] 또한 의학적 낙태에 대해 자금지원을 하는 것에 대한 진정한 반대는 도덕적·종교적으로 낙태가 옳지 않다고 느끼는 개개인들의 반대이지 프라이버시 권리라는 개념 자체에 대한 것은 아니다. 따라서 낙태자금 거부와 관련하여 프라이버시 권리를 비난하거나 평등권만으로 근거지우려 하는 것은 역시 타당하지 않다고 하겠다. 또한 재생산에 대한 선택권에 대해서도 이에 적극적 성격을 부여하여 낙태자금거부 문제를 해결할 수 있으며, 해결하려는 노력이 있어 왔다. 예컨대 낙태자금 거부에 대응하여, "적극적 재생산의 자유는 정부에게 개인이 재생산적 결정을

---

129   Nancy Sterns, supra note 74, at 7 참조.

130   일반적으로, Cass R. Sunstein, "Neutrality in Constitutional Law-With Special Reference to Pornography, Abortion and Surrogacy," 92 *Colum. L. Rev.* 1 (1992); Catharine A. Mckinnon, "Reflection on Sex Equality Under the Law," 100 *Yale L.J.* 1281 (1991); France Olsen, supra note 111; Ruth Colker, "Feminism, Theology, and Abortion: Toward Love, Compassion, and Wisdom," 77 *Calif. L. Rev.* 1011 (1989) 참조.

131   Anita L. Allen, "The Proposed Equal Protection Fix for Abortion Law: Reflection on Citizenship, Gender, and the Constituion," 18 *Harv. J.L.&Pub. Pol'y* 419, 452 (1995).

자유롭게 내릴 수 있도록 보장할 의무가 있다"[132]는 반박이 행해지고 있다.

이처럼 미국 연방대법원은 낙태에 대한 결정권을 프라이버시 권리로 보장하고 있음에도 불구하고, 그 실질적 보장 부분에서는 완전한 프라이버시 권리를 여성에게 인정하지 못하고 있다. 이는 낙태 그 자체에 대한 반대여론이나 주의 지속적인 개입에 의한 것이며, 그렇다고 하더라도 이것이 프라이버시 권리 그 자체의 의미를 손상시킬 수는 없다. 여성의 낙태에 대한 프라이버시 권리는 더욱 그 보장을 위한 노력이 필요한 것이며 단순히 다른 권리를 대안으로 삼는다고 해서 그 이상으로 완전하게 보장받는다고 보기는 어렵다.

5. 결론

낙태 여부를 결정할 권리는 여성에게 중요한 것이며 미국 여성의 경우 이를 헌법상의 프라이버시 권리로 보장받음으로써 불법낙태와 처벌의 위험으로 벗어날 수 있게 되었다. 미연방대법원은 1973년 Roe 판결을 통해서 이러한 변화를 주도했으며 여성이 사적 영역에서 내리는 내밀한 결정권이 존중받도록 해주었다. 또한 피임에 대한 권리와 함께 낙태에 대한 권리를 승인함으로써 여성이 출산에 부담으로부터 자유롭게 스스로의 삶을 계획하고 영위할 수 있도록 해주었다. 그러나 법원이 지적했듯이, 이는 무제한적인 절대적 권리로서가 아니라 여성의 건강이나 태아의 잠재적 생명을 고려하여 일정한 제한이 인정되는 권리이다. 하지만 태아의 잠재적 생명을 인간의 생명권과 동일하게 보아 여성의 낙태권을 전적으로 금지하려 하거

---

132   Rachael N. Pine&Sylvia Law, "Envisioning a Future for Reproductive Liberty: Strategies for Making the Rights Real," 27 *Harv. C.R.-C.L.L. Rev.* 407, 421 (1992).

나 정당한 이유 없이 여성의 낙태에 대한 헌법상의 권리를 실질적으로 제한하려는 다양한 규제들은 헌법상 프라이버시권리에 대한 위헌적 침해이며 허용될 수 없다. 또한 연방대법원이 여성의 낙태에 대한 프라이버시 권리에 대하여 이후 주의 개입을 다소 허용하면서 이러한 절차적 규제에 대하여 좀더 완화된 심사기준을 적용하고 있지만 이는 여성의 프라이버시 권리의 충실한 보장을 위해서 바람직하지 않다고 하겠다. 여성이 스스로의 삶 속에서 선택을 내릴 수밖에 없는 상황이나 여성이 내리는 최종적 판단은 존중되어야 하며 이러한 사적 영역에서의 결정권의 보호는 프라이버시 권리를 통해서 큰 의미를 가진다고 하겠다.

또한 임신을 중지시킬 수 있는 권리는 남성과 동등하게 사회·경제적 영역에 참가하기 위해서 여성에게 필요하다는 점에서 평등권적 논의도 이에 대한 부수적인 논거로 고려될 수 있다. 또한 모성이 여성에게 자연적인 것이며 본질적 임무라는 고정관념이나 가정에 근거하여 낙태를 금지하려는 논의는 차별이 내포된 것일 수 있다. 하지만 평등권이 낙태에 대한 헌법적 논의를 전적으로 대체할 수는 없는 것이며, 프라이버시권리와 함께 보충적으로 사용된다면 더욱 충실한 여성의 권리보장에 기여할 수 있을 것이다.

그리고 낙태를 둘러싼 많은 논쟁, 실질적인 이해관계의 대립과 추상적인 권리의 부딪힘 속에서 흔히 여성의 필요나 권리는 무시되어 왔지만 여성의 삶에 대한 국가의 강제적 개입보다는 여성의 필요를 실질적으로 지원하면서 여성의 결정권을 존중하는 방향으로의 접근방식이 좀더 합리적이다. 따라서 미연방대법원이 프라이버시 권리로서 여성의 낙태에 대한 결정권을 승인한 것은 여성의 이해와 필요를 고려한 것으로서 우리의 낙태문제를 해결할 때도 시사하는 바가 크며, 이후 초기의 태도보다 그 구체적 보장수준을 낮춘 것은 다소 문제가 있지만 동 권리를 기초로 해서 낙태문제를 판단하며 그 구체적 보장 수준을 조절하는 기본적 접근방식은 타당하다고 하겠다.

제6장

범죄에서 권리로:
재생산권으로서의[1] 낙태권

양현아 (서울대학교 법학전문대학원 교수)

1. 문제제기

한국에서 낙태(abortion)[2]는 여러 겹의 미스터리에 싸여 있는 주제이다.

[1] Reproductive rights는 출산권, 생식권으로도 번역될 수 있다. 하지만, 출산권은 재생산권의 주요 요소인 출산(childbirth)으로 한정시킬 수 있고, 또 재생산권이 여성에게 특히 유의미한 권리이지만, 출산권이라는 용어는 배타적으로 여성에게만 해당하는 권리로 이해될 소지가 있다. 또한, 생식권은 생물학적 의미를 강하게 가진다는 점에서, 재생산 활동의 사회적이고 역사적인 차원을 담지하기에 적절하지 않다. 하지만, 한국에서 '재생산' 개념은 주로 경제적 용어로 이해되기에 그 어감이 생경하다는 단점도 있다. 본 연구에서 재생산이란 성관계, 임신, 출산, 양육에 이르는 '인간의 재생산'을 의미하며, 이런 일련의 활동이 가지는 생리적, 경제적, 사회적 제 측면을 지칭한다.

[2] 우리 법률상 낙태와 인공 임신중절의 의미는 동일하지 않다. 낙태란 '태아를 자연분만기에 앞서서 인위적으로 모체 외로 배출하거나 태아를 모체 안에서 살해하는 것을 내용으로 하는 범죄'이지만, 모자보건법상 인공 임신중절수술은 태아가 모체 외에서 생명을 유지할 수 없는 시기에 태아와 그 부속물을 인공적으로 모체 외부에 배출시키는 수술을 말한다고 규정하고 있다(모자보건법 제2조 6호). 하지만, 이렇게 낙태를 규정할 때, 인위적으로 태아를 모체 외에 배출하였으나 태아의 생명에는 지장이 없는 경우도 낙태죄에 해당한다는 부당한 결과를 낳게 된다. 이를 감안하여, 이 글에서 낙태는 인공 임신중절과 동일한 개념으로 사용할 것이

먼저, 법과 현실의 괴리라는 미스테리이다. 한국은 모자보건법상 명시된 사유를 제외하고는 형법에서 낙태를 원칙적으로 범죄로 규정하고 있지만, 사회현실에서 낙태는 공공연히 행해져 왔다. 2001년 한국보건사회연구원의 연구에 따르면, 15-44세 유배우 부인을 대상으로 한 조사에서 여성들의 낙태 체험비율은 1994년 49.2%, 1997년 45.2%, 2000년 39.2%의 추세로서 감소세를 나타내긴 하나, 여전히 높은 수치이다. 유배우 부인이 치른 낙태 회수가 해당 연고에 각각 0.84, 0.74, 0.65를 기록함으로써(www.kihasa.re.kr), 한국의 여성들에게 낙태가 얼마나 만연한 경험인지를 가감 없이 보여준다. 기혼여성들 중에 2회 이상 낙태를 경험한 여성들의 비율도 해당 연도에 각각 20.9%, 19.3%, 17.1%를 기록한다. 미혼여성의 경우는 낙태를 드러낸다는 것이 쉽지 않기에 그 경험은 암흑에 가려 있다고 해도 지나치지 않다.[3]

이렇게 전체 낙태건수 파악조차 불분명하지만, 연간 150만 건에서[4](형사정책연구원, 1990) 100만건[5](박숙자, 2000)사이로 추정되고 있어 한국을 '낙태천국'이라고 부름직하다.[6] 그럼에도 낙태로 인해 법의 처벌을 받는 경우는 매우 희소하여 1980년에서 99년 사이 매년 기소건수는 10여건 내외

며, 의사가 그 시술 주체이지만 여성의 '낙태행위'라는 표현으로 여성의 낙태 결정과 낙태 시술을 치러내는 일련의 경험을 지칭하고자 한다. 앞으로는 '임신종결(termination of pregnancy)'과 같이 임산부 행위 주체를 드러낼 수 있는 용어를 보다 널리 사용해야 할 것이다.

3 서울의 낙태 전문 산부인과 의원들을 취재한 결과 의원장 월 30-50건의 낙태가 이루어지고 이중 절반 정도가 미성년자 낙태이고 나머지는 20대 미혼여성이며 기혼여성의 낙태는 거의 없다고 응답하고 있다(이영란, 「한국의 낙태실태와 형법상 낙태죄」, 『한국형사법학의 새로운 지평』, 오선주 교수 정년기념논문집, 2001, 297면).

4 한국형사정책연구소(신동운 외), 『형법 개정과 관련하여 본 낙태죄 및 간통죄에 관한 연구』 1990.

5 박숙자, 「여성의 낙태 선택권과 입법과제 연구」, 『한국여성학』 17권 2호, 2001.

6 예컨대 한국에 비해 인구가 5배 정도가 되는 미국의 연간 낙태율은 160만 건 정도로 보고된다.

이다.[7] 법률상 낙태금지주의에도 불구하고 사실상의 규제 불가능성은 낙태 관련 법에 대한 근본적 성찰을 요청하는 가장 중요한 근거이다.[8]

둘째, 한국에서 찬낙태 담론의 부재라는 미스터리이다. 유배우 여성의 45% 정도가 한 번 이상 낙태를 한다고 할 때, 낙태는 한국 여성들에게는 만연한 체험이다. 그럼에도 이렇다 할 여성 낙태 체험자 입장에서의 담론이 형성되어 있지 않다. 서구와 달리 한국의 여성주의 운동에서는 글쓴이가 아는 한 낙태가 중심적 어젠다가 된 적이 없다. 낙태현상에 관한 조사를 시도해보면, 한국 사회의 낙태에 관한 담론은 곧 낙태 반대의 담론이라는 것을 쉽게 알 수 있다. 낙태에 대한 담론은 종교계가 중심이 되어 생명윤리를 주요 근거로 한 반대 담론만이 낙태 담론의 대세를 이루고 있다. 이렇게 낙태가 만연함에도 여성들과 여성운동의 목소리는 형성되지 않았고, 여성의 프라이버시권 혹은 평등권을 근거로 하여 낙태를 찬성하는 입장은 더더욱 만나기 어렵다. 이렇게 한국에서 낙태는 만연하되, 불법적이고 음성적으로 이루어진다. 이 과정에서 여성의 체험은 사적인 것이 되므로 공유되지 않았고, 불법적인 것이므로 지지되지 않았다.

셋째, 일반적으로 낙태죄의 보호법익은 태아의 생명과 임산부의 건강(생명과 신체)으로 말해지는데, 태아의 생명이 주된 법익이고 임부의 건강은 부차적 법익이라는 것이 형법학계의 다수설이다. 이로써 낙태죄에 대해서는 더 이상 논의를 계속할 필요가 없어 보인다. 모자보건법상 허용사유에 해당하지 않는 경우, 여성의 자기 낙태 행위는 형법상 처벌대상이 되

---

7   한국형사정책연구소(신동운 외),『형법 개정과 관련하여 본 낙태죄 및 간통죄에 관한 연구』, 1990; 대검찰청,『검찰연감 2000』, 2000.

8   그럼에도 1992년 마련된 형법 개정안에 포함되었던 낙태에 대한 허용 규정이 개정부분에서 제외되었다. 이때에도, 낙태죄에 관해서는 여성을 죄인시하고 더욱 엄격히 규제해야 한다는 목소리가 힘을 얻었을 뿐이다(박숙자,「여성의 낙태 선택권과 입법과제 연구」,『한국여성학』, 17권 2호, 2001, 88면).

는 범죄이다. 그런데, 여성의 자기 낙태 행위의 처벌근거가 생명존엄성이라는 보호법익의 침해에 있다면, 낙태를 견디는 100만 이상의 한국의 여성들의 행위는 배아 및 태아의 생명 무시에 비롯된 행위라고 해석할 수밖에 없게 된다. 그렇지만, '생명존엄' 가치의 부족으로 100만 건 이상의, 대부분의 성인 한국 여성이, 낙태를 감행한다면 그것은 이상한 일이 아닌가. 대법원 판례에서는 "생명은 잉태된 때부터 시작되는 것이고 회임된 태아는 새로운 존재와 인격의 근원으로서 존엄과 가치"를 지닌다고 판시한 바 있다.[9] 여기서, 태내의 생명에게 태어난 인간과 마찬가지의 법적 권리를 부여할 수 있는 것인지에 대해서 논의해야 하지만, 더욱 의문이 드는 것은 낙태에 걸려 있는 여성의 이익이란 것에 대한 법원의 이해이다. 낙태를 선택하는 여성의 이익이 '여성의 건강'으로 말해지는 생물학적 측면으로 국한된다면 낙태와 관련된 여성의 이익이란 애초에 '생명존중'에 비해 하위의 것으로 간주될 수밖에 없을 것이다. 임신 종결에 따르는 이익이 단지 임부의 건강문제이기만 하며, 또 이때의 '여성 건강'이란 정확히 무슨 의미인가.[10] 낙태를 선택함에 의해 보호되는, 혹은 낙태권이 주어지지 않을 때 훼손되는, 여성의 이익이 무엇인지에 관해서 우리는 좀더 논의해야 한다.

연관하여, 태아의 생명존중이라는 지배적 담론에 있어서 어머니 목소리는 찾기 어렵다. 생명가치는 지고하고 어떤 가치보다는 우월하다는 윤리의식은 낙태 반대의 가장 강력한 근거가 되어왔고 비록 낙태를 실행한다고 할지라도, 여성들에게 큰 죄책감과 책임감을 부과한다. 카플론(R. Copelon)은 법률상 '태아우선주의(fatal supremacy)'가 존재한다고 하면서, 태아우선주의하에서 여성은 한 번도 몸으로 임신하고 낳고 키우는 주체

---

9   대법원판례 1985.6.11, 84도 1958.
10   여성들은 대부분 건강상 이유로 낙태를 선택하는 것이 아니라, 건강을 해침에도 불구하고 낙태를 선택한다. 뒤에서 볼 것처럼, 출산이 아니라 낙태도 여성의 건강과 때로는 생명을 해하는 행위이다.

임이 인정된 적이 없다고 지적한다.[11] 흥미로운 것은, 임신, 출산과 같이 배타적으로 여성이, 양육과 같이 대체로 여성이 담당하는 '재생산 활동' 이야말로 생명을 창조하고 육성하는 행위인데 기존의 '생명 존중 담론'에서 여성이라는 주체는 발화자도 행위자도 아니라는 점이다. 누가 과연 이제까지 말하지 못하는 '태아의 생명' 가치를 대변해온 것일까. 과연 여성의 낙태 선택은 '반생명적'인 행동인가. 낙태를 선택하는 어머니 추론(maternal reasoning)에 내재한 '생명존중론'을 제시할 필요가 있다.

특히 저출산 사회의 맥락에서 여성의 재생산 활동에 대한 연구가 필요하다. 한국은 지난 40여 년간 실시한 가족계획 정책의 결과, 이제 급속하게 저출산 국가에 진입하였다. 정부는 이에 따라 각종 출산장려책을 마련하고 뒤늦게 모성지원을 포함한 육아정책을 수립 중에 있다. 이러한 정책이 마련된다고 할지라도, 과거 가족계획 정책을 반사시켜 볼 때, 여성은 다시금 정책의 대상, 출산과 양육을 위한 도구라는 지위로 전락할 수 있다. 저출산-고령화 사회라고 해서 여성의 임신, 출산, 양육을 포괄하는 재생산 능력에 대한 사회적 인정이 보장되는 것은 아니다. 이런 사회적 맥락에서 여성 그리고 모든 인간이 가지는 재생산 능력과 활동을 인권의 견지에서 그 의미를 전환시킬 필요가 있다. 그럼에도, 한국의 법 연구 및 여성주의 연구에서 재생산권에 대한 연구를 찾아보기 어렵다. 이 글은 재생산 권리의 의미를 이해하고, 여성의 낙태권리를 여성의 재생산 활동(임신, 출산 혹은 낙태, 양육)의 중요한 한 측면으로 재해석할 것이다. 여성의 낙태 경험이 재생산 구조로부터 분절되어 그것만이 처벌되거나 허용될 때, 여성의 낙태는 여전히 소외된 경험으로 남을 수 있다.

널리 알려진 대로, 서구에서 낙태운동은 '선택옹호론 대 생명옹호론

---

11   Rhonda Copelon, "Danger-A Human Life" Amendment is on the Way," in Ms. February 1981.

(pro-choice v. pro-life)'의 구도 속에서 놓여져 있었고, 미 연방대법원은 프라이버시권을 중심으로 여성의 낙태 선택을 허용하는 논리를 구축해 왔다. 하지만 한국에서의 낙태행위는 미국 등 서구와는 상이한 사회적 맥락을 가진 것으로 보인다. 1960년대 이후 실행된 한국의 가족계획운동은 경제개발과 관련된 맬더스 이론에 입각하여, 국가는 경구피임약, 정관수술, 난관수술 등 각종의 피임방법을 적극적으로 보급하고, 소가족의 이상 등의 표방을 통하여 저출산장려정책을 시행해왔다. 국가의 저출산 장려정책은, 피임 없는 성관계 그리고 원치 않는 임신의 결과에 대한 최종 대책으로서 낙태를 간접적으로 허용하는 결과가 되었다.[12] 또한, 한국의 문화와 법제에 따른 '남아 선호관'의 지속은 의학기술의 발달과 함께 태아 성감별을 가능케 하는 역설을 가져와 여아낙태가 행해져 온 역사가 있다. 미혼여성들의 임신의 경우, 낙태는 더더욱 선택이라고 하기 어렵다. 미혼임신 여성들은 만약 자신이 출산을 할 경우 자신과 자녀가 받게 될 법적, 사회적, 경제적 차별을 예견한다는 것은 전혀 어려운 일이 아니기 때문이다. 이렇게, 낙태는 표면적으론 음성화된 여성의 선택이지만, 여러 사회구조적 힘들에 떠밀린 강요된 선택이다. 한국 여성들에게 결여된 것이 단지 '낙태하고 싶을 때 낙태할 자유'가 아니다.

이는 다음과 같은 의미에서이다. 첫째, 법률이 아닌 사회적 의미에서는 한국 여성들은 이미 낙태의 자유를 행사한다고 할 수도 있다. 무엇보다 낙태가 만연하기 때문이다. 하지만, 가족계획, 남아 선호, 소자녀관, 미혼여성의 출산기피 등은 모두 개인의 선택이 아닌 사회적 현상들로서, 이러한 경우의 낙태를 여성의 '선택옹호론'으로 잘 설명되지 않는다. 여성

---

12   1973년의 모자보건법은 가족계획사업을 추진하기 위한 정부 정책의 일환으로 제정되었음을 부정하기 어렵다. 배은경, "한국 사회 출산조절의 역사적 과정과 젠더-1970년대까지의 경험을 중심으로," 서울대 박사학위논문, 2004 참조.

이 원하지 않더라도 낙태를 감행해야 하는 경우까지 있다. 둘째, 미혼여성 또 어떤 기혼여성에게 드러나는 것처럼 그녀들에게는 태아를 낙태할 자유 뿐 아니라, 아이를 낳을 자유도 없다. 법은 낙태를 금지하지만 사회에서 낙태는 만연하고, 그 낙태는 '선택옹호론'의 낙태와도 거리가 있다. 그렇다면 현행 낙태죄의 개정론에 있어 한국의 낙태 특성은 어떠한 법리 위에서 포섭해야 할 것인가.

필자는 우리 사회의 낙태에 대한 (여성주의) 법학 연구는 낙태 자체에 대한 찬반 입장에 국한될 것이 아니라, 낙태 및 출산이 이루어지는 사회 시스템적 접근과 이 시스템 속에서 자기 방어를 가능케 하는 좀더 포괄적인 여성 권리 이론을 구성할 것을 요청받고 있다고 생각한다. 요컨대, 여성의 낙태행위를 범죄의 개념으로부터 여성의 권리의 개념으로 탈바꿈할 수 있는 패러다임의 전환이 필요하다.

이러한 문제의식에 따라, 본 연구의 내용은 다음과 같이 구성된다. (1) 미국을 중심으로 한 프라이버시권의 의미와 그 비판론을 소개함으로써, 낙태권리에 대한 여성주의적 해석론을 살펴보고자 한다(2장). (2) 한국에서 일어나는 낙태의 사회적 성격을 살펴보기 위하여 낙태가 놓여 있는 맥락을 여성의 입장에서 이념형적으로 구성하고 그 안에서 낙태를 수행하는 여성의 사유에 대해 논의한다. 이에 비추어서 현행 낙태규제법의 문제점을 지적한다(3장). (3) 다음에는 국제법적으로 형성되어 온 재생산권 개념에 대해 살펴본다(4장).

2. 여성주의 법학의 낙태권 구성

본 장에서는 여성주의 법학에서 행해진 낙태권에 대한 구성논의를 살펴볼 것이다. 주로 미국에서 전개된 프라이버시권으로서의 낙태권에 대한 비판론과 이에 대한 대안적 의견을 검토할 것이다. 이러한 논의는 프라이버시 권리론을 비판하고자 함이 아니라, 재생산권리와 같은 보다 포괄적 권리가 어째서 요청되는지 그 이론적 근거를 마련하는 의미를 가질 것이다.

1) 평등권 침해로서의 본 낙태규제

낙태규제를 평등권의 침해의 관점에서 보는 입장은 크게 둘로 나누어 살펴본다. 먼저 여성의 낙태권리를 미국 헌법이 보장하는 평등보호의 관점에서 주장하는 실비아 로(Sylvia Law) 교수와 긴즈버그(Ruth Ginsburg) 대법관의 견해이고, 낙태규제법이 여성을 신분계급으로 고정화시킨다는 점에서 반평등(反平等)적이라는 시겔(Reva Siegel)을 중심으로 살펴본다.

(1) 평등 보호론

먼저 로(Law)는 국가가 여성에게 낙태를 허용하지 않는다면, 그것은 자연과 국가가 모두 원치 않는 부담을 여성에게만 부가하는 것이라고 주장한다.[13] 헌법적 평등원리에 따라 여성의 재생산에 관한 생리를 지배하는 법이 (1) 여성억압 혹은 개인 자유를 제약하는 문화적으로 주입된 성 역할을 영속시키는데 유의미한 효과를 내는지 여부(불평등효과), (2) 낙태접근 제한이 국가 목적을 성취하는 가장 바람직한 수단인지(수단의 적정성) 입증할 책임이 국가에게 있다.

로가 보기에, 낙태규제법이 원하지 않는 임신을 한 여성에게 주는 부담은 막대하다. 그 법은 첫째, 여성의 신체에 대한 침해를 강요한다. 임신의 신체적 부담은 경미한 불편과 신체적 개입, 그리고 건강과 생명 자체에

---

13   Sylvia Law, "Rethinking Sex and the Constitution," 132 *Pennsylvania Law Review*, 1984.

대한 항구적 손상의 위험을 언제나 가지고 있는데, 그것은 낙태의 위험보다 훨씬 더 큰 것이다. 둘째, 여성의 낙태 접근 제한은 여성의 자기 결정 능력을 극적으로 손상시킨다. 임신이란 여성의 삶을 언제라도 폭력적일 정도로 변화시킬 수 있다. 인간됨이란 자신의 운명 결정에 있어 선택을 할 자신의 능력을 존중하고, 사회에서 객체가 아닌 적극적 참여자가 되는 것인데, 낙태를 거절당하는 것은 여성의 책임 있는 시민으로서의 능력의 거절이다. 셋째, 아이를 가질까 여부는 매우 복잡한 도덕적 실용적인 결정이다. 현재의 자기 조건과 아이를 직접 돌보거나 돌볼 사람들의 고려를 포함한다. 종교를 가지지 않은 많은 여성의 경우에도 그 선택은 양심적인 것이다. 낙태 접근에 제한을 가함으로써 국가는 여성이 독립적이고 도덕적인 의사결정자라는 능력을 부인하게 된다. 넷째, 낙태 제한은 이성애적 여성들이 성적 표현을 할 능력에 제약을 가한다. 이상과 같은 근거 위혜, 재생산에 대한 통제는 평등한 사람으로 살 여성의 능력에 필수 조건이라고 결론짓는다. 오늘날 재생산의 자유는 피할 수 없이 여성의 평등과 자유의 핵심 문제라는 것이다. 낙태규제법이 여성의 의사결정 능력을 부인하는 것에 해당한다는 지적은 매우 중요하다고 보인다.

한편, 긴즈버그 대법관은 낙태규제를 재생산 자율성(reproductive autonomy)과 성별에 따른 차별(gender based classification)의 상호 관련된 문제로서 논한다. 미 연방대법원은 Roe v. Wade 판결에서 문제되었던 실정법 규정에 관해 판단하는데 그치지 않고 양성평등 문제에 대해 주목했어야 했다고 주장한다.[14] 이미 Reed v. Reed 판결에서[15] 성별에 대한 전통적

---

14   Ruth Bader Ginsburg, "Some Thoughts on Autonomy and Equality in Relation to Roe v. Wade," *North Carolina Law Review*, 63, reprinted in Frances L. Olsen(ed.) *Feminist Legal Theory I:Foundations and Outlooks*, New York: New York University Press, 1995.

15   404 U.S. 71(1971). 피상속인과 동일한 법률상 관계를 맺고 있는 남녀가 있을 경

스테레오(stereotype) 타입에 입각한 법률이 가지는 성차별성이 인정되었던 바, 이 원리를 로 판결에 적용했어야 한다고 주장한다. 긴즈버그는 성차별에 관한 사법적 심사기준을 수립하는 데 기여한 판례들을 살펴보면서, 평등보호 원리가 임신이나 출산과 같은 재생산 영역에 확장되었다는 사실에 주목한다. 미대법원은 여성의 임신이나 출산은 근로 장애보험의 범위에 포함되지 않는 것이 수정헌법 14조의 평등보호에 위배되지 않는다고 판시한 바 있다.[16] 하지만 1978년 연방의회는 대법원의 이러한 판결과는 다르게, 민법권 제7장을 개정하여, 임신 차별은 성별 차별에 해당한다는 명문 규정을 둔 임신차별금지법(Pregnancy Discrimination Act)을 마련하였다.

이런 견지에서, 긴즈버그는 로 판결의 논리에 대해서 문제점을 지적한다. 해당 판결문을 살펴보면, 여성은 의사의 의학적 판단에 따라 태아를 낙태할 '근본적 권리'를 가지는데, 이 권리는 적법절차 보장이라는 헌법 원칙으로부터 도출되는 개인의 자율권이라는 개념으로 이해될 수 있다. 하지만, 임신기간을 3개월로 나누어 달리 판단하는 방식은 의학기술의 발달로 인해 태아의 모체 밖 생존가능성(viability)이 커질 것을 감안할 때, 이러한 근거에 의한다면 낙태가 더 규제되거나 심지어 금지될 수 있다. 즉, 로 판결에 따르면 여성의 낙태권이 의학적 판단에 의해 좌우될 수 있다는 것이다. 또한 낙태는 단순히 태아의 이익과 산모의 이익충돌이나 임신기간 동안 여성의 몸에 대한 국가 개입과 통제라는 관점에서만 다루어질 것이 아니다. 낙태권리는 여성이 모든 삶에서 행사해야 할 자율권 (독립적이

우, 유산관리인의 우선순위를 남성에게 부여하는 아이다호 주법(州法)은 여성에 대한 편견(stereotype)에 근거하였기에 수정 헌법14조의 평등보호 원칙에 합치하지 않는다고 판시한 미 대법원 판결.

16   예컨대, Geduldig v. Aiello, 417 U.S. 484(1974); General Electronics Company v. Gilbert, 429 U.S. 1225(1976).

고 평등한 시민으로서 남성, 국가 그리고 사회와 관계를 맺을 수 있는 능력)의 관점에서 보호되어야 한다는 것이다. 이외에도 긴즈버그는 로 판결 이후 낙태 관련 사건에서 주요 쟁점이 된 낙태에 대한 공적 지원에 대해 논하면서, 메디케이드(Medicaid)와 같은 저소득층을 위한 의료보험에서 낙태가 제외된 것은 대법원이 "낙태를 중산층의 권리"로 만들었다는 혐의를 받게 한다고 비판한다.[17]

낙태규제법을 평등보호의 측면에서 바라보면, 그것이 여성에게 미치는 불평등 효과를 따져 볼 수 있고, 성별에 따른 평등보호의 원칙들을 낙태 사건에 적용할 수 있게 된다. 예를 들어, 작업장에서의 임신 사안에 적용했던 마찬가지의 평등보호 기준이 낙태사건에 적용될 수 있다. 낙태권에 대한 평등론적 구성은 프라이버시권의 논거에 비해 좀더 적극적으로 국가 및 지방자치단체의 낙태시술에 대한 지원 의무를 요청할 수 있는 근거를 제시할 수 있을 것이다. 이 경우, 낙태가 보장되지 않았을 때 여성에게 미치는 불평등 효과를 이론적, 경험적 차원에서 함께 제시할 필요가 있을 것이다.

(2) 신분(Caste) 제도로서의 낙태 규제

시겔은 재생산에 대한 사회 구성주의 접근을 통하여, 낙태규제법은 차별금지 원리를 침해한다고 보는데, 그것은 여성의 스테레오 타입 역할에 기초하고 있다고 주장한다.[18] 시겔은 법원의 프라이버시 논의 및 잠재적

---

17 Poelker v. Doe. 432 U.S. 519 (1977); Maher v. Roe, 432 U.S. 464(1977). ; Harris v. McRae, 448 U.S. 297(1980). McRae 판결에 관해서는 이후 논의 참조.

18 Reva Siegel, "Abortion as Sex Equality Right: Its Basis in Feminist Theory," in *Mothers in Law-Feminist Theory and the Legal Regulation of Motherhood*, Martha Fineman & Isabel Kaplan (eds.), New York: Columbia University Press, 1995, pp.73-102.

생명에 대한 초점은 재생산의 사회적 측면이 아니라 사적이고 생리학적인 측면에 초점을 맞추어왔음을 지적하고, 사회구성주의에 입각하여 재생산을 바라보아야 한다는 것을 강조한다.[19] 예컨대, 19세기의 의사들은 낙태를 이미 태어난 인간의 살해와 동등하게 만드는데 주력하면서, 태아와 낙태의 생리적 사실을 밝히고자 했다. 그리하여 배아(embryo) 및 태아(fetus)의 자기 발달 능력,[20] 성장의 능력을 배아 자체가 '자율적인' 생명 형태임에 대한 증거로서 사용하기도 했다. 이 과정에서 의사들은 선별적으로 태아 발달의 생리적 측면에 초점을 맞추고, 여성이 수행하는 신체적이고 사회적인 노동은 모두 생략하였다. 19세기 말의 낙태반대 의사들과 낙태 반대론자들은 낙태를 '태아살해(feticide)'로, 낙태와 피임을 '인종살해(race suicide)'로 개념화했다. 시겔은 이러한 태아생명과 낙태 이미지가 특정한 생리학 자체가 아니라 당대의 가족구조, 인구성장률, 가치관과 같은 사회적 조건에서 마련된 생리학적 지식이라는 것을 규명한다.

더 나아가 시겔은 낙태금지법은 임신과 모성의 강요(compulsory pregnancy and motherhood)를 통해 여성에게 해악을 미치므로 반종속 원리(anti-subordination)에 어긋한다고 주장한다. 태아라는 잠재적 생명에 대한 각별한 관심이란 강요된 임신과 모성제도의 이면(裏面)이라는 것이다.

시겔은 19세기의 낙태 및 피임 규제에 대한 역사적 연구는 기혼여성이

---

19   임신과 출산의 의미가 여성이 놓인 사회관계망 속에서 구성된다는 것에 대한 논거는 페췌스키(Petchesky)에게도 강력하게 제시되었다. 페췌스키는 성성과 출산에 관한 사회적 조건 마련 (노력) 없는 여성의 '선택'이라는 믿음은 허상이라고 한다(Rosalind Pollack Petchesky, Abortion and Woman's Choice, Boston: Northeastern University Press, 1984).

20   embryo는 보통 임신 8주(임신 3개월)까지의 수정란을 의미하고, fetus는 대개 임신 3개월 이후의 태아를 의미한다. 한국에서는 이러한 개념적 구분 없이, 수태된 것이 확인된 순간부터 수정란을 태아 혹은 아기라고 부른다. 이러한 호명은 수정란을 태어난 생명과 암암리에 동일시하는 태도에 일조하리라 본다.

자녀를 가질 것을 강제하는 목적으로 가진 것이었다는 점을 보여준다고 한다. 낙태규제는 성별간 분리된 영역의 규범을 지속시켜왔고, 오늘날에도 그 기능을 한다. 즉 현재에도 낙태규제는 여성이 모성의 신분과 노동을 수행해야 한다는 가정(假定)을 여성에게 부과한다.[21] 이렇게 시겔은 낙태규제법의 기능을 여성에 대한 모성 강요라는 성역할 구조 차원에서 해석한다.

이런 견지에서 시겔은 미국 법원에서 구축되어 온 성차별 심사기준에 대해서도 의문을 제기한다. 1978년 임신차별금지법이 통과되었지만 시겔이 보기에, '임신과 비교 가능한 장애'라는 하는 이른바 비교 대우(comparable treatment) 논리에는 문제가 있다. 이 논리에 따라 임신을 하나의 작업장애(질병)로 처리한다면 그 육체적 사회적 특질은 가려지고, 낙태에 대한 여성의 결정권 보호에 대해서는 별로 언급할 바가 없어진다. 앞서 살펴본 로의 경우에도, 재생산을 포함한 모든 종류의 성에 근거한 규제를 해소하는 데 평등에 대한 비교 대우 접근이 지지되어야 한다고 했다.[22]

하지만 시겔이 보기에는 다름(difference)에 대한 비교 가능성이라는 믿음에 맹점이 있다. 시겔은 법원의 낙태에 대한 생리학적 접근과 평등에 대한 비교 대우 접근은 낙태규제를 평등권의 관점에서 접근하는 데에 오히려 장애가 되어 왔다고 주장한다. 어떤 남성도 낙태규제에 대면해야 하는 임신여성과 마찬가지의 상황에 놓이지 않는다. 오히려, 시겔은 낙태규제를 신분 혹은 캐스트 제도라는 견지에서 평등권에 위배되는 것으로 접근해야 한다는 것이다. 낙태규제법은, 첫째 여성에 대한 매우 중대한 침해

---

21   Reva Siegel, "Reasoning From the Body: A Historical Perspective on Abortion Regulation and Question of Equal Protection," *Stanford Law Review*, 44, 1992, pp. 371-77.

22   Sylvia Law, "Rethinking Sex and the Constitution," p. 1007-13.

를 공적 규제의 대상에서 제외시키고, 둘째 그 정당성과 구조에 있어 모성의 강요와 같이 신분에 기초한 추론방식에 근거하고 있으며, 셋째, 여성을 오랫동안 종속된 집단(class)으로 있게 하는 데 기여한 역할을 지속시킨다. 넷째, 낙태에 대한 규제는 자주 태아의 생명을 구하는 것이 아니라 여성, 특히 빈곤 여성을 안전치 않고 생명을 위협하는 의료과정에 내맡겨지게 한다.[23] 역사적 분석이 보여주듯이 낙태규제법은 단지 여성의 몸에 대한 규제가 아니라 여성의 역할에 대한 규제이다. 이런 의미에서 낙태 규제는 카스트 혹은 신분 관계를 강화시키기 때문에 그런 법률들은 프라이버시 뿐 아니라 평등 보호라는 헌법적 함의를 가진다고 주장한다.[24]

Planned Parenthood v. Casey 사건의 미대법원 판결(1992)에서 낙태 규제가 여성에 대한 평등보호에 위배된다는 것이 기꺼이 받아들였다고 할 수는 없지만, 양성평등에 대한 일정한 시각이 내재해 있다고 시겔은 평가한다. 성역할 문제에 대해서 본 판결문에는, "여성이 국가의 경제적 사회적 삶에서 평등하게 참여할 수 있는 능력을 위해서는 그들의 재생산 생활에 대한 통제능력을 촉진시켜야 한다"라고 판시하였다."[25]

---

23   Reva Siegel, "Abortion as Sex Equality Right," p.72.

24   성별간 평등보호를 반카스트 법제의 차원에서 해석하는 견해는 정치학자 선스타인(C. Sunstein), 맥키논(C. MacKinnon) 등에서도 찾아볼 수 있다[Cass R. Sunstein "Neutrality in Constitutional Law(with Special Reference to Pornography, Abortion and Surrogacy)," *Columbia Law Review*, 92, pp. 1-52; Catharine MacKinnon, *Sexual Harassment of Working Women*, New Haven: Yale University, 1979].

25   Planned Parenthood v. Casey 판결. (505 U.S. 833. 1992), 임신부로 하여금 낙태 이전에 24시간 대기, 낙태 수술 전, 낙태에 대한 정보와 상담의무화, 기록 유지와 보고 조항의 정당성, 낙태시 남편에게 고지할 의무를 규정한 펜실베니아 주 법률이 문제 된 사건으로서. 미대법원은 이 법률에 대해 배우자 고지 조항을 빼고 모두 합헌 결정을 내렸다. 해당 법원은 배우자 동의 및 서명에 대해서 다음과 같이 판시했다. "우리는 남편이 '부인의 임신과 태아의 성장에 대하여 깊고 정당한 관심과 이익을 갖는다는 것을 인정한다.' 하지만 출생 이전에는,…[규제]는 사적 가족 영역뿐 아니라 임신한 여성의 신체적 통합성(integrity)을 해친다. 대법원은 '아

시겔은 이와 같이 낙태규제법을 모성의 강요 제도라는 사회구조적 차원에서 비판하고, 이 지점에서 낙태규제와 모성 간의 연관고리를 찾은 것처럼 보인다. 또, 헌법상 평등보호의 견지에서 낙태에 대한 규제로부터 재생산활동에 대한 지원으로 국가의 의무를 전환할 것을 요청하고 있어서, 낙태에 대한 새로운 패러다임의 싹을 찾을 수 있다. 사회는 어린이들을 기르기 위해 안간힘을 쓰는 사람들을 지원함으로써 태아의 생명 보호에서 표현된 믿음을 명예롭게 만들어야 할 것이라고 말한다.

또한, 시겔은 프라이버시권과 평등권의 관계에 관해서도 서로 모순되는 것이 아니라 상보적이라고 이해한다. 낙태권리의 옹호란 선택의 자유이며 모성으로부터의 자유이며 모성을 자유롭게 선택할 수 있게 한다. 하지만, 프라이버시 권리의 옹호자들이 낙태규제가 가지는 여성 신분과 결부된 결과에 대한 사회적 개혁을 적극적으로 요청한 적은 없었다. 그래서 오히려 프라이버시 논리는 가난하거나 유색인 여성들이 낙태선택에서 불리한 지위에 놓는 것에 대해서도 논의하도록 만들었다. 이러한 이유에 의해 평등권의 진작은 프라이버시 권리의 중요성을 더 증대시킨다고 시겔은 이해한다.

2) 반 종속(Anti-subordination)으로서의 낙태권

맥키논(C. MacKinnon)은 사회구조적 차별을 문제시하는 점에서는 시겔의 입장과 유사성을 가지지만, 성차별이라기보다는 성성을 매개로 한 남녀간 힘의 불균형에 초점을 두고 있다. 이런 견지에서 맥키논은 프라이버시권에 대해서 강도 높은 비판론을 펼치며, 평등론에 대해서도 비판적이다.

> 내와 남편의 이 결정에 대한 의견이 불일치할 때, 태아를 임신하고 임신에 의하여 보다 직접적이고 즉각적인 영향을 받는 것이 여성인 만큼 둘 중 여성의 의사가 더 우선되어야 한다'라는 견해를 유지해 왔다."

(1) 성성(sexuality)의 성차

1980년대를 통해 새로운 여성주의 원리들이 형성되면서 낙태권은 새롭게 조명된다. 맥키논은 평등원리의 기준이 '남성과 유사한 위치'라는 점에서 평등원리에 회의를 표명하고 집단으로서의 여성들이 차별을 말하기 위해 남성과 '유사한 위치에 처해 있는지' 여부를 제시할 필요는 없다고 주장한다. 대신 차별적 법률이나 정책이 "성별을 이유로 하여 하층(underclass) 또는 박탈된 지위에 놓여지는 것에 기여한다"는 것을 보여주기만 하면 된다고 주장한다.[26]

섹슈얼리티(sexuality; 성성)는 육체와 사회적 관계가 결합된 장소이다. 맥키논을 포함한 많은 페미니스트들은 낙태가 여-남의 성성과 떨어질 수 없는 현상이라는 데서 출발한다. 대다수 여성은 임신을 의도하지도 원하지도 않았지만 성교 후 임신되어서 낙태를 구하게 된다. '여성의 경험'에서 성성은 재생산(임신과 출산)과, 또 재생산은 성역할(양육)과 불가분의 관계로 수렴되어 있다. 하지만 남성의 성성 개념에 입각한 낙태론은 성성에 대한 자기 통제와 재생산의 자기 통제가 마치 별개의 사안인양 분리시킨다는 것이다.[27]

맥키논이 보기에 프라이버시권하의 낙태 허용이란 여성의 성교와 남성의 성교를 동일한 경험으로 전제한다. 맥키논은 여성이 자신의 성성을 통제할 수 없는 한, 이런 전제는 여성의 이성애 성관계에서 여성이 남성의 필요에 따라 이용될 수 있는 가능성(availablity)만을 증진시킨다고 한다. 달리 말해 성별간의 불평등 하에서 찾아온 성적 자유란 여성을 성적으로 자유롭게 하지 않고 오히려 남성에게 성적 공격을 할 자유를 더 많이 허

---

26 C. MacKinnon, *Sexual Harassment of Working* Women, p. 117.

27 C. MacKinnon, "Privacy v. Equality: Beyond Roe v. Wade, *Feminism Unmodified*, Cambridge: Harvard Univ. Press, 1987, p.94.

용했다는 것이다. 프라이버시독트린은 자율적인 개인들이 자유롭고 동등하게 상호 작용할 것을 전제하지만, 성관계에 있어 여성은 사실상 잃거나 보호해야 할 프라이버시가 없다고 주장한다.[28]

(2) 공-사 이분법 비판

맥키논은 프라이버시 독트린에 내재한 공적 영역과 사적 영역간의 분리라는 전제의 수용에 대해서도 날카롭게 논의된다. "공-사 분리의 극복은 페미니즘의 역사의 중심에 있었고, 페미니즘 운동의 전부"라고 할 정도로 공-사 영역 분리는 페미니즘의 중심 문제이다.[29] 무엇보다, 이른바 사적 영역이 가사노동, 성관계, 자녀출산과 양육, 가족관계 등이 행해지는 대대수 여성이 살아가는 사회공간인데, 이 영역을 '친밀성'의 가정 하에서 정의 기준으로부터 면제시킬 때, 사적 영역의 학대, 폭력, 차별 등이 법의 사각지대에 놓이게 된다. 맥키논은 이런 견지에서 프라이버시 개념을 비판한다. 프라이버시권은 사적 자유의 관점에서 서서 사적 영역을 정의하므로, 사적 영역이 여성에게 구타, 부부 강간, 무임착취 노동의 장소라는 사실을 망각케 한다.

맥키논은 Roe v. Wade 판결의 프라이버시 논거를 비판한다. 프라이버시 권리하에서는, 정부 불개입이 여성의 사적 영역에서의 선택권을 증진할 것으로 가정된다. 낙태 이전에 다른 선택지를 배제 당한 여성들에게 낙태의 문제는 전적으로 그녀의 '선택'으로 남겨지게 된다. 만약 불평등이 사회적으로 편만하도록 강제된다면, 평등은 정부의 퇴위(abdication)

---

28   C. MacKinnon, "Abortion: on Private and Public," *Toward a Feminist Theory of the State*, Cambridge: Harvard Univ. Press, 1989.

29   Carole Pateman, "Feminist Critique of Public/Private Dichotomy," in *Public and Private in Social Life*, eds., S.I. Bess&G.F. Gaus, London: Croom Helm Ltd, 1993, p.281.

가 아니라 개입을 요청할 것이라는 것이다. 연장선상에서, 낙태에 대한 공적 지원 논란에서 프라이버시 권리의 한계를 지적한다. 맥키논은 Harris v. MaRae(1980) 판결의 예를 들면서, 이 판결은 사실상 로 판결의 프라이버시권 개념을 유지하는데, 여기서 여성들은 사적 영역에서 얻는 것 이상을 공적 영역에서 얻지 못한다는 것을 보여주었다고 비판한다. 또, 해리스 판결에서 드러난 '주(州)의 이익' 담론은 기존의 공-사 영역 구분에 기초하고 있고, 국가가 사적 영역의 자유를 간섭하지 않지만 그 교정에 대하여 적극적 의무를 가지지 않는다는 것을 선명하게 보여준다.[30] 요컨대 맥키논은 낙태에 이르게 하는 사유에 이미 여성의 성성을 매개로 한 불평등이 놓여 있으므로, 정부는 여성의 성성과 재상산에 대한 권리를 사적 권리가 아닌 사회적 권리의 차원에서 보장해야 한다는 것을 주장한다. 하지만, 맥키논은 남녀간 성성의 차이와 평등권 간의 연결고리들을 명료화한 것일까. 예컨대 낙태권리를 오로지 여성의 종속의 관점에서 지지해야 한다면 가상적으로 양성 평등한 사회에서 낙태 권리는 불필요 해질 것인가. 이런 의문에도 불구하고, 성성의 자유 문제를 사회비판의 전망과 함께 공적 지원의 차원으로 부상시킨 맥키논의 기여는 매우 크다고 평가한다.

---

30   Harris v. McRae 판결(448 U.S. 297 1980): 강간으로 인한 임신이나 여성의 생명이 위급한 경우가 아니면 낙태에 대한 재정 지원을 하지 않아도 되는 것을 내용으로 하는 메디케이드법(Madicaid Act) 개정안인 하이드 개정안을 지지한 미 대법원 판결. 해당 판결문의 다음과 같은 부분은 낙태에 있어 '주의 이익'이 어떤 것인지 잘 드러난다. "국가는 낙태가 아니라 출산에 지원함으로써 낙태보다 출산을 더 선호한다는 것은 정당한 일이다. [하이드 개정안은] 낙태에 대한 정부의 제한이라고 볼 수 없으므로 헌법상 자유를 침해하지 않는다." 가난한 여성이 낙태에 접근할 수 있는 권리를 제안해 평등권에 위배된다는 원고측 주장에 대해 법원의 다수의 견은 "정부가 여성이 선택의 자유를 행사하는데 장애가 되어서는 안 된다고 하더라도, 정부가 초래하지 않은 장애를 없애야 할 필요는 없다"며 "가난한 여성이 헌법상 보장된 선택의 자유를 완전히 만끽하는 것이 재정적으로 제한되는 것은 정부가 낙태에 대한 접근을 제한했기 때문이 아니라 가난 때문"이라고 판시했다.

3) 차이에 입각한 평등으로서의 낙태권

국제법 학자인 찰스워쓰(H. Charlsworth), 친킨(C. Chinkin), 라이트(S. Wright)는 여성주의적 관점에서 기존의 국제인권법의 체계를 다음과 비판했다.

> 권리는 복잡한 권력 관계를 단순한 방식으로 축소시킨다. 평등대우와 같은 권리 획득은 자주 권력의 불균형 문제를 해소해왔던 것으로 간주되었다. 하지만 현실에서 권리의 약속은 권력 불평등에 의해 위축된다. 여성의 남성에 대한 경제 사회적 의존은 권리 향유자와 침해자 간의 대적 관계(adversarial relationship)를 전제로 하는 법적 권리를 불러내는 것조차 어렵게 만든다. 더욱 복잡한 문제는 재생산 자유 및 낙태 선택과 같이 여성에게만 적용되도록 고안된 권리들에 관한 것이다.(인용자 강조)[31]

여기서 찰스워스 등은 '여성에게만 고유한 권리'라는 아이디어를 제시한다. 여성들에 대한 억압의 지배적 형태는 경제, 사회 문화적 영역에서 일어나는데, 이 영역은 시민, 정치적 영역에 비해 인권 실현이 좀더 어렵다. 국제인권법이 시민, 정치적 권리에 우선순위를 둔다면, 그것이 여성에게 제공할 바는 많지 않다는 것이다. 그렇다면 보편적 인권의 틀을 여성의 입장에서 비판하고 재구성하고자 하는 노력은 어떠한 것이어야 할까. 그러한 노력을 여성의 차이를 중심으로 한 평등론을 재해석하는 두실라 코넬론에게서 찾아볼 수 있다. 본 절에서는 차이에 대한 또 다른 접근인 보살핌론자(care theorist)의 논의도 간략히 살펴보겠다.

---

31   Hilary Charlesworth, Christine Chinkin, & Shelly Wright, "Feminist approach to International Law," *The American Journal of International Law*, 85, 1991, pp.613-45.

(1) 동등권(Equivalent Rights)의 구성

여성주의 법학자이자 사회이론가인 두실라 코넬(Drucilla Cornell)은 남성 중심적 평등론과 맥키논식의 반종속 이론을 모두 비판하면서, 여성적인 것에 대한 가치를 인정하는 또 다른 평등론의 구축에 힘쓴다. 동등(equivalency)이란 평등한 가치인데, 그것은 같음(likeness)에 기인한 것이 아니다. 동등권 프로그램은 성적 차이(sexual difference)에 대한 인정이자 옹호이다. 즉 평등의 기초로서 남성과의 유사성을 요청하는 것이 아니라, 인간 존재가 성적 존재(sexuate being)라는 것이 평등 원칙 속에 녹여내야 한다는 것이다. 이런 견지에서 코넬은 프랑스의 정신분석학의 전통, 특히 라깡과 이리가레에 의해 전개된 성적 차이의 철학을 평등원리와 결합시키는 근본적인 여성주의 전망을 구상한다.[32] 코넬이 보기에, 낙태권은 여성의 동등권이 보장되어야 할 전형적인 예이다.[33] 남성은 분명히 낙태권을 필요로 하지 않는다. 이 사실이 여성이 능력과 복지의 평등을 기하고자 할 때, 이 권리가 보장될 필요가 없다거나 이 권리의 보장이 '특별대우'를 의미하지 않는다. 여성만이 체험하는 임신과 낙태의 '고유성(uniqueness)'이란 여성의 특별성이 아니라, 성적 차이 개념에 의해 해명되어야 성격임을 의미한다. 임신의 성격이 해명되지 않은 채, 어떻게 '태아의 지위'가 분명해질 수 있는가. 임신과 낙태의 성격 해명은 남성적 상상계(masculine imaginary)와 분리된 성적 차이 속의 여성성(the feminine)의 재상징화에 입각해야 한다. 이렇게 성적 차이에 입각한 여성 권리의 개념이 요청이라는 코넬의 생각은 매우 흥미로운 것이다.

32　코넬의 여성주의 법이론 일반에 관해서는 다음을 참고할 수 있다: Drucilla Cornell, *Beyond Accommodation*, Routlege: New York: 1992.

33　낙태에 관한 코넬의 의견은 다음을 참고함(Drucilla Cornell, *Transformation*, Routledge: New York, 1993: 141-146.; *THe Imaginary Domain-Abortion, Pornography & Sexual Harassment*, New York: Routledge, 1995).

코넬이 보기에, 낙태권은 여성의 동등권이 보장되어야 할 전형적 혹은 필수불가결한 부문이다. 이러한 권리 없이 여성은 가장 기초적 수준의 복지도 성취하기 어렵다. 그것은 다음과 같은 논거에서이다. 성(sex)과 성성(sexuality)은 사람됨(personhood)을 형성하는 매우 기본적인 성격이며, 이 사람됨이란 라깡의 의미에서 끊임없이 자기를 비춰봄으로써, 상상함으로써, 기대함으로써 구축하는 것인데, 그것은 최소한의 개별화된 존재됨(the individuated being)을 조건으로 한다. 이런 최소한의 조건 없이 인간은 자신의 누구이며 누가 되고자 하는지에 대한 상상 공간, 코넬이 말하는 '상상적 영토(imaginary domain)'에 거주하기 어렵다. 이 상상적 영토는 인간의 자유의 토대이며, 모든 이의 사람됨의 기반이다. 이렇게 코넬은 평등과 자유의 원리를 결합시킨다.

낙태를 규제하는 법이 특별히 여성에게 훼손적인 이유는 그 법이 자기임(selfhood)을 성취하는 데 필수불가결한 '신체 통합성'에 대한 근본적 개입이며, 최소한의 개별화된 존재임을 거부하기 때문이다.[34] 여성은 생명을 잉태하고 재생산을 할 수 있다는 바로 그 이유에서 그녀들은 침범가능한(violable) 존재로 다루어져 왔는데, 다시 말해, 여성의 능력이 사람됨의 가치가 아니라, 무언가 열등한 존재로 대우되는 것을 정당화했다는 것이다. 이 때 여성의 자궁은 마치 여성의 자아와 분리되는 듯 다루어지고, 그 자궁 혹은 여성의 몸은 태아의 '환경'으로 바뀌며, 이런 남성적 상상 속에 여성임은 곧 모성임으로 등치된다. 여성의 임신, 또 임신할 수 있는 가능성은 남성과 비교될 수 없는 능력이기에, 여성이라는 성의 재생산 능력은 성적 차이론 속에서 완전히 재평가되어야 한다.

---

34 코넬은 여성이 동등한 시민으로 생존하는데 필요한 첫째 조건을 '신체 통합성(bodily integrity)'으로 들고 있는데, 이를 저해하는 대표적 실천들로 낙태 규제, 포르노그래피, 성희롱을 꼽는다.

코넬은 그녀가 말하는 신체적 통합성이란 프라이버시권이나 홀로 있을 권리로 이해될 수 없다고 하고, 오히려 병원 설비 등과 같은 안전한 낙태를 보장하는 사회제도와 사회적 상징(언어)의 변화를 요청하는 것이라고 한다. 또, 낙태를 평등에의 요청으로 옹호한다면 성차는 지워지고, 이는 여성이라는 성에 대한 가치절하를 함축한다고 경계한다. 필요한 것은 법과 사회에 편만한 남성적 상상계 속에서 표상되지 않은 성적 차이의 질서 속에서 여성성에 대한 표상을 만드는 일이다. 코넬은 여성에게 낙태권을 부여하기 위해서 취해야 할 첫 번째 행동은 여성의 자기 낙태를 공적으로 인정하는 것이었다. 이와 같은 코넬의 동등권론은, 평등권의 이념을 견지하면서 여성의 성과 신체 차이를 권리론의 세계로 끌어들이기 위한 노력임을 알 수 있다. 이러한 이론적 노력이 수많은 여성들에게 실효성을 가지려고 한다면, 기존 언어로 더 많이 번역될 필요가 있다고 본다. 예컨대, 코넬의 동등권은 '실질적 평등(substantive equality)' 기준 안으로 수용될 수는 없는 것인지, 혹은 수용되면서도 수용되지 않는 채 전위적(前衛的) 이론의 영감을 유지할 수는 없는 것인지 묻게 된다.

(2) 모성적 사고와 다른 합리성

차이에 입각한 평등론의 구축에서 반드시 참고가 되어야 할 학파는 보살핌론자들의 견해라고 생각된다. 길리건(C. Gilligan)은 그녀의 유명한 〈In a Different Voice〉에서 낙태에 대한 여성의 '다른 추론(difference reasoning)'에 대해 다루었다. 이 책에서 밝힌 대로 윤리적 문제에 대해 여성은 남성과 다른 논리전개 방식을 구사하는데, 그것은 가치 위계적이기보다 그물망적이고 개인간의 권리 의무가 아니라 책임과 관계성을 중심으로 하는 사유방식을 나타냈다. 낙태 크리닉에서 일했던 여성에게서 태아 대 임부라는 이분법이 아니라, 임신여성의 생명과 태아의 생명 간에 계속적인 '인간관계'가 존재한다는 인식을 밝혀냈다.

이러한 입장은 이후 여성의 보살핌(care) 윤리라는 학파로 발전했고 루딕(S. Ruddick)의 '모성적 사유(maternal thinking)'과 같은 테제로 발전했다. 루딕은 낙태에 관해 따로 논의하지는 않았지만, 그녀의 논리를 낙태에 임하는 여성에게도 적용할 수 있다고 보인다.

루딕은 어머니 사고가 가지는 추론방식과 그 합리성을 보여주고자 했다.[35] 루딕은 어머니는 감정적, 희생적이어서 철학이 속해 있는 '사색'과는 다른 영역에 존재한다는 기존의 철학이해에 의문을 제기하면서, 어머니의 일은 어머니의 사고(maternal thinking)를, 특정한 사려깊음을, 특정한 형이상학을 요구한다고 말한다. 어머니 사고의 합리성은 기존의 철학적 합리성과는 다른 보살핌(care; 배려) 윤리에 입각한 고유의 논리를 가진 것이다. 루딕은 이 논리를 어머니의 사고로, 그 사고의 가치 지향을 다른 이에 대한 보살핌으로 정의한다.

여기서, 루딕이 말하는 '어머니' 개념은 생물학적으로 낳는 자가 아니라 사회적으로 기르는 자라는 의미로서, 명사 아닌 어머니 노릇이라는 동사적 의미를 가진다는 점에 유의할 필요가 있다. 그렇기 때문에, 한 개인은 생물학적 어머니뿐만 아니라 보모, 할머니, 이웃집 아저씨와 같이 많은 '어머니'를 가진다. 더 나아가 모성적 행위란 단지 어린이의 양육에 국한되지 않는, 인간 활동의 보편적 영역으로서 다른 이를 돌보는 행위, 넓은 의미의 재생산행위이다. 그리하여 대개의 사람은 어머니 노릇을 하며 살아가며 어머니 사유를 이미 하고 있다는 것이다. 그럼에도 이 사유는 철학의 내용 혹은 정의의 원리에 통합된 적이 없다.

이 논리를 낙태에 적용해보면, 낙태에 임하는 여성은 자신의 신체, 일, 가족, 남자 파트너와의 관계, 그리고 태어날 아이가 놓일 환경, 조건 등에 대한 복잡한 요소와 가치 간을 서로 비교하고 종합하는 사고과정을 거칠

---

35   Sara Ruddick, *Maternal Thinking-Toward a Politics of Peace*, Boston: Beacon, 1989.

것이라고 점을 추론할 수 있다. 임신을 한 여성은 자신과 분리되지 않은 아직 태어나지 않은 생명을 상상하며 '어머니의 사유'를 행한다.

앞서 본 코넬이 말하는 '상상적 영토' 속에서 루딕이 말하는 '어머니의 사유'를 결합한다면 낙태를 결정하는 여성의 사고가 해명될 수 있으리라. 출산은 적극적 형태의 태아와 자신에 대한 배려의 행위라면, 낙태는 소극적 형태로 나마 태아와 자신의 복지를 함께 고민한 후에 행하는 '배려'의 행위가 된다. 이런 견지에서, 낙태행위를 태아의 생명 대 자신의 안위라는 이분법 속에서 이해하는 것은 '비모성적 사고'의 전형인 것이다.

3. 사회 시스템 속에서 본 여성의 낙태

한국에서는 낙태가 법률로 금지되고 있으므로 낙태권의 구성의 노력은 찾기 어렵다. 이 장에서는 한국 여성의 낙태행위의 의미를 경험적으로 구성해 보고자 한다. 앞에서 한국 사회에서의 낙태시술에는 여성 자신뿐 아니라, 파트너, 가족, 국가 등 다양한 주체들이 영향력을 미치고 있고, 한국여성의 낙태결정을 선택옹호론 대 생명옹호론의 틀로 바라보는 것은 적합하지 않다고 했다. 그렇다면, 한국 여성들의 낙태는 어떤 시스템 속에 놓여 있으며, 한국 여성의 낙태권리는 어떤 논리에 의해 구성할 수 있을까. 이 장에서는 여성들이 낙태시술에 이르는 경로를 이념형적(ideal type)으로 유형화함으로써, 낙태행위의 성격을 분석해 보고자 한다.

1) 낙태 행위의 유형화

〈미혼여성〉

(A 유형) 임신희망 경우 → 출산(대단히 희소)

(B 유형) 임신비희망 경우 → 낙태(대다수)-미혼의 출산 여건 미비.

〈기혼여성〉
임신희망 경우
(C 유형) 출산:본인의사 중심, 기혼이라는 사회조건이 허락.
(D 유형) 낙태:기존 자녀수, 여태아 등 사유로 인한 압력.

임신비희망 경우
(E 유형) 출산:자녀 강요, 남아필요 등 주위 압력.
(F 유형) 낙태: 본인의사 중심.

위에서 기혼여성과 미혼여성 간의 가장 큰 차이는, 기혼여성에게는 출산이 선택지인 반면, 대다수 미혼여성에게 그것은 아예 선택지에서 제외되어 있다는 점이다. 그것은 출산에 따른 차별 혹은 핍박, 출산대책 미비등에 기인할 것이다. 이렇게 미혼여성의성(sexuality)은 실제로 재생산하지 않는 성으로 억압되고 있으며, 미혼여성의 성의 자유 혹은 성적 자기 결정권에는 출산의 자유가 포함되어 있지 않다. 다른 한편, 기혼여성의 경우에는 출산할 자유가 이다고 해도 낙태와 마찬가지로 출산 역시 진정으로 자신의 선택에 의한 것이 아닐 수 있다. 미혼여성과 달리 기혼여성에게 출산이 선택지이긴 하지만 이 선택이란 결혼과 배우자에 의해 좌우될 수 있음을 암시한다. 특히 부성(父姓)계승, 부계 호적제도가 온존하는 한국 가족에서 여성의 출산과 낙태 결정은 남편, 가족의 압력 속에 놓여질 가능성이 크다. 이런 이유에서 한국 사회에서 여성의 낙태 결정을 그녀들의 '선택' 혹은 '사생활의 자유'의 관점으로는 정당화되거나 비난받기 어렵다. 여성에게 사생활이란 이미 구조화된 제도의 세계이다. 위의 유형 중 낙태 결정에서 자신의 의사가 환경의 요소보다 더 우세하게 작용했을 가능성이 있는 경우는 F유형 및 C유형뿐이다. 이렇게 낙태 유형 전체에서 '자신의 의사'를 중심으로 한 낙태행위 유형은 오히려 비전형적인 경우라 할 수 있다.

그러면 여성들은 낙태에 이르는 사유를 어떻게 말하고 있을까. 한국보건사회연구원에서 2001년에 조사에 따르면 전국의 15-44세 유배우 부인의 첫 인공 임신중절 수용 이유는 자녀불원(35.9%), 터울 조절(20.5%), 임부의 건강상(9.4%), 태아 이상(4.8%), 혼전 임신(9.5%), 가정문제(1.5%), 경제적 곤란(6.6%), 태아가 딸이므로(1.8%), 기타(9.9%)로 조사되었다.[36] 여기서 '자녀불원'이라는 사유를 제외하고는 사회경제적 사유, 가족 등의 요청, 태아의 문제 등 여성의 개인적 '선택'이라고 볼 수 없는 이유들이 제시되고 있고, '자녀 불원'에도 이런 이유들이 내재해 있음을 배제할 수는 없다.

앞의 여섯 유형에서 살펴보면, E유형과 B유형의 갈등이 가장 극심할 것이라고 예상된다. E유형이란, 원하지 않는 임신을 한 기혼여성의 경우로서 결국 출산을 감행하는 경우이다. 이때의 딜레마는 낳지 않고자 하는데 기혼여성의 자기 판단과 출산을 강요하는 주위 공동체 간의 딜레마가 나타난다. B유형이란 원하지 않은 임신 이후 낙태를 감행하게 되는 미혼여성 경우로서 낙태 경험은 쉽게 이후 성관계에서의 위축, 두려움을 경험하게 되는 미혼여성의 경우이다. 이때의 딜레마는 성의 자유와 낳을 수 없는 여성의 섹슈얼러티 간의 갈등에서 발생한다. 이렇게 문제는 낳아야 하는 여성의 섹슈얼러티와 낳으면 안 되는 여성의 섹슈얼러티라는 서로 뒤집힌 강요에 있다. 즉 여성의 딜레마의 원인이 출산-비출산 자체에서 오는 것이 아니라, 출산 결정의 1차적 결정권이 여성에게 있지 않고 출산을 지원하는 사회적 장치가 제대로 마련되어 있지 않다는 데에 있다.

---

36   〈한국보건사회연구원(www.kihasa.re.kr), 〈2000년 전국 출산력 및 가족보건실태 조사〉.

2) 딜레마 속에서의 여성의 자유

성교에서 낙태에 이르는 과정 속에서, 여성의 낙태사유를 이념형적으로 구성해 보면 다음과 같다.

첫째, 원치 않는 성교(기-미혼 모두) – 여성의 성적 자기 결정권의 보장이 요청되는 영역.
둘째, 피임 실패(기-미혼 모두) – 역시 성적 자기 결정권과 관련되는 영역.
셋째, 본인의 불원(기-미혼 모두) – 여성 개인 및 가족의 사회경제적 조건들과 관련되는 영역.
넷째, 출산 및 양육 여건 예견 – 여성 개인 및 가족의 사회경제적 조건들과 관련 영역

이렇게 보면, 성교에서 양육조건에 이르러 여성들에게 자기 몸과 삶의 조건에 대한 통제권의 부족이 낙태에 이르는 원인이 되고 있음을 알 수 있다. 다시 말해, 여성들이 성관계에서 더 많은 성적 자기 결정권을 행사한다면, 원치 않는 임신을 줄일 수 있을 것이고, 혼인 지위와 무관하게 자녀를 양육할 수 있는 사회적 조건이 구비된다면 사회경제적 사유에 의한 낙태를 줄일 수 있다는 것이다. 물론 역으로 여성이 자신의 운명에 대한 통제권을 더 가진다면, 원치 않는 출산을 하지 않음으로써 공개적으로 낙태를 선택할 수도 있을 것이다. 하지만, 한국 사회에서 낙태 행위란 하고자 하면 할 수 있는 상태가 그것의 형식적 금지보다 지배적이라는 데 동의한다면, 낙태를 원하는데 억제되는 경우보다는, 임신(따라서 낙태)을 원치 않는데 임신하고 낙태를 치르는 경우가 좀더 지배적이라는 것에 동의할 수 있을 것이다.

따라서 적어도 한국에서 여성의 낙태행위는 자신의 운명(몸과 삶) 통제권을 반영하는 정도보다, 여성의 운명 통제권의 부족을 반영하는 정도가

좀더 우세하다고 해석할 수 있다. 하지만 형법상 자기낙태죄의 행위 주체는 오로지 임신한 부녀에 국한된다. 가족의 압력, 경제적 사유, 미혼 등 낙태 이유가 강력할 때, 임산부는 사실상 의사결정권자가 되지 못하고 낙태를 '당할' 수밖에 없는 상황에 처한다는 것이다. 이렇게 출산여건이 마련되지 못해서 낙태를 감행된 낙태의 경우 여성의 성적 자기 결정권, 건강권 그리고 모성권을 보장해주지 못하는 정책적 책임이 크다. 그럼에도 불구하고 국가와 지역사회와 가족은 그 여성에게 손해를 배상하거나 위안을 주기는커녕, 낙태결정을 여성의 온전한 선택이자 생명을 범하는 범죄로서 다룬다면, 그것은 여성의 자기낙태행위에 대한 법의 오인(誤認)이다.

또 낙태 자체가 여성세계 가하는 신체적, 정신적, 사회적 비용에 대해서도 충분히 조명되지 않았다. 낙태의 사유가 무엇이든 여성 본인과 그 파트너, 혹은 가족 등의 대가를 치르게 하는 것이다. 낙태는 자궁출혈, 골반감염, 자궁천공과 같은 후유증과 정신적인 상처가 따르는 위험한 수술이다.[37] 이러한 수술이 공적 관심이나 지원 없이 불법으로 열악한 상황에서 시술될 때, 여성에게 미치는 건강상 해악 가능성은 더욱 높다. 요컨대 낙태의 '선택'에 대해 법이 처벌하지 않는다고 해도, 이미 여성들은 낙태

---

[37] 〈대한가족보건복지협회 사이버 상담〉 참고. 또한 임신과 출산은 죽음에 이르는 사유가 될 정도로 육체적으로 힘겨운 일이다. 모성 사망이란 임신 기간 또는 부위와 관계없이, 우연 또는 우발적인 원인으로 인하지 않고, 임신 또는 그 관리에 관련되거나 그것에 의해 악화된 원인으로 인하여 임신 중 또는 분만 후 42일 이내에 발생한 사망을 말한다. 출생아 10만 명당 모성 사망자수는 1999년 18명, 2000년 15명으로 1995년보다 25% 감소하는 추세이다. 한편, 인공유산도 모성 사망의 한 원인이 되고 있다. 의료기관에서 조사되었던 대상자에서 모성 사망자의 임신 종결 형태는 출생이 1999년 75.7%, 2000년 72.9%였다. 사산은 1999년 모성 사망자의 11.4%, 2000년에는 17.1%로 최근에 올수록 높아지고 있다. 인공유산이 전체 모성 사망에서 차지하는 비율은 1995년 2.7%, 1996년 2.2%, 1994년 4.3%, 2000년 5.7%로 조사되었다(한국보건사회연구원&보건복지부, 「1999, 2002년도 모성 사망 수준 및 사망원인 분석」, 2002 보고서).

결정으로 인해 스스로 일정한 처벌과 책임을 지게 된다. 낙태죄의 보호법익 중 하나가 임산부의 건강, 즉 임산부의 건강을 심히 해칠 때 낙태가 허용되지만, 실은 대다수 임산부들은 자신의 건강이 심히 손상됨에도 불구하고 낙태를 감행해야 한다. 이 경우에 태아의 생명과 임부의 건강은 서로 배치된 관계가 아니라 합치된 관계에 있음을 주목해야 한다. 또 아이를 출생한 어머니는 대부분의 경우 일차적 양육과 교육 담당자가 되며, 이는 평생의 복무이다. 따라서 여성들의 출산과 낙태 결정에는 이 '미래'에 대한 예견이 포함되지 않을 수 없다.

3) 낙태 규제법의 효과

이러한 여성의 행위 해석에 비추어 현행 낙태규제법의 문제점을 생각해 보자. 먼저 미혼여성들의 낙태권과 출산권의 문제가 있다. 미혼여성들은 남성 파트너와의 지속적 관계 불가능, 미혼모와 자에 대한 차별, 빈곤 혹은 연령으로 인한 자기 자립 불능 등 여러 조건에 기인하여 출산을 선택할 수 없다. 그런데도 한편으로 성 개방 분위기는 가속되고 성과 혼인 및 가족의 의미가 광범위하게 변화하고 있다. 성의 개방은 여성의 임신 가능성을 높이지만, 미혼여성의 출산과 양육은 철저히 통제되어 때문에, 이러한 딜레마는 결국 미혼여성의 낙태를 통해 '해소'될 수밖에 없다. 이러한 구조적 현실에서, 미혼여성의 낙태는 증가할 수밖에 없을 것이라고 진단한다.

이렇게 볼 때, 한국의 낙태 관련 법에서 미혼여성의 재생산 권리, 따라서 성적 자유와 자기 결정권은 완전히 무시되고 있다고 평가한다. 법제도는 사회의 변화와 여성 인권 보장의 미비를 직시하여 미혼여성의 낙태를 사회경제적 사유로서 인정하는 한편, 미혼여성도 자녀를 출산할 수 있도록 출산정책 패러다임을 변화해야 할 것이다.[38]

---

38   남녀동거의 허용도에 따라, 비혼인출산율(non-marital fertility)은 사회마다 대단히

둘째, 기혼여성에게 있어서도 출산이 선택지이긴 하지만, 사회적 힘 속에서 임신, 낙태와 출산이 통제받고 있다. 모자보건법상 배우자의 동의 조항은 기혼여성의 낙태 결정권의 배우자에 의한 실질적, 상징적 통제를 허용하고 있다. 낙태 결정에 배우자의 의사가 중요하다고 할지라도, 파트너 간의 의사가 불일치할 경우에는 여성의 의사가 더 우선권을 가져야 함은, 앞서 살펴본 낙태권에 대한 제 이론이 모두 합의하는 견해이다.

하지만 한국의 법원은 낙태에 관한 여성 의사의 중요성에 관해서는 대체로 침묵하고 있다. 코넬이 주장하는 반대로라면, 이는 여성의 사람됨, 성적인 존재성과 신체 통합성의 가장 기초적인 조건을 훼손하는 것이다. 그 논리를 따리면, 낙태권이 주어지지 않았고 기껏해야 그것이 한정적으로 '허용되는', 한국 여성들에게 아직 자기 운명 결정권은 존재하지 않는다고 해야 한다. 임신 여성은 낙태에 임하여 과거, 현재, 미래의 다양한 요소들을 고려하는데, 누구보다도 그녀는 자녀의 출산 후 여건을 가장 잘 예측할 수 있는 사람이다. 그 예측에서 여성은 자신과 태아 사이를 교류하면서, '어머니적 사유(maternal thinking)'를 구사하게 된다. 법은 여성들의 이러한 낙태 결정에 첫번째의 우선권과 신뢰를 주어져야 한다. 여성의 낙태결정의사에 대한 법적 우선권 인정은 현실의 불평등 상황에 대한 보정 효과를 가질 것이다. 모자보건법상, 배우자 동의 조항의 삭제와 사회경제적 사유의 인정이 시급히 요망된다.

그런데, 실제로 한국의 여성들이 처벌없이 낙태를 할 수 있기에, 법의 원칙적 금지는 여성들에게 무해한 것인가. 그렇지 않다. 여성들이 이미 낙태를 행하고 있기 때문에. 또 낙태가 법적 원칙으로 허용된 적이 없기 때

다르다. 스웨덴의 경우 출생아의 55%, 영국은 40%를 나타낸다. 이에 비해 기존의 가족제도를 강하게 고수하는 것으로 평가되는 스페인은 18%, 이태리는 10%로 낮지만, 일본의 1.6%에 비하면 매우 높다(National Institute of Population and Social Security Research, 2003, 장혜경 2004에서 재인용).

문에 그 효과를 다 측정하기는 어렵지만 추정은 가능하다.

먼저, 낙태 금지로 인하여 낙태를 음성화시켜서 그것의 실태조차 제대로 파악되지 못하게 한다. 이것은 의료, 복지, 출산, 여성정책 수립에 있어 심각한 문제이다. 특히 여성 건강의 측면에서 낙태는 국가의 통제가 미치지 않는 의료적 사각시대이다. 또, 낙태수술 이후의 정기 검진 및 산부인과적 치유 과정 또한 미흡할 수밖에 없다. 둘째, 낙태의 금지와 음성화는 낙태에 대한 적절한 의료 및 사회복지체계의 구축 자체를 저해함으로써 현명한 임신 대응을 어렵게 만든다. 한국에서는 임신중기(midtrimester) 유산이 감소하지 않고 있음이 지적된다.[39] 특히 10대 청소녀와 빈곤 여성들에게는 산부인과와 지지집단은 너무 멀리 있어서, 적절한 의료 및 복지 서비스와 정보가 부족한 상태가 되기 쉽다. 셋째, 낙태 금지에는 성에 대한 도덕주의적 태도가 존재하지만 실질적으로는 낙태가 자율화되어 있는 현금의 이중적 상황은 합리적 피임 노력을 크게 저해한다. 낙태시술이 가능하고, 여성의 몸이 성적 도구화되어 있다면, 피임 노력은 매우 방만해질 수밖에 없다. 넷째, 낙태를 범죄시함으로써 여성들에게 죄책감을 심어주고, 낙태 경험을 침묵하게 하고 공유하지 못하게 하는 것은 매우 중요한 효과이다. 한국에서 대다수 낙태행위가 실제로 처벌되지 않는다 해도 그것이 범죄라는 사실만으로도 낙태 결정을 한 모든 여성에게 낙인(stigma)을 찍고 이후 성관계에 훈육효과를 남긴다. 하지만 낙태된 태아와 자신과의 '관계'는 여전히 해명되지 않기에 여성에게 낙태는 오랫동안 상흔을 지속된다.

39　허준용(1994) 「인공유산의 의학적 윤리-한국여성의 인공유산 현황과 문제점」, 『대한산부인과학회잡지』, 37권 4호, 615-616쪽.

4. 재생산권리의 이해

여성의 출산과 낙태에는 많은 변수와 조건들이 고려되며, 출산 후 여성들이 대부분 1차적 양육자가 되기 때문에 여성들이 낙태 '선택'에 대해 신뢰를 두어져야 한다. 그리고 임신, 출산, 양유과 관련한 결정의 1차적 주체라는 점이 법과 사회 속에서 인정되어야 한다.이 장에서 살펴볼 재생산권은 그러한 여서으이 권리 구현을 위한 이론적 기초가 될 것으로 보인다. 이 장에서는 1994년 9월 5-13일에 이집트 카이로에서 열렸던 UN ICPD(International Conference for Population and Development; 인구 및 개발에 관한 국제회의)에서 제시된 재생산권 개념을 살펴본다.[40]

1) 재생산권의 개념사

Reproductive Rights 개념은 일찍이 1968년의 "커플과 개인들의, 그들 자녀의 수와 터울을 자유롭고 책임 있게 결정할 수 있는 기본권"이라고 한 공식을 약간 바꾸어 1974년 Bucharest에서 열린 UN 인구 회의와 이후 일련의 회의에서 반복적으로 제시되고 형성되었다.[41] 다른 한편, 북반구의 여성운동, 특히 미국에서 70년대에서 80년대 초에 이르는 반낙태운동과 연구를 통하여, 낙태권리는 여성의 재생산 자유, 그리고 재생산 권리의 관점으로 이해되었다. 그런가 하면, 남반구의 여성 운동의 기여도 중요하다. 80년대 후반 이후, 남반구의 여성들은 그들 자신의 맥락에서, 즉 경제 개발과 가족계획, 인권의 맥락에서 재생산 건강 및 권리 개념을 형성하게 된다. 이렇게 재생산권은 여성 자신의 출산 통제권리와 경제개발 어젠다

---

40   ICPD는 UN Department of Economic and Social Affairs 산하의, Population Information Network(POPIN)에서 개최하는 정부간 인구 관련 회의이다.

41   Anita Hardon, "Reproductive Rights in Practice" in *Reproductive Rights in Practice*, Anita Hardon & Elizabeth Hayes(eds.), London: Zed Books, p.3.

와 결부된 가족계획, 인구통제와 같은 거시적인 틀이 서로 절묘하게 결합된 개념이다.[42] 특히 1994년 ICPD에서는 기존의 가족계획 중심의 시각을 벗어나서, 90년대에 새롭게 형성되던 여성 인권의 시각에서 재생산권이 재조명되기 시작하였다는 점에 주목할 필요가 있다.

카이로 ICPD 회의 전인 1994년 1월, 세계 전지역에서 모인 200여명의 여성들의 준비회의(International Women's Health Conference for Cairo '94)를 개최하였는데 이는 카이로 회의의 주요 맥락이 되었다. 리오데자네이로에서 열린 이 회의에서는 여성들간의 차이에도 불구하고, 개발과 세계적 제경향의 비판이 재생산과 성적 의사 결정, 건강권, 젠더 평등과 분리되지 않는다는 데 의견을 같이했다.

한편 카이로 회의에서는 이 분야를 수십년간 지배해 온 오로지 인구성장 (그리고 여성의 출산력)에 관심을 가지는 인구와 환경그룹이 영향력을 내고 있었으나, 재생산적 권리에 대한 여성들의 어젠다를 드러내고 반대하지는 않았다. 하지만 여성의 건강과 힘을 인구통제의 수단으로 다루는 것과 여성에게 내재한 권리로 다루는 것 간에는 입장 차이가 있었다. 또 다른 공격은 바티칸 천주교회와 그의 영향권 하에 있는 국가, 이슬람 국가들의 연합으로부터 왔다. 이들은 이 회의가 '산아증진적(pronatalist)' 어젠다를 취하기를 원했으며 낙태, 성적 쾌락, 미혼과 교육과 서비스, 동성애자 권리를 수용하는 듯한 함의를 가지는 원칙들에 반대하였다.[43]

2) 여성 인권의 틀(Framework)로서의 재생산권

ICPD의 가장 중요한 의미는 여성의 건강, 권리, 평등과 힘기르기의 중

---

42   Rosalind P. Petchesky, 〈*Reproductive and Sexual Rights*〉, UN Research Institute for Social Development, Occasional Papers 8, 2000, p.1-2.

43   R. Copelon & R. Petchesky, "Reproductive and Sexual Rights." 1995, pp.347-9.

요성을 인식하고, 이를 인구와 개발 프로그램을 통합된 인권 프레임웍에 위치시켰다는 점이라고 할 수 있다. ICPD의 기여는 인권의 통합적 구조, 특히 여성권리의 통합성에 대한 강조에 있어 그 선례를 찾기 어려울 정도이며, 인권을 여성의 권리 주장, 특히 여성의 재생산과 성적 권리의 주장 옹호로 인식하는 틀을 제공했다.[44]

재생산권이란 인간의 재생산 활동에 관련된 권리를 보장하고자 하는 포괄적인 권리체계인데, 임신, 낙태, 출산은 여성의 몸에서만 일어나는 현상이기 때문에, 이러한 권리의 틀이 여성의 인권보장에 가지는 의미가 매우 크다. 이 접근은 기존에 인권에 대한 단편적, 혹은 형식적 접근에 도전하고 권리와 사회맥락 간의 연관성, 그리고 여성의 필요라는 관점에서 인권을 재정의하였다. 페췌스키는 카이로에서 논의된 재생산론 관련 쟁점들에서 여성의 힘기르기(empowerment)와 온전한 시민권 성취에 필수불가결한 세 가지 결정적으로 중요한 개념이 깔려 있다고 한다.[45] 그것은 첫째 신체적 통합과 자기결정(self-determination)의 중요성, 둘째 성성(sexuality)과 출산(fertility)에 있어서의 양성평등 원리의 중요성, 셋째 사회권 또는 권리 실현을 가능케 하는 조건 마련의 강조라고 한다.[46]

다른 한편, ICPD는 새로운 권리 개념을 창조한 것이 아니라, 전통적 인권 개념을 여성의 현실과 필요성에 적용한 것이라고 할 수 있다. 1993년 비엔나 회의가 공적이고 사적인 영역에서 일어나는 젠더폭력(gender

---

44 이하 R.Copelon & R.Petchesky, "Reproductive and Sexual Rights". 1995; R. Petchesky, *Reproductive and Sexual Rights*" 2000 참고.

45 R. Petchesky, *Reproductive and Sexual Rights*, 2000, pp.4-9.

46 재생산권의 성격은 다음과 같이 묘사되기도 한다. 성적·재생산적 자기결정과 건강 권리는 정치·시민적인 '제1세대'의 권리, 경제, 사회·문화적인 '제2세대'권리의 꾸준한 진전을 요청한다. 더 나아가, 이러한 권리는 연대권(solidarity rights)이라는 제3세대의 권리에 대한 국제적 헌신의 요청과 서로 떨어져 있지 않다(R. Copelon & R. Petchesky, "Reproductuve and Sexual Rights," 1995).

violence)을 인권 유린으로 인지하는 첫 걸음을 내디딘 것처럼, 카이로 프로그램은 인권의 중요성을 재생산과 성성의 영역으로 재해석하는 데에 박차를 가한 것이다. 카이로 회의에서 채택된 행동프로그램(Program of Action)에서는 재생산권(Reproductive Rights)은 다음과 같이 정의되었다.[47]

> Paragraph 7.3: ⋯ 재생산권은 이미 국가 법률, 국제 인권법에 그리고 기타 UN이 합의한 문서에서 인식되는 인권의 어떤 측면을 포함한다. 재생산권이란 모든 커플과 개인들이 그들의 자녀의 수, 터울, 시기를 자유롭고 책임있게 결정할 수 있는 기본적 권리 및 그 권리를 행사할 수 있는 정보와 수단, 그리고 가장 높은 수준의 성적 재생산적 건강을 누릴 권리를 포함한다. 이 인권 문서들에서 표현된 차별, 강제, 폭력 없이 재생산에 관한 결정을 내릴 권리를 포함한다. 이 권리를 행사함에 있어서, 개인과 가족들은 그들의 삶, 미래의 자녀, 그리고 공동체를 향한 그들의 책임을 고려해야 한다. 모든 사람들의 재생산 권리가 책임 있게 실현되도록 만드는 것은, 정부가 지원하는 가족계획을 포함한 재생산 건강 정책과 프로그램의 기초가 되어야 한다(인용자 번역).

위에서 진하게 된 부분은 여성차별철폐협약(CEDAW)의 16조 1항의 g호와 매우 유사하다. 이렇게 재생산권 개념은 이미 존재하는 국제법과 국제적 관습규범을 재확인하고 통합하고 있다. 한편, 위 규정에 제시된 재생산 건강(reporductive health) 개념 역시 재생산권에 있어 매우 중요하므로, 재생산 건강 규정을 살펴본다.[48]

---

47   ICPD POM(Program of Action)은 모두 16장으로 구성되고, II장에는 15 Principle이 제시되어 있다.

48   Reproductive rights는 국내 문헌에서 '생식 건강'으로 번역되기도 한다 (R.J. Cook, 『여성의 건강과 인권』, 서울대학교 의과대학 의료관리학교실 옮김, 눌원보건문고 10, 1995를 보라).

Paragraph 7-2: … 그러므로 재생산 건강은 사람들이 만족스럽고 건강한 성생활을 할 수 있고, 자녀를 출산할 능력과 자녀를 가질지 여부, 언제, 몇 명이나 가질지를 결정할 수 있는 자유를 의미한다. 이 마지막 조건에는 남성들과 여성들이 안전하고, 저렴하고, 받아들일만한 가족계획 방법의 선택에 있어서, **법에 위배되지 않는 한**, 출산통제의 방법을 선택할 수 있도록 정보가 주어지고 그에 접근할 수 있고, 또한 여성들이 임신과 출산을 안전하게 치를 수 있고 커플이 건강한 아기를 낳을 수 있도록 적절한 의료적 케어 서비스에 접근할 수 있는 권리를 포함한다.

이 규정은 세계보건기구(WHO: World Health Organization)의 건강 정의를 거의 그대로 받아들이고 있다는 점에서 다시 한번 기존의 규범을 통합하는 노력을 엿볼 수 있다. 다만, 위 규정에서 진하게 된 부분은 특히 낙태를 금지하는 각 국가의 법을 염두에 두고 있는데, 이는 낙태를 가족계획의 방법으로 사용하지 못하도록 주력한 천주교 세력들의 로비의 결과이다.[49] 이 점에서 재생산 건강과 재생산권은 낙태 문제에 대해서는 분명한 원칙을 수립하지 못했다는 한계를 지닌다. 재생산권을 통해 정립된 원칙들을 정리해 보면 아래와 같다.

첫째, 프로그램의 원칙들(Principles)은 세계인권선언에서 인정되는 인권의 모든 측면을 통합시켰다. 그 제1조에 "모든 사람은 태어날 때부터 자유롭고, 존엄성과 권리에 있어 평등하다(All human beings are born free and equal in dignity and rights)"를 그대로 인용함으로써 세계인권선언을 확인하였고, '태어날 때부터'라는 표현을 의식적으로 채택하여 태아(fetus)의 권리를 주

---

49 Rhonda Copelon & Rosalind Petchesky, "Reproductive and Sexual Rights as Human Rights", in *From Basic Needs to Basic Rights*, Washington: Women, Law, and Development International. 1995. p. 350, 이후 논의 참고.

장하고자 하는 바티칸의 노력을 부정하고 인권은 탄생과 함께 주어진다는 것을 분명히 했다.

둘째, 기존의 인권 개념을 여성의 관점으로 재구성하였다는 점에서도 그 의의가 크다. 국제적·국내적 법규에서 발견되는 시민, 정치적 권리, 개인의 자유와 안전의 권리는 전통적으로 자의적 체포 및 구금시 침해로부터의 보호될 권리와 연결되어 있다. ICPD 프로그램은 이러한 기존의 인권 개념이 여성을 수용할 수 있도록 하는 기초를 마련했다. 구금 개념에 여성이 겪는 자유의 제한을, 개인의 안전에는 여성이 자신의 성과 재생산을 결정하고 통제할 수 있는 권리, 그리고 학대로부터 보호될 권리가 포함되어야 한다는 것이다.[50] 현재의 인권의 틀에서 시민, 정치적 권리에 무게가 주어지므로, 여성에 대한 부정적 침해(abuse), 즉 국가폭력 및 시민 정치적 권리와는 다른 폭력에 대한 주목이 요청된다. 이제까지 여성의 재생산과 성적 권리에 관해서는 (전시나 구금시 성폭력을 제외하고는) 시민, 정치적 권리라는 측면에서 별반 관심이 두어지지 않았다.

셋째. 양심권과 종교적 불관용과 차별로부터의 자유는 국가뿐 아니라 사적인 침해에 대해서도 적용되므로 정확히 재생산과 성적 의사결정에도 타당성이 있다고 ICPD 프로그램은 해석한다. ICPD 문서에 성적 권리에 대한 명시적인 인식이 부족하기는 하지만, 성적 자기 결정권으로부터 보호되는 것이 인권의 주요 사항임은 분명히 하였다.

넷째, '만족스럽고 건강한 성생활'을 질병예방 차원이 아니라 재생산 권리에 통합된 요소로서 좀더 적극적인 목표로 제시한 것은 카이로 프로

---

50   예컨대, '피할 수 있는 죽음'으로부터 보호되는 것은 생존권이라는 불리우는 인권이다. 남성의 입장에서 피할 수 있는 죽음이라고 할 때, 임신과 출산에 의한 죽음이 아니라 사형을 더 쉽게 떠올릴 것이다. 하지만 여성들은 임신과 관련된 원인으로 해마다 거의 50만 명이 죽어가는 것으로 추정된다(R.J. Cook, 『여성의 건강과 인권』, 54-55면).

그램의 놀라운 성과라고 할 수 있다. 재생산 권리와 건강 챕터(제7장)의 행동 기초는 세계보건기구의 재생산 건강(성적 건강 포함)을 거의 그대로 받아들였다. 정부는 제공될 수 있는 모든 성과 재생산에 관한 건강 서비스와 교육을 미혼자들에게 제공해야 할 의무를 가지게 되었다. 재생산 건강은 좁은 가족계획을 넘어서야 하고 기초적인 건강서비스(heath care)의 맥락에 놓이게 되었다.

다섯째, 카이로 문서는 낙태에 대한 이중적 태도 및 인간 섹슈얼리티에 대한 보수적 태도로 인해 여성의 인권 옹호에 부족함이 있다고 평가된다. 앞서 지적한대로, 이 회의의 보수적 집단들은 출산 규제(fertility regulation)에 낙태가 포함되는 것을 반대하여 '법이 허용하는 경우에 한해' 낙태를 허용하고, '낙태는 어떠한 경우라도 가족계획의 방법으로 사용되어서는 안 된다'라는 문장을 넣는 데에 성공하였다. 하지만 프로그램은 최초로 모든 수준의 정부는 "안전하지 않은 낙태로 인한 건강에 대한 효과는 주요한 공공 건강 문제로 다루어야 한다"는 문구를 집어넣기도 했다. 또한, 이성애적 핵가족 이외의 다양한 가족형태에 대한 ICPD 최종 문서 이전에 보였던 분명한 인정의 농도가 상당히 묽어졌다.[51]

여섯째, 재생산권의 상호 불가분성(indivisibility): 이 비분리성은 앞서 지적한 인권의 상호 연관적 성격의 연장선상에서 이해할 수 있다. 특히 재생산권은 여성을 중심으로 하여 성의 자유, 임신과 출산에서 차별받지 않

51　국제법적으로는 태아의 생명권이 인정되지 않는다. 유럽인권위원회는 일찍이 1980년대 초, 낙태에 관한 여성권리가 태아의 권리보다 우월함을 분명히 하였다. 위원회는 태아의 '생명권'은 어머니의 그것을 위험하게 할 정도로 구성되어서는 안 되며, "이것은 '태어나지 않은 생명'이 임신한 여성의 생명보다 더 높게 여겨지는 것"이라고 덧붙였다(European Commission on Human Rights, 'Decision in the Case of X. v. The United Kingdom of 13 May 1980,' Application 8416.79, Anita Hardon, "Reproductive Rights in Practice" in Reproductive Rights in Practice, Anita Hardon & Elizabeth Hayes(eds.), London: Zed Books, p.13–14에서 재인용.

을 권리, 양육에 대한 공적지원을 받을 권리를 서로 연관시키는 권리의 틀이라는 점에서 그 상호 연관성을 이해할 수 있다. 상호 불가분성은 다음과 같은 네 측면으로 이해할 수 있다.[52]

(i) 시민, 정치, 경제, 사회, 문화적 권리간의 상호 불가분성: 정치, 시민적 권리에 관한 것일지라도, 국가는 단지 권리 존중(불침범)의 의무에 국한하는 것이 아니라, 권리 향유를 위한 적극적 방안을 마련해야 한다는 점이다. 예컨대 UN 인권위원회는 모성사망(maternal mortality)의 감소를 위한 노력을 생명권 보장으로 접근해야 한다.

(ii) 재생산권 및 성관계에서의 존중과 젠더 평등과의 상호 불가분성[53]: 성성과 출산에 대한 통제 결여는 여성을 사회의 모든 분야에서 불평등한 지위로 영속화하는 데 심대한 역할을 한다는 것을 분명히 하고 있다. 평등이란 동일 대우(identical treatment)에 국한되지 않는다. 여성만이 임신할 수 있고, 여성이 자녀양육 책임을 (배타적이진 않을지라도) 심히 불균형하게 짊어진다는 것은 사회적 사실이므로, 평등원칙은 여성이 자녀출산 결정에 있어 최종적인 힘과 온전한 능력을 가져야 한다는 것을 요청한다.[54] 재생산권 양성 평등의 관점으로 연결시킴으로써, 재생산권리론은 기존의 자유권적 불개입 원칙을 넘어서 차별금지를 위한 적극적 개입과 공적 지

---

52 R. Copelon & R. Petchesky, "Reproductuve and Sexual Rights," 1995.

53 여성차별철폐선언에서 "양성평등을 기초로 한…동등한 권리"라는 것이 다소 애매한 조문을 재생산 결정에 있어 분명하게 적용되도록 CEDAW 위원회는 다음과 같이 결론지었다. 여성의 책임이 그들의 발전과 사회 참여에 영향을 미치므로 "물론 배우자나 파트너와의 상담을 하는 것이 좋겠으나, 자녀를 가지느냐 여부는 배우자, 파트너, 부모 혹은 정부에 의해 제한되어서는 안 된다(Decisions to have children or not, while preferably made in consultation with spouse or partner, must not nevertheless be limited by spouse, partner, parent or Government)." (CEDAW, Recommendation No. 21(1994), R. Copelon & Petchesky, 1995, p.359에서 재인용.

54 앞서 살펴본 평등보호론과 코넬(Cornell)의 동등권(equivalent rights)의 개념과 함께 이해할 수 있다.

원을 국가에게 요청할 수 있는 근거를 마련하고 있다.

(iii) 사회 경제적 권리와 자녀 임신 결정 간의 상호 불가분성: 이 권리는 출산 통제와 자기 결정을 위하여 '정보와 그렇게 할 수단'에 대한 접근을 포함한다. 카이로에서는 재생산 의사결정과 재생산과 이외 보건서비스, 교육 접근권 간의 불가분성이 비교적 쉽게 주장되었다. 이는 출산통제 및 자기 결정 권리에, 음식, 주거, 노동과 기초적 안전 그리고 자기 계발을 위한 권리 같은 경제적, 사회적 권리가 포함되는 것으로 그 의미가 확장되었다는 것을 뜻한다. 이들은 재생산과 성적 권리의 실현을 가능하게 하는 조건을 구성하게 된다.

(iv) 정부와 시민사회 간의 상호 불가분성: 여성 NGO들과 그들의 수혜자들은 모든 수준의 의사결정에 참여할 것이 강조되었다. 전통적으로 정부에의 참여는 시민적 정치적 권리로 인식되었지만, ICPD에서는 정부와 시민사회 간의 상호 연관성은 통합된 권리를 실현하는 데 결정적인 도구로 인식되었다.

3) 실효성과 한계

앞에서 한국 여성에게 필요한 것이 단지 낙태할 자유뿐 아니라 자녀를 낳을 자유이고, 성적 자기 결정권이며, 양육을 위한 사회 보장이라고 할 때, 재생산권리(들)야말로 재생산 정책의 기초가 되어야 할 것이다. 낙태를 재생산권의 보장을 위한 요소로 포섭했을 때, 추구되어야 할 정책은 다음과 같다. 첫째, 양성평등 원리에 입각하여 남녀에게 성과 피임에 관한 교육을 제공한다. 둘째, 성관계에 있어서 여성의 성적 자기 결정권을 보장하고 여성의 신체통합의 권리를 보장한다. 셋째, 여성의 성적 자기 결정권과 모성의 강요(모성신분제)를 피하기 위해 낙태 결정에 있어서 여성임부를 1차적 낙태 및 출산의 결정권자로 인정한다. 넷째, 낙태란 남성은 직면하지 않는 여성의 필요로서 평등보호 원칙에 따라, 낙태에 대한 의료보험

등을 통한 적정한 의료지원을 하고 작업장에서 장애사유로 인정한다. 다섯째, 출산 후 건강보험, 일자리, 주택 등에 있어서 적극적으로 모성을 지원하여 여성의 자녀 출산 권리를 보장해야 한다. 특히 미혼여성의 경우 자녀를 출산해도 차별과 빈곤을 겪지 않을 정도의 지원책이 필요하다.

카이로 프로그램은 국가적 차원에서 구속력이 있는 것은 아니고 신용공약(Good faith commitment)를 나타낸다. 여성 지위의 향상을 위한 기준과 새로운 프로그램을 재조정하고 계발하는 데 있어 충실히 준수해야 할 인권 개념의 기초를 마련한 것이다. 한편, 1994년의 ICPD의 프로그램은 다음해인 95년 북경 제4차 세계여성대회의 행동강령에서 다시 확인되고 정비되었다. 동 행동강령은 12개 분야에서 총 362개 항목의 구체적 방안과 전략을 담고 있고 그 이행사항을 국제사회에 보고하도록 의무화하고 있다. 카이로 프로그램에서 강조된 성과 재생산권은 'C. 여성과 건강'에 포함되어 있다. 북경행동강령에서 해당사안의 전략목표는 다음과 같다.

C.1. 모든 생애 주기를 통해 적절한 양질의 보건 의료와 정보 및 관련 서비스에 대한 여성의 접근 기회를 증진시킨다.
C.2. 여성의 건강을 증진하는 예방 프로그램을 강화한다.
C.3. 성병, HIV/AIDS, 성과 생식 건강 문제에 대한 성인지적 조치를 도입한다.
C.4. 여성 건강 관련 조사 연구를 촉진하고 정보를 배포한다.
C.5. 여성 건강 관련 자원을 증가시키고 후속 조치를 모니터한다.[55]

그런데 이러한 원칙들은 위에서 살펴본 재생산권의 틀과 철학에 비하면 상당히 도구화하고 건조해진 것 같다. '여성 건강'이라는 개념은 앞에서 살펴 본 차별과 억압을 넘어서고자 하는 사회경제적 차원이 아니라 다

---

55   한국여성개발원, 「북경행동강령 이행보고서」, 2000 연구보고서.

분히 생리학의 차원의 개념으로 다가온다. 실제로, 여성개발원의 북경행동강령 이행보고서에선, 생식 건강(reproductive health) 사업과 관련하여 다음과 같이 적고 있다: "성 교육 및 성상담 사업을 대대적으로 수행하였으나 그 내용이 현실을 반영하지 못한다는 지적과 함께 늘어나는 10대 임신 및 피임을 목적으로 시행되는 불법 유산을 효과적으로 예방해내지 못하는 등 각종 사업이 실효성보다는 구호성에 그치는 한계를 드러냈다." 이런한 서술에서 볼 때, 이제까지 논의한 재생산권이 가지는 여성 인권 프레임은 약화되고 국가의 기존 입장에서 크게 벗어나지 않은 채, 여성의 재생산 이슈를 다루고 있는 것이 아닌가 우려 된다. 국제인권회의의 결의사항과 국내법 간의 연관성의 구축, 또 그에 대한 여성주의적 해석이 미진한 것이 아닌지 우려된다.

5. 맺음말

본 논문에서는 낙태권리에 관한 여성주의적 재구성을 위하여 한국 여성의 낙태 행위를 분석했고, 그에 입각하여 현행법의 문제점을 지적했으며, 재생산권 개념을 소개했다. 이 과정에서 낙태에 대한 평등권적 접근, 성별간 차이에 입각한 동등권적 접근, 성적 억압의 철폐와 같은 접근이 제시되었다. 또한, 한국 여성들이 낙태에서 자율권을 가지기 위해서는 단지 낙태의 권리가 아니라, 성적 자기 결정권, 양육에 대한 공적 지원의 요청 권리를 아우르는 권리의 틀이 필요하다는 것을 알 수 있었다.

이에 UN ICPD 회의에서 제시된 재생산권 개념에 전반적으로 살펴보았다. 아쉬운 점은 ICPD에서 채택한 재생산권에 있어 '낙태권'의 지위가 애매하다는 것이다. 하지만, 성적 권리와 재생산 권리를 중심으로 한 여성 인권의 포괄적 틀의 마련한 점에서 의미가 크고, 앞으로 재생산권의 내용을 사회적 조건 속에서 좀더 충실화하고 그 실효성을 강화시키는 노력을 기울여야 할 것이다.

이 글에서 시도한 한국 여성의 낙태행위의 성격에 입각할 때, 우리 법률상의 낙태 금지 원칙은 낙태와 여성의 현실에 대해서는 지극히 무관심했다고 평가한다. 이로써 사회 현실과 괴리되어 있고, 낙태의 원칙적 금지 및 협소한 범위의 낙태 허용은 여성의 성성 및 역할에 대한 통제효과가 지대하는 점에서 여성 인권에 반한다고 평가한다. 이런 견지에서 궁극적으로는 형법은 여성의 자기 낙태를 처벌하지 않아야 할 것이다. 현행의 법체계에서는 우선 모자보건법상 낙태 허용 사유에 '사회 경제적' 사유를 포함하여 허용의 범위를 넓히고, 배우자의 동의 조항을 삭제해야 하며, 미혼여성과 10대 여성들의 재생산 활동을 지원하는 정책이 시급히 수립되어야 한다. 또한 낙태의 기간별 허용모델의 수용도 고려할 수 있고, 임신 상담 및 교육, 임산부 지원 프로그램도 마련해야 한다.

하지만 이 글의 목적은 형법 및 모자보건법의 개정안의 제시가 아니라 개정해야만 하는 근거 혹은 가치를 제시하고자 함이며, 이를 위해 여성주의적 권리론과 낙태행위의 사회적 성격에 대하여 분석했다. 낙태는 단지 낙태의 허용이냐 금지냐라는 한 차원의 문제로 해소되지 않을 것이다. 낙태가 허용된다고 해도 여성의 성성이 쾌락 혹은 재생산의 도구로 여겨지고, 피임 실천은 여전히 미비하다면 큰 의미를 갖지 않을 것이기 때문이다. 낙태를 예방할 수 있는 길은 단지 허용과 금지 원칙에 있지도 않고. 형식적 생명 존중에 있지도 않다. 오히려, 낙태가 만연하는 것은 생명 존중 사상의 부족이 아니라, 임신을 할 수 있는 여성의 몸, 성, 자기결정에 대한 존중 사상이 부족하기 때문이다. 여성의 낙태 결정이 오히려 처벌의 대상이 되고, 낙태가 여성의 몸과 마음에 남기는 폐해가 사회적으로 알려져 있지 않고, 성평등한 피임 수행이 자리잡지 않았기 때문이다. 또한 아이를 낳았을 경우에는 가족과 남성에게 의존하지 않고 살 수 있는 어머니 조건이 제대로 마련되어 않기 때문이다. 따라서, 필요한 것은 여성중심적 재생산 정책인 것이다.

　이렇게 여성의 입장을 중심으로 바라보는 재생산에 대한 인식은 하나의 특수한 인식이 아니라, 임신부터 출산, 양육에 이르는 포괄적 인식론이다. 그런데 이런 인식이 재생산을 이해하는 데 놀랄 만큼 결여되어 왔다. 이런 견지에서, 여성의 입장을 중심으로 한 낙태 인식은 생명의 권리를 무시하는 것이 아니라, 그 생명의 미래에 대한 책임을 중심으로 한 인식론이다. 그리하여 낙태는 이성애 성관계로 시작되는 재생산 활동의 정당한 요소로 그 의미가 전환되어야 한다. 미스터리는 낙태가 아니라 생명에 있다. 그 생명을 키우기 위해서는 우선 여성의 재생산권을 보듬어야 한다.

제7장

2부 토론

일시: 2004년 11월 3일
장소: 서울대학교 법과대학 근대법학교육 100주년기념관
사회: 한인섭(서울대학교 법학전문대학원 교수)
지정토론: 이영란(숙명여자대학교 법과대학 명예교수)
　　　　　송석윤(서울대학교 법학전문대학원 교수)
　　　　　정진주(근로복지공단 서울남부업무상질병판단위원회 위원장)

한인섭　나중에 보충할 기회를 드리는 것으로 하고 토론시간은 1인당 10분 정도로 제한하도록 하겠습니다. 먼저 숙명여대에서 오신 이영란 교수님을 소개합니다.

이영란　저는 숙명여대 법학과 형법교수인 이영란입니다. 낙태죄에 관한 형법을 어떻게 개정하면 좋은가에 관한 논의인 줄 알고 있었는데, 발표자 여러분들의 발표는 임신·출산·양육 등을 포괄하는 개념으로서 낙태선택권이나 재생산권에 집중하고 있는 것 같습니다. 사회자께서도 말씀하셨듯이 상당히 어려운 주제라고 생각됩니다.

　발표에 대한 토론의 방식에는 두 가지 정도가 있다고 생각됩니다. 하나는 자기 생각 또는 주장을 주로 말하는 방식이고, 다른 하나는 질문의 형식을 빌어서 발표내용을 비판하는 데 초점을 두는 방식입니다. 저는 이 두 가지에 속하지 않는 방식인데, 우리 모두가 각각 분야에서, 다른 관점에서 이 어려운 문제를 진지하게 다시 한 번 생각해보자는 의미에서 질문을 하겠습니다.

　첫째, 이인영 교수께서는 성통합적 관점이라는 말을 썼습니다. 그런데

낙태죄 처벌 여부의 문제를 너무 성차별적 문제 내지는 성편향적 문제에 치중하여 파악하고 있다는 생각이 듭니다. 성통합적이라는 말은 성편향적 내지는 성차별적 관점의 존재를 전제로 하기 때문입니다. 제가 보기에는 이 문제는 남성과 여성의 문제가 아니라 임신한 사람과 임신하지 않은 사람의 문제입니다. 남성의 병역의무를 성차별의 문제로 보지는 않습니다. 군대를 가는 사람과 가지 않는 사람의 문제죠. 낙태죄의 처벌 문제가 성차별적 문제, 성편향적 문제라는 사실을 전제로 이인영 교수는 성통합적 관점이란 표현을 쓰는데, 이러한 접근방식은 너무 복잡합니다. 새로운 말을 자꾸 만들어내지 말고, 가능하면 현존하는 용어나 해결방법을 통해 문제를 해결하기 위한 노력을 경주해야 한다고 봅니다.

두 번째로 지적할 것은 자신의 도덕적 신념 내지는 인식들 속에서 발견되는 권리를 보호하는 법률이면 그것은 정당화된다고 말씀하시는데 우리가 법의 효력을 논할 때는 '그 법이 타당성이 있는가, 그리고 그 법이 실효성이 있는가'라는 두 가지 면에서 주로 논의를 합니다. 법이 정당해야 한다는 것은 두말 할 나위 없는 당연한 전제입니다. 그런데 이 낙태죄에 관한 한 보호법익이 태아의 생명, 그리고 모체의 건강이라는 데 이견이 없기 때문에, 그렇다면 낙태죄는 '보호법익의 관점에서 볼 때 타당성은 있는데 실효성이 없는 것이고, 그것도 우리 형법의 규정이 잘못되었기 때문에 실효성이 없다'는 점에서 이것이 문제가 되는 거죠. 따라서 이 규정이 정당하다고 해서 당연하다고만 보면 안 되고, 타당성은 있지만 실효성이 없는 법규라는 데 문제가 있으므로 다시 한 번 검토해서 법을 개선해보자는 논의가 되어야 한다고 생각합니다.

세 번째로 낙태현실에 대한 분석을 하는 데 검찰의 '범죄분석'에 나온 통계치를 사용했습니다. 그러면서 이런 통계를 경솔하게 버리지 않고 이용했다고 하셨는데 조금 전에도 언급되었지만 국정감사에서 언급된 바에 의하면 적어도 1년 동안 일어나는 낙태건수가 대략 16만 건이라고 합니다. 실제로 낙태를 하고도 처벌받지 않은 사람이 부지기수입니다. 발표문에서 언급하신 42건, 20여 건 등의 통계치는 낙태의 실태를 알아보고자 하는 통계로서는 분석가치가 없는 겁니다. 게다가 검거율이 90%라는 것은 통계로서의 가치를 더욱 의심스럽게 합니다. 논문의 상당분량을 차지하는 분석이 그러한 통계를 바탕으로 이루어지고 있다는 것이 오히려 경솔한 것이 아닌가 생각됩니다. 그러한 통계가 우리나라의 사법현실이 어떠하다는 사실을 증명하는 참고자료로 쓸 수는 있다고 하더라도 논문의 중요한 부분을 차지하는 낙태현실을 알아보는 통계치로 이것을 사용하는 것은 바람직하지 않다고 생각됩니다.

네 번째로, 우리나라 국민의 낙태죄에 대한 인식도 분석에 관한 부분을 지적할 수 있습니다. 이 표를 보면 실태를 그대로 묘사하는 기술적인 통계 분석으로는 의미가 있다고 생각됩니다. 그런데 우리나라의 낙태현실과 형법상의 낙태죄 처벌이 너무 괴리가 크니까 그걸 어떻게 좁혀보고 실제로 타당하고 실효성 있는 법규로 만들어보자는 목적에 이 표가 기여하는 바가 적습니다. 다시 말하면 어떤 개별적인 독립변수가 유의미한가 하는 상관관계 분석결과가 중요한 게 아니라 낙태의 현실에 어떤 요소들이 큰 영향을 미치는가를 알아내는 것이 중요합니다. 그러자면 여러 변수간에 상호 영향이 있게 마련이므로 회귀분석(regression)이나 다른 여러 가지 통계분석 방법을 사용해서 우리 머릿속에 있는 인식들이 실제로 낙태 관련 규정을 개정하는데 어떤 영향을 줄 수 있는가까지 연결이 되어야 이런 경험적 조사연구의 의미가 있다고 봅니다.

마지막으로, 저도 과거에 낙태죄의 위법성 조각사유에 사회적 적응사유를 인정하지 않고 있는 점에 대해서 비판하면서 사회 경제적 적응사유의 보완이 필요하다는 논문을 쓴 적이 있는데 논문의 결론이 상당히 거칠다는 평가를 받았습니다. 그 후 그 논문을 어떻게 보완해서 논리적으로 설득력 있게 할 것인가를 굉장히 많이 생각을 했는데 여기서 발표하신 이

교수님께서 상당히 명쾌하게 잘 정리를 했습니다. 형법적으로 보면 여러분이 다 아시다시피 영아살해죄라는 구성요건이 있습니다. 영아살해죄는 살인죄의 감경구성 요건입니다. 영아살해죄의 조문상 치욕을 은폐하거나 양육할 수 없다는 것에 당연히 사회 경제적 적용사유도 포함된다고 봅니다. 그런 경우에 형법 적용에 있어서 정식으로 감경을 해줍니다. 게다가 영아살해죄의 주체는 출산의 고통을 전혀 겪지 않는 부(父)까지 포함해서 직계존속이라고 규정되어 있으므로 이런 때는 사회경제적 사유를 인정한 것이라고 볼 수 있습니다. 우리가 생명윤리 사상에 의해서 생명을 존귀하게 생각하는 것은 매우 중요합니다. 그래서 저는 기본적으로 낙태는 범죄라고 생각합니다. 낙태죄는 처벌해야 됩니다. 다만 낙태를 허용하는 범위를 구체적으로 설정할 필요가 있습니다. 위법성 조각사유를 정식으로 형법에 자세히 기술함으로써 현실과 법의 적용 사이에 괴리가 없도록 해야 합니다. 저는 출산을 세 번 경험했고, 사실 낙태의 경험도 있습니다. 그렇지만 처벌을 한 번도 받지 않았습니다. 저의 출산 경험을 되짚어보자면 적어도 임신 후 3개월까지는 태아의 존재를 알지도, 느끼지도 못합니다. 조금 속이 거북하면 체했다고 생각해서 소화제나 먹고, 으슬으슬 추우면 감기가 걸렸다고 생각하지 생명의 존재를 잘 모릅니다. 물론 제 남편 역시 알 수가 없습니다.

대한민국의 입법과정에 참여하는 사람들은 주로 남자들입니다. 생명의 잉태를 경험해보지도 못하는 남자들이 무조건 태아를 온전한 생명과 동일시하는 것은 불합리하다는 생각이 듭니다. 3개월 정도의 기간이 지나면 태아의 존재가 느껴집니다. 그래서 저는 기간별로 낙태의 가능 여부를 결정하는 방법이 타당하다고 생각됩니다. 태아의 생명보호와 모체의 건강을 위해서 낙태를 범죄로 규정하는 것은 찬성을 합니다만, 모(母)의 입장에서 스스로가 잉태한 생명을 없애야 한다는 가혹한 처지를 고려하여 적어도 낙태죄 성립의 내재적 한계를 본능적인 모성애를 고려하여 상당 부분 인정해주고 모(母)의 의사결정을 좀더 존중해주어야 한다는 의미에서 낙태선택권을 여성에게 보장해줄 필요가 있다고 봅니다.

한인섭 굉장히 중요한 쟁점을 많이 제기해주셨습니다. 특히 누구도 부인할 수 없는 체험을 바탕으로 주장을 펴신 것이 매우 설득력이 있다고 생각됩니다. 헌법을 전공하시는 송석윤 교수님. 오늘 특히 재생산권이라는 용어가 등장하고 있는데 이러한 권리를 우리 헌법교과서에는 다루고 있는지 궁금합니다.

송석윤 예, 이미 다루고 있습니다. 처음에 저는 제가 토론자로 적절하지 않은 사람이라고 생각해서 계속 사양을 했는데 참석해보니 균형 있는 관점의 제시라는 측면에서 제가 나와야 할 이유를 찾을 수 있겠습니다.

개인적으로는 제가 전에 여대에서 강의를 했던 관계로 작년까지만 해도 주로 여학생들 앞에서 이러한 얘기를 했던 경험이 있어서 상당히 익숙하게 얘기할 수 있을 줄 알았는데 1년도 채 안 된 시점입니다만 낯설게 느껴집니다.

저는 최희경 교수님의 발표에 대해서 주로 토론을 하게 되어 있는데 일단 낙태와 관련되어 있는 기본권을 프라이버시권으로 보는 연방대법원 얘기를 하셨는데 이것이 우리나라 헌법해석론, 기본권 해석론에 어떤 의미가 있는지 말씀을 해주셨으면 좋겠습니다.

그 다음으로 제가 보기에는 낙태에 대하여 프라이버시권으로 접근하느냐, Reproduction으로 접근하느냐 하는 점에 있어서는 두 가지 다 나름대로 의미가 있을 것 같기는 한데, 사법적 소송전략의 차원과 정책적 차원 어떤 관점에서 보느냐에 따라서 최희경 교수님의 입장과 양현아 교수님의 입장 중 어떤 것에 더 비중을 두게 되는가의 차이가 있을 것 같습니다. 최희경 교수님 발표를 들어보면 프라이버시권이 현실적으로 낙태와 관련된 기본권으로 인정이 되어 있는 상태에서 그리고 사법권이 사회적 기본권을 통한 평등 실현 부문에서는 상당히 소극적인 태도를 보이고 있는 현실에서 소송전략상의 차원에서는 프라이버시권을 강조할 필요성이 있는 것이 아닌가 라는 측면에서 이해할 수 있다고 생각합니다. 하지만 이 문제는 결국 법논리만 가지고 해결할 수 있는 것이 아니라, 상당히 복잡한 현실을 충분히 이해하면서 현실의 복합적인 상황에 대한 복합적인 해결책이 나와야 한다고 봅니다. 그렇다면 법이론의 측면에서도 가능하면 그런 복잡한 상황에 상응하는 이론이 개발되어야 할 필요가 있다는 생각으로 양현아 교수님의 발표를 이해하였습니다.

조금 다른 얘기지만 Reproduction이라는 말을 재생산으로 번역하는 게 맞는지, 맞다고 해도 적절한 번역인지. 부부가 결혼해서 아이를 셋 이상 낳으면 확대 재생산이고 하나만 낳으면 축소 재생산이 되나요? Reproduction의 권리를 출산권 내지는 출산결정권으로 해석하는 것은 어떨까 생각해봅니다. 출산결정권이라고 하면서 낙태권은 출산결정권의 소극적인 부분이고 출산에 대한 공동체의 지원을 요구하는 측면을 적극적인 부분이라고 해석을 하는 것이 더 자연스러운 게 아닌가 생각을 해 보았습니다.

그리고 최희경 교수님 발표에서는 낙태요건의 완화를 사법부가 주도한 미국의 경우를 주로 다루었는데 저는 보완한다는 의미에서 입법부가 주도하고 사법부가 저지하는 경우를 생각해보고자 합니다. 입법부와 사법부 중 어디가 리버럴한가는 상대적이니까요. 미국에서 사법부가 주도했다는 것은 입법부가 상대적으로 보수적이었단 얘기죠. 그런데 독일에서는 두 번의 중요한 사안이 있었는데 우선 1974년에 사민당 정권에서 낙태의 요건을 상당히 완화하는 형법 제218조의 개정을 했다가 연방헌법재판소가 위헌결정을 내린 적이 있었습니다. 그 다음에는 우파정부인 기민당 정부 때인 92년에 사민당 의원과 기민당의 여성 의원이 다시 인공 임신중절 금지를 완화시키는 형법 개정을 했어요. 그 사이에 수가 늘어난 기민당의 여성 의원들이 당론을 어기고 좌파 정당과 함께 행동한 것입니다. 이 경우에도 연방헌법재판소에 의해 제동이 걸렸습니다. 독일 연방헌법재판소는 75년의 첫 번째 위헌 결정에서 헌법상의 국가의 기본권 보장의무를 처음 제시하였습니다. 그러니까 산모의 낙태권, 자기 운명 결정권에 대해서 태아는 스스로의 권리를 보장할 수 없으므로 국가가 태아의 생명권을 보장해야 한다는 이런 논리구조였습니다. 그 점에 대해서 93년 결정에서는 기본권보장 의무라는 것은 단지 태아의 생명을 보호하고 낙태의 권리를 제한하자는 차원이 아니라 실질적으로 생명을 유지할 수 있는 사실적인 환경을 만들어줄 의무도 포함한다는 식으로 결정을 내려서 예방적이고 사실적인 생명보호라는 포괄적인 관점으로 본 부분이 있었습니다.

그럼에도 불구하고 국가의 기본권 보장 의무라는 헌법이론의 측면에서 보면 임부의 아기를 밴 여성의 권리와 태아의 권리가 국가가 조정해야 하는 충돌관계로 나옵니다. 그런데 이러한 충돌관계로 보게 되면 태아가 뱃속에 있을 때에는 어머니와 충돌하고 있다가 태어나면서부터 갑자기 친해진다는 이상한 결과에 이르게 됩니다. 뭔가 법의 도그마와 현실이 맞지 않는 그러한 문제의 전형이라고 생각되고 이런 문제를 해결하려면 법논리 차원을 넘어서는 정책적인 관점이 필요하다고 보입니다. 결국은 원하지 않는 임신은 하지 않도록 하고, 일단 임신을 하면 최대한 낳을 환경을 만들어주고, 일단 낳으면 잘 키우게 하는 것이 문제의 본질이라고 생각합니다. 이러한 문제상황을 총체적으로 고민하고 기본권 도그마틱의 부분도 가능한 한 현실에 상응하도록 구성할 필요가 있을 것입니다. 또한 여성들이 당사자인 문제에서 여성의 입장이 최대한 반영은 되어야 하는 길을 찾아야 한다고 봅니다. 하지만 동시에 자신의 입장을 주장할 수도 반영할 수도 없는 존재, 즉 태아도 잊어서는 안 될 것입니다. 기본적으로 여성주의적 입장을 존중하고 여성의 발언권이 당사자로서 훨씬 더 많이 반영되어야 한다고 보면서도 동시에 좀더 보편적인 방안을 찾으려는 노력도 계속되기를 기대합니다.

마지막으로 임신·출산 또는 낙태와 관련된 논의를 하는 데 있어서 미국이나 유럽에서 이루어지고 있는 논의의 담론은 기본적으로 기독교 윤리를 바탕으로 하고 있다고 보입니다. 제가 주된 연구대상으로 삼은 바는 없지만 낙태의 문제가 일상에서 논의되는 핵심적인 정치적 테마인 사회에서 생활했던 경험에 비추어 볼 때 기독교 중에서도 카톨릭과 개신교 간의 차이도 있는 듯 합니다. 그렇다면 이 문제가 우리나라에서는 어떠한 맥락 속에서 논의될 것인가 생각해 봅니다. 우리나라에서는 오히려 국가주의나 가족주의가 문제되는 것은 아닐까요? 오늘의 발표주제 중 비교문화적 또는 역사적 접근을 하는 주제가 하나쯤은 있었어도 좋았을 것이라는 아쉬움도 있습니다. 저로서는 낙태가 법적으로 문제되기 시작한 것이 도대체 언제부터인지, 서구에서는 언제부터 낙태를 처벌했는지, 처벌이 기독교의 전파와 관계가 있는지, 그리고 우리나라에서는 전근대 사회부터 지금까지 어떠했는가 등이 궁금합니다. 여성주의에 기반을 둔 인권적인 관점을 견지한다고 하더라도 그것이 한국적 맥락에서 지니는 의미를 천착하는 것이 중요하다는 생각입니다. 이렇게 본다면 낙태에 관한 우리의 논의는 이제 출발점에 서려고 하는 것이 아닌가 하는 느낌을 받았습니다.

한인섭 감사합니다. 제가 옆에서 들어봐도 송 교수님이 남성이라 체험적인 부분이 약하기 때문에 추상성이 상당히 강하고, 최희경, 양현아 교수님으로부터 굉장히 비판을 받을 만한 소재가 많이 포함된 것 같습니다. 그것을 어떻게 비판을 하실지 한 번 두고 보겠습니다. 그 다음으로 정진주 선생님, 토론을 해주시면 감사하겠습니다.

정진주 한국여성개발원에 연구위원으로 있는 정진주입니다. 저는 법학을 전공하지 않았기 때문에 법에서 사용하는 용어라든지, 역사나 판례가 어떻게 구체적으로 변화했는지 이러한 것들에 대해서는 여러분만큼 이해하고 있지 못합니다. 한 주제에 관해서 접근하는 방식은 굉장히 다양할 수 있고, 저 같은 경우에는 사회학과 보건학의 관점에서 접근하게 될 것으로 봅니다. 그리고 그 가운데서도 여성의 어떤 관점들이 많이 고려되어야 하는지에 관한 제안을 드릴까 합니다.

사실 오늘 토론을 오려고 아침에 원고를 마지막으로 읽으면서 나오는데 굉장히 심경이 복잡했습니다. 그 이유는 일단 미국 선거가 어떻게 됐는가를 TV에서 보면서 그 미국 사회와 제가 공부한 캐나다 사회에서 논의되었던 내용들하고 저의 개인적인 경험들에서 연유했다고 생각합니다. 아무리 생각해도 아이를 낳을 시간이 없었기 때문에 아이가 생겼을 때 바로 캐나다에서 나올 수밖에 없었던 제 인생의 그런 부분들과 최근에 제가 연구소에서 하고 있는 일들이 분만형태를 결정하는데 있어서 여성의 관점은 무엇인가, 제왕절개 분만의 예를 들면 한국에서 전체 분만 중 제왕절개가 차지하는 비율은 40% 정도로서 WHO 권고 기준인 15-20%를 훨씬 넘고 유럽 여러 나라들의 수치보다 두 배가 높은 실정에서는 역시 낙태와 관련된 자기 결정권의 주제가 굉장히 중요하게 부각됩니다. 또한 불임이라는 문제부터 최근의 대리모 문제까지 이것을 임신·출산이라는 용어로 정리하든, 재생산이라는 용어로 정의하든지 간에 지금까지 다양한 영역의 논의들이 과거 10년 전만 하더라도 표면적으로 얘기할 수 없었던 주제들이 오늘과 같은 그런 생각들을 가지고 많은 사람들이 나와서 얘기를 하고 있고 이것이 단지 낙태에만 한정된 문제가 아니라 이런 일련의 주제 뒤에 숨겨져 있는 배경과 밀접한 관련이 있을 수 있습니다.

그렇기 때문에 저는 낙태 문제를 낙태 하나에만 한정하는 것이 아니고, 낙태를 보는 여러 관점과 쟁점들이 아마도 다른 주제에서도 상당히 많은 부분이 공통적으로 적용될 수 있을 것이고, 그렇기 때문에 오늘 이런 자리를 마련하게 된 배경이 무엇인지는 저는 정확히는 알 수 없으나 참으로 귀한 자리라는 생각이 들고 실제 이런 다양한 생각들을 가지고 계신 분들이 이렇게까지 얘기할 수 있었던 자리는 크게 많지 않았던 것 같습니다.

제가 맡은 것은 양현아 선생님의 원고입니다. 여러분도 들으셔서 아시겠지만 양현아 선생님께서 사용하시는 용어나 또 서술하시는 방식이 굉장히 난해한 부분도 있고 정말 전공자가 아니면 이것이 도대체 정확히 무엇을 의미하는 것인가를 추적해나가는 데 어려움이 있을 것이라는 생각이 듭니다. 제가 원고를 읽다 보니 법원 판례까지 추가해서 나름대로 정리를 해보려고 노력을 했는데 아마도 양현아 선생님이 전달하시고자 하는 메시지는 제 생각에는 이런 것 같습니다. 지금까지 다른 토론자들하고 공통된 부분도 있는데 낙태라는 문제가 어떤 생리적인 측면이나 몸에 대한 규제뿐 아니라 여성의 역할에 대한 어떠한 가치관, 관점들이 강요되거나 강제되거나 그래서 여성의 선택을 제한했던 부분이 있고, 여성의 낙태를 포함한 임신·출산을 얘기를 할 때에는 그것은 하나의 사건이 아니라 하나의 과정이고 그 과정 속에는 조금 전 선택의 기제라고 불렀던 유형화시켰던 부분들과 같은 여러 가지 요인들이 고려되기 때문에 이것이 단순히 산모의 몸과 태아의 몸에 국한되는 일이 아니라 그 전(前)과 후(後), 즉 성관계로부터 시작해서 실제 낙태를 선택하는 문제 환경, 그리고 그 이후에 아이를 어떻게 키울 것이고 어머니로서의 삶이 어떻게 변할 것인가 하는 세 가지 차원이 연속선상에서 있다는 것을 좀 부각을 시키면서 단순하게 낙태를 접근하는 방식에 대해서 우리가 우려를 해야 한다는 말씀을 하신 것 같습니다.

특별히 제 눈에 들어왔던 것을 mothering(어머니 노릇)이라고 하는 것, 낳느냐 안 낳느냐 하는 것이 여성과 태아의 향후의 삶에 어떤 영향을 미칠 것인가에 대한 충분한 숙지를 한 다음에 그 다음 결정을 내린다는 것,

단순히 자기 결정권이라는 문제가 개인적인 선택이 아니라 사회 속에서 나름대로 강제된 선택이고 자기 결정을 할 때에는 이러한 사회적인 제 반요인들이 사실은 개입된다는 것을 자세히 보여주신 것 같습니다. 제가 낙태에 관한 세미나를 한다고 했을 때 제 나름대로 느꼈던 건 왜 한국에서는 학문의 식민지성이 굉장히 강한 나라인데 외국에서 논의했던 pro-choice나 pro-life라는 논의가 제대로 그리고 공식적으로 수면 위로 떠온 적이 없는가, 그 부분에 대하여 문제제기를 한 번 해보았습니다. 왜 그랬을까 생각해보니 국가의 정책과 상당히 관련이 있다는 것을 알았습니다. 조금 전 많이 논의를 하셨겠지만 60-70년대에 인구가 부족했을 때에는 노동력이 부족하다고 국가가 주도를 해서 애를 낳게 하고 1.672도 안되는 출산율을 보고는 아이가 모자란다고 자꾸 얘기를 하고 이 속에서 여성들이 자기 목소리를 낼 수 있는 사회적 환경이 한 번도 없었다는 거죠. 그렇기 때문에 pro-choice, pro-life와 같은 이런 논의들이 있어도 그러한 힘에 밀려서 실제 임신과 출산을 하는 여성들에 대한 논의는 전부 힘들었다는 생각을 합니다.

저는 양현아 선생님의 원고를 조금 발전을 시키면 조금 전 이인영선생님 말씀하셨던 국가나 헌법을 연구하시는 분들의 관찰의무라는 말씀을 쓰신 것 같아요. 저는 법적인 용어나 이런 것을 정확히 모르지만 우리가 당장 낙태에 관한 법을 고칠 순 없겠지만 시간을 두고 제대로 된 법규정이나 환경들을 만들 수 있겠다는 생각이 드는데 그것이 유형화의 부분입니다. 낙태 선택의 기제라고 하시면서 유형화를 하셨는데 그 유형화 부분이 기존에 보지 못했던 것을 세분화해서 실질적으로 어떤 대상에 가장 희생이 되었던가를 잘 보여주고 있다는 생각이 드는데요, 이걸 좀 확장을 하시면 저희 논의에 많이 도움이 될 것 같습니다. 낙태했고, 임신희망을 했느냐 안했느냐, 미혼, 기혼으로 나누고 결과를 보셨는데 이것을 성관계에서 남성과 여성, 낙태를 하기 이전의 환경들 가치들을 죽 열거를 하시고 남녀에 있어서 행위자의 상호 작용을 보신 다음에 실제로 낙태를 했고 했을 때의 가치라든지 어떻게 결정이 됐는지, 결정에 있어서 어떤 요인들이 개입이 됐는지 그리고 실제 낙태를 했더니 어떤 결과들 불평등이라든지 부정적인 효과들이 어떻게 나타났는지 이러한 것들을 죽 그림을 그려 보시면 앞으로 낙태죄를 어떤 식으로 만들어 갈 수 있을지에 대한 기초로서 많이 활용이 되지 않을까라는 제안을 저는 드리고 싶고 마지막으로 낙태죄가 여성의 건강에만 제한되는 데 대해서는 상당히 부정적이지만 여성의 건강을 무시해서는 절대로 안 된다는 말씀을 드리고 싶습니다. 무슨 말인가 하면 현재 누가 낙태를 얼마나 하고 있는지에 대해서도 별로 실태가 나타나 있지 않지만 이런 낙태와 관련해서 부정적인 건강상태로 인해서 여성들이 어떤 고초를 겪고 있는지 아무도 모른다는 점은 문제입니다. 특히 불임률이 굉장히 높아지고 있는데 14.6%라고 합니다. 불임과 이전의 낙태와 어떤 관련성이 있는지 현재 나타나고 있지 않기 때문에 전반적인 낙태의 문제를 얘기할 때 여성 건강 차원에서만 자꾸 얘기해서는 안 되지만 여성 건강의 문제를 포함해서 얘기할 필요가 있다는 생각이 듭니다.

한인섭 감사합니다. 굉장히 많은 질문들이 나왔는데 발표자들께서 답변을 해주시고 발표자끼리도 서로 다른 관점들이 굉장히 많이 등장했던 것 같고 특히 제목에서 낙태죄와 재생산 권리, 범죄와 권리는 서로 상극에 있는 것인데 범죄인지 권린지 듣고 있어도 잘 모르겠어요. 주장이 서로 반대되기도 하고요. 우선 발표자들 5분 정도씩 답변을 해주시기 바랍니다.

이인영 토론하신 이영란 교수님 지적 잘 들었습니다. 마무리에서도 보완이 필요하다고 얘기를 했는데 사실은 매번 형법적인 논문을 보시다 보면 이러한 새로운 시도에 대해서 거부감을 가지실 경우가 있다는 생각을 해 봅니다. 형법에서 저희가 어떤 논문의 자료분석을 할 때에는 구성요건 해당성이라는 관점에서 개별적으로 행위, 주체 이런 요소들을 중심으로 살펴보지만 오늘 제가 이 세미나 주제에서 제가 맡았던 발표의 전체적인 흐름이라고 하는 것은 낙태죄를 뭔가 새로이 재구성해보자 하는 부분입니다. 그러면 뭔가 새로운 패러다임을 하나 가져야 한다고 이야기를 하는데 뭔가 처벌을 하고 그 처벌에 대해서 실효성이 얼마나 되느냐는 것에 대해서 그게 대한 정당성 여부를 논한다는 수준을 한 단계 넘어서서 과연 이 법이 기존의 어떠한 제도가 갖고 있는 이념을 담고 있지 않으냐 예를 들어서 가부장적인 이념을 담고 있었던 것은 아닌가 하는 이런 부분들. 혹시 뭔가 여성에 대해서 강요된 행위이고 원치 않은 임신들 때문에 낙태를 한다고 하는 응답이 사회에서 상당수 존재하고 있는데 사실은 어떤 의미에서 낙태라고 하는 규정 자체가 뭔가 또 다른 성적인 차별의 문제를 야기하고 있지 않으냐 하는 것을 살펴보아야 할 필요가 있다는 부분에서 아마 이 전체적인 세미나 발표를 기획하고 거기에 대한 하나의 주제에 관한 부분을 저에게 맡겼다고 생각을 합니다.

제가 서론 부분에 성편향적이라고 하는 부분에 초점을 맞추지 않겠다고 했는데, 그것이 저의 입장이에요. 이게 성적인 차별이다 이런 쪽으로 지적을 하는 것이 아니라 중간자적인 입장에서 앞으로 뭔가 낙태죄에 새로운 변화를 가져다준다면 어떻게 구성을 해야 할 것인가 하는 부분에 제 나름으로 몇 가지를 제시하고 제안하겠다는 얘기를 한 겁니다. 그런 관점에서 기존의 법학 논문과 달리 통계가 많이 들어가면서 제 나름대로 저는 통계작업을 하면서 굉장히 기뻤습니다. 조금 전 얘기했듯이 낙태죄가 전혀 없을 거라고 생각했는데 정말 신뢰할 수 없는 통계긴 하지만 상당히 범죄백서 안에 범죄분석이라는 것 1페이지부터 550페이지 되는 큰 분량의 5년짜리를 다 뒤져본 결과 그래도 낙태의 경우에 그 개입되어 있는 수가 어떠한 정도를 가지고 있느냐 교육 정도를 가지고 있느냐 생활 정도를 가지고 있느냐라고 하는 부분에 신뢰를 할 수는 없지만 전체를 우리가 볼 수 없다는 난점을 있지만 그 나름대로의 경솔하게 버리지 않았다고 하는 얘기를 먼저 서두에 깔았습니다. 그러면서도 좀더 이와 관련된 통계들이 알차게 모아지면 전체적으로 대책을 수립할 때 어느 계층에다가 어떠한 효과적인 대책을 마련할 것이냐 하는 하나의 시사점은 될 것이라는 생각이 들었습니다. 그 다음 인식도에 관한 부분에 있어서는 글을 읽어보시면 종교별로 유의미하다. 성별로 유의미하다는 것을 제시하고 있습니다. 이것은 미혼의 낙태 결정에 있어서 남자냐 여자냐에 따라서 태도의 차이를 보인다는 점과 교육수준에 따라서 태도의 차이를 보인다는 점을 드러내는 부분으로서, 이런 변수별로 유의미한 차이를 보인다는 통계의 신뢰도에 대해 지적받고 싶지는 않습니다.

이러한 기술적 통계를 제가 어떻게 사용하려고 의도했느냐 하면 낙태죄의 실효성이 없다는 부분과 낙태죄의 의의가 거의 사문화되어 규범력이 상실되었다고 하는 부분에 대한 것입니다. 이런 발견을 수렴할 수 있는 법의 유형이 어떠한 유형일 것이냐고 하는 것에 대해서 각각의 분석이 필요하다는 관점에서 분석을 했습니다. 이러한 통계수치가 법 개정에 있어서 한 방향이 될 수 있도록 하는 작업이 계속 지속되어야 한다는 생각을 가지고 있다는 점을 말씀드리고요. 그 다음 사회적 적응이라고 하는 부분에 대해서는 제가 조금 더 이야기할 내용은 있습니다. 사실 네덜란드 법 같은데 또는 핀란드 법의 경우에는 미혼 35세 이상이고 임대주택에 살고 있을 때, 즉 독립된 가옥을 갖지 않고 임대주택에 살고 있을 때는 낙태를 허용한다고 하는 등의 아주 세부적인 사회적 적응에 관한 내용이 있습니다. 그런데 우리나라 현실에 맞추어서 어떻게 구체화된 내용을 가질 것이냐고 하는 것은 차후의 제 연구문제이고 우선 이러한 것들의 수용에 대한 논의들이 한 번도 있어오지 않았던 것이기 때문에 한 번 더 생각해보자는 제안을 한 것으로 이해해주시면 되겠습니다. 이상입니다.

최희경 지금 낙태 입법과 정책 등에 대한 논의를 하면서 그 동안 여성의 목소리가 들리지 않았다는 부분을 많이 강조하고 있는데, 오늘 이 자리에 서만은 남성의 목소리가 소수였다는 점을 말씀해 주셔서 감사합니다. 그리고 송석윤 교수님께서 독일의 얘기도 덧붙여주셔서 제 발표에 많은 도움이 된 것 같습니다.

지적하신 것 중에서 두 가지 부분만 간단하게 말씀드리겠습니다. 하나는 미국에서의 논의가 우리 헌법과 관련해서 어떤 의미가 있는가에 관한 점입니다. 먼저 우리 헌법 해석과 관련해서 일부에서는 헌법 제10조의 인간 존엄의 가치, 행복추구권의 부분에서 성적 자기 결정권과 출산에 관한 권리를 인정하고 있으며, 또 다른 쪽에서는 제17조의 사생활의 비밀과 자유에서 인정하고 있습니다. 그런데 실제 우리나라 헌법 교과서라든지 이론들을 살펴보면 헌법 제17조의 사생활의 비밀과 자유 중 사생활의 비밀은 그 내용이 상대적으로 풍부하지만 자유의 구체적 부분은 그 내용이 빈약하여 이에 대한 강조가 필요합니다. 제가 판단할 때는, 어떤 여성이 아이를 낳을 것인가 말 것인가 하는 이런 부분은 인간의 자율성, 존엄 문제와 상당히 밀접한 관련은 있지만 구체적으로 보면 이는 개인이 국가의 간섭으로부터 자유로운 사적 영역의 문제이며 또한 우리 헌법이 제10조의 인간의 존엄과 가치조항과 별도로 제17조의 사생활의 비밀과 자유 조항을 두고 있기 때문에 이를 바탕으로 여성의 프라이버시권을 인정할 수 있다는 생각이 듭니다.

그러면 형법의 낙태 처벌 조항과 모자보건법상의 낙태 허용 조항과 같은 구체적인 법률조항을 헌법의 시각에서 과연 어떻게 보아야 하는 가에 대해 살펴보겠습니다. 현행 조항에 대해서 대다수 헌법학자들은 태아의 생명권을 침해하는 위헌적인 측면이 있다고 보고 있지만, 또 다른 한 쪽에서는 낙태는 좀더 허용되어야 하며, 특히 사회 경제적 적응사유가 인정되지 않는 점은 문제라고 지적하고 있습니다. 우리의 법을 살펴보면 낙태

　　　　　　　　　　　　　　　　2부　낙태죄와 낙태권의 재구성

허용기간이 28주라서 상당히 넓을 수 있지만 이는 엄격한 낙태 허용사유가 인정되는 범위 안에서입니다. 즉 기간만을 기준으로 해서 낙태가 임신 초기에 자유로이 허용되는 것이 아니라 엄격한 사유를 기준으로 해서 이에 해당하는 경우 낙태가 인정되며, 그 허용요건이 상대적으로 제한적이라는 점에서 여성의 프라이버시 권리를 침해할 소지가 있다고 말씀드릴 수 있습니다.

이와 관련해서 또 다른 측면에서 본다면 우리와 미국의 경우와는 상당히 다릅니다. 미국 여성들은 출산에 대한 권리를 위해서 투쟁을 했습니다. 또한 이러한 투쟁의 결과 사법부의 판결을 통해서 권리를 얻은 것이며, 우리는 별 다른 노력 없이 이미 누릴 것은 누리고 있습니다. 하지만 이것은 여성의 권리를 고려한 것이라기보다는 단순히 정책적인 것이었습니다. 조금 전에 다들 말씀하셨지만 모자보건법상 낙태 허용사유는 정책적 측면에서 넓혔다 좁혔다 한 것입니다. 따라서 이러한 정책적인 측면이 아니라 헌법적인 차원에서 개인의 권리, 기본권이라는 시각에서 이러한 문제를 다시 보아야 한다는 것입니다. 즉 여성의 프라이버시 권리를 우리의 피임이나 낙태 논의의 측면에서 본다면 관련 정책이나 입법의 결정시 동 권리에 대한 고려는 별로 행해진 적이 없으며 전체적 논의의 흐름도 이러한 권리가 국가정책목적이나 태아의 생명에 대하여 양보되어야만 할 것으로 주장되고 있지만 우리의 문제에서도 여성의 권리가 더 강조되어야 한다는 것입니다.

다른 면이지만 낙태죄 말고도 혼인빙자간음죄, 간통죄 이러한 것들이 인정됩니다. 그러면 그것이 여성의 프라이버시 권리를 보호하느냐 하면 그것은 아닙니다. 여성의 프라이버시 권리를 보호하는 면보다는 이에 대한 과잉 보호를 통해 오히려 여성의 프라이버시권리를 제한할 수 있습니다. 따라서 우리도 헌법 제17조의 사생활의 비밀과 자유, 특히 여성의 프라이버시 권리라는 측면에서 여성의 권리를 통해 관련 문제들을 종합적으로 볼 수 있지 않느냐 하는 점에서 동 권리의 고려는 많은 의미가 있다고 생각이 됩니다.

그 다음의 논의로서 프라이버시 권리가 미국에서 굉장히 추상적으로 논의되는 것으로 보고 있지만 이는 다릅니다. 한 개인이 자신의 문제에 대해서 결정을 내리고 선택을 하는 것은 그 개인에게는 실제적인 현실의 문제입니다. 2003년에 미 연방대법원은 동성애자의 성행위에 대하여 1986년의 판결을 파기하여 이를 프라이버시 권리로 인정했습니다. 또한 원치 않는 치료를 거부할 수 있도록 하고 있는데 이러한 것들은 상당히 사적인 영역에서의 개인의 결정입니다. 이러한 영역과 관련해서 국가가 나서서 동성애자들이 성적 행위를 했다고 처벌을 하거나 여성이 피임을 했거나 낙태를 했다고 처벌하는 경우, 이때 문제되는 권리로서 프라이버시 권리는 그 권리 자체를 이론의 세계에서만 놓고 볼 때는 추상적일 수 있지만 이를 다투는 개인에게는 현실의 절실한 것입니다. 따라서 그러한 결정권이 보장되느냐 안 되느냐, 그 개인에게 국가가 사적인 영역에서 이를 강요하느냐 안 하느냐, 개인이 하나하나 내리는 사적인 결정에 국가의 강제적인 관여가 용인될 수 있느냐와 같은 부분은 사적 영역의 존중이라는 의미에서, 프라이버시 권리의 영역으로서 상당한 의미를 가지는 것입니다.

끝으로 낙태시의 배우자 동의 조항의 경우도 마찬가지입니다. 우리나라 법도 동 조항을 두고 있는데 미국의 경우는 이러한 조항을 위헌으로 보고 있습니다. 여러 가지 논의가 있을 수 있지만 부부 두 사람이 함께 결정하는 것이 가장 이상적이기는 합니다. 그런데 남편과 아내의 의견이 다른 경우 누구의 의견을 우선할 것인가 하는 것은 결국 선택을 요구하는 문제일 수밖에 없습니다. 그러면 이 경우 직접적인 이해관계를 가진 여성이 이를 결정할 수밖에 없는 것이며, 또한 실제 행해질 수 있는 가정폭력의 문제 등을 고려할 때, 우리나라의 현행 배우자 동의 조항은 위헌의 소지가 있다고 판단됩니다.

그리고 제 개인적으로는 오늘 발표가 상당히 의미가 있다고 생각합니다. 저는 이렇게 남학생들하고 같이 발표를 한다든지 수업을 해보는 자리가 처음입니다. 항상 여학생을 대상으로 하여 강의를 해왔는데 오늘 이 자리는 남학생들도 참석하여 열심히 들어주셔서 감사하게 생각합니다.

양현아 우선 토론자 선생님들의 제안과 의견을 수렴하여 수정논문에 반영하도록 하겠습니다. 토론자 분들의 말씀을 다 답변하기를 어려울 것 같고, 간단히 두 가지 점에 대해 말씀드립니다. 먼저, 재생산권보다는 출산결정권으로의 번역이 어떤가라는 제안에 대해서는 조금 전 발표에서 어느 정도 답변을 한 것 같습니다. 현재 reproductive rights라는 권리 개념은 여성 인권에 대한 포괄적 패러다임, 혹은 인권 프레임으로서 아이를 낳을까 말까의 선택권리를 훨씬 넘어서 재생산권이란 태어난 아이에게 합당한 환경을 보장할 개인과 커뮤니티, 그리고 국가의 의무를 요청할 수 있는 권리이며 이러한 환경을 구축하기 위해 정책을 마련해야 하는 국가 의무를 포함하는 것이기에 출산결정권으로는 너무 협소하지 않은가 생각합니다. 어떤 인간이 육성되고 발육되고 이렇게 생성되는 생성적 측면이 번역어 속에 드러나야 한다고 생각합니다. 물론 지적하셨듯이, '재생산권'이라는 용어가 최적인지는 계속 고민해야 할 것입니다. 아무튼, 이런 자리를 통하여 처벌의 대상으로 여겨졌던 범죄 행위인 낙태가 권리의 목록에 포함되는, 국가로부터 지원받아야 할 행위로 그 의미가 전환하기를 희망합니다. 낙태 행위를 재생산 권리 속에 포함시킴으로써 낙태를 바라보는 패러다임을 전환하고자 하는 것입니다.

지식의 식민성에 대해서도 지적하셨는데요, 저는 그런 지적에 공감하면서도 이번 학술대회에 대해 그것을 지적하신다는 것에 의아합니다. 바로 이 자리에서 그런 서구추종주의를 벗어나기 위해 노력하고 있기 때문입니다. 예컨대, 생명옹호론 대 선택옹호론의 틀에 대하여 거의 모든 발제자들이 문제점을 지적하고 한국의 현실에 천착할 것을 주장하고 있습니다. 물론, 송 교수님 지적대로, 낙태에 대한 비교문화적, 혹은 역사적 접근을 하는 발표가 있었으면 좋았겠다는 데는 동감이지만 그런 접근이 따로 어딘가에 존재하는 것으로 생각하시는 것은 아닌지 의문입니다. 개인적으로, 서구학문에 대한 한국 지식인의 식민성을 말할 때 어떤 자세를 취해야 할까에 대해서는, 서구논의를 읽지 않는 것이 아니라 서구의 논의를 읽는 '위치'를 명확히 하는 것이 지식의 식민성을 벗어나는 길이 아닌가 합니다. 그 '위치'라는 것이 이 땅과 역사가 될 것인데, 이 위치 위에서 보편성을 담지할 수 있는 이론과 담론을 구축하는 것이 아닌가 합니다.

한인섭 생각보다 답변이 간단했습니다. 지금 몇 시간 동안 앉아 있으면서 여러 가지 궁금점들이 굉장이 많이 쌓여 있을 걸로 압니다. 주장보다는 질문을 중심으로 간단히 이야기해주었으면 좋겠습니다. 그러면 질문 받도록 하겠습니다.

질문1 안녕하세요? 법과대학 학생이고 발표 잘 들었는데 최희경 선생님께 질문하고 싶은 것이 있습니다. 조금 전 낙태죄가 사적 영역에서 이루어질 수 있는 것이고 국가는 거기에 개입을 해서는 안 된다고 말씀 하셨는데 그런 공사영역 이분법으로는 설명될 수 없는 여성의 현실에 대해서는 어떻게 또 논리화 시킬 수 있는지 그 부분에 대해서 궁금합니다. 조금 전 간통죄랑 혼인빙자간음죄에서 여성의 프라이버시 권리를 지나치게 넓게 보호하고 있다고 말씀하셨는데요, 저는 그 말씀이 잘 이해가 가지 않아서 어떤 맥락에서 그 말씀을 해 주셨는지 그 얘기를 좀 더 듣고 싶습니다.

한인섭 좋은 질문입니다. 다음 질문.

질문2 안녕하세요 법과대학원에 재학중인 오승이라고 합니다. 재생산권 부분에 대한 양현아 교수님 말씀에 동감을 많이 하고 배운 것이 많았는데 그렇지만 또 피해갈 수 없는 질문이 과연 우리에게 태아란 어떤 존재인가 이런 문제인 것 같습니다. 이것은 결국엔 마주치게 될 문제인 것 같은데 조금 전 어느 분인가의 발표문에 있던 배종대 교수님의 아주 매끄러운 논리에 따르면 태어나지 않은 인간의 보호 없이는 태어날 인간의 보호가 어떻게 가능하며 그런 의미에서 여성의 낙태는 오로지 강간이나 모체에 심각한 위해를 끼칠 때만 허용되어야 한다는 말이 있었는데 이렇게 태아를 태어나지 않은 사람이라고 명명함으로써 곧바로 여성은 모체라는 위치로 떨어지고 어쩌면 태아의 생명을 논의한다는 것이 곧바로 여성을 그릇으로 환원해버리는 그런 부분이 있지 않은가 하는 그런 생각이 듭니다.

미국연방대법원은 태아를 '사람으로 될 가능성이 있는 존재'라는 개념으로 보아 해결을 봤는데 우리도 모와 태아 사이의 문제를 어떤 식으로든 법적으로 해결해야 되는 것이 아닌가 하는 그런 생각이 듭니다. 각 발표자들께서 어떻게 생각하고 계신지 듣고 싶습니다.

질문3 말씀 잘 들었습니다. 저는 여성단체에서 활동을 하는 사람입니다. 말씀하셨던 것처럼 여성단체에서 왜 낙태 이슈를 다루지 못하는가에 대한 그 갑갑함은 저 자신을 포함해서 많은 분들이 갖고 계시는데요. 한국 여성운동에서 다루고 있지 못하는 이슈가 몇 가지가 있습니다. 그 중에 대표적인 게 낙태고요 또 하나가 동성애 문제와 성매매 문제였습니다. 성매매는 최근에 성매매방지법과 관련해서 사회적 이슈가 되면서 논의가 이루어지고 있는데 낙태 부분에 대한 건 왜 다루지 못했는가에 대한 부분은 아시는 것처럼 낙태권을 주장하기도 전에 먼저 정부가 나서서 낙태 관련 입법을 의도하든 의도하지 않든 추진해나가는 과정에서 갖는 문제가 있었고요, 실제로 낙태 문제를 얘기하다 보면 그것이 마치 여성과 태아의 상반된 이해관계처럼 그 논리를 몰아가는 우리 사회의 그 굉장히 협소한 인식들이 여성운동의 굉장히 곤혹스러운 지점이 되었다고 저는 생각합니다.

제가 말씀을 들으면서 계속 궁금했던 것은, 어쨌건 재생산권과 관련된 적극적인 개념해석은 앞으로도 굉장히 중요한 우리의 운동틀이 될 수 있다고는 보입니다. 문제는 그 과정에서 낙태담론 얘기 할 때는 여성과 태아를 상반된 관계에 놓거나 또는 태아를 얘기할 때는 여성이 처해 있는 여성의 맥락적인 위치를 간과함으로써 겪게 되는 문제가 있게 되는 것처럼, 또 하나 우리가 지금 무시할 수 없는 부분은 이른바 생명윤리의 고려가 별로 미치지 못하는 수정란과 태아 14일 이전의 태아의 문제를 어떻게 볼 것인지에 관한 것입니다. 사실 재생산권에 대한 적극적인 해석을 하기 위해서는 임신과 출산 양육과 같은 맥락 속에서 뿐만 아니라 현재 생명윤리 속에서 세분화되고 있는 인간적 존재를 어떻게 볼 것인가 대한 개념도 굉장히 중요하다고 보거든요. 그런 면에서 보면 서울대에 근무하시는 황우석 교수께서 16-17명의 여성에게서 242개의 난자를 채취해서 했다는 인간 배아 연구를 생명이라는 관점에서 보게 되면 실제로 그것이 국가 이익이라든지 이른바 인류행복의 증진이란 부분에서 여성의 도구화하거나 수단에 대한 부분도 같이 얘기가 돼야 합니다. 하지만, 그런 얘기를 하게 될 때는 굉장히 추상적인 생명의 관점에서 얘기가 되면서 수정란의 지위는 없어지는 것 같습니다. 이런 모습을 제대로 보기 위해서도, 이 재생산권은 현재의 사회변화 속에서 기술이 세분화되고 있는 상황에서 우리 인간 존재의 달라진 지점까지 같이 녹여내지 않으면 그 실효성이 떨어지는 관점이 되지 않을까 하는 점에서 이 문제에 대해 질문을 던져보고 싶습니다.

질문4 안녕하십니까? 법과대학 4학년 정준호라고 합니다. 보시다시피 남학생입니다. 법과대학에서는 남학생이 성적 다수자인데 이 강의실 안에서는 성적 소수자가 되어 있네요. 발표 잘 들었는데 질문 하나만 드리면 낙태죄라는 게 여러 가지 역사적 맥락이 있지만 분명히 현재 관점에서만 본다고 한다면 제 개인적인 생각으로는 낙태문제는 피임의 문제하고도 연결이 된다고 생각을 합니다. 피임이 성공적이었고 거기 있어서 어떤 문제가 발생하지 않는다면 낙태를 해야 하는 상황 자체도 벌어지지 않기 때문에 피임의 문제하고도 관련을 지어서 생각을 해야 한다고 생각합니다. 그렇기 때문에 이제까지의 오늘 논의도 그렇고 일반 사람들의 인식도 그렇고 낙태죄 문제에서 왜 남성이 배제되어 온 채로 논의가 되는 건지도 의문을 가지고 있습니다. 개인적으로는 낙태죄에서 남자가 왜 처벌을 안 받고 여자와 의사만 처벌을 받아야 되는 것도 의문이고 그렇기 때문에 개인적인 생각으로는 그렇게 된 이유가 조금 전 말씀하셨듯이 임신, 출산, 양육의 세 단계 중에서 오늘 논의도 그렇고 출산과 양육의 문제로만 비쳐지기 때문에 그런 것이 아닌가 하는 생각도 해 봅니다.

쉽게 말해서, 일은 남자와 여자가 같이 벌여놓고 그 이후의 문제는 왜 여자만의 문제가 되어야 하는가라는 것도 의문이고 낙태죄에서 과연 남성이 차지할 수 있는 지위나 어떤 비중이라는 것도 심각하게 고려해봐야 할 문제라고 생각합니다. 그렇기 때문에 물론 거기에 대해선 생각을 안 해봐서 뭐라 말씀드릴 수는 없지만 토론하고 계신 교수님들이 여기에 대해서 어떻게 생각을 하고 계신지도 궁금해서 질문을 드립니다.

한인섭 우리가 청중의 토론을 기다린 보람이 상당히 있었다고 생각됩니다. 더 이상 시간 관계로 발표자, 토론자들께서 짧게 2-3분 정도씩 말씀해 주시기 바랍니다.

이인영 태아의 생명과 수정란과 배아의 생명의 부분에 있어서 저는 보호해야 한다고 생각을 합니다. 인간 배아 경우에 있어서는 생명의 시작이라고 하는 시점에 관해서 항상 문제제기를 하지만 사실은 보호의 논리가 제기되지 않는다면 사실 근본적인 인간의 존엄과 가치라고 하는 것에 대해서 끊임없이 경시현상이 일어날 가능성이 충분하다. 그런 위험의 발생이 야기될 수 있다고 하기 때문에 수정란이나 배아를 가지고 연구의 목적이나 이런 것을 사용하기 위해서는 무제한적으로 허용해서는 안 된다고 생각합니다. 그래서 보호를 하긴 하지만 경우에 따라서는 제한적 조건하에서 이러한 경우에 그 연구가 거두어들일 수 있는 어떤 성과라고 하는 것들에 대한 문제와 균형을 잡아서 제한적 허용이라고 하는 부분에 대한 접근을 해야 한다고 얘기하는데 분명히 이야기할 것은 원칙적으로 보호의 대상이라고 하는 부분입니다.

또, 많이 고민을 한 부분 중의 하나가 배우자 동의에 관한 부분입니다. 배아의 경우에 배아를 연구목적으로 공유를 할 때에는 정자 제공자, 난자 제공자의 동의가 반드시 필요합니다. 난자 제공자 일방이 아니라 정자 제공자 일방이 아니라 배아의 경우에는 반드시 정자 제공자의 서명날인, 난자 제공자의 서명날인이 필요하고 폐기할 때도 역시 마찬가지로 서명날인이 필요하다고 하는 조항이 생명윤리법시행령에 규정이 되어 있습니다. 그런 관점에 비추어보면 사실은 배우자의 동의라고 하는 부분은 차원이 다릅니다. 이 부분의 경우에 있어서는 어떤 일방적인 의사결정으로서 무언가 요건을 구비하면 가벌성이 성립된다고 하는 것에 대한 전제조건으로서 배우자 동의라고 하는 것은 분명히 평등권, 또는 임부의 자기 결정권을 침해하는 결정이라고 볼 수 있습니다. 연구목적에서 배아의 부분의 경우에 있어서는 동의가 필요하다는 부분에 있어서는 함께 생성한 경우에 함께 생성한 자의 물건에 대해서, 여기서 물건이라는 표현을 섣불리 쓰면 안 됩니다만, 함께 생성한 부분에 대해서 함께 공유한 부분에 각자의 주체로서의 서명날인, 동의라고 하는 것에 평등성을 전제로 한 동의이기 때문에 그때는 필요하다고 얘기할 수 있습니다. 그런 관점에서 태아의 생명, 그 다음에 배아, 수정란 이런 부분의 경우에 낙태를 논한다고 해서 보호의 대상의 범주에 벗어나는 것은 아니라고 하는 것은 분명히 하고 싶습니다. 그런데 그 보호의 대상이기는 하지만 무조건적인 보호의 대상이라고 하는 부분에 대해서 우리가 여기 같이 모여서 논의하고 다각적인 측면에서 그에 대해서 우리가 새로운 방향을 찾으려고 하는 게 아닌가 하는 생각입니다.

최희경 낙태권을 사적 영역이라고 보는 것에 대해서 공사이분법을 질문하셨는데 먼저 조금 전 연방대법원의 프라이버시 권리 설명에서도 볼 수 있듯이 이는 절대적이고 무제한적인 권리는 아닙니다. 공사이분법과 관련해서 나오는 비판은 크게 두 가지 면에서 행해지고 있습니다. 그 하나는 여성한테 과연 그렇게 누릴 프라이버시 권리가 실제로 존재하는가하는 점입니다. 이는 오히려 그 안에서 남성의 폭력을 가능케 하는 여성에게 주어진 은폐된 선물에 불과한 것이지 않는가 하는 비판입니다. 또 다른 하나는 여성에게 사적 영역을 강조한다면 국가의 개입이 전혀 이루어지지 않고 이를 요구할 수 없는 소극적인 것이 아닌가 하는 비판입니다. 그러면 그렇다고 해서 여성의 그런 영역이 사적 영역으로 보장받지 않아야되느냐, 그렇게 보기는 어렵습니다. 상당히 어려운 문제이기 때문에 미흡하더라도 그 대안으로서 그러면 여성들도 사적 영역을 실질적으로 누릴 수 있는 조건을 만들자는 주장이 논의될 수 있으며, 그 다음에 국가적 개입이 반드시 좋은 것이냐 하는 측면에 대한 고려도 필요합니다. 조금 전 공적자금 부분에서도 얘기되었지만 여성의 결정권을 보호한다면 좀 더 충분하게 보호할 수 있는 적극적인 것을 인정하자는 이런 측면을 강조할 수밖에 없습니다.

또 다른 질문은 혼인빙자간음죄에 대한 것인데, 시간관계상 간단히 얘기하겠습니다. 우선 미혼 남녀의 성관계는 처벌되지 않습니다. 그런데 지금 혼인빙자간음죄는 미혼 남녀의 성관계이지만 남성이 혼인을 빙자한 경우에는 이를 형벌을 통해 처벌하는 것입니다. 우리 헌법재판소는 동 조항에 대해서 합헌판결을 내리기 했지만 예컨대 그 판결문 내용 중 '교활하게 혼인을 빙자해서 여성의 성을 공략하여'라는 표현처럼 1960-70년대의 신파조의 판결내용이 담겨 있습니다. 하지만 이에 대한 반대의견에서 보여지듯이 여성이 미혼자라 하더라도 본인의 결정에 의해서 성관계를 가진 경우 사후에 국가가 나서서 '너 혼인하자고 속여서 그렇게 했지, 억울하지?' 이러면서 다시 보호해주는 것 이게 오히려 여성의 자주적인 결정권을 침해하는 것 아닌가 하는 점입니다. 또한 세계적으로도 유례가 없는 혼인빙자간음죄의 존재는 미혼의 여성은 결정 능력이 미약하며 그의 정조는 보호되어야 한다는 전통적인 남녀 차별의식에서 유래한 것으로 보이며, 그런 차별의식은 없어져야 하는 것이지 일부의 주장처럼 그런 차별의식이 존재하기 때문에 혼인빙자간음죄를 존치시켜야 한다는 논의는 설득력이 없다고 하겠습니다.

양현아 질문 고맙습니다. 특히 태아의 생명을 여성주의적으로는 어떻게 해석할 것인가는 저 역시 고민하는 질문입니다. 그동안 생명 존중의 입장에서 여성은 거의 보이지 않았고 여성이 배제되어 있다는 것을 문제삼아야 한다는 것이 제 발표의 의도 중의 하나입니다. 왜 생명 옹호의 가치에서 실제로 아이를 가지고 9개월 동안 아이를 임신해야 하고 대개 평생 동안 키워야 되는 여성의 생명옹호론은 배제되어 있는가를 물으면서 제 나름대로, 그러면 여성의 재생산 활동의 생명옹호론을 어떻게 구성해 볼 것인가를 시도하고 있는 것입니다. 저는 어머니와 아이가 가지는 관계성, 특히 '잠재적 생명'으로서의 태아의 생존이 결정적으로 어미니에게 달려있다는 것을 앞으로 더 부각시키고 이 관계성이 가지는 의학적, 철학적, 사회적 의미를 중심으로 임산부 여성의 출산과 임신 종결 결정권을 일차적으로 존중하는 원칙을 수립해야 한다고 봅니다. 그러면서 태아의 생명 가능성 부분에 대한 여성의 종지 결정이 가지는 문제는 법이 아닌 윤리적으로 통제되는 것이 좋겠다고 생각합니다. 여성주의적인 철학으로 성교육과 피임교육에서 전파되어야 한다는 것입니다. 현재처럼 임산부 여성과 생명을 이분법적으로 다루는 논리 속에서는 임산부와 태아의 관계성을 중심으로 한 여성주의적 생명 윤리를 정립할 여지가 별로 없어 보입니다.

조금 전 앞의 토론자께서 여러 영상을 보여주셨는데요. 죽은 태아의 시신이라든지 아니면 핏덩이라든지 하는 것을 볼 때마다 정말로 가슴이 아픕니다. 그런데 그것을 '생명의 존중'이라는 추상적 수준이 아니라, 정말로 가슴이 아플 당사자가 누군가하고 생각해보면 일차적으로는 태아를 잃은 임산부 여성일 것이라고 생각합니다. 도대체 우리는 낙태를 감행한 여성들의 아이를 잃은 슬픔을 알고 있는지, 그것은 생명존중이 결여된 느낌인 것인지 너무 모르고 있다는 생각입니다. 또 하나, 이런 필름과 사진들은 끊임없이 유통되면서 어째서 여성들이 아이를 낳는 과정이라든지 그때 태반이 어떻게 빠진다든지 그때 피는 얼마나 많이 흘린다든가 하는 것은 왜 그렇게 많이 보여주지 않는가라고 의문이 듭니다. 결국, 태아의 시신이라는 점에서 낙태에 대한 '경각심'은 키우지만, 아이를 낳는 여성들의 실제적 수고와 위대함에 대해선 사회적 관심이 없다는 것이겠지요.

마지막 질문과 연결시키면, 죽어간 태아의 사진을 보면, 태아에 대한 것 뿐 아니라 여성에 대한 폭력성도 느껴집니다. 여성들이 폭력적으로 태아를 떼었다는 의미가 아니라, 이 태아가 생기는 과정에서 어떤 폭력성이 있지 않았을까에 관한 것입니다. 폭력에는 여러 수준이 있고, 좁은 의미의 성폭력뿐만 아니라 여성에 대한 차별을 포함하는 광범위한 개념으로 본다면, 원치 않는 임신이 일어나는 데에는 성관계의 폭력성이 개입되었을 소지가 크다고 생각합니다. 그런 점에서, 성교육을 섹슈얼러티에 관한 것에만 초점을 맞출 것이 아니라, 성은 곧 임신 가능성이고 출산 가능성이라는 여성의 몸과 성에 중심을 둔 교육이 필요합니다. 이제까지 우리는 남성만을 중심으로 한 섹슈얼리티 관점을 가지고 있고 여기서 임신과 출산 문제는 쉽게 부차적인 사항이 됩니다. 또, 형법상 자기낙태죄의 주체는 오로지 임산부에만 국한해 있고, 임신이나 낙태를 강요한 배우자, 가족에게 일정한 책임을 지우는 조항은 어디에도 없습니다. 그런데도, 모자보건법상, 임산부의 배우자에게는 낙태에 동의할 수 있는 권리를 부여하고 있습니다. 낙태의 허용 사유를 제한하고 있기는 하지만, 배우자에게 낙태 동의 권리는 있는데, 자기 낙태 책임은 없다는 것은 아무래도 모순입니다. 낙태 행위에 대해 처벌을 받아야 한다면, 낙태에 이르는 성교와 임신에 이르게 한 행위자에게도 공동책임론을 제기할 수 있습니다. 하지만 현재의 형법 논리에서 이러한 행위론이 수용될 수 있을지 의문입니다. 오히려 재생산권의 개념에서 강조하는 가족과 커뮤니티의 의무 부분으로 구성해볼 수 있지 않을까 생각합니다. 우리 사회에는 가족주의 문화가 강하고 여성의 성과 재생산 결정의 많은 부분은 가족에 의해 통제되고 있기 때문에 형사적 처벌이 아니라고 할지라도 가족에게 일정한 책임을 지우는 제도(예컨대, 낙태시술을 할 여성의 파트너 교육이나 상담 이수 등)가 필요합니다.

이영란 간단히 하겠습니다. 조금 전 배종대 교수님 책에 태어난 생명을 보호하기 위해서는 태어나지 않은 생명부터 보호해야 한다고 했는데 그것은 형법학자로서 형법이 보호해야 하는 보호의 정도와 수준과 방법이 다르다는 것을 잠시 망각한 것이 아닌가 생각됩니다. 그 다음에 모체의 건강을 심히 해할 때라는 사유는 임신 자체가 사실 모체의 건강에 큰 영향이 있습니다. 그 점도 고려를 해야 하구요. 그 다음에 자꾸 원치 않는 임신이라는 표현을 쓰는데 우리가 적어도 형법상의 낙태죄를, 낙태행위를 범죄로 규정해서 처벌할 것인가 말 것인가 할 때에는 적어도 법률가, 형법학자 이런 사람들을 설득시킬 수 있는 개념을 사용해야 합니다. 그런 비형법적인 논의로 너무 빠져나가면 설득이 안 됩니다. 원치 않는 임신

중에도 예컨대 강간을 당해서 임신했다 하면 당연히 위법성 조각이 됩니다. 그런 것들을 좀 법리적으로 세분화해서 남을 설득시킬 수 있을 정도의 논리를 개발해야지 우리 감성에 호소해서 원하는 임신, 원치 않는 임신 이런 개념을 사용하면 안 된다는 것이지요.

그 다음에 통계에 대해서 제가 질문을 했는데 질문의 내용을 정확하게 이해하지 못하신 것 같습니다. 제가 말씀드리고자 한 것은 상관관계가 유의미하다 유의미하지 않다 그것을 말하는 게 아닙니다. 적어도 이 조사연구에서는 세계적으로 권위 있는 통계학자들이 말하기로는 1030명을 조사하면 대개 신뢰도 95%에서 ±3% 정도의 신뢰도가 상당히 높고 정확한 결과가 나온다고 합니다. 1만 명을 조사하나 1030명을 조사하나 결과가 똑같다 이런 주장이 있습니다. 그러니까 그런 점에서 1030명을 조사한 건 조사방법상 상당히 잘 했다고 생각합니다. 다만 제가 말씀드리는 건 상관관계만을 분석해서 유의미하다 아니다라고 기술하고 있다는 것을 지적한 것입니다. 예컨대 성별에 따라서 남자는 인식도가 어떻다 여자는 어떻다 이렇게 표시를 하고 있고 교육수준에 따라서 고학력은 어떻고 저학력은 어떻다고 하면, 성별과 교육수준 간에 상호 영향을 주는 관계는 어떻게 설명할 것입니까? 남자가 여자보다 교육수준이 대체로 높을 경우, 팩터를 컨트롤해야 합니다. 다시 말하면 회귀분석 즉 regression을 해봐야 낙태현실에 대한 설명력이 높은 결과가 나온다는 그런 얘기였는데 조금 전 유의미하다는 걸 내가 마치 못 봐서 질문한 것처럼 답을 하니까 다시 한 번 부언합니다.

다음으로, 범죄분석에 그런 통계가 전혀 없을 것이라고 생각을 했는데 있었다. 그래서 반가웠다 이런 생각은 잘못된 것입니다. 통계라는 것은 굉장히 냉철하고 객관적이어야 합니다. 나의 가설, 가정에 활용할 만한 적당한 통계가 있어서 반갑다. 그러니까 신뢰할 수 없는 통계라도 분석해 보자 이것은 통계학자들이 보면 형법학자들의 큰 오류로 지적될 것입니다.

그래서 너무 소박한 수준에서 통계를 함부로 사용해서는 안 되는 것이고 적어도 통계치를 이용하려면 상당히 전문가적인 입장에서 분석을 해야 한다는 이야기입니다.

그 다음에 자꾸 저는 오히려 낙태가 범죄라는 쪽에 호응하는 입장에서 형법적인 이야기를 하지 않을 수 없게 되는데, 다 아시는 바와 같이 범죄는 행위입니다. 낙태행위를 처벌할 것인가 말 것인가를 말할 때 수많은 사회적 여건을 다 끌어들여서 얘기하면 초점이 흐려집니다. 그렇게 하면 살인자의 어머니도 살인잡니다. 왜 그런 아들을 낳았느냐 원인을 규명하고 여타의 사회적인 많은 환경들을 고려해서 이런 영향, 저런 영향들이 있고 이념적인 문제, 종교적인 문제 그런 것을 다 따지면 결론이 정해질 수밖에 없습니다. 우리 사회여건은 변합니다. 1980년대에는 아이를 낳지 말라고 했습니다. 그로부터 20년 후인 지금 출산을 오히려 장려하죠. 이렇게 사회 환경도 변하는데, 너무 논의의 초점을 흐리게끔 자꾸 여성학자, 사회학자, 심리학자 등등 많은 정보들을 제시한다면, 물론 우리가 모든 정보를 다 흡수해서 형법을 개정할 때 참고할 수 있다면 이상적이긴 하지만 초점이 지나치게 분산되어 오히려 낙태 규정의 개정은 점점 요원해집니다. 이 낙태죄는 사실은 벌써 개정했어야 합니다. 그런데 지금까지 아무도 손을 대지 않았죠. 낙태에 관해서 적어도 성문화, 우리나라의 성질서 이런 포괄적인 개념으로부터 좀더 좁혀 들어와서 '그러니 형법을 개정하자' 이렇게 나갔으면 하는 바람입니다. 마지막으로 이런 기회를 마련해 주신 것에 감사드립니다.

한인섭 정진주 선생님 말씀해주십시오. 그런데 마지막 단계에서는 종합적으로 생각해야 할 점을 지적해 주시고 쟁점을 자극하는 일을 자제해주셨으면 합니다.

정진주 좋은 말씀을 해 주셔서 제가 덧붙일 말은 별로 없는 것 같지만 그럼에도 불구하고 좀 짚고 넘어가야 할 것을 말씀드리면, 첫 번째는 이영란 교수님께서 법이라고 하는 것이 상당히 법 조항과 여러 가지 구체성을 띠고 있는 것인데, 굉장히 많은 담론과 사실 때문에 지금 여러분들머리가 굉장히 헝클어져 있을 거란 생각이 듭니다. 저도 그런데, 제가 생각하는 법의 변화라든지 법의 제정이라고 하는 것은 이러한 현실들을 충분히 반영한 것이 구체적으로 법전에 들어가는 것이지 포인트가 잘못 갈까봐 기존에 가지고 있는 기준들을 그대로 하거나 약간 변경하는 것은 아니라는 생각이 듭니다. 그렇기 때문에 낙태법에 관련해서 앞으로 변화가 시도될 때는 조만간 변화가 시도돼야 된다고 저는 생각을 하지만 이러한 지점들이 충분히 파악되면서 그것이 하나의 문건이나 시행령이든 시행규칙으로 전환이 될 수 있는 계기가 되었으면 하는 생각이 듭니다.

두 번째는 조금 전 지적하셨던 것 중에서 생명윤리에 관련된 것들인데, 저는 우리나라에서 낙태·임신·출산과 관련에서 굉장히 많은 담론들이 있습니다. 종교계만 생명윤리를 강조하는 것이 아니고 다양한 분야에서 생명에 관해서 지금 얘기를 하고 있는데, 사실은 저도 같은 생각을 했습니다. 신문에서 유명하신 교수님께서 이 배아문제를 말씀하실 때, 사실은 환경이나 이런 쪽에서는 이것들을 동의를 하기 위해서 위원회도 하고 시민들의 동의를 얻길 위해 합의과정도 거치고 시범적인 굉장히 많은 이야기들을 현재 하고 있습니다. 그런데 어느 날 갑자기 물론 굉장히 훌륭한 연구고 그 분의 개별적인 연구업적이 아니라 신문에서 떠드는 그 담론을 보면 그 연구만 우수했기 때문이 아니고 이분을 계속적으로 지원을 해줘야 하는 이유가 국가 산업에 있어서 앞으로 10년, 20년을 먹여 살릴 수 있다고 얘길 하거든요. 그러면서 한편으로 또 생명에 관한 얘기들이 마구 전개되고 있습니다. 그래서 저는 이런 전 과정을 보면서 우리가 이런 임신이나 출산이나 재생산 이런 것 들을 접근할 때 어떤 관점에서 가야 되느냐. 그런데 현재 시점에서 앞으로 나오고 있는 것은 1970년대 관점이나 지금 현재 저출산의 문제나 새로운 기술이 나왔을 때 이 사회 속에서 지배적으로 차지하고 있는 담론이란 것들이 상당히 정부정책이라든지 끌고 가고자 하는 방향 속에서 여성이 주체적으로 또는 태아도 저도 하나의 중요한 생명이라고 생각되는데 어디까지 우리가 범위를 잡아야 되는 것은 문제가 있지만, 이런 점도 우리가 고려를 해야 되지 않을까 하는 생각을 합니다.

마지막으로 한 가지는 선택의 문제인데, 물론 여기 계신 분들 전체가 낙태 관련해서 이것은 개별적인 선택이라고는 아무도 생각하지 않으리라는 생각이 듭니다. 이 선택이라고 하는 것에 있어서, 즉 향후 낙태죄를 규정하는 데 있어서 인권이나 적극적인 사회권의 관점에서 봐야 한다고 생각합니다. 사회권이라고 했을 때, 우리가 freedom(자유)이라고 하는 측면하고 entitlement(소여)라는 측면 두 가지가 들어갑니다. freedom이라고 하는 것은 개인의 선택이지만, 이 개인의 선택이 정말 개인의 복리와 삶의 질과 이런 것들이 담보되기 위해서는 entitlement를 위한 사회적인 환경, 가치들이 변화되어야 합니다. 과연 우리가 낙태를 이야기 했었을 때 이런 것까지 다 담보하면서 이야기를 하고 있는가, 양 측면을 봐야한다는 점을 강조하고 싶습니다. 제가 보기에는 낙태뿐만 아니라 향후 저희 사회에서 한 10년 동안은 굉장히 많은 논쟁들을 불러올 수 있을 것 같은데 여기 오신 분들이 남성이든 여성이든 할 것 없이 다같이 이러한 논의 속에서 좀 올바른 관점을 가져가고 이게 실제 법에 반영이 될 수 있도록 노력하는 과정이 필요할 것 같습니다

양현아 저도 짧게 한마디 하겠습니다. 이런 자리가 형법적으로 문제를 좁혀야지 자꾸 핀트를 빗나가고 있는 것이 오해라고 생각합니다. 물론 오늘의 학술회의가 형법을 개정해야 한다라고 하는 입장을 가지고 있고 어

떻게 개정해야 할 것인가를 논의하는 자리라고 할 수 있습니다. 하지만 어떻게 개정해야 될 것인가의 문제에 다다르게 되었을 때, 어떤 조항을 어떻게 변경할 것인가의 문제 이전에 지금 정진주 선생님이 얘기하신 것처럼 사회현실, 사회실태를 충분히 흡수하고 그것에 기반 해야 한다는 것이 중요합니다. 여기서 한 걸음 더 나아가 여성의 선택과 권리를 어떻게 옹호할 것인가를 생각할 때, 그 근거를 올바로 세우기 위해서는 헌법상의 기본권, 인권법의 체계 속에서 구성하는 노력이 필요하지 않나 생각합니다. 특히 여성의 낙태와 같이 금기시되고 있는 행위를 정당화하고자 할 때는 사회현실과 인권론에 대한 새로운 환기가 필요합니다. 그것을 우리는 패러다임 전환이라고 부를 수 있는데, 이런 취지에서 재생산권에 대한 고찰의 의의가 있다고 봅니다.

한인섭 이영란 교소님이 조금 전 마지막에 형법학에 대해서 이야기할때 저는 남에게 이야기 한 것이 아니라 바로 형법학자인 자기 자신에게 던진 또 다른 과제라고 이해하고 있거든요. 저희들은 이런 자리에서 남을 설득시킬 수 있다 이렇게 믿는 시대는 지나가 버린 것 같습니다. 표현의 자유가 만개하고 다양성이 존중되는 세계에서는 자기의 고매한 견해가 남을 설득시키는 것이 아니라 이런 자리에서 intellectual exchange(지적 교류)를 통해 서로 다른 관점을 확인하고 새로운 도전과 자극을 받을 수 있기 때문에 그 불편한 관중도 굉장히 소중합니다. 그것을 받아들여서 자기 속에서 잘 삭이고 용해시켜 가지고 새로운 작품을 만드는 것은 자기가 극복해 나가는 것이지요. 남을 설득시키는 것이 아니고 자기가 스스로 납득되고 설득될 준비를 한 사람이 끝까지 남아서 귀를 기울이고 있다고 생각을 하거든요. 낙태문제가 복잡하고 오랜 문제다 보니 이런 문제를 외면하지 말고 우리의 문제로 이제 불편하게 가슴에 집어 넣어가서 오랫동안 소화시키고 삭혀가지고 또 다르게 표출하고 그렇게 되는 건설적인 대화의 장으로서 기능하기 위해 엄청나게 많은 충분한 소재가 주어졌다고 생각합니다. 그래서 이러한 생각의 거리를 많이 안겨주신 발표자, 토론자 여러분들에게 큰 박수로 감사의 뜻을 표합니다.

낙태 관련 주요 법령 및 판례

제1장

낙태 관련 국내법

---

1. 형법 일부개정 2004.01.20 (법률 제7077호) 법무부

제27장 낙태의 죄

제269조 (낙태)　① 부녀가 약물 기타 방법으로 낙태한 때에는 1년 이하의 징역 또는 200만원 이하의 벌금에 처한다.〈개정 1995.12.29〉

② 부녀의 촉탁 또는 승낙을 받아 낙태하게 한 자도 제1항의 형과 같다.〈개정 1995.12.29〉

③ 제2항의 죄를 범하여 부녀를 상해에 이르게 한 때에는 3년 이하의 징역에 처한다. 사망에 이르게 한 때에는 7년 이하의 징역에 처한다.〈개정 1995.12.29〉

제270조 (의사등의 낙태, 부동의 낙태)　① 의사, 한의사, 조산사, 약제사 또는 약종상이 부녀의 촉탁 또는 승낙을 받아 낙태하게 한 때에는 2년 이하의 징역에 처한다.〈개정 1995.12.29〉

② 부녀의 촉탁 또는 승낙 없이 낙태하게 한 자는 3년 이하의 징역에 처한다.

③ 제1항 또는 제2항의 죄를 범하여 부녀를 상해에 이르게 한 때에는 5년 이하의 징역에 처한다 사망에 이르게 한 때에는 10년 이하의 징역에 처한다.〈개정 1995.12.29〉

④ 전3항의 경우에는 7년 이하의 자격정지를 병과한다.

2. 모자보건법 일부개정 1999.02.08 (법률 제5859호) 보건복지부

제1조 (목적)　이 법은 모성의 생명과 건강을 보호하고 건전한 자녀의 출산과 양육을 도모함으로써 국민보건 향상에 이바지함을 목적으로 한다.

제2조 (정의)　이 법에서 사용하는 용어의 정의는 다음과 같다. 〈개정 1987.11.28, 1999.2.8〉

1. "임산부"라 함은 임신중에 있거나 분만후 6월 미만의 여자를 말한다.

2. "영유아"라 함은 출생후 6년 미만의 자를 말한다.

3. "신생아"라 함은 출생후 28일 미만의 영유아를 말한다.

4. "미숙아"라 함은 신체의 발육이 미숙한 채로 출생한 영유아로서 대통령령으로 정하는 기준에 해당하는 자를 말한다.

5. "선천성 이상아"라 함은 선천성 기형·변형 및 염색체 이상을 지닌 영유아로서 대통령령으로 정하는 기준에 해당하는 자를 말한다.

6. "불임수술"이라 함은 생식선을 제거하지 아니하고 생식할 수 없게 하는 수술을 말한다.

7. "피임시술"이라 함은 불임수술과 인체안에 피임약제 또는 피임기구를 넣어 일정기간이상 피임하도록 하는 시술행위를 말한다.

8. "인공 임신중절수술"이라 함은 태아가 모체 밖에서는 생명을 유지

할 수 없는 시기에 태아와 그 부속물을 인공적으로 모체밖으로 배출
시키는 수술을 말한다.

9. "모자보건사업"이라 함은 임산부 또는 영유아에게 전문적인 의료봉
사를 함으로써 신체적·정신적 건강을 유지하게 하는 사업을 말한다.

10. "가족계획사업"이라 함은 가족의 건강과 가정복지의 증진을 위하
여 수태조절에 관한 전문적인 의료봉사·계몽 또는 교육을 하는 사
업을 말한다.

11. "모자보건요원"이라 함은 의사·조산사·간호사의 면허를 받은 자
또는 간호조무사의 자격을 인정받은 자로서 모자보건사업 및 가족
계획사업에 종사하는 자를 말한다.

제3조 (국가와 지방자치단체의 책임) ① 국가와 지방자치단체는 모성과
영유아의 건강을 유지·증진하기 위하여 필요한 조치를 하여야 한다.
② 국가와 지방자치단체는 모자보건사업 및 가족계획사업에 관한 시책을
강구하여 국민보건 향상에 이바지하도록 노력하여야 한다.

제4조 (모성 등의 의무) ① 모성은 임신·분만·수유 등에 있어서 자신의
건강에 대한 올바른 이해와 관심을 가지고 그 건강관리에 노력하여야 한다.
② 영유아의 친권자·후견인 기타 영유아를 보호하고 있는 자(이하 "보호
자"라 한다)는 육아에 대한 올바른 이해를 가지고 영유아의 건강의 유지·
증진에 적극적으로 노력하여야 한다.

제5조 (사업계획의 수립 및 조정) ① 보건복지부 장관은 대통령령이 정
하는 바에 따라 모자보건사업 및 가족계획사업에 관한 시책을 종합 조정
하고 그에 관한 기본계획을 수립하여야 한다. 〈개정 1997.12.13〉
② 관계 중앙행정기관의 장 및 지방자치단체의 장은 제1항의 기본계획의

시행에 필요한 세부계획을 수립 시행하여야 한다.

제6조 (모자보건심의회)　① 보건복지부 장관의 자문에 응하여 모자보건사업 및 가족계획사업에 관한 중요한 사항을 심의하기 위하여 보건복지부에 모자보건심의회를 둔다. 〈개정 1997.12.13〉

② 모자보건심의회의 구성과 운영에 관하여 필요한 사항은 대통령령으로 정한다.

제7조 (모자보건기구의 설치)　① 국가와 지방자치단체는 모자보건사업 및 가족계획사업에 관한 다음 사항을 관장하기 위하여 모자보건기구를 설치 운영할 수 있다. 이 경우 지방자치단체가 모자보건기구를 설치하는 때에는 당해 지방자치단체가 설치한 보건소안에 설치함을 원칙으로 한다.

　1. 임산부의 산전 산후관리 및 분만관리와 응급처치에 관한 사항

　2. 영유아의 건강관리 및 예방접종 등에 관한 사항

　3. 피임시술에 관한 사항

　4. 부인과질병 및 그에 관련되는 질병의 예방에 관한 사항

　5. 심신장애아의 발생예방 및 건강관리에 관한 사항

　6. 보건에 관한 지도·교육·연구·홍보 및 통계관리 등에 관한 사항

② 제1항의 규정에 의한 모자보건기구의 설치기준 및 운영에 관하여 필요한 사항은 대통령령으로 정한다.

③ 국가는 제1항 각호의 사항을 대통령령이 정하는 바에 따라 의료법인 또는 비영리법인에 위탁하여 수행할 수 있다.

제8조 (임산부의 신고등)　① 임산부로서 이 법에 의한 보호를 받고자 하는 경우에는 본인 또는 그 보호자가 보건복지부령이 정하는 바에 따라 보건소 또는 의료기관(이하 "보건기관"이라 한다)에 임신 또는 분만의 사실을

신고하여야 한다. 〈개정 1997.12.13〉

② 보건기관의 장은 제1항의 규정에 의한 신고를 받은 후 이를 종합하여 보건복지부령이 정하는 바에 따라 시장·군수·구청장(자치구의 구청장을 말한다. 이하 같다)에게 보고하여야 한다. 〈개정 1997.12.13, 1999.2.8〉

③ 보건기관의 장은 당해 보건기관에서 임산부가 사망하거나 사산한 때 또는 신생아가 사망한 때에는 보건복지부령이 정하는 바에 따라 시장·군수·구청장에게 보고하여야 한다. 〈개정 1997.12.13, 1999.2.8〉

④ 보건기관의 장은 당해 보건기관에서 미숙아 혹은 선천성 이상아가 출생한 때에는 보건복지부령이 정하는 바에 따라 보건소장에게 보고하여야 한다.〈신설 1999.2.8〉

⑤ 제4항의 규정에 의한 미숙아 및 선천성 이상아(이하 "미숙아등"이라 한다)를 보고받은 보건소장은 그 보호자가 당해 관할구역 안에 주소를 가지고 있지 아니한 경우에는 그 보호자 주소지의 관할보건소장에게 그 출생보고를 이송하여야 한다.〈신설 1999.2.8〉

제9조 (모자보건수첩의 발급) ① 시장 군수 구청장은 제8조제1항의 규정에 의하여 신고된 임산부 또는 영유아에 대하여 모자보건수첩을 발급하여야 한다.〈개정 1999.2.8〉

② 제1항의 모자보건수첩의 발급절차 등에 관하여 필요한 사항은 보건복지부령으로 정한다. 〈개정 1997.12.13〉

제9조의2 (미숙아 등에 대한 등록카드) 제8조 제4항 및 제5항의 규정에 의하여 미숙아 등의 출생보고를 받은 보건소장은 보건복지부령이 정하는 바에 따라 미숙아 등에 대하여 등록카드를 작성 관리하여야 한다.

[본조신설 1999.2.8]

제10조 (임산부 영유아 미숙아 등의 건강관리등〈개정 1999.2.8〉)　① 시장 군수 구청장은 임산부 영유아 미숙아 등에 대하여 대통령령이 정하는 바에 따라 정기적으로 건강진단·예방접종을 실시하거나 모자보건요원으로 하여금 그 가정을 방문하여 보건진료를 하게 하는 등 보건관리에 관하여 필요한 조치를 하여야 한다.〈개정 1999.2.8〉

② 시장 군수 구청장은 임산부 영유아 미숙아 등 중 입원진료를 요하는 자에게 다음의 의료지원을 할 수 있다.〈개정 1999.2.8〉

1. 진찰
2. 약제 또는 치료재료의 지급
3. 처치 수술 기타의 치료
4. 의료시설에의 수용
5. 간호
6. 이송

제11조 (안전분만 조치)　시장 군수 구청장은 임산부의 안전분만과 건강을 위하여 의료기관에의 입원이 필요하다고 인정하는 경우에는 의료기관에 입원하게 하여야 하며, 가정에서 분만하고자 하는 경우에는 모자보건요원으로 하여금 조산하게 하여야 한다.〈개정 1999.2.8〉

제12조 (피임시술 및 피임약제의 보급)　보건복지부 장관 또는 시장 군수 구청장은 보건복지부령이 정하는 바에 따라 원하는 자에게 피임시술을 행하거나 피임약제를 보급할 수 있다.〈개정 1997.12.13, 1999.2.8〉

제13조 (피임시술자의 자격)　피임시술은 의사 또는 보건복지부령이 정하는 소정의 교육과정을 마친 조산사 또는 간호사가 아니면 이를 할 수 없다. 이 경우 조산사 또는 간호사의 피임시술행위는 보건복지부 장관이

인정하는 범위안의 시술에 한한다. 〈개정 1987.11.28, 1997.12.13〉

제14조 (인공 임신중절수술의 허용 한계) ① 의사는 다음 각호의 1에 해당되는 경우에 한하여 본인과 배우자(사실상의 혼인관계에 있는 자를 포함한다. 이하 같다)의 동의를 얻어 인공 임신중절수술을 할 수 있다.

  1. 본인 또는 배우자가 대통령령이 정하는 우생학적 또는 유전학적 정신장애나 신체질환이 있는 경우
  2. 본인 또는 배우자가 대통령령이 정하는 전염성 질환이 있는 경우
  3. 강간 또는 준강간에 의하여 임신된 경우
  4. 법률상 혼인할 수 없는 혈족 또는 인척간에 임신된 경우
  5. 임신의 지속이 보건의학적 이유로 모체의 건강을 심히 해하고 있거나 해할 우려가 있는 경우

② 제1항의 경우에 배우자의 사망·실종·행방불명 기타 부득이한 사유로 인하여 동의를 얻을 수 없는 경우에는 본인의 동의만으로 그 수술을 행할 수 있다.

③ 제1항의 경우에 본인 또는 배우자가 심신장애로 의사표시를 할 수 없는 때에는 그 친권자 또는 후견인의 동의로, 친권자 또는 후견인이 없는 때에는 부양의무자의 동의로 각각 그 동의에 갈음할 수 있다.

제15조 삭제〈1999.2.8〉

제16조 (협회) ① 모자보건사업 및 가족계획사업에 관한 조사 연구 교육 및 홍보 등의 업무를 행하기 위하여 대한가족보건복지협회(이하 "협회"라 한다)를 둔다.〈개정 1999.2.8〉

② 협회의 회원이 될 수 있는 자는 협회의 설립취지와 사업에 찬동하는 자로 한다.

③ 협회는 법인으로 한다.

④ 협회의 정관 기재사항과 업무에 관하여 필요한 사항은 대통령령으로 정한다.

⑤ 협회에 관하여 이 법에 규정되지 아니한 사항은 민법중 사단법인에 관한 규정을 준용한다.

제17조 삭제〈1999.2.8〉

제18조 삭제〈1999.2.8〉

제19조 삭제〈1994.12.22〉

제20조 (동일명칭의 사용금지〈개정 1999.2.8〉)　이 법에 의한 협회가 아닌 자는 대한가족보건복지협회와 동일한 명칭을 사용하지 못한다.〈개정 1999.2.8〉

제21조 (경비의 보조)　① 국가는 예산의 범위 안에서 다음의 경비를 보조할 수 있다.〈개정 1999.2.8〉

1. 모자보건기구(국가가 설치하는 경우를 제외한다. 이하 같다)의 설치에 소요되는 경비 및 부대비용의 3분의 2 이내
2. 모자보건기구의 운영비의 2분의 1 이내
3. 제7조제3항의 규정에 의하여 업무를 위탁받은 자의 위탁받은 업무 수행에 소요되는 경비
4. 부담능력이 없는 자에 대한 제10조 제1항의 규정에 의한 건강진단 등에 소요되는 경비
5. 부담능력이 없는 자에 대한 제11조의 규정에 의한 조산경비의 2분의

1 이내

6. 부담능력이 없는 자에 대한 제12조의 규정에 의한 피임시술중 불임
   수술을 행하는 데 소요되는 경비

② 지방자치단체는 예산의 범위 안에서 제1항제4호 내지 제6호의 경비중
국가에서 보조하는 부분외의 경비를 보조한다.

제22조 (국유재산의 무상대부) 국가는 협회에 대하여 필요하다고 인정
하는 때에는 국유재산을 무상으로 대부할 수 있다.

제23조 (비용의 징수) ① 시장 군수 구청장은 제11조 및 제12조의 규
정에 의한 조치의 상대방으로부터 그 조치에 소요된 비용을 징수할 수
있다. 다만, 부담능력이 없는 자에 대하여는 그러하지 아니하다.〈개정
1999.2.8〉

② 제1항의 비용의 징수에 관하여 필요한 사항은 보건복지부령으로 정한
다.〈개정 1997.12.13〉

제24조 (비밀누설의 금지) 모자보건사업 및 가족계획사업에 종사하는
자는 이 법 또는 다른 법령에서 특별히 규정된 경우를 제외하고는 그 업
무수행상 알게 된 타인의 비밀을 누설하거나 공표하여서는 아니된다.

제25조 (권한의 위임) 보건복지부 장관은 이 법에 의한 권한의 일부를
대통령령이 정하는 바에 따라 특별시장 광역시장 또는 도지사에게 위임
할 수 있다.〈개정 1997.12.13〉

제26조 (벌칙) 제13조 및 제24조의 규정에 위반한 자는 1년 이하의 징역
또는 100만원 이하의 벌금에 처한다.

제27조 (과태료) ① 제8조 제3항의 규정에 위반한 의료기관의 장 및 제20조의 규정에 위반한 자는 50만원 이하의 과태료에 처한다.

② 제1항의 규정에 의한 과태료중 제20조의 규정에 위반한 자에 대하여는 보건복지부장관이, 제8조제3항의 규정에 위반한 자에 대하여는 시장·군수·구청장이 부과·징수하되 대통령령이 정하는 바에 의한다. 〈개정 1997.12.13, 1999.2.8〉

③ 제2항의 규정에 의한 과태료처분에 불복이 있는 자는 그 처분이 있음을 안 날로부터 30일 이내에 보건복지부장관 또는 시장 군수 구청장에게 이의를 제기할 수 있다. 〈개정 1997.12.13, 1999.2.8〉

④ 제2항의 규정에 의한 과태료 처분을 받은 자가 제3항의 규정에 의하여 이의를 제기한 때에는 보건복지부 장관 또는 시장 군수 구청장은 지체없이 관할법원에 그 사실을 통보하여야 하며, 그 통보를 받은 관할법원은 비송사건절차법에 의한 과태료의 재판을 한다. 〈개정 1997.12.13, 1999.2.8〉

⑤ 3항의 규정에 의한 기간내에 이의를 제기하지 아니하고 과태료를 납부하지 아니한 때에는 국세체납처분 또는 지방세체납처분의 예에 의하여 이를 징수한다.

제28조 (형법의 적용배제) 이 법의 규정에 의한 인공 임신중절수술을 받은 자와 수술을 행한 자는 형법 제269조제1항·제2항 및 동법 제270조제1항의 규정에 불구하고 처벌하지 아니한다.

제29조 (의료법의 적용배제) 이 법의 규정에 의한 모자보건요원중 간호사 및 간호조무사가 제11조의 규정에 의하여 행한 조산행위에 대하여는 의료법 제25조제1항의 무면허의료행위 등 금지 및 동법 제66조제3호의 벌칙의 규정을 적용하지 아니한다. 제13조의 규정에 의한 피임시술을 행하는 조산사 또는 간호사의 경우에도 또한 같다. 〈개정 1987.11.28〉

재생산권 관련 국제규범

1. 여성에 관한 모든 형태의 차별철폐에 관한 협약

(Convention on the Elimination of All Forms of Discrimination Against Women; CEDAW) 채택일 1979.12.18/ 발표일 1981.9.3/대한민국 적용일 1985.1.26

Article 11 1. States Parties shall take all appropriate measures to eliminate discrimination against women in the field of employment in order to ensure, on a basis of equality of men and women, the same rights, in particular:

(a) The right to work as an inalienable right of all human beings;

(b) The right to the same employment opportunities, including the application of the same criteria for selection in matters of employment;

(c) The right to free choice of profession and employment, the right to promotion, job security and all benefits and conditions of service and the right to receive vocational training and retraining, including apprenticeships, advanced vocational training and recurrent training;

(d) The right to equal remuneration, including benefits, and to equal treatment in respect of work of equal value, as well as equality of treatment in the evaluation of the quality of work;

(e) The right to social security, particularly in cases of retirement, unemployment, sickness, invalidity and old age and other incapacity to work, as well as the right to paid leave;

(f) The right to protection of health and to safety in working conditions, including the safeguarding of the function of reproduction.

2. In order to prevent discrimination against women on the grounds of marriage or maternity and to ensure their effective right to work, States Parties shall take appropriate measures:

(a) To prohibit, subject to the imposition of sanctions, dismissal on the grounds of pregnancy or of maternity leave and discrimination in dismissals on the basis of marital status;

(b) To introduce maternity leave with pay or with comparable social benefits without loss of former employment, seniority or social allowances;

(c) To encourage the provision of the necessary supporting social services to enable parents to combine family obligations with work responsibilities and participation in public life, in particular through promoting the establishment and development of a network of child-care facilities;

(d) To provide special protection to women during pregnancy in types of work proved to be harmful to them.

3. Protective legislation relating to matters covered in this article shall be reviewed periodically in the light of scientific and technological knowledge and shall be revised, repealed or extended as necessary.

제11조   1. 당사국은 고용분야에서 남녀평등의 기초 위에 동일한 권리 특히 다음의 권리를 확보할 목적으로 여성에 대한 차별을 철폐하기 위한 모든 적절한 조치를 취하여야 한다.

  (a) 모든 인간의 불가침의 권리로서의 근로의 권리
  (b) 동일한 채용기준의 적용을 포함한 동일한 고용기회를 보장받을 권리
  (c) 직업과 고용의 자유로운 선택권, 승진, 직장안정 및 역무에 관련된 모든 혜택과 조건을 누릴 권리, 그리고 견습, 고등직업훈련 및 반복 훈련을 포함한 직업훈련 및 재훈련을 받을 권리
  (d) 수당을 포함하여 동등한 보수를 받을 권리 및 노동의 질의 평가에 있어 동등한 처우와 동등한 가치의 노동에 대한 동등한 처우를 받을 권리
  (e) 유급휴가를 받을 권리 및 사회보장, 특히 퇴직, 실업, 질병, 병약, 노령 및 기타 노동 무능력의 경우에 사회보장에 대한 권리
  (f) 건강보호에 대한 권리 및 생식기능의 보호조치를 포함한 노동조건의 안전에 대한 권리

2. 당사국은 결혼 또는 모성을 이유로 한 여성에 대한 차별을 방지하며 여성의 근로에 대한 유효한 권리를 확보하기 위하여 다음을 위한 적절한 조치를 취하여야 한다.

  (a) 임신 또는 출산휴가를 이유로 한 해고 및 혼인여부를 근거로 한 해고에 있어서의 차별을 금지하고 위반시 제재를 가하도록 하는 것

(b) 종전의 직업, 선임순위 또는 사회보장 수당을 상실함이 없이 유급 또는 이에 상당하는 사회보장급부를 포함하는 출산휴가제를 도입하는 것

(c) 특히 아동보육 시설망의 확립과 발전의 촉진을 통하여 부모가 직장에서의 책임 및 사회생활에의 참여를 가사의 의무와 병행시키는데 도움이 될 필요한 사회보장 혜택의 제공을 장려하는 것

(d) 임신중의 여성에게 유해한 것이 증명된 유형의 작업에는 동 여성에 대한 특별한 보호를 제공하는 것

3. 본조에 취급된 문제와 관련한 보호적 입법은 과학적 및 기술적 지식에 비추어 정기적으로 검토되어야 하며, 필요하다면 개정, 폐기 또는 연장되어야 한다.

Article 12   1. States Parties shall take all appropriate measures to eliminate discrimination against women in the field of health care in order to ensure, on a basis of equality of men and women, access to health care services, including those related to family planning.

2. Notwithstanding the provisions of paragraph I of this article, States Parties shall ensure to women appropriate services in connection with pregnancy, confinement and the post-natal period, granting free services where necessary, as well as adequate nutrition during pregnancy and lactation.

제12조   1. 당사국은 남녀평등의 기초 위에 가족계획에 관련된 것을 포함한 보건 사업의 혜택을 확보하기 위하여 보건분야에서의 여성에 대한 차별을 철폐하기 위한 모든 적절한 조치를 취하여야 한다.

2. 본조 제1항의 규정에도 불구하고 당사국은 여성에 대해 임신 및 수유기 동안의 적절한 영양 섭취를 확보하고 임신, 해산 및 산후조리기간과 관련하여 적절한 역무제공을 확보하여야 하며, 필요한 경우에는 무상으로 이를 제공하여야 한다.

* 번역 출처: 외교통상부 http://www.mofat.go.kr

2. 유엔 인구 및 개발에 관한 국제회의 행동강령

[UN ICPD(International Conference on Population and Development) Program of Action]

CHAPTER II PRINCIPLES
제2장 원칙

Principle 1   All human beings are born free and equal in dignity and rights. Everyone is entitled to all the rights and freedoms set forth in the Universal Declaration of Human Rights, without distinction of any kind, such as race, colour, sex, language, religion, political or other opinion, national or social origin, property, birth or other status. Everyone has the right to life, liberty and security of person.

원칙 1   모든 인간은 태어날 때부터 자유롭고 존엄성과 권리에 있어 평등하다. 모든 사람은 인종, 피부색, 성별, 언어, 종교, 정치적 견해, 국적이나 사회적 소속, 재산, 출생이나 여타 지위에 따른 구별 없이 세계인권선언에 명시된 모든 권리와 자유를 가진다.

Principle 2   Human beings are at the centre of concerns for sustainable development. They are entitled to a healthy and productive life in harmony with nature. People are the most important and valuable resource of any nation. Countries should ensure that all individuals are given the opportunity to make the most of their potential. They have the right to an adequate standard of living for themselves and their families, including adequate food, clothing, housing, water and sanitation.

원칙 2   인간은 지속 가능한 발전을 관심에 있어 중심에 있다. 인간은 자연과의 조화 속에 건강하고 생산적인 삶을 누릴 권리가 있다. 인간은 국가의 가장 중요하고 가치 있는 자원이다. 국가는 모든 개인에게 자신의 잠재력을 최대한 발휘할 기회 제공을 보장할 책임이 있다. 인간은 적절한 음식과 의복과 주거, 물, 위생을 포함하여 자신과 가족의 적정한 삶의 수준을 유지할 권리가 있다.

Principle 3   The right to development is a universal and inalienable right and an integral part of fundamental human rights, and the human person is the central subject of development. While development facilitates the enjoyment of all human rights, the lack of development may not be invoked to justify the abridgement of internationally recognized human rights. The right to development must be fulfilled so as to equitably meet the population, development and environment needs of present and future generations.

원칙 3   개발에의 권리는 보편적이고 양도할 수 없는 권리이자 근본적인 인권에 통합된 부분이며, 인간은 개발의 중심 주제이다. 개발은 모든 인권의 향유를 촉진시키기는 하지만, 미개발이 국제적으로 인정된 인권을 위축시키는 것을 정당화할 수는 없다. 개발에의 권리는 현재와 미래 세대의 인구, 개발, 환경적 요구를 공평하게 만족시킬 수 있도록 실현되어야 한다.

Principle 4   Advancing gender equality and equity and the empowerment of women, and the elimination of all kinds of violence against women, and ensuring women's ability to control their own fertility, are cornerstones of population and development-related programmes. The human rights of women and the girl-child are an inalienable, integral and indivisible part of universal human rights. The full and equal participation of women in civil, cultural, economic, political, and social life, at the national, regional and international levels, and the eradication of all forms of discrimination on grounds of sex, are priority objectives of the international community.

원칙 4   성별 평등과 공평의 진전 및 여성의 역량강화, 여성에 대한 모든 형태의 폭력 철폐, 여성이 자신의 출산력을 통제할 수 있는 권리는 인구 및 개발과 관련된 프로그램의 초석이다. 여성과 소녀의 인권은 보편적 인권에 있어서 양도될 수 없고, 필수적이며, 분리할 수 없는 부분을 이룬다. 국가적, 지역적, 국제적 수준에서 여성이 시민적, 문화적, 경제적, 정치적, 사회적 삶에의 완전하고 동등한 참여와 성별에 근거한 모든 형태의 차별의 근절은 국제 공동체의 우선 과제이다.

Principle 5   Population-related goals and policies are integral parts of cultural, economic and social development, the principal aim of which is to improve the quality of life of all people.

원칙 5　인구와 관련된 목표와 정책은 문화적, 경제적, 사회적 발전과 통합되어 있는 부분이며 그것의 주된 목표는 모든 사람들의 삶의 질을 향상시키는 것이다.

Principle 6　Sustainable development as a means to ensure human well-being, equitably shared by all people today and in the future, requires that the interrelationships between population, resources, the environment and development should be fully recognized, properly managed and brought into a harmonious, dynamic balance. To achieve sustainable development and a higher quality of life for all people, States should reduce and eliminate unsustainable patterns of production and consumption and promote appropriate policies, including population-related policies, in order to meet the needs of current generations without compromising the ability of future generations to meet their own needs.

원칙 6　현재와 미래의 모든 사람이 동등하게 누릴 수 있는 인간 복지를 보장하기 위한 수단으로서의 지속 가능한 개발은 인구, 자원, 환경, 개발의 상호관계가 충분히 인식되고, 적절하게 관리되며, 조화롭고 역동적인 균형이 이루어지도록 해야 한다. 지속가능한 개발과 모든 사람들의 보다 높은 삶의 질을 달성하기 위하여 국가는 지속 불가능한 형태의 생산과 소비방식을 제거하고 인구관련 정책을 포함한 적절한 정책을 세워서 미래세대가 자신들의 요구를 충족하는 능력을 손상시키지 않으면서 세대의 요구를 충족시킬 수 있도록 해야 한다.

Principle 7　All States and all people shall cooperate in the essential task of eradicating poverty as an indispensable requirement for sustainable development, in order to decrease the disparities in standards of living and better meet the needs of the majority of the people of the world. The special situation and needs of developing countries, particularly the least developed, shall be given special priority. Countries with economies in transition, as well as all other countries, need to be fully integrated into the world economy.

원칙 7   모든 국가와 모든 국민은 지속 가능한 개발을 위하여 필수적인 요건인 빈곤의 해결이라는 핵심적인 과제를 수행하는 데 서로 협력하여, 삶의 수준에 있어 불균형을 줄이고 지구상 대다수의 사람들의 요구를 보다 잘 충족시키도록 해야 한다. 개발도상국 특히 저개발국가의 특수한 상황과 요구에는 특별한 우선순위가 주어진다. 경제적 변환기에 있는 국가들은 다른 모든 국가들과 마찬가지로, 세계경제에 충분히 통합될 필요가 있다.

Principle 8   Everyone has the right to the enjoyment of the highest attainable standard of physical and mental health. States should take all appropriate measures to ensure, on a basis of equality of men and women, universal access to health-care services, including those related to reproductive health care, which includes family planning and sexual health. Reproductive health-care programmes should provide the widest range of services without any form of coercion. All couples and individuals have the basic right to decide freely and responsibly the number and spacing of their children and to have the information, education and means to do so.

원칙 8   모든 사람은 획득 가능한 최고수준의 육체와 정신적 건강을 누릴 권리가 있다. 남녀평등의 기반 위에서, 가족계획과 성적인 건강을 포괄하는 재생산 건강관리가 포함된 건강관리 서비스에 대한 보편적인 접근을 보장하기 위하여, 국가는 모든 적절한 수단을 강구해야 한다. 재생산 건강관리 프로그램은 어떠한 형태의 강요도 없이 최대한의 서비스를 제공해야 한다. 모든 커플과 개인들은 자유롭고 책임 있게 그들의 자녀의 수와 터울을 결정할 권리를 가지며 이를 위한 정보, 교육, 수단을 획득할 권리를 가진다.

Principle 9 The family is the basic unit of society and as such should be strengthened. It is entitled to receive comprehensive protection and support. In different cultural, political and social systems, various forms of the family exist. Marriage must be entered into with the free consent of the intending spouses, and husband and wife should be equal partners.

원칙 9 가족은 사회의 기초적인 단위로서 강화되어야 한다. 가족은 포괄적인 보호와 지원을 받을 권리가 있다. 다양한 문화적, 정치적, 사회적 시스템 안에서 다양한 형태의 가족들이 존재한다. 결혼은 배우자 될 사람과의 자유로운 합의에 의하여 이루어져야 하며, 남편과 아내는 동등한 파트너가 되어야 한다.

Principle 10 Everyone has the right to education, which shall be directed to the full development of human resources, and human dignity and potential, with particular attention to women and the girl-child. Education should be designed to strengthen respect for human rights and fundamental freedoms, including those relating to population and development. The best interests of the child shall be the guiding principle of those responsible for his or her education and guidance; that responsibility lies in the first place with the parents.

원칙 10   모든 사람은 인적 자원과 인간존엄 및 잠재성의 충분한 개발과 직결되는 교육에 대한 권리를 가지며, 특히 여성과 여자어린이에게는 특별한 관심이 주어져야 한다. 교육은 인구 및 개발과 관련된 교육을 포함하여 인권과 근본적인 자유에 대한 존중을 강화하도록 고안되어야 한다. 어린이들의 최상의 이익이 그들의 교육과 지도의 책임지는 이들의 지도적 원칙이 되어야 한다. 그 책임의 일차적 주체는 부모이다.

Principle 11   All States and families should give highest possible priority to children. The child has the right to standards of living adequate for its well-being and the right to the highest attainable standards of health, and the right to education. The child has the right to be cared for, guided and supported by parents, families and society and to be protected by appropriate legislative, administrative, social and educational measures, from all forms of physical or mental violence, injury or abuse, neglect or negligent treatment, maltreatment or exploitation, including sale, trafficking, sexual abuse, and trafficking in its organs.

원칙 11   모든 국가와 가족은 어린이에게 최상의 우위를 두어야 한다. 어린이는 행복을 위해 적정한 삶의 수준을 가질 권리와 가능한 최고수준의 건강 및 교육에 대한 권리를 가진다. 어린이는 부모, 가족, 사회에 의해 보살핌을 받고 지도와 지원을 받을 권리가 있으며 적절한 입법적, 행정적, 사회적, 교육적 수단을 통하여 매매, 불법 거래, 성적 학대, 불법 장기매매를 포함한 모든 형태의 육체적·정신적 폭력, 상해나 학대, 무시나 태만한 처우, 혹사나 착취로부터 보호받을 권리를 가진다.

Principle 12   Countries receiving documented migrants should provide proper treatment and adequate social welfare services for them and their families, and should ensure their physical safety and security, bearing in mind the special circumstances and needs of countries, in particular developing countries, attempting to meet these objectives or requirements with regard to undocumented migrants, in conformity with the provisions of relevant conventions and international instruments and documents. Countries should guarantee to all migrants all basic human rights as included in the Universal Declaration of Human Rights.

원칙 12   합법 이주자들을 받는 국가는 그와 그의 가족에 대하여 정당한 대우와 적절한 사회복지 서비스를 제공하고 신체적 안전을 보안을 보장하여야 한다. 여러 나라, 특히 개발도상국의 특수한 상황과 요구들을 고려하고, 비합법 이주자라도 할지라도 관련협약 및 국제적인 문서들의 규정에 부합하도록 이러한 목표와 요구사항들을 충족하도록 노력하여야 한다. 국가는 모든 이민자들에게 세계인권선언에 포함된 인권을 보장하여야 한다.

Principle 13   Everyone has the right to seek and to enjoy in other countries asylum from persecution. States have responsibilities with respect to refugees as set forth in the Geneva Convention on the Status of Refugees and its 1967 Protocol.

원칙 13   모든 사람은 기소로부터의 피난처를 다른 나라에서 찾고 향유할 권리가 있다. 국가는 난민의 지위에 관한 제네바협약과 그것의 1967년 의정서에 제시된 바대로 난민에 관한 책임을 진다.

Principle 14   In considering the population and development needs of indigenous people, States should recognize and support their identity, culture and interests, and enable them to participate fully in the economic, political and social life of the country, particularly where their health, education and well-being are affected.

원칙 14   토착주민의 인구와 개발에의 요구를 고려함에 있어서 국가는 그들의 정체성과 문화와 이해관계를 인식하고 지원해야 하며 특히 그들의 건강, 교육, 복지가 영향을 주는 국가의 경제적, 정치적, 사회적 활동에 충실히 참여할 수 있도록 보장하여야 한다.

Principle 15   Sustained economic growth, in the context of sustainable development, and social progress require that growth be broadly based, offering equal opportunities to all people. All countries should recognize their common but differentiated responsibilities. The developed countries acknowledge the responsibility that they bear in the international pursuit of sustainable development, and should continue to improve their efforts to promote sustained growth and to narrow imbalances in a manner that can benefit all countries, particularly the developing countries.

원칙 15   지속 가능한 개발의 맥락에서의 지속적인 경제성장과 사회적 진보는 모든 사람들에게 동등한 기회를 제공하는 성장에 기초할 것을 요구받는다. 모든 국가는 그들의 공통적이면서도 차별화된 책임을 인식하

3부 낙태 관련 주요 법령 및 판례

여야 한다. 선진국은 지속 가능한 개발에 국제적인 추구에 있어서 지는 책임을 인식하고, 모든 국가, 특히 개발도상국에게 이로운 방향으로 안정적 경제성장을 촉진하고 불균형을 줄이기 위한 노력을 진전해 나가야 한다.

* 출처 인터넷 사이트: http://www.unfpa.org/icpd 또는 http://www.countdown2015.org

* 번역: 서울대 BK21 법학연구단 공익인권센터

제3장

낙태 관련 주요 판례

1. 대한민국 대법원 판례

A. 의사가 부녀의 촉탁 또는 승낙을 받아 행한 낙태행위의 사회상규 위배여부

대법원 1985.6.11. 선고 84도1958 판결 【살인미수,업무상 촉탁낙태】

[집33(2)형497,공1985.8.1.(757)1025]

【판시사항】

가. 형법 제20조 소정의 사회상규에 위배되지 아니하는 행위의 의미

나. 의사가 부녀의 촉탁 또는 승낙을 받아 낙태행위를 한 것이 사회상규에 위배되지 않는 것인지 여부

다. 모자보건법 제8조 제1항 제5호 소정의 "임신의 지속이 보건의학적 이유로 모체의 건강을 심히 해하고 있거나 해할 우려가 있는 경우"의 의미

라. 피고인만이 항소한 항소심에서 징역형은 감경되었으나 자격정지형이 추가된 경우 불이익 변경에 해당 여부

【판결요지】

가. 형법상 처벌하지 아니하는 소위 사회상규에 반하지 아니하는 행위라 함은 행위가 법규정의 문언상 일응 범죄구성 요건에 해당된다고 보이는 경우에도 그것이 극히 정상적인 생활형태의 하나로서 역사적으로 생성된 사회생활질서의 범위 안에 있는 것이라고 생각되는 경우에 한하여 그 위법성이 조각되어 처벌할 수 없게 되는 것으로서, 어떤 법규정이 처벌대상으로 하는 행위가 사회발전에 따라 전혀 위법하지 않다고 인식되고 그 처벌이 무가치할 뿐 아니라 사회정의에 위반된다고 생각될 정도에 이를 경우나, 국가 법질서가 추구하는 사회의 목적 가치에 비추어 이를 실현하기 위하여서 사회적 상당성이 있는 수단으로 행하여 졌다는 평가가 가능한 경우에 한하여 이를 사회상규에 위배되지 아니한다고 할 것이다.

나. 인간의 생명은 잉태된 때부터 시작되는 것이고 회임된 태아는 새로운 존재와 인격의 근원으로서 존엄과 가치를 지니므로 그 자신이 이를 인식하고 있든지 또 스스로를 방어할 수 있는지에 관계없이 침해되지 않도록 보호되어야 한다 함이 헌법 아래에서 국민 일반이 지니는 건전한 도의적 감정과 합치되는 바이므로 비록 모자보건법이 특별한 의학적, 우생학적 또는 윤리적 적응이 인정되는 경우에 임산부와 배우자의 동의 아래 인공 임신중절수술을 허용하고 있다 하더라도 이로써 의사가 부녀의 촉탁 또는 승낙을 받으면 일체의 낙태행위가 정상적인 행위이고 형법 제270조 제1항 소정의 업무상 촉탁낙태죄에 의한 처벌을 무가치하게 되었다고 할 수는 없으며 임산부의 촉탁이 있으면 의사로서 낙태를 거절하는 것이 보통의 경우 도저히 기대할 수 없게 되었다고 할 수도 없다.

다. 모자보건법 제8조 제1항 제5호 소정의 인공 임신중절수술 허용한계인 임신의 지속이 보건의학적 이유로 모체의 건강을 심히 해하고 있거나 해할 우려가 있는 경우라 함은 임신의 지속이 모체의 생명과 건강에 심각한 위험을 초래하게 되어 모체의 생명과 건강만이라도 구하기 위하여는 인공 임신중절수술이 부득이하다고 인정되는 경우를 말하며 이러한 판단은 치료행위에 임하는 의사의 건전하고도 신중한 판단에 위임되어 있다.

라. 피고인만이 항소한 항소심에서 예비적으로 추가된 범죄사실이 유죄로 인정되어 징역형 외에 자격정지형이 필요적으로 병과되어야 하는 경우라도 항소심에서 선고되는 형이 징역형은 제1심보다 감경되었으나 이에 자격정지형이 추가로 병과 되었다면 제1심보다 중한 형이 선고되는 불이익 변경이 있다할 것이다.

【참조조문】

가. 형법 제20조/ 나. 제270조 제1항/ 다. 모자보건법 제8조 제1항 제5호/ 라. 형사소송법 제368조

【참조판례】

대법원 1983.2.8 선고 82도357 판결,1966.9.6 선고 66도1005 판결,1980.3.25 선고 79도2105 판결

【재판전문】

1985.6.11. 84도1958 살인미수(예비적으로 업무상 촉탁낙태)

【피고인】

위○○ 외 1인

【상고인】

피고인들

【변호인】

변호사 현규병, 정광진

【원심판결】

서울고등법원 1984.7.20 선고 81노2196 판결

【주　문】

원심판결중 피고인 위○○에 대한 부분을 파기하고, 그 부분 사건을 서울고등법원에 환송한다.

피고인 한○○의 상고는 기각한다.

【이　유】

1. 피고인들의 국선변호인의 상고이유를 판단한다.

형법상 처벌하지 아니하는 소위 사회상규에 반하지 아니하는 행위라함은 행위가 법규정의 문언상 일응 범죄구성요건에 해당된다고 보이는경우에도 그것이 극히 정상적인 생활형태의 하나로서 역사적으로 생성된 사회생활질서의 범위안에 있는 것이라고 생각되는 경우에 한하여 그위법성이 조각되어 처벌할 수 없게 되는 것으로서, 어떤 법규정이 처벌대상으로 하는 행위가 사회발전에 따라 전혀 위법하지 않다고 인식되고 그처벌이 무가치할 뿐 아니라 사회정의에 위반된다고 생각될 정도에 이를경우나, 국가법질서가 추구하는 사회의 목적가치에 비추어 이를 실현하기 위하여서 사회적 상당성이 있는 수단으로 행하여졌다는 평가가 가능한 경우에 한하여 이를 사회상규에 위배되지 아니한다고 할 것인바(당원 1983.2.8 선고 82도357 판결 참조) 인간의 생명은 잉태된 때부터 시작되는 것이고 회임 된 태아는 새로운 존재와 인격의 근원으로서 존엄과 가치를 지니므로 그 자신이 이를 인식하고 있든지 또 스스로를 방어할 수 있는지

에 관계없이 침해되지 않도록 보호되어야 한다 함이 헌법 아래에서 국민 일반이 지니는 건전한 도의적 감정과 합치되는 바이고 비록 모자보건법이 모성의 생명과 건강을 보호하고 건전한 자녀의 출산과 양육을 도모함으로써 국민의 보건 향상에 기여하기 위하여 같은 법 제8조 소정의 특별한 의학적, 우생학적 또는 윤리적 적응이 인정되는 경우에 한하여 임산부와 배우자의 동의 아래 인공 임신중절수술을 허용하였다 하더라도 이로써 의사가 부녀의 촉탁 또는 승낙을 받으면 일체의 낙태행위가 정상적인 행위이고 형법 제270조 제1항 소정의 업무상 촉탁낙태죄에 의한 처벌을 무가치하게 되었다고 할 수는 없으며 임산부의 촉탁이 있으면 의사로서 낙태를 거절하는 것이 보통의 경우 도저히 기대할 수 없게 되었다고 할 수도 없다.

그러므로 이건 낙태행위가 사회상규에 반하지 아니하여 위법성이 조각된다는 상고논지는 독자적 견해로서 받아드릴 수 없다.

2. 피고인 위○○의 사선변호인의 상고이유를 판단한다.

가. 모자보건법 제8조 제1항 제5호 소정의 인공 임신중절수술 허용 한계인 임신의 지속이 보건의학적 이유로 모체의 건강을 심히 해하고 있거나 해할 우려가 있는 경우라 함은 임신의 지속이 모체의 생명과 건강에 심각한 위험을 초래하게 되어 모체의 생명과 건강만이라도 구하기 위하여는 인공 임신중절수술이 부득이 하다고 인정되는 경우로서 이러한 판단은 치료행위에 임하는 의사의 건전하고도 신중한 판단에 일응 위임되어 있다 하겠으나 기록에 의하면(특히 수사기록 207면) 피고인 위○○은 1980.6.15.14:00경 성남시 소재 성모병원에서 임산부 이○○가 배가 아프고 출혈이 있다고 호소하자 소량의 질 출혈이 있음을 확인한 후(위 피고인은 산모의 밑으로 피가 조금 비쳤다고 한다)태반 조기 박리현상이 있는 것으로 진단하고 위 산모는 그 밖에 달리 건강에 아무런 이상이 없었고 위 상태로는 산모의 생명에 직접적인 위험이 없음을 알면서도 산모로부터 경제적 사정

이 있어서 낙태하여야 한다는 촉탁이 있자 즉시 낙태에 착수하여 일차 시술을 한 후 다음날 16:00경 질확장기계 및 약물을 사용하여 낙태시술을 마치고 체중 2,200그램, 신장 43센티미터의 태아를 모체밖으로 배출시킨 사실이 인정되니 위와 같이 임산부에게 태반 조기박리증상이 있다고 진단하는 경우라 하더라도 당시 임산부의 생명에 직접적인 위험이 없었다면 일응 임산부의 건강상태를 상당기간 세심히 관찰하면서 임산부와 태아의 건강에 지장이 없이 자연분만이 가능하도록 치료에 임하는 것이 원칙이고 그 치료에도 불구하고 임산부의 건강이 갑자기 악화되는 등 임신의 지속이 모체의 건강을 심히 해할 우려가 있다고 판단되는 부득이한 경우에 이르렀을 때에 인공 임신중절의 시술이 허용된다 할 것인바, 앞서 원심이 인정한 바와 같은 임산부의 건강상태에서 바로 낙태를 시술한 피고인의 소위를 같은 법 소정의 허용사유에 해당하여 위법성이 조각되는 경우라 할수 없고 기록을 살펴보아도 그와 같은 허용사유가 존재하였거나 피고인이 그러한 사유가 존재하는 경우로 인식하였다고 보여지지도 않으므로 피고인을 낙태죄로 의율한 원심판결에는 논지와 같은 모자보건법의 법리오해나 사실오인 또는 심리미진의 위법이 있다 할 수 없다. 논지는 이유없다.

  나. 검사가 예비적 공소사실을 추가하여 공소장 변경이 허가된 경우에 법원은 피고인의 불이익을 증가할 염려가 있다고 인정한 때에는 피고인이나 변호인의 신청이 없더라도 피고인으로 하여금 방어의 준비를 하게 하기 위하여 필요한 기간 공판절차를 정지할 것을 직권으로 결정할 수 있음은 논지와 같으나 기록에 의하여 인정되는 바와 같이 이 사건의 주된 공소사실도 위 이○○의 촉탁에 의한 낙태수술로 모체에서 배출된 태아를 사망케 하였다는 것이고, 따라서 낙태사실에 대하여 심리가 진행되었을 뿐만 아니라 피고인 위○○과 그 변호인은 1984.7.4 검사의 공소장 변경신청서 부본을 송달받은 후 같은 해 7.6 제16차 공판기일에서 공소장 변경절차에 대하여 아무런 이의나 공판절차의 정지를 신청한 바도 없이

더 이상 신청할 증거도 없다고 하여 변론이 종결된 이상 피고인에게 불이익을 증가할 염려가 있었다고는 할 수 없으므로 피고인에게 방어의 기회를 보장하지 아니한 위법이 있다는 논지는 이유없다.

다. 피고인만이 항소한 항소심에서 예비적 공소사실을 추가하는 공소장 변경이 있어서 예비적으로 추가된 범죄사실만이 유죄로 인정되고, 유죄로 인정되는 범죄에는 징역형 외에 자격정지형이 필요적으로 병과되어야 하는 경우라도 항소심에서 선고되는 형이 징역형은 제1심보다 감경되었으나 이에 자격정지형이 추가로 병과되었다면 제1심보다 중한형이 선고되는 불이익변경이 있다 할 것인바(당원 1966.9.6 선고 66도1005 판결, 1980.3.25 선고 79도2105 판결 참조) 제1심에서 살인미수죄로 징역 3년에 5년간 집행유예가 선고된 위 피고인에 대하여 추가적으로 변경된 예비적 공소사실인 업무상 촉탁낙태죄만을 유죄로 인정하고 징역8월에 1년간 집행유예를 선고한 외에 자격정지 1년을 병과하였음은 불이익한 변경으로서 위 피고인만이 항소한 이 사건에 있어서 판결의 결과에 영향을 미친 위법이 있다 할 것이므로 논지는 이유있다.

3. 피고인 한○○의 상고이유를 판단한다.

원심 거시의 증거들을 기록에 대조하여 자세히 검토하면 피고 한○○도 이건 업무상 촉탁낙태죄에 가담한 사실을 넉넉히 인정할 수 있고 거기에 논지와 같은 채증법칙을 위배한 위법이 없다. 논지는 이유없다.

4. 그렇다면 원심판결 중 피고인 위○○에 대한 부분을 파기하여 그 부분사건을 원심법원에 환송하기로 하고 피고인 한○○의 상고는 이를 기각하기로 하여 관여법관의 일치된 의견으로 주문과 같이 판결한다.

대법관 정태균(재판장) 이정우 신정철 김형기

【판시사항】

가. 호주상속의 선순위 또는 재산상속의 선순위나 동순위에 있는 태아
를 낙태한 것이 구 민법(1990. 1. 13. 법률 제4199호로 개정되기 전의 것) 제992
조 제1호 및 제1004조 제1호 소정의 상속결격사유에 해당하는지 여부
(적극)

나. 위 "가"항의 규정들 소정의 상속결격사유로서 '살해의 고의' 이외
에 '상속에 유리하다는 인식'을 필요로 하는지 여부(소극)

【판결요지】

가. 태아가 호주상속의 선순위 또는 재산상속의 선순위나 동순위에 있
는 경우에 그를 낙태하면 구 민법(1990. 1. 13. 법률 제4199호로 개정되기 전의
것) 제992조 제1호 및 제1004조 제1호 소정의 상속결격사유에 해당한다.

나. 위 "가"항의 규정들 소정의 상속결격사유로서 '살해의 고의' 이외
에 '상속에 유리하다는 인식'을 필요로 하는지 여부에 관하여는, (1) 우선
같은 법 제992조 제1호 및 제1004조 제1호는 그 규정에 정한 자를 고의로
살해하면 상속결격자에 해당한다고만 규정하고 있을 뿐, 더 나아가 '상
속에 유리하다는 인식'이 있어야 한다고까지는 규정하고 있지 아니하고,
(2) 위 법은 "피상속인 또는 호주상속의 선순위자"(제992조 제1호)와 "피상
속인 또는 재산상속의 선순위나 동순위에 있는 자"(제1004조 제1호) 이외에
"직계존속"도 피해자에 포함하고 있고, 위 "직계존속"은 가해자보다도 상
속순위가 후순위일 경우가 있는바, 같은 법이 굳이 동인을 살해한 경우에

도 그 가해자를 상속결격자에 해당한다고 규정한 이유는, 상속결격요건으로서 "살해의 고의" 이외에 '상속에 유리하다는 인식'을 요구하지 아니한다는 데에 있다고 해석할 수밖에 없으며, (3) 같은 법 제992조 제2호 및 이를 준용하는 제1004조 제2호는 "고의로 직계존속, 피상속인과 그 배우자에게 상해를 가하여 사망에 이르게 한 자"도 상속결격자로 규정하고 있는데, 이 경우에는 '상해의 고의'만 있으면 되고, 이 '고의'에 '상속에 유리하다는 인식'이 필요 없음은 당연하므로, 이 규정들의 취지에 비추어 보아도 그 각 제1호의 요건으로서 '살해의 고의' 이외에 '상속에 유리하다는 인식'은 필요로 하지 아니한다고 할 것이다.

【참조조문】

구 민법(1990.1.13. 법률 제4199호로 개정되기 전의 것) 제992조 제1호, 제1004조 제1호

【재판전문】

1992.5.22. 92다2127 손해배상(자)

【원고, 상고인】

조○○ 외 1인 원고들 소송대리인 변호사 조○○

【피고, 피상고인】

○○통운주식회사

【원심판결】

광주고등법원 1991.11.29. 선고 90나6889,6896 판결

【주 문】

원심판결의 원고들 패소 부분 중 소극적 손해 각 금 5,397,181원 부분을 파기하고 이부분 사건을 광주고등법원에 환송한다. 원고들의 나머지 상고를 모두 기각한다.

상고 기각된 부분의 상고비용은 원고들의 부담으로 한다.

【이 유】

1. 상고이유 제 1, 4점에 대하여

원심이 산정한 과실상계비율과 위자료는 적정하다고 인정되므로 논지는 모두 이유없다.

2. 상고이유 제 2점에 대하여

가. 원심판결 이유에 의하면, 원심은, 소외 망 조○○이 1989. 8.16. 피고의 불법행위로 사망한 사실을 인정하고, 제1심 공동원고 김○○는 소외 망 조○○의 처로서 그 호주상속인이고 원고들은 그의 부모이므로, 소외 망인의 피고에 대한 손해배상채권은 그 법정상속분에 따라 상속됨으로써 위 김○○가 그 중 2/4를, 원고들이 그중 1/4씩을 승계 취득하였다고 설시한 후, "위 김○○는 소외 망인의 자식인 태아를 낙태하였으니, 상속결격자에 해당한다."는 원고들의 주장에 대하여, "낙태를 하면 민법 제1004조 제1호에 해당하는 경우가 있을 수 있지만, 상속결격제도의 중심적 의의는 개인법적 재산취득질서의 파괴 또는 이를 위태롭게 하는 데에 대한 민사적 제재라고 보아야 할 것이고, 그러한 이상 상속결격자라고 하기 위하여는 민법 제1004조 소정의 범죄를 범한 자의 고의 안에는 적어도 그 범행으로 말미암아 상속에 유리하게 된다는 인식도 함께 있을 것을 필요로 할 것인바, (1) 위 김○○가 1989. 9. 18. 소외 망인과의 사이에서 잉태한 태아를 낙태하기는 하였지만, 이 범행은 위 태아를 출산할 경우 결손가정

에서 키우기 어려 우리라는 우려와 남편의 사망으로 인한 정신적 충격 및 신체적 쇠약으로 고민 끝에 이루어진 사실이 인정되고, (2) 또한 위 김○○가 낙태를 하지 아니하였다 하더라도 동인은 호주상속을 할 태아와 공동상속인이 되어 그 상속분은 1/2이 되고, 낙태한 경우에도 망인의 부모인 원고들과 공동상속인이 되어 그 상속분은 역시 1/2이 되므로, 그가 낙태죄를 범한 이유는, 그 범행으로 말미암아 자신이 재산상속에 유리하게 된다는 인식 없이, 오로지 장차 태어날 아기의 장래에 대한 우려 등에 기인하였으므로, 동인은 상속결격자에 해당한다고 할 수 없다.”는 이유로, 이를 배척하였다.

나. 먼저 원심의 판시 중 태아가 호주상속의 선순위 또는 재산상속의 선순위나 동 순위에 있는 경우에 그를 낙태하면 이 사건 당시 시행되던 민법 (1990. 1. 13. 법률 제4199호로 개정되기 전의 것. 이하 같다) 제992조 제1호 및 제1004조 제1호 소정의 상속결격사유에 해당한다는 부분은 옳다고 하겠다.

그러나 과연 위 민법 규정들 소정의 상속결격사유로서 “살해의 고의” 이외에 원심이 판시한 바와 같이 “상속에 유리하다는 인식”을 필요로 하는지 여부에 관하여 살피건대, (1)우선 민법 제992조 제1호 및 제1004조 제1호는 그 규정에 정한 자를 고의로 살해하면 상속결격자에 해당한다고만 규정하고 있을 뿐, 더 나아가 “상속에 유리하다는 인식”이 있어야 한다고까지는 규정하고 있지 아니하고 있으므로, 원심의 판시는 위 규정들의 명문에 반하고, (2) 또한 민법은 “피상속인 또는 호주상속의 선순위자”(제992조 제1호)와 “피상속인 또는 재산상속의 선순위나 동순위에 있는 자”(제1004조 제1호) 이외에 “직계존속”도 피해자에 포함하고 있고, 위 “직계존속”은 가해자보다도 상속순위가 후순위일 경우가 있는바, 민법이 굳이 동인을 살해한 경우에도 그 가해자를 상속결격자에 해당한다고 규정한 이유는, 상속결격요건으로서 “살해의 고의” 이외에 “상속에 유리하다는 인식”을 요구하지 아니한다는 데에 있다고 해석할 수밖에 없으며, (3) 그리고 민법 제992조 제2호 및 이를 준용하는 제1004조 제2호는 "고의로 직계존속, 피상속인과 그 배우자에게 상해를 가하여 사망에 이르게 한 자"도 상속결격자로 규정하고 있는데, 이 경우에는 "상해의 고의"만 있으면 되므로, 이 "고의"에 "상속에 유리하다는 인식"이 필요 없음은 당연하므로, 이 규정들의 취지에 비추어 보아도 그 각 제1호의 요건으로서 "살해의 고의" 이외에 "상속에 유리하다는 인식"은 필요로 하지 아니한다고 하지 않을 수 없다.

다. 그러므로 원심이 이와 반대의 견해에서 민법 제992조 제1호 및 제1004조 제1호 소정의 상속결격사유로서 "살해의 고의" 이외에 "상속에 유리하다는 인식"을 필요로 한다고 판단하여 위 김○○를 소외 망인의 호주상속인 및 재산상속인이라고 인정한 데에는, 위 규정들 소정의 상속결격사유에 관한 법리를 오해하여 판결에 영향을 미친 위법이 있고, 따라서 이점을 지적하는 논지는 이유있다.

라. 그런데 원심이 상속으로 인하여 위 김○○에게 귀속되었다고 인정한 손해배상채권액 금 39,262,292원 가운데 금 28,467,929원 부분은, 위 김○○에게 그 지급을 명한 제1심 판결이 이미 확정되었으므로, 원고들로서는 위 김○○를 상대로 그 반환을 구할 수 있을지언정, 더 이상 피고에게 이를 구할 수는 없게 되었다.

3. 이에 원심판결의 원고들 패소부분 중 소극적손해 각 금 5,397,181원{(39,262,292원-28,467,929원)/2} 부분을 파기하고 이 부분 사건을 다시심리 판단하게 하기 위하여 원심법원에 환송하되, 나머지 상고를 기각하고 이 부분 상고비용은 패소자인 원고들의 부담으로 하기로 관여법관의 의견이 일치되어 주문과 같이 판결한다.

대법관   김상원(재판장) 박우동 윤영철 박만호

C. 다운증후군에 걸린 아이를 출산한 것이 부모의 낙태결정권을 침해한 것인지 여부

대법원 1999. 6. 11. 선고 98다22857 판결【손해배상(의)】

[공1999.7.15.(86),1361]

【판시사항】

[1] 다운증후군이 모자보건법상의 인공 임신중절사유에 해당하는지 여부(소극) 및 의사가 기형아 판별확률이 높은 검사 방법에 관하여 설명하지 아니하여 다운증후군에 걸린 아이를 출산한 것이 부모의 낙태결정권을 침해한 것이라고 할 수 있는지 여부(소극)

[2] 장애를 갖고 출생한 것 자체를 법률적인 손해로 볼 수 있는지 여부(소극) 및 장애를 갖고 출생함으로 인하여 치료비 등 비용이 정상인에 비하여 더 소요되더라도 그 장애 자체가 의사를 포함한 어느 누구의 과실에 기인한 것이 아닐 경우, 추가 소요되는 비용을 장애아 자신이 청구할 수 있는 손해로 볼 수 있는지 여부(소극)

【판결요지】

[1] 의사가 기형아 판별확률이 높은 검사 방법에 관하여 설명하지 아니하여 임산부가 태아의 기형 여부에 대한 판별확률이 높은 검사를 받지 못한 채 다운증후군에 걸린 아이를 출산한 경우, 모자보건법 제14조 제1항 제1호는 인공 임신중절수술을 할 수 있는 경우로 임산부 본인 또는 배우자가 대통령령이 정하는 우생학적 또는 유전학적 정신장애나 신체질환이 있는 경우를 규정하고 있고, 모자보건법시행령 제15조 제2항은 같은 법 제14조 제1항 제1호의 규정에 의하여 인공 임신중절수술을 할 수 있는

우생학적 또는 유전학적 정신장애나 신체질환으로 혈우병과 각종 유전성 질환을 규정하고 있을 뿐이므로, 다운증후군은 위 조항 소정의 인공 임신 중절사유에 해당하지 않음이 명백하여 부모가 태아가 다운증후군에 걸려 있음을 알았다고 하더라도 태아를 적법하게 낙태할 결정권을 가지고 있었다고 보기 어렵다고 할 것이어서 부모의 적법한 낙태결정권이 침해되었다고 할 수 없다.

[2] 인간 생명의 존엄성과 그 가치의 무한함에 비추어 볼 때, 어떠한 인간 또는 인간이 되려고 하는 존재가 타인에 대하여 자신의 출생을 막아 줄 것을 요구할 권리를 가진다고 보기 어렵고, 장애를 갖고 출생한 것 자체를 인공 임신중절로 출생하지 않은 것과 비교해서 법률적으로 손해라고 단정할 수도 없으며, 그로 인하여 치료비 등 여러 가지 비용이 정상인에 비하여 더 소요된다고 하더라도 그 장애 자체가 의사나 다른 누구의 과실로 말미암은 것이 아닌 이상 이를 선천적으로 장애를 지닌 채 태어난 아이 자신이 청구할 수 있는 손해라고 할 수는 없다.

【참조조문】
[1] 민법 제750조, 모자보건법 제14조 제1항 제1호, 모자보건법시행령 제15조 제2항
[2] 민법 제750조, 헌법 제10조

【재판전문】
1999. 6. 11. 98다22857 손해배상(의)

【원고,상고인】
원고(소송대리인 변호사 최○○)

【피고,피상고인】

김○○ 외 1인 (피고들 소송대리인 변호사 유○○)

【원심판결】

서울고법 1998. 4. 14. 선고 97나40188 판결

【주 문】

상고를 기각한다. 상고비용은 원고의 부담으로 한다.

【이 유】

상고이유를 판단한다.

1. 원심판결 이유에 의하면, 원심이 인정한 사실관계는 다음과 같다.

소외 소외인은 33세에 둘째 딸인 원고를 임신하여 11주쯤 된 때부터 출산일까지 피고 지방공사 강원도 ○○의료원에서 그 소속 산부인과 의사인 피고 김○○로부터 정기적으로 진찰을 받았다.

소외인은 전에 첫딸을 낳았을 때 피고 병원으로부터 첫딸이 선천성 뇌수종이라는 진단을 받고 놀랐으나 그 후 다른 병원에서 선천성 뇌수종이 아닌 것으로 판명되었고 정상아로 잘 자랐으며, 원고의 사촌언니는 수막 척수류로 수술을 받았고, 원고의 고종사촌오빠는 생후 3개월 때 담도폐쇄증으로 수술을 받았으나 사망한 터였다.

소외인은 위와 같은 사정으로 인하여 자신이 임신한 원고가 정상아인지에 대하여 특별한 관심을 가지게 되어 1994. 5. 31. 정기진찰을 받으면서 피고 김○○에게 위와 같은 사정을 말하면서 기형아 검사를 해줄 것을 부탁하였다. 피고 김○○는 초음파검사에 의하여 태아가 정상이라고 판단하였고 서울에 있는 기형아 전문검사기관인 ○○임상검사센터에 기형아검사를 의뢰하여 소외인은 1994. 6. 1. 그 곳에서 에이.에프.피(AFP)검사

(모체혈청 단백질 검사)를 받은 결과 정상수치 범위 내인 23.43ng/ml로 나왔다. 소외인은 위 검사 후에도 계속 태아의 크기가 작다느니, 태동이 없다느니 하면서 피고 김○○에게 정기적으로 진찰을 받았는데, 그 때마다 피고 김○○는 소외인에게 태아가 정상이라고 진단하였고, 출생예정일보다 14일 전인 1994. 10. 28. 원고는 다운증후군의 기형아로 태어났다.

다운증후군은 21번 염색체에 이상이 있는 것으로서 낮은 코, 손·발가락의 이상, 선천성 심장판막증, 지능장애, 발육장애 등의 특이한 용모와 증세를 나타내는데 그런 환자는 체내 저항력이 떨어져 폐감염과 백혈병 이환율이 높으며 나이 많은 임산부에게서 태어나는 경우가 많다.

태아기형의 산전진단 방법에는 방사선이나 초음파 또는 태아경으로 관찰하는 방법 이외에, 모체의 혈액을 검사하여 태아기형을 예측하는 간접적 방법과 양수천자 또는 융모세포검사와 같은 직접적 방법이 있고, 모체의 혈액을 검사하는 방법에는 에이.에프.피검사, 에이취.씨.지(hCG)검사, 유.이.3(uE3)검사 등이 있는데 에이.에프.피검사시 다운증후군의 검출률은 약 20% 정도로 낮으며 위 세 가지 검사를 동시에 하는 경우(트리플 마커 검사)에서는 다운증후군의 검출률을 60% 이상으로 높일 수 있지만, ○○ 임상검사센타에서는 위소외인이 검사를 받을 당시 위 에이취.씨.지검사, 유.이.3검사는 시행하지 않고 있었고, 양수천자와 융모세포검사는 태아손상, 유산, 모체감염 등의 위험이 있기는 하지만 간접적 검사 방법보다 훨씬 확실한 진단결과를 얻을 수 있다.

2. 원고는 위와 같은 사실관계를 바탕으로 하여 그의 다운증후군이 모자보건법 제14조 제1항 제1호에 의하여 인공 임신중절이 허용되는 질환에 해당하므로, 피고 김○○가 위 소외인에게 기형아 판별확률이 비교적 높은 검사법에 대하여 아무런 설명을 하지 아니하여, 소외인으로 하여금 확실한 검사 방법을 택하여 태아가 기형아인지의 여부를 확인하고 만일

그 태아가 기형아라면 낙태할 수 있는 기회를 상실하게 함으로써, 기형아(다운증후군)인 원고 자신을 태어나게 하였다고 주장하면서, 원고 자신의 향후 치료비 및 양육비 상당의 손해 중 일부를 청구하고 있다.

3. 그러나 모자보건법 제14조 제1항 제1호는 인공 임신중절수술을 할 수 있는 경우로 임산부 본인 또는 배우자가 대통령령이 정하는 우생학적 또는 유전학적 정신장애나 신체질환이 있는 경우를 규정하고 있고, 모자보건법시행령 제15조 제2항은 같은 법 제14조 제1항 제1호의 규정에 의하여 인공 임신중절수술을 할 수 있는 우생학적 또는 유전학적 정신장애나 신체질환으로 혈우병과 각종 유전성 질환을 규정하고 있을 뿐인데, 기록에 의하면 다운증후군은 유전성 질환이 아님이 명백하다. 따라서 다운증후군은 위 조항 소정의 인공 임신중절 사유에 해당하지 않음이 명백하여 원고의 부모가 원고가 다운증후군에 걸려 있음을 알았다고 하더라도 원고를 적법하게 낙태할 결정권을 가지고 있었다고 보기 어려우므로, 원고의 부모의 적법한 낙태결정권이 침해되었음을 전제로 하는 원고의 이 사건 청구는 이 점에 있어서 이미 받아들이기 어렵다고 할 것이다.

나아가서 원고는 자신이 출생하지 않았어야 함에도 장애를 가지고 출생한 것이 손해라는 점도 이 사건 청구원인 사실로 삼고 있으나, 인간 생명의 존엄성과 그 가치의 무한함(헌법 제10조)에 비추어 볼 때, 어떠한 인간 또는 인간이 되려고 하는 존재가 타인에 대하여 자신의 출생을 막아줄 것을 요구할 권리를 가진다고 보기 어렵고, 장애를 갖고 출생한 것 자체를 인공 임신중절로 출생하지 않은 것과 비교해서 법률적으로 손해라고 단정할 수도 없으며, 그로 인하여 치료비 등 여러 가지 비용이 정상인에 비하여 더 소요된다고 하더라도 그 장애 자체가 의사나 다른 누구의 과실로 말미암은 것이 아닌 이상 이를 선천적으로 장애를 지닌 채 태어난 아이 자신이 청구할 수 있는 손해라고 할 수는 없다.

원심판결은 그 이유는 약간 다르나 그 결론은 같으므로 결국 정당하고, 거기에 상고이유에서 지적하는 바와 같은 심리미진, 인과관계에 관한 법리오해 등의 위법이 있다고 할 수 없다. 그 밖에 단순한 사실오인의 점은 원심의 적법한 사실확정을 비난하는 것으로 적법한 상고이유가 될 수 없다. 상고이유 및 상고이유보충서 중 상고이유를 보충하는 부분은 모두 받아들일 수 없다.

4. 그러므로 상고를 기각하고, 상고비용은 상고인인 원고의 부담으로 하기로 관여 법관의 의견이 일치되어 주문과 같이 판결한다.

대법관　정귀호(재판장) 김형선 이용훈(주심) 조무제

D. 태아의 성별을 고지한 의사에 대한 의사면허자격정지처분

대법원 2002. 10. 25. 선고 2002두4822 판결【면허자격정지처분취소】
[공2002.12.15.(168),2888]

【판시사항】

초음파 검사를 통하여 알게 된 태아의 성별을 고지한 의사에 대한 의사면허자격정지처분이 재량권의 일탈 남용이 아니라고 한 사례

【판결요지】

초음파 검사를 통하여 알게 된 태아의 성별을 고지한 의사에 대한 의사면허자격정지처분이 재량권의 일탈 남용이 아니라고 한 사례

【참조조문】

구 의료법(2000. 1. 12. 법률 제6157호로 개정되기 전의 것) 제19조의2, 제52조 제1항 제5호, 구 의료관계행정처분규칙(1996. 10. 19. 보건복지부령 제35호로 개정되기 전의 것) 제4조 [별표] 2. (가)목, 행정소송법 제27조

【재판전문】

2002. 10. 25. 2002두4822 면허자격정지처분취소

【원고, 상고인】

박○○ (소송대리인 법무법인 ○○○ 외 1인)

【피고, 피상고인】

보건복지부장관

【원심판결】

서울고법 2002. 5. 23. 선고 2000누9900 판결

【주 문】

상고를 기각한다.

상고비용은 원고의 부담으로 한다.

【이 유】

원심은, 산부인과 의사인 원고가 1995. 9. 6. 및 1996. 2. 9.의 2회에 걸쳐 태아의 성감별 행위를 함으로써 구 의료법(2000. 1. 12. 법률 제6157호로 개정되기 전의 것, 이하 '법'이라 한다) 제19조의 2의 규정에 위반하였음을 이유로, 피고가 1999. 7. 26.법 제52조 제1항 제5호 및 구 의료관계행정처분규

칙(1996. 10. 19. 보건복지부령 제35호로 개정되기 전의 것, 이하 '이 사건 규칙'이라 한다) 제4조 [별표]의 2. 개별기준. (가)목 (7)을 적용하여 7월간 의사면허 자격을 정지시키는 이 사건 처분을 한 사실을 인정한 다음,법 제19조의2 제2항은 그 입법 취지가 남아선호사상에 경도되어 태아의 생명을 침해하는 낙태행위가 성행하는 현실을 형법 제270조 등에 의한 낙태행위의 처벌만으로 교정하는 것이 사실상 불가능함에 따라 낙태행위의 전제가 되는 태아의 성별 여부를 임부 또는 그 가족들이 알지 못하게 함으로써 궁극적으로 태아의 생명을 보호하고 적정한 남녀성비를 유도하는 데 있으므로, 태아의 성감별 사실의 고지행위 자체를 금지하는 것이므로, 원고가 초음파 검사 등을 통하여 태아의 성별을 자연스럽게 알게 되었고 태아의 성감별에 대하여 아무런 대가도 받지 않았으며, 위 임부들은 그 당시 임신 7개월 및 9개월로서 낙태 가능성이 거의 없었고 실제로 정상 분만하였으며, 원고가 낙태의 가능성을 염두에 두고 적극적으로 성감별을 하여 임부들에게 태아의 성별을 알려 준 것은 아니라 하더라도, 이러한 사정이 태아의 성별고지행위 자체의 위법성 및 사회적 위험성과 낙태로 이어질 생명경시사상을 예방하고자 하는 위 입법 취지에 입각한 공익성에 우선하는 비교가치를 가진다고 할 수 없을 뿐더러, 피고의 처분이 재량권 일탈이라고 할 경우 태아의 성감별 행위자에 대한 제재수단이 무력해지는 결과를 초래할 가능성이 있고, 또한 원고가 이 사건 태아 성감별행위로 처음 적발되었고, 그 적발 이후 상당 기간 동안 병원을 자진 폐업하며 근신의 시간을 보낸 점을 감안하더라도, 피고가 이 사건 규칙상 가장 가벼운 의사면허자격정지 7월의 처분을 한 것이 원고에게 지나치게 가혹하여 재량권의 범위를 벗어난 것으로 위법하다고 볼 수는 없으므로, 피고의 재량권 행사는 적정하다고 하여 이 사건 처분의 취소를 구하는 원고의 청구를 배척하였다.

원심이 들고 있는법 제19조의2 규정의 입법 취지에다가 법 제52조 제1

항에서 법 제19조의2 규정의 위반행위에 대하여는 의사면허를 취소까지 할 수 있도록 규정하고 있는 점을 종합하여 보면, 원심이 이 사건 처분에 재량권 일탈·남용의 위법이 없다고 본 조치는 정당하고(원고가 주장하는 바와 같이 법 제19조의2 규정의 위반행위에 대하여 이 사건 규칙상 의사면허자격정지 7 내지 12월의 기준에서 감경을 할 수 있다고 규정되어 있다고 하더라도, 그러한 감경을 하지 아니한 피고의 이 사건 처분에 어떠한 위법이 있는 것은 아니다), 거기에 상고이유에서 주장하는 바와 같은 심리미진이나 법리오해 등의 위법이 없다.

그러므로 상고를 기각하고, 상고비용은 패소자의 부담으로 하기로 하여 관여 법관의 일치된 의견으로 주문과 같이 판결한다.

대법관 송진훈(재판장) 변재승 윤재식(주심) 이규홍

2. 미연방 대법원 판례

A. Roe 대 Wade 판결

The Supreme Court of the United States, 1973.

〈사건개요〉

텍사스 주 낙태 관련 형법들에 대하여 위헌선언과 적용금지명령 injunctive relief를 구하는 소송이, 임신한 독신여성 Roe와 두 건의 낙태죄 기소를 받고 있는 외과의사 Hallford, 아직 자녀가 없고 임신 중이 아닌 Doe 부부에 의해서 제기되었다. 텍사스 주 연방하급심은 Doe 부부의 원고 적격을 인정하지 않았으며 본안에서 법률들이 위헌임을 선언하였으나 적용금지명령은 받아들이지 않아 상고가 제기되었다. 연방대법원에서는

Hallford와 Doe 부부의 원고 적격이 인정되지 않았다. 연방대법원은 산모의 생명을 구하기 위한 경우를 제외한 모든 임신단계에서의 낙태를 금지하는 택사스 주 낙태관련 형법들이 여성이 자신의 임신을 종결할 권리를 포함한 프라이버시권을 보호하고 있는 수정헌법 제14조에 위배되어 위헌이라고 판시하였다. 연방대법원은 임신의 첫 삼분기가 끝나기 전에는 낙태의 결정과 시술은 임신한 여성을 담당하는 의사의 의학적 판단에 맡겨져야 하고, 첫 삼분기 이후에는 주정부가 임신한 여성의 건강의 측면에서 이와 합리적으로 연관된 낙태 규제를 할 수 있으며, 태아의 자생 가능 시점 이후 단계에서는 생명이 될 잠재성에 대한 보호를 이유로, 임신한 여성의 생명이나 건강을 보전하기 위하여 필요하다고 의학적으로 판단되는 경우를 제외하고는, 주정부가 낙태를 규제하고 금지할 수도 있다고 판시하였다.

〈판시내용〉(발췌)
Blackmun 대법관이 법정의견을 작성하였다.(이하 본문 중 "…"는 생략을 나타냄)

텍사스의 달라스 카운티에 거주하는 독신여성인 Jane Roe(가명)는 1970년 3월 카운티의 지방검사에 대하여 연방 소송을 제기하였다. 그녀는 텍사스 낙태죄 규정이 문언 그대로 위헌이라는 확인판결과 피고가 이 규정을 강제하지 못하도록 하는 금지명령을 구하였다.
　Roe는 그녀가 독신이며 임신하였고, '유능하고 자격 있는 의사에 의해 안전하게, 병원에서 행해지는' 낙태에 의해 그녀의 임신상태를 종결시키기를 원하며, 그녀가 임신의 지속에 의해 생명이 위협받고 있는 것으로 보이지 않기 때문에 텍사스 내에서 합법적인 낙태를 받을 수 없고, 안전한 환경에서 합법적인 낙태를 받기 위해 다른 재판관할권 지역으로 여행할 만한 여유가 없음을 주장하였다.…

　오늘날 대부분의 주에서 시행되고 있는 형법상 낙태에 대한 규제적 규정들은 비교적 최근의 발명품이라는 것은 일반적으로 알려져 있지 않은 것 같다. 낙태나 그 시도를 원칙적으로 금지하고 다만 임부의 생명을 구하기 위한 경우만 예외로 두는 이러한 법들은 고대의 것이거나 보통법 시대에 기원을 두고 있는 것이 아니다. 그보다는 대부분 19세기 후반의 법적 변화에서 비롯된 것이다.…

　　***

　보통법. 보통법시대에는 '태동quickening' 이전에 행해진 낙태가 기소할 수 있는 행위가 아니었음은 의문의 여지가 없다. 태동이란 자궁 안에서 발생한 태아의 첫 번째 인지할 수 있는 움직임으로, 대개 임신 16주에서 18주 사이에 발생한다. 태동 이전의 낙태에 대한 보통법시대의 처벌 규정 부재는 생명의 시작 시기가 언제인가에 대한 이전의 철학적, 신학적 흐름과 시민법과 교회법상 인식의 합류에 의해 형성된 것으로 여겨진다. 이러한 기준들은 [생명의 시기에 대한] 질문에 배아 혹은 태아가 '형성되는 formed' 시점 혹은 사람의 형상을 하게 되는 시점이라는 관점에서 접근하거나, '인간'이 존재하기 시작하는 시점, 즉 '영혼'이 불어넣어지거나 '활동적이 되는animated' 시점이라는 관점에서 접근했다. 초기 영국법 하에서, 이러한 현상들이 수태와 출생 사이의 어느 시점에서인가 일어난다는 느슨한 합의가 일어나게 되었다. 이것은 '중간적 활동성mediate animation'이었다. 기독교 신학과 교회법이 생명을 가지는 시점을 남아는 40일, 여아는 80일로 못 박았고 이는 19세기까지 면면히 이어져왔음에도, 형성과 활성화animation의 정확한 시점이 어디인가에 대해서는 거의 합의가 이루어지지 않았다. 그렇지만 이 시점 전에는 태아가 모성의 한 부분으로 간주된다는 것, 그러므로 그 태아의 낙태는 살인이 아니라는 것에 대해서는 합의가 이루어져 있었다.…

태동기의 태아 낙태가 보통법 하에서 중죄인가 아니면 그보다 경한 죄에 불과한가는 여전히 논쟁중이다.…대부분의 미국 재판부가 태동 이전의 낙태가 그들이 계수한 보통법 하에서 범죄를 구성하지 않는다고 판시하였던 반면에 그 외의 재판부에서는 Coke에 따라 태동기의 낙태는 '경죄 misdemeanor'를 의미하는 'misprision'에 해당한다고 판시하였다.…1828년 뉴욕 주가 두 가지 면에서 초기의 반낙태 법규의 모범으로 기능했던 법안을 제정했다. 첫째, 태동 이전의 낙태를 태동기 낙태와 동일하게 금지하면서, 전자를 경죄로 다루고 후자는 2급 고살故殺로 다루었다. 둘째, 낙태가 '모성의 생명 유지를 위해서 불가피하였거나, 이러한 목적을 위해 낙태가 불가피하다는 의사 두 명의 조언이 있는 경우' 정당화될 수 있다고 함으로써 치료목적의 낙태therapeutic abortion라는 개념을 도입하였다. 텍사스 주가 보통법을 받아들였던 1840년 당시 단지 8개의 주만이 낙태에 관한 법규를 갖고 있었다. 의회 입법이 보통법을 일반적으로 대체하기 시작한 것은 남북전쟁 이후였다. 초기의 법규들 대부분은 태동 이후의 낙태를 가혹하게 다루었지만 태동 이전의 낙태에 대해서는 관대했다.…

점차적으로, 19세기 중반과 후반에 걸쳐 태동 구분법이 대부분의 주 법에서 사라졌으며, 낙태죄의 범죄등급이 중해지고 형벌이 강화되었다. 1950년대 말이 되자 대다수의 관할법원에서 낙태가 어떤 방식으로 언제 이루어지든 간에 산모의 생명을 구하거나 보존하기 위해 행해진 것이 아닌 한 모두 금지하게 되었다.…그러나 지난 몇 년간, 낙태 법규를 자유화하려는 흐름에 의해 약 3분의 1의 주에서 보다 완화된 법이 채택되었다.…

우리가 헌법을 제정한 시기와 19세기 대부분의 시기에 보통법 하에서의 낙태에 대한 태도는 현재 대부분의 미국법규보다 덜 적대적이었던 것이 명백하다. 달리 말해서 오늘날 대부분의 주에서 여성이 누리는 임신을 종결시킬 권리보다 과거에 누렸던 권리가 실질적으로 더 넓었다는 것이다. 적어도 임신 초기 단계에 한해서는, 어쩌면 기간제한조차 없었을 가능성이 큰데, 이러한 임신 종결 결정을 내릴 기회가 적어도 19세기까지는 이 나라에 존재했었다. 그 이후에도, 얼마 동안은 임신 초기에 행해진 낙태에 대해서는 경하게 다루는 법이 지속되었다.…

프라이버시권이 수정헌법 14조상의 개인의 자유의 개념에 속하든 그렇지 않든, 본 법원은 속한다고 보지만, 혹은 수정헌법 제9조의 주정부의 행위에 대한 제한에 속하든 그렇지 않든 간에, 지방법원은 그렇게 보았지만, 프라이버시권은 여성이 자신의 임신을 종결시킬 것인지를 결정할 권리를 포함할 만큼 넓은 개념이다. 주가 여성의 선택권을 부인함으로써 그녀에게 강요하게 될 손해는 명백하다. 임신 초기에서조차 의학적으로 진단될 수 있는 특정하고 직접적인 피해를 동반할 수 있다. 어머니됨 maternity 혹은 또 하나의 자녀의 추가는 여성에게 힘겨운 삶과 미래에의 강요가 될 수 있다. 심리적인 피해도 곧장 나타날 것이다. 육아childcare 로 인해 여성의 정신적·신체적 건강이 훼손될 수 있다. 또한 모두가 염려하듯이 원치 않은 아이와 연관된 고통이 있고, 이미 심리적으로나 다른 이유로 인해 돌볼 능력이 없는 가족에게 아이를 맡기게 되는 문제도 있다. 이 사건과 마찬가지로 다른 사건들에서도 추가적 어려움과 함께 미혼모라는 영속적인 오명이 여성을 따라다닐 것이다. 이 모든 것이 여성과 그 담당 의사라면 낙태상담에서 필연적으로 심사숙고하게 되는 요소들이다.…

헌법은 '사람'이라는 용어에 대해 자세한 정의를 내리고 있지 않다. 수정헌법 제14조 제1항에서는 '사람'이 세 번 언급된다. 첫 번째는 '시민'을 '미합중국에서 출생하였거나 귀화한 사람'이라고 정의하는 부분이다. 이 용어는 [제14조의] 적정절차 조항과 동등한 보호 조항에서도 쓰인다. '사람'은 헌법의 다른 곳에도 쓰여 있다.…거의 모든 예에서 이 단어의 쓰임새는 태어난 이후에 적용 가능한 것들이다. 태어나지 않은 때에 적용될 수 있다고 확신할 수 있는 조항은 없다.

이 모든 사실들과, 19세기 대부분에 걸쳐서 현대보다 훨씬 더 낙태가 자유로웠다는 우리의 관찰 결과는 본 법원에게 수정헌법 제14조에서 쓰인 '사람'에 태아의 존재는 포함되지 않는다는 사실을 받아들이게 한다.…

임신한 여성은 프라이버시 안에서 고립되어 있는 존재가 아니다. 자궁 속에서의 발달과정에 대한 의학적 설명을 따른다면 그녀는 배아embryo, 조금 더 이후에는 태아fetus를 몸에 품고 있는 것이다. 그러므로 이 상황은 Eisenstadt, Griswold, Stanley, Loving, Skinner, Pierce와 Meyer판결이 각각 다루었던 결혼생활의 내밀성의 문제나 침실에서의 음란물 소지, 결혼이나 생식, 교육의 문제와는 본질적으로 다르다.

우리가 생명이 언제 시작하는가라는 어려운 문제를 풀 필요는 없다. 의학·철학·신학 분야의 전문가들이 합의에 도달하지 못했다면, 현재의 이러한 인간 지식의 발달 단계에서 법원으로서는 이 문제에 답할 위치에 있지 못하다.

이 가장 민감하고 난해한 문제에 대해서는 이에 대한 현격한 의견 차이를 간단하게 기록해 두는 것으로 충분할 것이다. 생명은 살아서 출생할 때 live birth까지는 시작되는 것이 아니라는 관점은 언제나 강한 지지를 받아왔다. 이것은 스토아학파의 생각이었다. 유대교 신앙의, 만장일치까지는 아니지만, 지배적인 입장이기도 하다. 또한 확인된 범위 내에서는 프로테스탄트 사회의 다수의 입장을 대변하고 있다. 즉 낙태 문제에 대해 공식적 입장을 취했던 조직들은 일반적으로 이를 여성 개인과 그 가족의 양심 문제로 간주했다. 우리가 언급했듯이 보통법은 태동에 큰 의미를 부여했다. 의사들과 과학자들은 태동에 관심을 덜 보였고, 수태 과정이나 출행 혹은 '생존가능성viable'이 생기는, 즉 태아가 모체 밖에서도 인공적인 도움을 받으면 생존할 가능성이 있는 시점에 초점을 맞추는 경향이 있었다. 생존가능성viability은 보통 임신 7월(28주)경에 생기지만, 좀더 이르게, 이르면 24주에도 생길 수 있다. 중세와 르네상스 시대를 지배했던 아리스토텔레스의 '중간적 활동성mediate animation' 이론은 수태시점부터 생명 존재를 인정하려 하는 기독교계의 '영혼주입ensoulment' 이론의 반대에도 불구하고 19세기까지 로마 카톨릭 교리의 정설로서의 위치를 지켜왔다. 물론 현재에는 후자가 카톨릭 교회의 정설이다.…그러나 이러한 관점의 정밀한 정의를 내리고자 할 때 실질적인 문제점이 드러난다. 그것은 수정이 하나의 사건이라기보다는 일정시간에 걸쳐 일어나는 '과정'임을 알려주는 새로운 발생학적 데이터들과 [임신초기에 행해지는] 자궁흡인 임신중절법 menstrual extraction이나 '응급피임morning-after' 알약, 배아 이식, 인공수정, 심지어 인공자궁 같은 의학적 신기술에 의해서이다.

형사상 낙태 이외의 영역에서, 우리가 알다시피 법은 극히 미출생자의 법적 권리를 제한적 상황이거나 출생을 조건으로 하는 경우에만 예외적으로 인정했을 뿐, 살아서 출생하기 이전에 인간 생명이 시작된다는 이론을 받아들이기를 꺼려해 왔다.…한 마디로 말해 미출생자는 법체계 안에서 온전한 의미에서 사람으로 간주된 적이 없다.

이 모든 것을 종합해보면, 우리는 텍사스 법이 생명에 대한 한 가지 이론을 선택함에 의해 문제되고 있는 임신여성의 권리를 침해할 수 있다는 데에 동의하지 않는다. 그러나 우리는 의학적 상담과 치료를 구하는 여성이 그 특정 주州의 주민이든 아니든 간에 그 주는 임신여성의 건강을 유지하고 보호하는 데 중요하고도 정당한 이익을 가진다는 것과 잠재적인 인간 생명 potentiality of human life의 보호라는 또 다른 중요하고 정당한 이익을 가진다는 것을 반복하겠다. 이 두 이익은 분리되어 있고 고유한 distinct 것이다. 각 이익은 출산기일이 다가올수록 실질적으로 증대되며, 임신 중의 어떤 시점에 이르면 '필요불가피한 compelling' 이익이 된다.

모성의 건강에 대하여 주가 가지는 중요하고도 정당한 이익에 관해서 보면, 현대의학지식상 '불가피한' 것이 되는 시점은 대략 첫 삼분기the first trimester가 끝날 무렵이다. 앞에서 언급했던 오늘날 확립된 의학적 사실에 의하자면 첫 삼분기 말까지는 낙태로 인한 모성사망률은 보통의 출산과정에서의 모성사망률보다 낮기 때문이다. 따라서 그 시점 이후부터는 주가 낙태 과정에 대하여 모성 건강의 유지와 보호에 합리적 근거를 가진 규제를 할 수 있게 된다는 것이 도출된다. 허용될 수 있는 정도의 주 규제의 예로 시술자의 자격요건, 시술자에게 개업허가를 해주기 위한 요건, 낙태 시설의 요건, 즉 병원이어야 한다거나 의원이나 병원에 못지 않은 시설을 갖춘 공간일 것을 요구하는 것, 시설허가의 요건을 정하는 것 등이다.

이것은 반면에 '불가피한' 이익이 되는 시점 전에는 담당의사가 산모와의 상담을 통해 주의 규제 없이 그의 의학적 판단으로 임신을 끝낼 것인가를 자유롭게 결정할 수 있다는 의미이다. 만일 그렇다는 결정이 내려지면 주의 간섭을 받지 않고 낙태를 시술할 수 있게 될 것이다.

잠재적 생명에 대해 주가 가지는 중요하고도 정당한 이익에 관해서 보면, '불가피한' 이익으로 되는 시점은 태아의 생존 가능 시점 viability이다. 왜냐하면 태아가 이제는 모체의 자궁 밖에서 의미 있게 생존할 수 있는 가능성을 가지기 때문이다. 그러므로 자생 가능 시점 이후 태아의 생명을 보호하기 위한 주의 규제는 논리적이며 생물학적인 근거를 가진다. 주가 자생 가능 시점 이후 태아의 생명을 보호하고자 한다면, 모성의 생명이나 건강을 유지하기 위해서 불가피한 경우를 제외하고는 낙태를 금지할 수 있다.

법정의견 영문 발췌문

Roe v. Wade

The Supreme Court of the United States, 1973.
410 U.S. 113, 93 S.Ct. 705, 35 L.Ed.2d 147.

Mr. Justice Blackmun delivered the opinion of the Court.

(이하 본문 중 "*"는 생략을 나타냄.)

Jane Roe, a single woman who was residing in Dallas County, Texas, instituted this federal action in March 1970 against the District Attorney of the county. She sought a declaratory judgment that the Texas criminal abortion statutes were unconstitutional on their face, and an injunction restraining the defendant from enforcing the statutes.

Roe alleged that she was unmarried and pregnant; that she wished to terminate her pregnancy by an abortion 'performed by a competent, licensed physician, under safe, clinical conditions'; that she was unable to get a 'legal' abortion in Texas because her life did not appear to be threatened by the continuation of her pregnancy; and that she could not afford to travel to another jurisdiction in order to secure a legal abortion under safe conditions.

***

It perhaps is not generally appreciated that the restrictive criminal abortion laws in effect in a majority of States today are of relatively recent vintage. Those laws, generally proscribing abortion or its attempt at any time during pregnancy except when necessary to preserve the pregnant woman's life, are not of ancient or even of common-law origin. Instead, they derive from statutory changes effected, for the most part, in the latter half of the 19th century.

***

The common law. It is undisputed that at common law, abortion performed before 'quickening'-the first recognizable movement of the fetus in utero, appearing usually from the 16th to the 18th week of pregnancy -was not an indictable offense. The absence of a common-law crime for pre-quickening abortion appears to have developed from a confluence of earlier philosophical, theological, and civil and canon law concepts of when life begins. These disciplines variously approached the question in terms of the point at which the embryo or fetus became 'formed' or recognizably human, or in terms of when a 'person' came into being, that is, infused with a 'soul' or 'animated.' A loose concensus evolved in early English law that these events occurred at some point between conception and live birth. This was 'mediate animation.' Although Christian theology and the canon law came to fix the point of animation at 40 days for a male and 80 days for a female, a view that persisted until the 19th century, there was otherwise little agreement about the precise time of formation or animation. There was agreement, however, that prior to this point the fetus was to be regarded as part of the mother, and its destruction, therefore, was not homicide. ***

Whether abortion of a quick fetus was a felony at common law, or even a lesser crime, is still disputed.*** most American courts ruled, in holding or dictum, that abortion of an unquickened fetus was not criminal under their received common law, others followed Coke in stating that abortion of a quick fetus was a 'misprision,' a term they translated to mean 'misdemeanor.'*** In 1828, New York enacted legislation that, in two respects, was to serve as a model for early anti-abortion statutes. First, while barring destruction of an unquickend fetus as well as a quick fetus, it made the former only a misdemeanor, but the latter second-degree manslaughter. Second, it incorporated a concept of therapeutic abortion by providing that an abortion was excused if it 'shall have been necessary to preserve the life of such mother, or shall have been advised by two physicians to be necessary for such purpose.' By 1840, when Texas had received the common law, only eight American States had statutes dealing with abortion. It was not until after the War Between the States that legislation began generally to replace the common law. Most of these initial statutes dealt severely with abortion after quickening but were lenient with it before quickening.***

Gradually, in the middle and late 19th century the quickening distinction disappeared from the statutory law of most States and the degree of the offense and the penalties were increased. By the end of the 1950's a large majority of the jurisdictions banned abortion, however and whenever performed, unless done to save or preserve the life of the mother.*** In the past several years, however, a trend toward liberalization of abortion statutes has resulted in adoption, by about one-third of the States, of less stringent laws***.

It is thus apparent that at common law, at the time of the adoption of our Constitution, and throughout the major portion of the 19th century, abortion was viewed with less disfavor than under most American statutes currently in effect. Phrasing it another way, a woman enjoyed a substantially broader right to terminate a pregnancy than she does in most States today. At least with respect to the early stage of pregnancy, and very possibly without such a limitation, the opportunity to make this choice was present in this country well into the 19th century. Even later, the law continued for some time to treat less punitively an abortion procured in early pregnancy.

***

This right of privacy, whether it be founded in the Fourteenth Amendment's concept of personal liberty and restrictions upon state action, as we feel it is, or, as the District Court determined, in the Ninth Amendment's reservation of rights to the people, is broad enough to encompass a woman's decision whether or not to terminate her pregnancy. The detriment that the State would impose upon the pregnant woman by denying this choice altogether is apparent. Specific and direct harm medically diagnosable even in early pregnancy may be involved. Maternity, or additional offspring, may force upon the woman a distressful life and future. Psychological harm may be imminent. Mental and physical health may be taxed by child care. There is also the distress, for all concerned, associated with the unwanted child, and there is the problem of bringing a child into a family already unable, psychologically and otherwise, to care for it. In other cases, as in this one, the additional difficulties and continuing stigma of unwed motherhood may be involved. All these are factors the woman and her responsible physician necessarily will consider in consultation.

***

The Constitution does not define 'person' in so many words. Section 1 of the Fourteenth Amendment contains three references to 'person.' The first, in defining 'citizens,' speaks of 'persons born or naturalized in the United States.' The word also appears both in the Due Process Clause and in the Equal Protection Clause. 'Person' is used in other places in the Constitution***. But in nearly all these instances, the use of the word is such that it has application only postnatally. None indicates, with any assurance, that it has any possible prenatal application.

All this, together with our observation, supra, that throughout the major portion of the 19th century prevailing legal abortion practices were far freer than they are today, persuades us that the word 'person,' as used in the Fourteenth Amendment, does not include the unborn.***

The pregnant woman cannot be isolated in her privacy. She carries an embryo and, later, a fetus, if one accepts the medical definitions of the developing young in the human uterus. The situation therefore is inherently different from marital intimacy, or bedroom possession of obscene material, or marriage, or procreation, or education***.

We need not resolve the difficult question of when life begins. When those trained in the respective disciplines of medicine, philosophy, and theology are unable to arrive at any consensus, the judiciary, at this point in the development of man's knowledge, is not in a position to speculate as to the answer.

It should be sufficient to note briefly the wide divergence of thinking on this most sensitive and difficult question. There has always been strong support for the view that life does not begin until live birth. This was the belief of the Stoics. It appears to be the predominant, though not the unanimous, attitude of the Jewish faith. It may be taken to represent also the position of a large segment of the Protestant community, insofar as that can be ascertained; organized groups that have taken a formal position on the abortion issue have generally regarded abortion as a matter for the conscience of the individual and her family. As we have noted, the common law found greater significance in quickening. Physicians and their scientific colleagues have regarded that event with less interest and have tended to focus either upon conception, upon live birth, or upon the interim point at which the fetus becomes 'viable,' that is, potentially able to live outside the mother's womb, albeit with artificial aid. Viability is usually placed at about seven months (28 weeks) but may occur earlier, even at 24 weeks. The Aristotelian theory of 'mediate animation,' that held sway throughout the Middle Ages and the Renaissance in Europe, continued to be official Roman Catholic dogma until the 19th century, despite opposition to this 'ensoulment' theory from those in the Church who would recognize the existence of life from the moment of conception. The latter is now, of course, the official belief of the Catholic Church.*** Substantial problems for precise definition of this view are posed, however, by new embryological data that purport to indicate that conception is a 'process' over time, rather than an event, and by new medical techniques such as menstrual extraction, the 'morning-after' pill, implantation of embryos, artificial insemination, and even artificial wombs.

In areas other than criminal abortion, the law has been reluctant to endorse any theory that life, as we recognize it, begins before life birth or to accord legal rights to the unborn except in narrowly defined situations and except when the rights are contingent upon life birth.***. In short, the unborn have never been recognized in the law as persons in the whole sense.

In view of all this, we do not agree that, by adopting one theory of life, Texas may override the rights of the pregnant woman that are at stake. We repeat, however, that the State does have an important and legitimate interest in preserving and protecting the health of the pregnant woman, whether she be a resident of the State or a non-resident who seeks medical consultation and treatment there, and that it has still another important and legitimate interest in protecting the potentiality of human life. These interests are separate and distinct. Each grows in substantiality as the woman approaches term and, at a point during pregnancy, each becomes 'compelling.'

With respect to the State's important and legitimate interest in the health of the mother, the 'compelling' point, in the light of present medical knowledge, is at approximately the end of the first trimester. This is so because of the now-established medical fact *** that until the end of the first trimester mortality in abortion may be less than mortality in normal childbirth. It follows that, from and after this point, a State may regulate the abortion procedure to the extent that the regulation reasonably relates to the preservation and protection of maternal health. Examples of permissible state regulation in this area are requirements as to the qualifications of the person who is to perform the abortion; as to the licensure of that person; as to the facility in which the procedure is to be performed, that is, whether it must be a hospital or may be a clinic or some other place of less-than-hospital status; as to the licensing of the facility; and the like.

This means, on the other hand, that, for the period of pregnancy prior to this 'compelling' point, the attending physician, in consultation with his patient, is free to determine, without regulation by the State, that, in his medical judgment, the patient's pregnancy should be terminated. If that decision is reached, the judgment may be effectuated by an abortion free of interference by the State.

With respect to the State's important and legitimate interest in potential life, the 'compelling' point is at viability. This is so because the fetus then presumably has the capability of meaningful life outside the mother's womb. State regulation protective of fetal life after viability thus has both logical and biological justifications. If the State is interested in protecting fetal life after viability, it may go so far as to proscribe abortion during that period, except when it is necessary to preserve the life or health of the mother.

이상과 이하 미대법원 판례 요지 및 영문 발췌문은 다음을 참고함.

* Mary Becker, Cynthia G. Bowman & Morrison Torrey, *Cases and Materials on Feminist Jurisprudence Taking Women Seriously*, 2nd Ed. St. Paul, Minn.: Westgroup, 2001.

* Barbara Allen Babcock, Ann E. Freedman, Susan Deller Ross, Wendy Williams, Rhonda Copelon, Deborah L. Rhode & Nadine Taub, *Sex Discrimination And the Law-History, Practice, and Theory*, 2nd Ed, Boston: Little, Brown and Company, 1996.

* 판결문 검색 사이트:http://findlaw.com 또는 http://westlaw.com
* 번역: 서울대 BK21 법학연구단 공익인권법센터

B. Harris 대 McRae 판결
The Supreme Court of the United States, 1980.

〈사건개요〉

사회보장법the Social Security Act 제19장은 1965년, 빈민층에게 일정한 의료비용을 보상해주는 주정부에게 연방의 재정을 지원해주는 의료보장제도the medicaid program를 제정, 시행하였다. 1976년부터 하이드 개정조항 Hyde Amendment[1]라고 불리는 조항들이 규정되어 의료보장제도 하에의 낙태시술 비용에 대한 연방의 재정보상reimbursement을 심각하게 제한하기 시작하였다. 이에 대하여 뉴욕 연방하급심에 소가 제기되었다. 이 사건의 원고에는 자신과 유사한 상황에 처한 여성들을 대표하여 제소한 임신 중인 빈곤한 여성, 낙태서비스를 제공하는 뉴욕시병원, Women's Division of the Board of Global Ministries of the United Methodist Church (이하 '여성분과')의 간부와 그 '여성분과'가 포함되어 있다. 이들은 하이드 개정조항이 수정헌법 제5조의 적법절차 조항과 수정헌법 제1조의 종교에 관한 조항을 위반하고 있기 때문에 이 조항의 효력발생을 금지해야 하며, 하이드 개정조항이 존재하더라도 의료보장제도에 참여하고 있는 주정부는 사회보장법 제19장에 의하여 의료적으로 필요한medically necessary 모든 낙태에 대한 재정을 지원할 의무를 갖는다고 주장하였다. 연방하급심은 하이드 개정조항이 실질적으로 연방의 보상을 받지 못하는 의료적으로 필요한 낙태에 대해 주정부가 재정지원할 의무를 면제해 줌으로써 사회보장법 제19장의 내용을 변경하였으며, 이는 수정헌법 제5조의 적법절차 조항의 평등보호 부분과 수정헌법 제1조의 종교의 자유 조항에 위배된다고 판시하였다. 피고 측이 상고하였고 연방대법원은 문제된 재정지원 제한규정은 수정헌법 제5조나 제1조의 국교설립 금지조항 Establishment Clause에 위배되지 않으며, 연방정부가 재정적인 보상을 해

---

[1] 임신을 지속하면 산모의 '생명'이 위험에 처하게 되는 경우와 '강간이나 근친상간'에 의한 임신이라는 사실이 미리(60일 이내) 공공기관에 신고된 경우를 제외하고는 낙태에 대한 연방의 재정지원을 금지한 조항. 산모의 건강을 이유로 한, 즉 의료적으로 필요한(medically necessary) 낙태에 대해서도 지원을 금지하고 있다.

주지 않는 의료적으로 필요한 낙태에 대해서 주정부가 재정지원을 계속할 의무가 사회보장법 제19장에 의해서 도출되지 않는다고 판시하였다.

〈판결요지〉

1. 사회보장법 제19장은 의료보장제도에 참여중인 주정부가, 하이드 개정조항의 제한에 의해 연방정부의 보상을 받지 못하는 의료적으로 필요한 낙태에 대해 재정지원할 것을 요구하지 않는다.

(a) 의료보장제도의 기본은 연방정부 및 이 제도에 참여하는 주정부의 재정적인 지원이다. 사회보장법 제19장이나 이 법의 입법 연혁에 비추어 볼 때, 의회가 의료보장계획상 의료서비스제공에 대한 모든 비용을 주정부가 떠맡도록 요구한 것으로 볼 수 없다. 오히려 제19장을 발효할 당시 의회의 목적은 의료보장계획에 따른 주정부의 모든 정당한 비용지출에 대하여 연방의 자금으로 보상하기 위한 것이었다.

(b) 하이드 개정조항의 입법 연혁을 보아도 의회가 일부 의료적으로 필요한 낙태의 모든 비용을 주정부에게 전가하려는 의도를 가졌다고 볼 수 있는 근거는 없다. 오히려 의회는 하이드 개정조항에 따라 연방정부의 재정지원이 철회된 낙태에 대해서 주정부가 지원할 필요는 없다는 것을 전제로 해왔다는 것을 알 수 있다.

2. 하이드 개정조항의 재정지원 제한규정은 Roe v. Wade 판결이 여성이 자신의 임신을 종결시킬 것인지를 결정할 자유가 포함된다고 선언한, 수정헌법 제5조의 적법절차조항에 의해 보호되는 '자유liberty'를 침해하지 않는다.

(a) 하이드 개정조항은 여성이 자신의 임신을 종결할 것인지를 선택하는 데 있어 정부가 부여한 장애물이라고 볼 수 없다. 오히려 낙태와 다른 의료서비스의 지원에 차등을 둠으로써 공공의 이익에 부합한다고 사료되는 대

안적인 선택(임신지속 및 출산, 역자 주)을 독려하는 것이다.

(b) 여성이 건강상의 이유로 임신을 종결할 것을 선택할 자유가 Wade 판결이 판시한 적법절차 조항상의 자유의 핵심영역인지 주변영역인지에 무관하게, 이러한 여성의 선택의 자유가 보호되는 모든 선택지들에 대해 재정지원을 받을 헌법적 권리를 수반한다고 할 수 없다. 정부가 여성의 선택의 자유 행사에 장애물을 설치해서는 안 되는 것이지만, 그렇다고 정부가 창출하지 않은 장애물을 제거할 필요까지 있는 것은 아니다. 빈곤이라는 장애물은 후자에 속한다. 의회가 의료적으로 필요한 서비스에 대하여 일반적으로 재정지원을 하면서 일부 의료적으로 필요한 낙태에 대해서는 지원하지 않기로 하였지만, 하이드 개정조항은 빈곤한 여성이 의료적으로 필요한 낙태를 하고자 할 때, 의회가 어떠한 의료비용도 지원하지 않기로 했을 경우와 비교해 본다면 적어도 마찬가지의 낙태 선택 범위를 남겨두는 것이다.

(c) 적법절차 조항에 의한 정부 권한의 제한을 적극적인 재정지원의무로 해석한다면, 다른 의료서비스를 지원하는 의료보장제도를 실시하지 않더라도 빈곤한 여성에게 의료적으로 필요한 낙태의 비용은 지원할 것을 요구하는 결과가 된다. 적법절차 조항의 어느 문구도 이렇게 특이한 결론의 근거가 될 수 없다.

3. 하이드 개정조항은 수정헌법 제1조의 국교설립 금지조항을 위반하지도 않았다. 하이드 개정조항에서의 재정지원 제한이 로마카톨릭의 교의(教義)에 부합할 수 있다는 사실로 인해 국교(금지)조항에 위배된다고 볼 수는 없다.

4. 피항소인들은 하이드 개정조항이 수정헌법 제1조의 종교의 자유 조항에 위반된다고 주장할 당사자적격이 없다. 자신과 유사한 상황에 있는

여성들을 대표하여 이 사건 소송을 제기한 임신 중인 빈곤한 여성은 자신이 종교적인 신념에 의하여 낙태를 하려한다고 주장한 바 없기 때문이다. '여성분과'의 간부들은 자신들의 종교적인 신념을 자세히 진술하기는 하였지만, 그들이 임신할 예정이라거나, 의료보장제도의 혜택을 받을 자격이 된다는 데 대해서 주장한 바 없으므로 당사자적격을 부여하기 위해 필요한 이해관계의 대립을 결여하고 있다. 그리고 '여성분과'는 기관의 당사자적격을 충족하지 못하고 있다.

5. 하이드 개정조항은 수정헌법 제5조의 평등보호조항에 위배되지 않는다.

(a) 헌법상 보호되는 권리나 자유를 그 자체로 침해하지 않는 법률상의 분류에 대해서는 합헌성이 추정되는데, 이러한 추정은 그 분류가 '의심스러운suspect' 기준에 입각한 것일 때 깨어진다. 그러나 하이드 개정조항은 헌법적으로 의심스러운 분류에 입각한 것이 아니다. 이 조항이 빈곤한 계층에게 영향을 준다고 하더라도, 그러한 사실이 재정지원 제한규정을 무효로 만들지는 않는다. '빈곤'이라는 것 자체는 의심스러운 분류에 해당하지 않기 때문이다.

(b) 의회가, 이 사건에서처럼, 헌법상의 권리나 자유를 침해하지 않았고 의심스러운 분류에 의해 특정 집단을 희생하려는 의도를 가지고 법률을 제정하지도 않은 경우, 평등보호 심사의 기준은 의회의 입법이 정부의 정당한 이익과 합리적인 관련되어 있으면 rationally related 된다는 것이다. 하이드 개정조항이 극도로 응급한 상황이 아닌 한 출산을 장려하는 것은, 잠재적인 생명을 보호한다는 정부의 정당한 목적과 합리적으로 관련되어 있으므로 이 기준을 충족한다.

원심을 파기 환송한다.

Harris v. McRae

The Supreme Court of the United States, 1980.
448 U.S. 297, 100 S.Ct. 2671, 65 L.Ed.2d 784.

Mr. Justice STEWART delivered the opinion of the Court.

This case presents statutory and constitutional questions concerning the public funding of abortions under Title XIX of the Social Security Act, commonly known as the "Medicaid" Act, and recent annual Appropriations Acts containing the so-called "Hyde Amendment." The statutory question is whether Title XIX requires a State that participates in the Medicaid program to fund the cost of medically necessary abortions for which federal reimbursement is unavailable under the Hyde Amendment. The constitutional question, which arises only if Title XIX imposes no such requirement, is whether the Hyde Amendment, by denying public funding for certain medically necessary abortions, contravenes the liberty or equal protection guarantees of the Due Process Clause of the Fifth Amendment, or either of the Religion Clauses of the First Amendment.

*** The current version of the Hyde Amendment, applicable for fiscal year 1980, provides:

"[N]one of the funds provided by this joint resolution shall be used to perform abortions except where the life of the mother would be endangered if the fetus were carried to term; or except for such medical procedures necessary for the victims of rape or incest when such rape or incest has been reported promptly to a law enforcement agency or public health service."

***

The plaintiffs-Cora McRae, a New York Medicaid recipient then in the first trimester of a pregnancy that she wished to terminate, the New York City Health and Hospitals Corp., a public benefit corporation that operates 16 hospitals, 12 of which provide abortion services, and others-sought to enjoin the enforcement of the funding restriction on abortions. ***

Having determined that Title XIX does not obligate a participating State to pay for those medically necessary abortions for which Congress has withheld federal funding, we must consider the constitutional validity of the Hyde Amendment. ***

In Maher v. Roe, 432 U.S. 464, 97 S.Ct. 2376, 53 L.Ed.2d 484, the Court was presented with the question whether the scope of personal constitutional freedom recognized in Roe v. Wade included an entitlement to Medicaid payments for abortions that are not medically necessary.***

*** The doctrine of Roe v. Wade, the Court held in Maher, "protects the woman from unduly burdensome interference with her freedom to decide whether to terminate her pregnancy," such as the severe criminal sanctions at issue in Roe v. Wade, supra, or the absolute requirement of spousal consent for an abortion challenged in Planned Parenthood of Central Missouri v. Danforth, 428 U.S. 52, 96 S.Ct. 2831, 49 L.Ed.2d 788.

But the constitutional freedom recognized in Wade and its progeny, the Maher Court explained, did not prevent Connecticut from making "a value judgment favoring childbirth over abortion, and···implement[ing] that judgment by the allocation of public funds."

The Court in Maher noted that its description of the doctrine recognized in Wade and its progeny signaled "no retreat" from those decisions. In explaining why the constitutional principle recognized in Wade and later cases-protecting a woman's freedom of choic-did not translate into a constitutional obligation of Connecticut to subsidize abortions, the Court cited the "basic difference between direct state interference with a protected activity and state encouragement of an alternative activity consonant with legislative policy. Constitutional concerns are greatest when the State attempts to impose its will by force of law; the State's power to encourage actions deemed to be in the public interest is necessarily far broader." Thus, even though the Connecticut regulation favored childbirth over abortion by means of subsidization of one and not the other, the Court in Maher concluded that the regulation did not impinge on the constitutional freedom recognized in Wade because it imposed no governmental restriction on access to abortions.

The Hyde Amendment, like the Connecticut welfare regulation at issue in Maher, places no governmental obstacle in the path of a woman who chooses to terminate her pregnancy, but rather, by means of unequal subsidization of abortion and other medical services, encourages alternative activity deemed in the public interest. The present case does differ factually from Maher insofar as that case involved a failure to fund nontherapeutic abortions, whereas the Hyde Amendment withholds funding of certain medically necessary abortions. Accordingly, the appellees argue that because the Hyde Amendment affects a significant interest not present or asserted in Maher -the interest of a woman in protecting her health during pregnancy-and because that interest lies at the core of the personal constitutional freedom recognized in Wade, the present case is constitutionally different from Maher. ***

Because even the compelling interest of the State in protecting potential life after fetal viability was held to be insufficient to outweigh a woman's decision to protect her life or health, it could be argued that the freedom of a woman to decide whether to terminate her pregnancy for health reasons does in fact lie at the core of the constitutional liberty identified in Wade.

But, regardless of whether the freedom of a woman to choose to terminate her pregnancy for health reasons lies at the core or the periphery of the due process liberty recognized in Wade, it simply does not follow that a woman's freedom of choice carries with it a constitutional entitlement to the financial resources to avail herself of the full range of protected choices. The reason why was explained in Maher:although government may not place obstacles in the path of a woman's exercise of her freedom of choice, it need not remove those not of its own creation. Indigency falls in the latter category. The financial constraints that restrict an indigent woman's ability to enjoy the full range of constitutionally protected freedom of choice are the product not of governmental restrictions on access to abortions, but rather of her indigency. Although Congress has opted to subsidize medically necessary services generally, but not certain medically necessary abortions, the fact remains that the Hyde Amendment leaves an indigent woman with at least the same range of choice in deciding whether to obtain a medically necessary abortion as she would have had if Congress had chosen to subsidize no health care costs at all. We are thus not persuaded that the Hyde Amendment impinges on the constitutionally protected freedom of choice recognized in Wade.

*** It cannot be that because government may not prohibit the use of contraceptives, Griswold v. Connecticut, 381 U.S. 479, 85 S.Ct. 1678, 14 L.Ed.2d 510, or prevent parents from sending their child to a private school, Pierce v. Society of Sisters, 268 U.S. 510, 45 S.Ct. 571, 69 L.Ed. 1070, government, therefore, has an affirmative constitutional obligation to ensure that all persons have the financial resources to obtain contraceptives or send their children to private schools. To translate the limitation on governmental power implicit in the Due Process Clause into an affirmative funding obligation would require Congress to subsidize the medically necessary abortion of an indigent woman even if Congress had not enacted a Medicaid program to subsidize other medically necessary services. Nothing in the Due Process Clause supports such an extraordinary result. Whether freedom of choice that is constitutionally protected warrants federal subsidization is a question for Congress to answer, not a matter of constitutional entitlement. Accordingly, we conclude that the Hyde Amendment does not impinge on the due process liberty recognized in Wade.

It remains to be determined whether the Hyde Amendment violates the equal protection component of the Fifth Amendment. This challenge is premised on the fact that, although federal reimbursement is available under Medicaid for medically necessary services generally, the Hyde Amendment does not permit federal reimbursement of all medically necessary abortions. The District Court held, and the appellees argue here, that this selective subsidization violates the constitutional guarantee of equal protection.

***

For the reasons stated above, we have already concluded that the Hyde Amendment violates no constitutionally protected substantive rights. We now conclude as well that it is not predicated on a constitutionally suspect classification. ***

It is our view that the present case is indistinguishable from Maher in this respect. Here, as in Maher, the principal impact of the Hyde Amendment falls on the indigent. But that fact does not itself render the funding restriction constitutionally invalid, for this Court has held repeatedly that poverty, standing alone is not a suspect classification.*** That Maher involved the refusal to fund nontherapeutic abortions, whereas the present case involves the refusal to fund medically necessary abortions, has no bearing on the factors that render a classification "suspect" within the meaning of the constitutional guarantee of equal protection. ***

The remaining question then is whether the Hyde Amendment is rationally related to a legitimate governmental objective. ***

In Wade, the Court recognized that the State has an "important and legitimate interest in protecting the potentiality of human life." That interest was found to exist throughout a pregnancy, "grow[ing] in substantiality as the woman approaches term." Moreover, in Maher, the Court held that Connecticut's decision to fund the costs associated with childbirth but not those associated with nontherapeutic abortions was a rational means of advancing the legitimate state interest in protecting potential life by encouraging childbirth.

It follows that the Hyde Amendment, by encouraging childbirth except in the most urgent circumstances, is rationally related to the legitimate governmental objective of protecting potential life. By subsidizing the medical expenses of indigent women who carry their pregnancies to term while not subsidizing the comparable expenses of women who undergo abortions (except those whose lives are threatened), Congress has established incentives that make childbirth a more attractive alternative than abortion for persons eligible for Medicaid. These incentives bear a direct relationship to the legitimate congressional interest in protecting potential life. Nor is it irrational that Congress has authorized federal reimbursement for medically necessary services generally, but not for certain medically necessary abortions. Abortion is inherently different from other medical procedures, because no other procedure involves the purposeful termination of a potential life.

C. Planned Parenthood of Southeastern Pennsylvania 대 Casey 판결

The Supreme Court of the United States, 1992.

〈사건개요〉

낙태 클리닉과 의사들이 헌법상 적법절차 조항을 근거로 펜실베니아 낙태규제법의 1988년과 1989년 수정조항이 위헌임을 주장하며 소를 제기하였다. 1982년의 펜실베니아 낙태규제법 Pennsylvania Abortion Control Act의 다섯 조항이 심사의 대상이 되었다. 낙태시술 전 여성이 정보를 제공받은 상태에서 동의를 하였을 것, 그리고 그러한 정보는 낙태시술로부터 최소 24시간 전에 제공되었을 것을 요구하는 조항(제3205조). 미성년자의 경우, 부모 한 명이 정보를 제공받은 상태에서 동의를 하였을 것을 요구하고, 이를 대체할 절차를 마련한 조항(제3206호). 예외가 적용되는 경우가 아닌 한, 기혼여성이 낙태를 희망할 경우 남편에게 알렸다는 진술서에 서명할 것을 요구하는 조항(제3209호). 이러한 요구사항들이 면책되는 경우인 "의료적 비상사태"에 대한 정의조항(제3207호). 낙태시술에 쓰인 설비에 대한 보고·기록의무를 규정한 조항(제3214조(f)항)이 그것이다. 1심은 위의 모든 조항들이 위헌이라고 판결하였다. 항소심에서는 남편에게의 고지의무 조항에 대해서는 위헌, 나머지 조항에 대해서는 합헌 판결을 하였다. 연방대법원에서는 항소심의 판결을 확정하였다.

〈판결요지〉

연방대법원에 대한 상고가 받아들여졌고, 연방대법원에서는 O'Connor, Kennedy, Souter 대법관이 다음과 같이 선고하였다. (1) 선판례 존중원칙 the doctrine of stare decisis에 따라 Roe v. Wade 판결의 핵심적인 판시사항인 여성이 태아의 생존가능시점 이전에 낙태를 선택할 권리를 다시 한번 확인한다. (2) '부당한 부담 심사 undue burden test'가 기존의 삼분기설에 대신하여 생존가능시점viability 이전의 낙태를 평가하는 기준으로 사용되어야 한다. (3) 이 법의 의료적 비상사태에 대한 정의조항은 그 범위가 충분히 넓기 때문에 부당한 부담을 부과한다고 볼 수 없다. (4) 이 법에서 규정하고 있는 정보에 근거한 동의요구 조항, 24시간의 대기시간 조항, 부모동의 조항, 보고 및 기록의무 조항은 부당한 부담을 부과하는 것으로 볼 수 없다. (5) 배우자에 대한 고지조항은 부당한 부담에 해당하고, 이는 효력이 없다.

〈주 문〉

청구를 일부 인용, 일부 기각하고 판결을 환송한다.

Planned Parenthood of Southeastern Pennsylvania v. Casey

The Supreme Court of the United States, 1992.

505 U.S. 833, 112 S.Ct. 2791, 120 L.Ed.2d 674.

Justice O'CONNOR, Justice KENNEDY, and Justice SOUTER announced the judgment of the Court and delivered the opinion of the Court***.

After considering the fundamental constitutional questions resolved by Roe, principles of institutional integrity, and the rule of stare decisis, we are led to conclude this: the essential holding of Roe v. Wade should be retained and once again reaffirmed.

***

So in this case we may enquire whether Roe's central rule has been found unworkable; whether the rule's limitation on state power could be removed without serious inequity to those who have relied upon it or significant damage to the stability of the society governed by it; whether the law's growth in the intervening years has left Roe's central rule a doctrinal anachronism discounted by society; and whether Roe's premises of fact have so far changed in the ensuing two decades as to render its central holding somehow irrelevant or unjustifiable in dealing with the issue it addressed.

***

The inquiry into reliance counts the cost of a rule's repudiation as it would fall on those who have relied reasonably on the rule's continued application.***

Abortion is customarily chosen as an unplanned response to the consequence of unplanned activity or to the failure of conventional birth control, and except on the assumption that no intercourse would have occurred but for Roe's holding, such behavior may appear to justify no reliance claim. Even if reliance could be claimed on that unrealistic assumption, the argument might run, any reliance interest would be de minimis.***

To eliminate the issue of reliance that easily, however, one would need to limit cognizable reliance to specific instances of sexual activity. But to do this would be simply to refuse to face the fact that for two decades of economic and social developments, people have organized intimate relationships and made choices that define their views of themselves and their places in society, in reliance on the availability of abortion in the event that contraception should fail. The ability of women to participate equally in the economic and social life of the Nation has been facilitated by their ability to control their reproductive lives. See, e.g., R. Petchesky, Abortion and Woman's Choice 109, 133, n. 7 (rev. ed. 1990). The Constitution serves human values, and while the effect of reliance on Roe cannot be exactly measured, neither can the certain cost of overruling Roe for people who have ordered their thinking and living around that case be dismissed. ***

We conclude that the basic decision in Roe was based on a constitutional analysis which we cannot now repudiate. The woman's liberty is not so unlimited, however, that, from the outset, the State cannot show its concern for the life of the unborn and, at a later point in fetal development, the State's interest in life has sufficient force so that the right of the woman to terminate the pregnancy can be restricted.

That brings us, of course, to the point where much criticism has been directed at Roe, a criticism that always inheres when the Court draws a specific rule from what in the Constitution is but a general standard. We conclude, however, that the urgent claims of the woman to retain the ultimate control over her destiny and her body, claims implicit in the meaning of liberty, require us to perform that function. Liberty must not be extinguished for want of a line that is clear. And it falls to us to give some real substance to the woman's liberty to determine whether to carry her pregnancy to full term.

We conclude the line should be drawn at viability, so that, before that time, the woman has a right to choose to terminate her pregnancy. ***

We reject the trimester framework, which we do not consider to be part of the essential holding of Roe. *** A logical reading of the central holding in Roe itself, and a necessary reconciliation of the liberty of the woman and the interest of the State in promoting prenatal life, require, in our view, that we abandon the trimester framework as a rigid prohibition on all pre-viability regulation aimed at the protection of fetal life. ***

*** The fact that a law which serves a valid purpose, one not designed to strike at the right itself, has the incidental effect of making it more difficult or more expensive to procure an abortion cannot be enough to invalidate it. Only where state regulation imposes an undue burden on a woman's ability to make this decision does the power of the State reach into the heart of the liberty protected by the Due Process Clause. ***

A finding of an undue burden is a shorthand for the conclusion that a state regulation has the purpose or effect of placing a substantial obstacle in the path of a woman seeking an abortion of a nonviable fetus. A statute with this purpose is invalid because the means chosen by the State to further the interest in potential life must be calculated to inform the woman's free choice, not hinder it. And a statute which, while furthering the interest in potential life or some other valid state interest, has the effect of placing a substantial obstacle in the path of a woman's choice cannot be considered a permissible means of serving its legitimate ends. ***

Section 3209 of Pennsylvania's abortion law provides, except in cases of medical emergency, that no physician shall perform an abortion on a married woman without receiving a signed statement from the woman that she has notified her spouse that she is about to undergo an abortion. ***

The District Court heard the testimony of numerous expert witnesses, and made detailed findings of fact regarding the effect of this statute. ***

These findings are supported by studies of domestic violence. The American Medical Association (AMA) has published a summary of the recent research in this field, which indicates that, in an average 12-month period in this country, approximately two million women are the victims of severe assaults by their male partners. In a 1985 survey, women reported that nearly one of every eight husbands had assaulted their wives during the past year. The AMA views these figures as "marked underestimates," because the nature of these incidents discourages women from reporting them, and because surveys typically exclude the very poor, those who do not speak English well, and women who are homeless or in institutions or hospitals when the survey is conducted. ***

Other studies fill in the rest of this troubling picture. Physical violence is only the most visible form of abuse. Psychological abuse, particularly forced social and economic isolation of women, is also common. L. Walker, The Battered Woman Syndrome 27-28 (1984). Many victims of domestic violence remain with their abusers, perhaps because they perceive no superior alternative. Herbert, Silver, & Ellard, Coping with an Abusive Relationship: I. How and Why do Women Stay?, 53 J. Marriage & the Family 311 (1991). Many abused women who find temporary refuge in shelters return to their husbands, in large part because they have no other source of income. Aguirre, Why Do They Return? Abused Wives in Shelters, 30 J.Nat.Assn. of Social Workers 350, 352 (1985). Returning to one's abuser can be dangerous. Recent Federal Bureau of Investigation statistics disclose that 8.8 percent of all homicide victims in the United States are killed by their spouses. Thirty percent of female homicide victims are killed by their male partners.

*** In well-functioning marriages, spouses discuss important intimate decisions such as whether to bear a child. But there are millions of women in this country who are the victims of regular physical and psychological abuse at the hands of their husbands. Should these women become pregnant, they may have very good reasons for not wishing to inform their husbands of their decision to obtain an abortion. Many may have justifiable fears of physical abuse, but may be no less fearful of the consequences of reporting prior abuse to the Commonwealth of Pennsylvania. Many may have a reasonable fear that notifying their husbands will provoke further instances of child abuse ***. Many may have a reasonable fear that notifying their husbands will provoke further instances of child abuse;

these women are not exempt from 3209's notification requirement. Many may fear devastating forms of psychological abuse from their husbands, including verbal harassment, threats of future violence, the destruction of possessions, physical confinement to the home, the withdrawal of financial support, or the disclosure of the abortion to family and friends. These methods of psychological abuse may act as even more of a deterrent to notification than the possibility of physical violence ***. And many women who are pregnant as a result of sexual assaults by their husbands will be unable to avail themselves of the exception for spousal sexual assault, 3209(b)(3), because the exception requires that the woman have notified law enforcement authorities within 90 days of the assault, and her husband will be notified of her report once an investigation begins. ***

The spousal notification requirement is thus likely to prevent a significant number of women from obtaining an abortion. It does not merely make abortions a little more difficult or expensive to obtain; for many women, it will impose a substantial obstacle. We must not blind ourselves to the fact that the significant number of women who fear for their safety and the safety of their children are likely to be deterred from procuring an abortion as surely as if the Commonwealth had outlawed abortion in all cases. ***

If this case concerned a State's ability to require the mother to notify the father before taking some action with respect to a living child raised by both, therefore, it would be reasonable to conclude, as a general matter, that the father's interest in the welfare of the child and the mother's interest are equal.

Before birth, however, the issue takes on a very different cast. It is an inescapable biological fact that state regulation with respect to the child a woman is carrying will have a far greater impact on the mother's liberty than on the father's. The effect of state regulation on a woman's protected liberty is doubly deserving of scrutiny in such a case, as the State has touched not only upon the private sphere of the family, but upon the very bodily integrity of the pregnant woman. ***

Section 3209 embodies a view of marriage consonant with the common law status of married women, but repugnant to our present understanding of marriage and of the nature of the rights secured by the Constitution. Women do not lose their constitutionally protected liberty when they marry.***

3. 캐나다 대법원 판례

A. R. 대 Morgentaler 판결
The Supreme Court of Canada. 1988.

⟨사건개요⟩

기소된 의사들은 형법 제251조 제4항이 요구하는 인가 또는 승인된 병원에서 '치료적 낙태 위원회 therapeutic abortion committee'의 허가를 받지 않은 여성에게 낙태시술을 하는 병원을 설립, 운영하였다. 이들은 캐나다의 낙태 관련법이 현명하지 못함을 지적하고 여성은 자신의 여건에 비추어 낙태가 적절한지 여부를 외부의 방해를 받지 않고 결정할 권리가 있음을 주장하는 공적인 성명서를 발표하였다. 이들은 형법 제251조 제1항과 제423조 제1항(d)에 반하여 임신중절을 위한 인공흡입술의 사용에 공모한 죄로 기소되었다.

피고인들은 형법 제251조가 캐나다권리장전 Canadian Bill of Rights과 캐나다인권법에 위배되고 절차남용이 있었다는 이유로 기소를 철회 또는 중지할 것을 청구하였다. 1심에서 이 청구는 받아들여지지 않는데. 배심원들은 1심에서 피고인에게 무죄평결을 하였다. 검사는 항소하였고 피고인들은 헌법적 쟁점들에 관하여 항소하였다. Ontario 항소법원은 재판을 무효로 하고 재심리를 하여 형법에서의 낙태 조항은 합헌이며, 1심 재판은 배심재판 원칙에 비추어 하자가 있었다고 판시하였다. 피고인들이 상고하였다.

〈관련법령〉

The Criminal Code

251. (1) Every one who, with intent to procure the miscarriage of a female person, whether or not she is pregnant, uses any means for the purpose of carrying out his intention is guilty of an indictable offence and is liable to imprisonment for life.

(2) Every female person who, being pregnant, with intent to procure her own miscarriage, uses any means or permits any means to be used for the purpose of carrying out her intention is guilty of an indictable offence and is liable to imprisonment for two years.

(3) In this section, "means" includes

(a) the administration of a drug or other noxious thing,

(b) the use of an instrument, and

(c) manipulation of any kind.

(4) Subsections (1) and (2) do not apply to

(a) a qualified medical practitioner, other than a member of a therapeutic abortion committee for any hospital, who in good faith uses in an accredited or approved hospital any means for the purpose of carrying out his intention to procure the miscarriage of a female person, or

(b) a female person who, being pregnant, permits a qualified medical practitioner to use in an accredited or approved hospital any means described in paragraph (a) for the purpose of carrying out her intention to procure her own miscarriage, if, before the use of those means, the therapeutic abortion committee for that accredited or approved hospital, by a majority of the members of the committee and at a meeting of the committee at which the case of such female person has been reviewed,

(c) has by certificate in writing stated that in its opinion the continuation of the pregnancy of such female person would or would be likely to endanger her life or health, and

(d) has caused a copy of such certificate to be given to the qualified medical practitioner.

(6) For the purposes of subsections (4) and (5) and this subsection "accredited hospital" means a hospital accredited by the Canadian Council on Hospital Accreditation in which diagnostic services and medical, surgical and obstetrical treatment are provided;

"approved hospital" means a hospital in a province approved for the purposes of this section by the Minister of Health of that province;

"board" means the board of governors, management or directors, or the trustees, commission or other person or group of persons having the control and management of an accredited or approved hospital

The Canadian Charter of Rights and Freedoms

1. The Canadian Charter of Rights and Freedoms guarantees the rights and freedoms set out in it subject only to such reasonable limits prescribed by law as can be demonstrably justified in a free and democratic society···

7. Everyone has the right to life, liberty and security of the person and the right not to be deprived thereof except in accordance with the principles of fundamental justice.

〈주 문〉

상고를 받아들인다. 형법 제251조는 위헌이며 무죄판결을 확정한다.

〈법정의견요지〉

(a) 형법 제251조는 캐나다인권법 제7조에 위배된다.

① Dickson C.J.C. (Lamer J. concurring)

형법 제251조는 신체의 안전(security of the person)을 침해한다. 신체의 통합성에 대한 국가의 개입과 국가에 의해 부과된 심각한 정신적 스트레스는 최소한 형법의 맥락에서 신체의 안전에 대한 침해를 구성한다. 여기서는 형법적 판단과 무관한 개인의 주체성에의 핵심적 이익이나, 프라이버시 등에 관한 판단은 하지 않는다. 이 사건에서 형법 제251조는 그 자체로 육체적인 면과 정신적인 면에서 여성의 신체적 통합성을 해친다. 여성에게 자신의 고유한 우선사항과 희망과 전혀 무관한 일정한 기준에 합당하지 않는 한, 형사적 제재의 위협을 가해 태아의 임신을 끝까지 지속하도록 강요하는 것은 여성의 신체에 대한 심대한 간섭이다. 더욱이 제251조의 의무적 절차조항에 의해 치료적 낙태시술이 지연되는 것은 그 자체로 신체의 안전에 대한 권리에 있어 순수한 신체적인 면에 대한 침해이다. 증거를 통해 볼 때, 이러한 지연은 신체적 건강뿐 아니라 정신적 통합성에 분명한 손상의 위험을 초래한다.

치료적 낙태시술을 받기 위한 형법 제251조상의 절차들은 근본적 정의의 원칙(principles of fundamental justice)에 부합하지 않는다. 형사법에 있어 기본적인 원칙 중 하나는 의회가 범죄성립으로부터의 면책사유를 정할 때에는 그러한 사유가 기만적이어서는 안되고, 실제로 그러한 사유를 획득하는 것이 어려워 기만적인 정도가 되어서는 안된다는 것이다. 이 사건에서 제251조 상의 낙태위원회, 인가 또는 승인된 병원과 관련된 행정적인 구조와 절차들은 조건을 충족할 것으로 예상되는 여성들에게도 많은 경우에 있어 면책사유에의 해당을 불가능하게 만들거나, 불가능하지는 않더라도 상당한 비용과 불편을 감수하고 매우 긴 거리를 이동하도록 강요하고 있다.

② Beetz J. (Estey J. concurring)

인권법 제7조의 '신체의 안전'은 형사적 제재에 대한 두려움 없이 생명이나 건강에 위험이 있는 상황에서 의료적 조치를 받을 권리를 포함한다. 의회의 법률이 생명이나 건강이 위험에 처한 임신한 여성에게 형사적 제재를 받고 효과적이고 시의적절하게 치료를 받을 것인가와 형사적 제재를 받지 않는 대신 부적절한 치료를 받거나 치료를 전혀 받지 않을 것인가 중 하나를 택하도록 강요한다면 신체적 안전에 대한 권리를 침해하는 것이다. 이 사건의 요구절차조항들은 여성의 건강에 추가적인 위험을 초래함으로써 신체의 안전에 대한 권리를 박탈하고 있다. 이러한 박탈은 근본적 정의의 원칙에 부합하지 않는다. 형법 제251조상의 이러한 절차들은 명백하게 부당하고 태아의 이익에 관한 입법목적의 관점에서도 불필요한 것이다.

③ Wilson J.

형법 제251조는 임신한 여성의 낙태에 대한 접근권을 제한함으로써 근본적 정의의 원칙에 부합하지 않는 방식으로 인권법 제7조상의 생명과 자유, 신체의 안전에 대한 그의 권리를 침해하였다. 제7조상의 '자유에 대한 권리'는 모든 개인이 자신의 사적인 삶에 본질적인 영향을 줄 중요한 결정을 스스로 할 수 있는 자율권을 보장한다. 자유롭고 민주적인 사회에서의 자유는 국가가 이러한 결정에 대해 승인할 것을 요구하는 것이 아니라 각자의 결정을 존중할 것을 요구한다. 임신을 중단하는 여성의 결정은 이러한 종류의 결정에 속한다. 이러한 결정은 그에게 심대한 정신적, 경제적, 사회적 결과를 가져오기 때문이다. 이는 그가 자신, 자신과 다른 사람의 관계, 그리고 사회 전체에 대한 자신의 생각을 반영하는 것으로서 단순한 의료적 결정이 아니며 사회적이고 윤리적인 결정이기도 하다. 재생산을 하거나 하지 않을 권리는 여성이 자신의 존엄성과 인간으로서의 가치의 주장하기 위한 노력에 있어 필수적인 요소이다. 제251조는 여성으로부터 개인적이고 사적인 결정권을 박탈하고 이를 여성의 우선사항이나 희망과 전혀 관계없는 기준을 바탕으로 결정을 하는 위원회에 맡겨버렸다.

제251조는 임신한 여성으로부터 인권법 제7조상의 '신체의 안전에 대한 권리' 역시 박탈하였다. 신체의 안전에 대한 권리는 개인의 육체적, 정신적 통합성을 보호한다. 제251조는 여성에게 심대한 정신적 스트레스와 불필요한 육체적 위험에 처하게 하는 것 이상의 문제를 가지고 있다. 이 조항은 여성의 재생산에 있어서의 능력을 여성 자신의 통제가 아닌 국가의 통제에 복종하도록 만들었다는 것이다. 이것은 여성의 신체에 대한 직접적인 침해이다.

인권법 제7조에 대한 이러한 위반은 근본적 정의의 원칙과도 부합하지 않는다. 이 조항은 절차적인 공정(fairness)에 부합하지 않고 나아가 인권법

제2조(a)가 보장하는 양심의 자유를 침해한 것이다. 임신을 중지할 것인지에 대한 결정은 본질적으로 도덕적인 결정이고 양심의 문제이다. 자유롭고 민주적인 사회에서 양심과 종교의 자유는 종교에 기초하든 세속적인 도덕에 기초하든 양심적으로 결정되는 믿음을 포함하는 데까지 넓게 해석될 필요가 있다. 이 사건 법조항은 임신한 여성이 자신의 선택지의 하나를 행사하는 것을 범죄로 만듦으로써 징역형이라는 이후의 자유의 박탈을 통해 양심적 결정 중 하나를 포기하고 다른 하나를 택할 것을 강요하고 있다. 누군가에게 양심의 자유를 부정하고 그를 어떤 목적에 대한 수단으로 취급하는 것은 그들의 본질적인 인간성을 박탈하는 것이다.

(b) 인권법 제7조를 위반한 형법 제251조는 인권법 제1조상의 합리적인 제한으로서 정당화될 수 없다.

① Dickson C.J.C. (Lamer J. concurring)

제251조의 전체적 목적인 임신한 여성의 이익과 태아의 이익의 보호 간의 균형은 여성의 생명과 건강이 주된 고려요소인 것으로 헌법상 보호되는 권리나 자유를 제한하는 데 충분한 중요성을 가진다. 그러나 이러한 목적을 달성하기 위해 선택된 수단들은 비례성 심사의 기준을 충족시키기 못하고 있다. 이 조항의 절차와 행정구조는 자주 자의적이고 불공정하다. 제251조가 요구하는 절차들은 필요한 정도를 넘어 인권법 제7조상의 권리들을 해하고 있다. 이러한 절차들은 면책사유에 해당할 것으로 보이는 많은 여성들에게 기만적인 방어수단을 제공하고 있는 것이다. 입법이 처벌하지 않으려고 했던 많은 여성들이 이러한 면책사유를 획득할 수 없게 하여 처벌의 위험과 함께 절차상 지연에 따른 시기에 늦은 낙태 등 다른 해악을 겪게 하고 있다. 따라서 많은 임신한 여성의 인권법 제7조상의 권리에 대한 제한의 효과는 입법의 목적에 비추어 비례에 어긋나며 입법

목적을 무의미하게 만드는 것이다.

② Beetz J. (Estey J. concurring)

형법 제251조의 주된 목적은 태아의 보호이다. 임신한 여성의 생명과 건강의 보호는 부차적인 목적에 해당한다. 주된 목적은 절박하고 실질적인 것(pressing and substantial)으로 인정된다. 인권법 제1조는 여성의 권리에 대한 합리적인 제한을 할 수 있음을 인정하고 있다. 그러나, 형법 제251조에 규정된 수단들은 합리적이지 않으며 정당성이 논증되지 않는 것들이다. 비례성의 심사를 할 필요 없이, 형사적 제재의 위험 없이 낙태에 접근할 통로를 제한하는 것과 이 조항의 주된 목적은 합리적인 관련성이 없다.

③ Wilson J.

형법 제251조의 주된 목적은 태아의 보호이고 임신한 여성의 생명과 건강의 보호는 부차적인 목적이다. 주된 목적은 절박하고 실질적인 것으로 인정된다. 그러나 제251조는 임신의 전 기간에 있어 여성의 결정권을 박탈함으로 인하여 비례성 심사기준을 충족하지 못한다. 이 조항은 인권법 제7조에 의해 헌법적으로 보장되는 여성의 권리에 대한 단순한 제한이 아닌 전면적인 박탈이다. 이는 입법목적을 위해 제대로 고안되지 않았고 여성의 권리를 최소한도로 침해하고 있지도 않다. 여성이 자신의 신체를 스스로 통제할 권리를 둘러싼 상황은 여성이 임신을 하게 되면 보다 복잡해지고, 일정한 입법적 규율이 적절할 수도 있다. 인권법 제1조는 여성의 신체 안에 자라고 있는 태아를 고려하여 이러한 여성의 권리에 합리적인 제한을 할 수 있도록 하고 있다. 잠재적인 생명으로서 태아에게 부여되는 가치는 임신기간동안의 발달 단계와 직접적인 관련을 가진다. 이러한 시각으로 보면 임신의 초기단계에서의 낙태에 대한 허용적인 접근이 지지되고 후기에는 제한적인 접근이 지지된다. 태아의 보호에 대한 국가의 이익이 압도적이 되는 태아발달의 시점에 대해서는 충분히 검토된 입법부의 결정에 맡겨져야 할 것이다. 이는 제2 삼분기의 어느 시점이 될 것이다. 태아가 인권법 제7조상의 '모든 사람'에 해당하여 독립적인 생명권을 가지는지에 대한 문제는 다룰 필요성이 없다.

* 판례출처: 1988 CarswellOnt 45, http://westlaw.com

1 S.C.R. 30, http://www.lexum.umontreal.ca/csc-scc/en

B. R. 대 Sullivan 판결

The Supreme Court of Canada. 1991.

〈사건개요〉

두 명의 산파가 아기의 분만작업을 하는 도중 아이가 산도(産道)에서 질식사하여 죽은 채로 태어났다. 이들은 태아에 대한 캐나다 형법 제203조의 과실치사죄 및 산모에 대한 과실치상죄로 기소되었다. 1심에서 과실치사죄에 대해서는 유죄, 과실치상죄에 대해서는 무죄가 선고되었다. 검사가 과실치상 무죄 부분에 대하여 항소하지 않았음에도 항소심은 태아는 산모의 신체의 일부라는 전제 하에 과실치사죄 부분을 산모의 신체에 대한 과실치상죄로 죄명을 바꾸었다. 검사는 과실치사죄 부분을 면책한 데 대하여, 피고인들은 대체된 죄명에 대하여 상고를 제기하였다. 신체의 일부가 밖으로 나온 분만 중인 아기가 형법 제203조의 "사람person"에 해당하는지가 쟁점이 되었다.

〈관련법령〉

캐나다 형법

　제203조

Every one who by criminal negligence causes death to another person is guilty of an indictable offence and is liable to imprisonment for life.

　제204조

Every one who by criminal negligence causes bodily harm to another person is guilty of an indictable offence and liable to imprisonment for ten years.

　제206조

(1) A child becomes a human being within the meaning of this Act when it has completely proceeded, in a living state, from the body of its mother whether or not

(a) it has breathed,

(b) it has an independent circulation, or

(c) the navel string is severed.

(2) A person commits homicide when he causes injury to a child before or during its birth as a result of which the child dies after becoming a human being.

〈판결요지〉

1954년 살인죄 조항의 규정 전에 "person"과 "human being"은 같은 의미로 혼용되었고 있었다. 그렇다면 1953-54년 형법개정으로 이러한 용어의 의미에 변화를 가져왔는가? 항소심은 형법개정이 오랜 기간에 걸쳐 정립된 "person"의 의미를 바꾸려고 의도하지 않았다고 판단했으며 이에 찬성한다. 형법은 1954년 과실치사상죄를 도입하면서 "person"의 의미를 바꾸고자 하지 않았으며 따라서 제206조의 "human being"과 제203조의 "person"은 동의어이다. 이 사건에서의 아기는 제203조에서의 "person"에 해당하지 않으며 피고인들은 과실치사죄가 성립되지 않는다.

* 판례출처: 1991 CarswellBC 59, http://westlaw.com

1 S.C.R. 489, http://www.lexum.umontreal.ca/csc-scc/en

* 번역: 서울대 BK21 법학연구단 공익인권번센터

4. 독일 연방헌법재판소 판결

A. 독일 연방헌법재판소 1차 낙태판결
BVerfGE 39, 1. (1975.3.25)

〈사건개요〉

소송의 대상은, 임신 후 최초 12주 이내의 임신중절이 일정한 요건 하에 불가벌로 되는 제5차 형법 개정법률의 소위 기간규정(Fristenregelung)이 기본법과 합치하는가이다.

1974년 6월 18일의 제5차 형법개정법률은 임신중절의 가벌성을 새로 규정하였다. 형법 제218조 내지 제220조는 이제까지의 법적 상태에 비하여 주로 다음과 같은 개정을 담고 있는 규정들로 대체되었다.

임신 후 13일을 경과하여 임신중절을 한 자는 처벌된다(제218조 제1항). 그러나 임신부의 동의를 얻어 의사에 의하여 행해지는 임신중절은, 임신

후 12주가 경과하지 않은 경우(제218조a-기간규정)에는 제218조에 따라 처벌될 수 없다. 나아가 12주의 기간이 경과한 후에 임신부의 동의를 얻어 의사에 의하여 행해지는 임신중절은 그것이 임신부의 생명에 대한 위험을 방지하기 위해서건 그 건강상태에 대한 중대한 침해의 위험을 방지하기 위해서건, 그 위험이 다른 기대 가능한 방법으로는 방지될 수 없는 한, 의학적 지식에 따라 징후가 나타난 경우에는 제218조에 따라 처벌할 수 없다(제218조b 제1호-의학적 적응사유). 또는 절박한 사유가, 태아가 유전인자 또는 출생 전의 유해한 영향 때문에 임신부에게 임신의 지속을 기대할 수 없을 정도로 중대한, 그 건강상태의 제거할 수 없는 손상을 겪을 것이라는 가정을 긍정하기 때문에, 그리고 임신 후 22주가 경과하지 않은 경우에는 제218조에 따라 처벌할 수 없다(제218조b 제2호-우생학적 적응사유). 미리 상담기관 또는 의사로부터 사회적으로, 의학적으로 상담을 받지 않고 임신중절을 하는 자는 처벌된다(제218조c). 권한있는 기관이 미리 제218조b의 요건(의학적 또는 우생학적 적응사유)이 존재한다는 확인을 하지 않고, 임신 후 12주가 경과한 후 임신중절을 하는 자는 마찬가지로 처벌된다(제219조). 임신부 자신은 제218조c 또는 제219조에 따라 처벌되지 않는다.

이 판결이 있기 전인 1974년 6월 21일, 연방헌법재판소는 바덴-뷔르템베르크(Badem-Württemberg) 정부의 요청으로 가처분명령 등의 방법으로 제5차 형법 개정법률 제218조a는 잠정적으로 효력을 발생하지 않으며, 다만 임신 후 최초 12주 이내의 의학적·우생학적 또는 윤리학적 징후가 있는 임신중절은 불가벌로 한다는 명령을 내렸다. 1975년 3월 25일, 본 판결에서 연방헌법재판소는 동조항이 일정한 경우(기본법의 가치질서 앞에서 존속할 수 있는 아무런 사유가 존재하지 않는 경우에도 낙태를 가벌성에서 제외시키는 한에서는) 기본법 제1조 제1항과 제2조 제2항 제1문에 합치하지 않으며, 무효라고 판시하였다.

〈판결요지〉

1. 모태에서 발육중인 생명은 독립적 법익으로서 헌법의 보호하에 있다(기본법 제2조 제2항 제1문, 제1조 제1항).

국가의 보호의무는 발육 중인 생명에 대한 직접적인 침해를 금지할 뿐만 아니라, 국가에게 이러한 생명을 보호하고 지원하면서 지켜 줄 것을 명령한다.

2. 발육 중인 생명을 보호할 국가의 의무는 母에 대해서도 존재한다.

3. 태아의 생명의 보호는 원칙적으로 임신의 모든 기간 동안 임산부의 자기 결정권에 대한 우선을 누리며, 일정한 기간 동안 문제될 수 있는 것은 아니다.

4. 입법자는 원칙적으로 요구되는 낙태에 대한 법적 비난을 형벌 위하의 수단 이외의 방법으로도 표현할 수 있다. 결정적인 것은 태아의 보호에 도움이 되는 모든 수단은 보호해야 할 법익의 의의에 상당하는 사실상의 보호를 보장하는가이다. 헌법에 의하여 요구되는 보호가 다른 방법으로는 도달될 수 없는 극단의 경우에는, 입법자는 발육중인 생명의 보호를 위하여 형법의 수단을 강구할 의무가 있다.

5. 임신부의 생명에 대한 위험 또는 그 건강상태에 대한 중대한 침해를 방지하기 위하여 낙태가 필요한 경우에는, 임신의 존속이 기대될 수 없다. 그 이상으로 유사하게 비중이 있는 다른 비상한(auergewöhnlich) 부담을 임신부에게 기대할 수 없는 것으로 평가하고, 이 경우에 임신중절을 처벌하지 않는 것은 입법자의 자유이다.

6. 1974년 6월 18일의 제5차 형법 개정법률은, 일정한 범위에서, 태아의 생명을 보호할 헌법적 의무에 적합하지 않다.

〈판결주문〉

I. 1974년 6월 18일의 제5차 형법개정법률(BGBl. I S. 1297) 제218조 a는,

그것이 -판결의 이유가 의미하는-기본법의 가치질서 앞에서 존속할 수 있는 아무런 사유가 존재하지 않는 경우에도 낙태를 가벌성에서 제외시키는 한에서는 기본법 제1조 제1항과 함께 기본법 제2조 제2항 제1문과 합치하지 않으며, 무효이다.

Ⅱ. 새로운 법률규정이 효력을 발생할 때까지 연방헌법재판소법 제35조에 따라 다음과 같이 명령한다.

1. 1974년 6월 18일의 제5차 개정형법 제218조와 제219조는 임신 후 최초 12주 이내의 임신중절에도 적용되어야 한다.

2. 임신 후 최초 12주 이내에 임신부의 동의를 얻어 의사에 의하여 행해지는 임신중절은, 임신부에 대하여 형벌 제176조 내지 제179조에 따른 위법행위가 행해지고, 절박한dringend 사유가 임신이 범죄행위에 기인한 것이라는 가정을 긍정하는 경우에는, 형법 제218조에 따라 처벌할 수 없다.

3. 기대 가능한 다른 방법으로는 방지할 수 없는 중대한 긴급상황의 위험을 방지하기 위하여, 임신 후 최초 12주 이내의 임신중절이 임신부의 동의를 얻어 의사에 의하여 행해지는 경우, 법원은 형법 제218조에 따른 처벌을 하지 않을 수 있다.

* 번역 출처: 김승환, "임신중절(낙태)기간에 의한 해결방식의 위헌성", 〈법학연구 21〉, 전북대학교 부설 법학연구소, 1999. 12.

1975년 서독연방헌법재판소의 제1차 낙태판결 이후, 1976년에 서독 형법은 낙태죄에 적응사유를 규정하는 쪽으로 개정되었다. 그러나 이후 서독과 동독이 통일됨에 따라 다시 서독 형법의 적응사유규정이 舊동독 지역에도 효력을 미치는지가 문제되었고 연방헌법재판소가 이를 심의에서 확정하지 못한 탓으로 舊동독 지역에서는 기간에 의한 해결방식(舊동독 형법 제153조-제155조)이 여전히 효력을 가지게 되었다. 이 문제의 해결을 위해 법개정 논의가 이루어졌고 여기서 '적응사유 모델' Indikationsmodell과 '기간 모델'Fristenmodell 간의 전통적인 대립이 반복되었다. 이후 양 모델의 중간점이라 할 수 있는 심의한정허용 모델 (Beratungsmodell)이 채택되었고 1992년 임산부및가족부조법(Schwangeren und Familienhilfegesetz)이 제정되었다. 동법은 낙태의 원칙적 처벌을 유지하였지만, 임신 12주 이내에 긴급피난과 의무의 충돌상황에서 상담 후 의사에 의하여 행해지는 낙태는 위법하지 않은 것으로 규정하였다.

최초 12주 이내의 낙태에 대한 면책의 결과, 이제까지 적용되었던 범죄학적 적응사유나 의학적·사회적 적응사유는 의미가 없는 것이 되었다. 그러나 이들 조항에 대해 독일 연방헌법재판소는 낙태가 형식적으로 확정된 특정사유에 한하여 허용된다고 하여, 다시 위헌선언을 하였다. 동 판결은 그러나, 기본적으로는 여전히 심의한정허용 모델을 승인하고 있다는 점에서 의미가 있고, 다만 낙태가 위법성 조각사유에 의해 정당화하는 것이 아니고, 태아의 생명권의 헌법상 우위를 고려하여, 구성요건 해당성의 배제에 의해서 헌법적으로 허용되는 것으로 보고 있다는데 차이가 있다. 이러한 결정에 따라 입법자는 1995. 8. 21. 임산부및가족부조법의개정법

률을 통하여 연방헌법재판소의 입장을 본질적인 점에 있어 모두 반영하였다.[2]

〈판결요지〉

1. 독일기본법은 국가에 대하여 인간의 생명을, 아울러 태어나지 않은 생명 또한 보호할 의무를 지운다. 이들에 대한 보호의무는 기본법 제1조 제1항[3]에 그 근거를 두고 있으며; 그것의 대상과-그로부터 나오는-기준은 기본법 제2조 제2항[4]에 의해 좀더 근접하여 결정된다. 인격은 태어나지 않은 생명으로부터 이미 도출된다. 법질서는 태어나지 않은 생명의 관점에서 그 발달의 법적 조건을 보장하여야만 한다. 이들 생명권은 단지 母의 동의에 의해서는 정당화되지 못한다.

2. 태어나지 않은 생명에 대한 보호의무는 인류 일반에 대한 것만이 아니라 개개인에 대한 것과 연관되어 있다.

3. 법적 보호는 母에 反하여 태아에게도 주어진다. 만일 입법자가 원칙적으로 낙태를 금지하였고 그에 따라 기본적인 권리의무가 부과된 것이

---

2 현행독일형법 제218조 a 제1항
　제218조의 구성요건은 다음 각호의 요건이 모두 충족되는 경우에는 실현되지 아니한다.
　　1. 임부가 낙태를 촉탁하고 제219조 제2항 제2문의 확인서에 의하여 최소한 수술 3일 이전에 상담을 거친 사실을 수술 의사에게 입증할 것
　　2. 낙태가 의사에 의하여 시술될 것
　　3. 착상후 12주 이상이 경과하지 아니하였을 것

3 Art. 1[Menschenwürde, Grundrechtsbindung der staatlichen Gewalt]
　(1) Die Würde des Menschen ist unantastbar. Sie zu achten und zu schützen ist Verpflichtung aller staatlichen Gewalt.

4 Artikel 2 [Handlungsfreiheit, Freiheit der Person]
　(2) Jeder hat das Recht auf Leben und körperliche Unversehrtheit. Die Freiheit der Person ist unverletzlich. In diese Rechte darf nur auf Grund eines Gesetzes eingegriffen werden.

라면, 단지 아이를 낳는 의무만이 가능할 것이다. 기본적인 낙태금지와 출산의무는 헌법상 보호되는 두개의 불가분의 요소이다.

4. 원칙적으로 낙태는 전체 임신기간 중 위법한 것으로 간주되고 이에 따라 법적으로 금지되어야 한다(BVerfGE 39, 1 [44]참조). 태아의 생명권은 제한된 기간 내라 하더라도, 법적으로 구속력이 없는 제삼자의, 심지어 母의 자유로운 결정에도 맡겨져서는 안 된다.

5. 태아의 생명권의 보호범위는 한편으론 보호되는 법익의 중요성과 보호 필요성의 관점에서, 다른 한편으론 그와 충돌하는 법익들의 관점에서 결정된다. 태아의 생명권으로부터 영향을 받는 법익들로서-임부의 인간으로서의 존엄성에 대한 보호와 존중의 요청에서 비롯되는-임부의 생명 신체의 완전성 및 인격권이 무엇보다도 문제된다. 그에 대하여 임부는 낙태에 수반하는 태아의 살해를 위하여 기본권으로서 기본법 제4조 제1항[5]에서 보호하는 법적 지위를 이용할 수 없다.

6. 국가는 보호의무를 수행하기 위해 사실적 규범적으로 적절하고도 충분한 조처를 취해야 하며, 이를 통해-충돌하는 법익에 대한 고려와 함께-좀더 효율적이고 적절한 보호에 근접하게 된다(과소보호 금지 원칙). 이것은 수동적 보호라는 개념과는 구별되는 예방적 보호의 개념을 요구한다.

7. 임부의 기본권의 포괄범위는-특정한 기간만이라도-임신을 계속 유지할 법적 의무를 일반적으로 포기할 수 있을 정도는 아니다. 물론 극히 예외적인 상황에서 당연히 허용되고 대부분의 사례에서도 그러한 법적 의무가 부과되지 않도록 요구될 수 있다는 것이 임부의 기본권적 지위에

5　　Artikel 4 [Glaubens-, Gewissens-und Bekenntnisfreiheit]
　　　(1) Die Freiheit des Glaubens, des Gewissens und die Freiheit des religiösen und weltanschaulichen Bekenntnisses sind unverletzlich.

서 도출된다. 그러한 예외구성요건을 기대불가능성이라는 기준에 따라 개별적으로 규정하는 것은 입법자의 임무이다. 임부에게 기대할 수 없는 것으로서 임부 자신의 생명의 희생과 동등한 정도일 것이 입법자에게 부과된 것이다(BVerfGE 39, 1 [48 ff.]참조).

8. 과소보호 금지의 원칙은 형법으로 처벌하는 것과 그로부터 도출된 인간의 생명에 대한 보호기능을 쉽사리 포기하는 것을 허용하지 않는다.

9. 국가의 보호의무는 또한 가족의 영향이나 임부에게 닥칠 장래의 사회적 환경에 의하여, 또는 출산준비에 反하는 여성과 가족의 현재 또는 예견가능한 물질적 생활조건에 의하여, 태아의 생명에 대해 야기될 위험에 대한 보호를 포괄한다.

10. 나아가 국가의 보호의무로부터 국가는 태아에 대한 법적 보호의 필요성을 수용하고 촉진할 것을 명료하게 인식한다.

11. 태아의 생명보호를 위하여, 임신유지를 위해 임신 초기에 임신에 관한 분쟁의 중점을 상담에 두는 관념으로의 변화는 헌법상 원칙적으로 입법자에게 허용되어 있으며, 이때 적응요건에 대한 형벌의 규정을 포기하는 것과 적응요건에 해당하는지 여부를 제삼자로 하여금 결정하도록 하는 것을 포기하는 것으로의 관념의 변화도 헌법상 원칙적으로 입법자에게 허용되어 있다.

12. 이러한 상담개념 속에는 여성을 다룸에 있어 태아를 위하여 적극적인 전제조건들을 규정한 기본골격이 되는 요건들이 규정되어야 한다. 국가는 상담절차의 시행에 대한 모든 책임이 있다.

13. 국가의 보호의무는 임부의 이익을 보호하기 위해 의사의 필수적 참여를 요구하는 것과 동시에 태아의 생명보호를 요구한다.

14. 아이의 존재라는 법적 성질은 헌법(기본법 제1조 제1항)상 손해의 원인으로서 고려되지 않는다. 그러므로 아이에 대한 부양의무를 손해로 파악하는 것은 금지된다.

15. 상담규정에 따른 적응사유의 확정 없이 이루어진 낙태는 정당화(위법성이 조각되는 것으로)될 수 없다. 예외구성요건에 정당화효과를 부여하는 것은 예외구성요건의 전제조건이 국가의 책임으로 확정되어야 함을 전제로 한다는 것이 포기할 수 없는 법치국가의 원칙이다.

16. 기본법은 합법성이 확정되지 아니한 낙태시술에 대하여 법률상 의료보험 급부청구권을 보장하지 않는다. 이와는 대조적으로 상담 규정에 따라 처벌받지 않는 낙태에 대하여 경제적 필요성이 있는 경우, 기본법적으로 사회적 급부의 보장에 이의제기 할 수 없는 것은 임금의 계속지급을 청구할 수 없는 것과 같은 것이다.

17. 제주諸州의 조직고권組織高權이라는 원칙은, 연방법적 규율이 제주에 의하여 실행되어야 하는 국가사무만을 규정하고 공무상-행정상 수행 가능한 개별규정들이 있지 아니한 경우에만 제한되지 않는다.

〈판결주문〉

I. 1. 출생이전의/생성중인 생명을 보호하기 위해, 낙태의 규제와 임신으로 인한 분쟁상황에서 도움을 줄 보다 아동친화적인 사회가 되도록 하기 위해, 그리고 낙태의 법적 규율을 위해, 1992년 7월 27일 개정된(연방법령집 1권 1398면) 형법 제218조 a 제1항(임산부및가족부조법)은, 독일기본법 제2조 제2항 제1문과 연결된 기본법 제1조 제1항과 합치하지 않는다. 이 규정은 동 조항에 언급된 전제조건들에 따라 시행된 낙태를 위법하지 않은 것으로 명시하고 있고 동조 제1호에서는 낙태와 상담을 관련짓고 있는데 이 상담은 기본법 제2조 제2항 제1문과 연결된 제1조 제1항에서 유래하는 헌법적 요청을 충족시킬 수 없다.

이 규정은 전체조항이 무효이다.

2. 위에 언급한 개정형법 제219조도 기본법 제2조 제2항 제1문과 연결된 기본법 제1조 제1항과 합치될 수 없으며 무효이다.

3. 사회법전 제5권의 제24조 b는 판결이유에 명시된 사유에 따라 기본법 제2조 제2항 제1문과 연결된 기본법 제1조 제1항과 합치한다.

4. 1975년 8월 28일 개정된 라이히보험법 제200조의 f와 g(연방법령집 제1권 2289면)는 제5차 형법개혁법을 보완하기 위한 조치들을 담고 있다(형법개혁-보충법-StREG). 이 규정은 1976년 5월 18일의 제15차 형법개정법률(연방법령집 제1권 1213면)로 변경된 형법 제218조 a 제2항 제3호에 따른 낙태의 경우 법률적 의료보험의 급여를 하도록 규정하였다. 그러한 한도 내에서 이 규정은 판결이유에 명시된 사유에 따라 기본법 제2조 제2항 제1문과 연결된 기본법 제1조 제1항과 합치한다.

5. 종래의 1974년 6월 18일의 제5차 형법개혁법(5. StrRG; 연방법령집 제1권 1297면) 제4조는 1976년 5월 18일의 제15차 형법개정법률(연방법령집 제1권 1213면) 제3조와 제4조로 변경되었다. 변경 전 규정 제4조로 인하여 낙태죄는 연방통계항목에서 사라지게 되었다. 그러한 한도에서[가벌성이 배제되는 한] 임산부및가족부조법 제15조 제2호는 기본법 제2조 제2항 제1문과 연결된 기본법 제1조 제1항과 합치될 수 없으며 무효이다.

6. 임산부및가족부조법 제15조 제2호에 따라 개정된 제5차 형법개혁법 제4조가 주의 주무 상급관청에 의무를 부과하는 것이라면, 그러한 한도에서 연방국가원리(기본법 제20조 제1항, 제28조 제1항)에 합치하지 않으며 무효이다. 그러나 그러한 취지가 아니라면 그밖에 판결이유에 명시된 사유에 따라서 기본법에 합치될 수 있다.

7. 2 BvF 2/90의 절차상의 신청은 1976년 5월 18일의 제15차 형법개정법률(연방법령집 제1권 1213면)에 따른 형법 제218조의 b 제1항 제1문, 제2항 및 제219조 제1항 제1문에 관한 헌법적 심사에 관한 것이다. 이 신청은 인용되었다.

Ⅱ. 연방헌법재판소법 제35조에 따라 다음과 같이 명령한다.

1. 종래의 1992년 8월 4일 판결에 따라 효력을 유지하고 있는 법은 1994년 6월 15일까지 적용된다. 그 이후부터 임산부및가족부조법의 내용을 보충하는 새로운 법률규정의 발효까지는 I번에서 무효로 선언되지 않은 부분에 한하여 아래의 2번부터 9번까지의 명령이 효력을 갖는다.

2. 착상 후 최초 12주 이내이고, 의사에 의하여 시행되고, 임부가 낙태를 촉탁하였고, 임부가 의사에게 (적어도 수술 3일 이전에 상담을 거친 사실을 입증하는: 아래 4번의 명령을 참조) 확인서를 보여준 경우 임산부및가족부조법에 따라 개정된 형법 제218조는 적용되지 아니한다. 낙태의 원칙적 금지는 이러한 경우에도 영향을 받지 않는다.

3. (1) 상담은 출생 이전의 생명 보호에 기여한다. 상담은 임부를 격려하여 임신을 지속시키고 임부에 대하여 자녀와 함께하는 미래의 삶에 대한 전망을 일깨우는 노력을 그 주요내용으로 하여야 한다. 상담은 임부에게 책임 있고 양심에 따른 결정을 하도록 조력을 제공하여야 한다. 이 경우 태아는 각 임신단계에서 임부와의 관계에서 생명에 대한 독자적 권리를 가지므로, 임부는 출산으로 인하여 수인을 기대할 수 있는 피해의 한도를 초과하는 중대하고 통상적이지 않은 고통이 야기되는 경우 ─임산부및가족부조법에 따라 개정된 형법 제218조의 a 제2항 및 제3항과 비교─ 예외적인 상황에 한하여 낙태가 법질서에 의하여 고려될 수 있을 뿐이라는 사실을 인식하여야 한다.

(2) 상담은 임부에게 조언과 조력을 제공한다. 상담은 임신과 관련하여 존재하는 갈등상황을 극복하고 긴급상황을 제거하는데 기여한다. 여기에서의 상담은 다음 내용을 포함한다.

a) 갈등상담의 개시; 여기에서 임부는 자신과 상담한 사람에게 사실을 알리며 이로써 임부는 낙태가 고려될 것을 기대하게 된다.

b) 사정에 따라 필요한 모든 의학적, 사회적 및 법률적 정보, 즉 母와

아이의 법률적 청구권에 관한 설명 그리고 가능한 실무적 조력 특히 임신의 유지와 母와 아이의 처지를 밝혀주는 설명.

c) 임부에게 일련의 청구권들이 실현될 때, 집을 구할 때, 아이에 대한 복지 조치를 찾을 때, 아이의 양육을 계속할 때 제공되는 것, 또한 후속적인 복지조치로서 제공되는 것.

상담할 때에는 원치 않는 임신을 피할 수 있는 방법들도 알려주어야 한다.

(3) 필요한 경우에는 의학적, 심리학적 또는 법률적으로 훈련된 전문가 기타 사람을 상담에 입회시켜야 한다. 매 상담할 때마다 임부와의 대화에서 제3자, 특히 태아의 아버지 및 태아의 양친과 가까운 친척들이 입회할 수 있는지가 고지되었는지 여부를 확인하여야 한다.

(4) 임부는 희망에 따라 상담원에게 자신의 이름을 알리지 않을 수 있다.

(5) 상담중의 대화는 그 내용에 따라 (제1항 [제1문]) 상담목적에 필요한 때, 즉시 실행될 수 있다. 상담원이 상담이 종료된 것으로 판단한 때에는, 상담소는 임부에게 신청에 따라 제1항 내지 제4항에 따른 상담이 이루어졌다는 사실에 관하여 상담소의 명칭과 최종상담일자가 기재된 확인서를 교부하여야 한다.

(6) 상담원은 피상담자의 신상에 관한 역추론[귀납적 추론]이 불가능한 방법으로 상담기록에 연령, 피상담자의 가족상황 및 국적, 임신횟수, 자녀의 수 그리고 이전 낙태경력 등을 기재하여야 한다. 다음으로 상담원은 낙태이유로 언급된 중요한 사유들, 상담이 계속된 기간, 그리고 경우에 따라서는 상담중의 대화에 입회한 기타의 사람 등을 기재하여야 한다. 상담기록은 임부에게 어떠한 정보들이 제공되었고 어떠한 조력이 이루어졌는지를 증명하여야 한다.

4. (1) 제3호에 따라 상담을 실시하는 상담소는 -임부및가족부조법 제1장 제3조에 따른 승인과는 별도로- 특별한 국가의 승인을 받아야 한다.

독립된 단체 및 의사들의 설비를 상담소로 승인할 수 있다.

(2) 상담소는 낙태 시술의 설비를 갖추어야 하며, 조직적으로 또는 경제적 이익을 통하여 설립된 것이어서는 안 된다. 다만 이는 상담설비에서 낙태의 시술을 통하여 실질적 이득을 취하는 것을 배제함을 의미하지는 않는다. 낙태를 시행한 의사는 상담원에서 제척된다. 또한 그는 상담을 실시한 상담소의 소속이어서는 아니된다.

(3) 다음의 자격을 갖춘 자만을 상담소로서 승인한다. 법 제3호에 따른 상담을 보장할 것, 그러한 상담이 인적 및 전문 지식의 자격이 있는, 수적으로 충분한 인력을 갖출 것, 그리고 산모와 아이를 위한 공적 및 사적 부조단체와 공동작업이 가능한 장소를 갖출 것. 상담소는 상담활동의 근간을 이루는 표준 그리고 이때 모아진 경험들을 매년 문서의 형태로 보관하여야 할 의무를 진다.

(4) 법정기간 경과 후 관할관청에 의한 확인을 전제로만 승인될 수 있다.

(5) 각 주는 주거지에 근접한 상담소를 충분하게 두는 것을 보장한다.

5. 임부에게 낙태를 요구한 의사는 판결이유에서 도출되는 의무를 부담한다(D.V.1과 2).

6. 제4호에 규정된 승인절차는 기존의 상담소에도 또한 적용된다. 상담소의 폐쇄까지, 늦어도 1994년 12월 31일까지는 상담소는 본 판결의 명령 제3번에 따라 상담할 권한이 있다.

7. 종래의 1974년 6월 18일의 제5차 형법개혁법(5. StrRG; 연방법령집 제1권 1297면) 제4조에 따른 연방통계실시의무와 보고의무는 1976년 5월 18일의 제15차 형법개정법률(연방법령집 제1권 1213면) 제3조와 제4조에 따라 변경되어 동서독통합조약 제3조에 명시된 영역에서는 여전히 효력을 가진다.

8. 연방사회부조법 제37조 a는 본판결의 명령 제2번에 따른 낙태의 경우에 적용된다.

9. 본 판결의 명령 제2번의 전제조건이 존재할 것, 권한 있는 공중보건의 또는 법률상 의료보험조합인 보험사 소속의 의사가 자신들의 의학적인 지식에 따라 형법 제176조 내지 179조상의 위법한 행위가 저질러졌다는 점, 그리고 임신이 그 범죄로부터 발생하였다고 받아들일만한 급박한 사유를 확인할 것 등을 조건으로, 몇몇 형사정책적 적응사유의 도입과 그 확정에 관한 입법자의 결정이 있을 때까지는, 법률적인 의료보험이 보장되는 자, 그리고 부조규정에 따라 청구권한을 가진 자는 낙태한 때 청구에 의하여 급여를 받을 수 있다. 의사는 임부의 동의를 얻어 검찰청에 정보를 제공할 수 있고, 가령 수사서류가 존재하는 경우 그것을 열람할 수 있다. 그리고 여기에서 얻어진 지식에 대하여는 의사의 묵비의무를 부담한다.

* 번역: 서울대 BK21 법학연구단 공익인권법센터

공익인권법센터
Center for Public Interest & Human Rights Law

소속인원 (2005년 초판 출간당시)

교수: 정인섭(소장), 한인섭, 정종섭, 안경환, 신동운, 이흥재, 조국, 김도균, 양현아
계약교수: 김연미
박사후 연구원: 오병두
대학원생: (박사과정) 구미영, 김동혁, 김주영, 송금연, 이상문, 임진원, 전동철, 채성국,
　　　　　　　최형심, 홍소연
　　　　　(석사과정) 김정엽, 오성헌, 오승이, 장우찬, 정민진

설립 취지 및 사업

공익인권법센터는 '21세기 세계 속의 한국법의 발전 교육연구단'(서울대 BK21 법학연구단)
의 연구사업의 일환으로 2000년에 설립되었다. 본 센터는 한국 사회에서의 공공이익의 증진
과 인권보호의 강화라는 목표를 달성하기 위한 연구활동을 수행함을 목적으로 한다. 이를 위
하여 공익 및 인권과 관련된 기존 법제와 관행의 재검토, 새로운 법제의 강구, 제 외국 법제의
비교법적 연구, 인권의식을 고양시키기 위한 활동을 전개하고 있다.

세부 활동 분야로는,

- 공익인권법 분야 중요 문제의 연구
- 공익인권법 관련 연구자 및 활동가의 교육 양성
- 국내외 관련 연구기관 및 단체와의 협조 및 교류
- 공익인권법 관련 학술회의, 강연회, 연구발표회 개최
- 공익인권법 관련 학술서적의 기획 및 산행
- 각종 연구용역사업을 추진하고 있다.

[연락처]
서울대학교 법학연구소 공익인권법센터 법학전문대학원 17동 301호
Tel. 880-6862 이메일: pihrlaw@snu.ac.kr　홈페이지: http://pihrlaw.snu.ac.kr